현대경영학원론

반 병 길 · 김 광 규 · 한 동 여

博 英 社

INTRODUCTION TO MODERN BUSINESS

Byung Gil VAN
Gwang-Kyu KIM
Dong Yeo HAN

Pakyoungsa Publishing Co.
SEOUL, KOREA

머 리 말

이 '현대경영학원론'은 한 학기에 원론 수준에서 경영학을 강의하고 배우는 데 적합하도록 총 4부 15개장으로 구성되어 있다.

제1부 "현대비즈니스의 본질과 경영학의 개관"은 두 부분으로 구성되어 있다.

첫째 부분에서는 제1장 "현대비즈니스와 경영학 바로알기," 제2장 "우리나라기업의 국가적 존재가치와 추구 목적," 제3장 "우리나라기업의 역사와 성과, 현대기업가와 그 창업 · 운영 전략"을 설명하는 데 중점을 두고 있다.

두 번째 부분에서는 제4장 (WTO · IMF · OECD · 시장의 글로벌화와 지역화 · 국경 없는 무한경쟁 심화 등의 테두리 속에서) "글로벌 · 국내 경제환경이 기업경영에 미치는 영향"과 제5장 (국내의) "정부 · 정치, 법률, 사회문화적 환경이 기업경영에 미치는 영향"을 설명하는 데 중점을 두고 있다.

제2부 "기업의 경영관리 과정"은 제6장 "계획 활동," 제7장 "조직화 활동," 제8장 "지휘 활동" 및 제9장 "통제 활동" 등으로 구성되어 있다.

경영의 관리 활동으로서 제3부 "기업의 주요 기능/운영 분야"에서는 제10장 "생산운영관리," 제11장 "마케팅관리," 제12장 "재무관리" 그리고 제13장 "인적자원관리"로 구성되어 있다.

제4부는 "현대 경영의 트렌드"로서 모두 2개의 장으로 제14장 "기술경영 및 스피드경영"과 제15장 "지식경영 및 윤리경영"으로 구성되어 있다. 현대 경영의 트렌드를 포함시킨 이유는 21세기 경영활동에 중요한 역할을 하고 있는 새로운 경영의 흐름을 파악하고자 하는 데 있다.

이 책의 표지그림은 21세기 초 현재의 국내의 비즈니스 환경과 그 속에서 경쟁력이 추락하고 고통받고 있는 우리나라기업들을 상징적으로 보여 주고 있다.

이 '현대경영학원론'을 내면서 저자들은, 성심성의껏 편집을 해주신 박영사의 마찬옥 부장님과 진심으로 많은 격려를 해주신 이구만 부장님께 감사드린다.

반병길, 김광규, 한동여

목　　차

제 1 부　현대비즈니스의 본질과 경영학의 개관

제 1 장　현대비즈니스와 경영학 바로알기

제 2 장　우리나리기업의 국가적 존재가치와 추구 목적

제 3 장　우리나라기업의 역사와 성과, 현대기업가와 그 창업 · 운영 전략

제 5 장 정부 · 정치, 법률, 사회문화적 환경이 기업경영에 미치는 영향

제 2 부 기업의 경영관리 과정

제 6 장 계획 활동

제 7 장 조직화 활동

제 8 장 지휘 활동

제 9 장 통제 활동

제 3 부　기업의 주요 기능/운영 분야

제10장　생산운영관리

제11장 마케팅관리

제12장 재 무 관 리

제13장 인적자원관리

제 4 부 현대 경영의 트렌드

제14장 기술경영 및 스피드경영

제15장 지식경영 및 윤리경영

제 1 부

현대비즈니스의 본질과 경영학의 개관

- 제 1 장 현대비즈니스와 경영학 바로알기
- 제 2 장 우리나라기업의 국가적 존재가치와 추구 목적
- 제 3 장 우리나라기업의 역사와 성과, 현대기업가와 그 창업 · 운영 전략
- 제 4 장 글로벌 · 국내 경제환경이 기업경영에 미치는 영향
- 제 5 장 정부 · 정치, 법률, 사회문화적 환경이 기업경영에 미치는 영향

제1장
현대비즈니스와 경영학 바로알기

제1부에서는 현대비즈니스와 이를 수행하는 주체인 현대기업과 직결된 모든 과제들을 연구대상으로 하는 경영학의 기본들(basics)부터 설명한다. 그런 기본들부터 정확히 이해해야만, 독자들은 21세기 기업들이 요구하는 글로벌 시각과 마인드를 가진 우수 경영자로 발전할 수 있을 것이기 때문이다.

제1절 현대비즈니스와 그 수행주체인 현대기업의 본질

1. 현대비즈니스의 본질

(1) 경영학(Business Administration)의 연구대상은, 창업기업가 · 기존 기업의 소유자 · 프로페셔널 경영자 등이 합리적으로 경영관리해야 하는 대상인 넓은 뜻의 현대비즈니스 및 그 활동들(modern business and its activities)이다.

(2) 그러므로 독자들이 경영학을 기초부터 체계적으로 연구하여 경영학에 대한 전문성(expertise)을 높이려면, ① 현대비즈니스의 본질(the

nature of modern business)부터, ② 즉 현대비즈니스란 무엇인지(what-is-it)부터, 철저히 배우고 이해력을 높여야 한다.

(3) 왜냐하면 ① 현대비즈니스란 술어는, 사람들이 서로 커뮤니케이션할 때에 내용설명의 전후관계 · 경위 · 배경(즉 context)에 따라서, 최소한 아래의 1)~9)에 걸쳐 설명하는 여러 가지 뜻들로 동시에 해석되고 또한 사용될 수도 있기 때문이다.

② 그러므로 독자들은, 현대비즈니스란 술어에 내재/함유(built-in/embody)되어 있는 여러 가지 뜻들부터 제대로 이해해야만, "현대비즈니스의 총체적 그림"(a total picture of modern business)을 비로소 정확히 보고 파악하고 이해할 수가 있다.

1) 비즈니스/기업은 사람이라는 뜻

"비즈니스/기업(business firm, company, corporation)은 사람이다 또는 사람이 기업이다"라는 뜻을 지니고 있다. 기업(企業)은 문자 그대로 사람이 업(業)을 기획(企劃)하고 경영관리(經營管理)하는 것이기 때문이다. 그런데도 세상의 많은 사람들은 사람이 기업을 기획하고 경영관리한다는 원리를 잊은 것 같다(예증(illustration) 1-1 참조).

예증 1-1 *ILLUSTRATION*

"사람이 기업이고 기업이 사람이다"

이 말은 고 이병철 삼성그룹회장이 1980년 7월 전국경제인연합회 회장 취임 연설에서 한 것이다. 또 그는 "내 일생을 통해 한 일중 80%는 인재를 모으고 키우는데 시간을 보냈다"고 말했다. 그리고서 이병철 회장은 "인재제일주의" "삼성맨"을 강조하면서 삼성그룹을 한국의 대표기업으로 성장 · 발전시켰다.

SK그룹도 "사람이 곧 비즈니스/기업/회사"라는 철학으로 성공을 일궜다. 1953년 SK그룹 태동 당시부터 전통으로 내려 온 인내사(人乃社), 즉 사람이 비즈니스/기업/회사라는 철학이 오늘의 SK그룹을 있게 한 힘의 원천이다. 이것은 SK그룹 창업주이며 전국경제인연합회 회장을 지낸 고 최종현 회장의 인간적 면모를 보여 준다.

2) 비즈니스/경영/기업/영업 활동/장사의 뜻

현대비즈니스는 (1) 창업기업가, 기존 기업의 소유자, 전문경영자, 다양한 형태의 기업들이 이익최대화(profit maximization) 등 비즈니스/기업목적들(business/corporate objectives)을 추구하기 위하여, (2) 국내시장과 글로벌시장에 존재하는 소비자/고객들의 제품과 서비스에 대한 니즈 · 욕구 · 선호를 충족시키려고 그들에게 그런 제품과 서비스를 "일상적으로 제공하고 거래(routinely provide and transact)를 하는" 비즈니스/경영/기업/영업활동(business activity)의 뜻으로도 사용된다.

그런 비즈니스활동은 속된 말로 "장사" "상업활동"이라는 뜻으로도 사용된다.

3) 사업/영업 분야 또는 영업장소의 뜻

현대비즈니스는, 이익최대화 등에 목적을 둔 국내외비즈니스활동을 추진하는 데 필요한 기존의 또는 신규로 착수/진입하는 사업/영업 분야(들)(business(es), business area(s))의 또는 상업/영업 장소(places of business) 뜻으로도 사용한다.

4) 기업/회사 경영관리 기능/과정의 뜻

현대비즈니스는, 기업/회사 경영관리의 기능/과정(corporate management functions/processes)의 뜻으로도 사용한다.

5) 기업가/기업인/경영자의 뜻

현대비즈니스를, 국내외비즈니스활동을 책임지고 수행하는 가장 중요한 인적자산/자원(human asset/resources)이면서 기업의 리더들인 기업의 최고경영자 · 경영자(corporate CEO, enterpriser, manager)의 뜻으로도 사용한다.

6) 개별기업체의 뜻

현대비즈니스는, 주로 경제가치형성/부가활동(primarily economic-value forming/adding activities)을 담당 · 수행하면서, 국내외비즈니스활동을 직접 담당 · 수행하는 개별주체(an entity)인 개별기구(individual institution)인 개별기업체(individual business firm, enterprise, company, corporation)의 뜻으로도 사용한다.

7) 기업체들/기업들/기업그룹/복합기업의 뜻

현대비즈니스는 국내외비즈니스활동을 직접 담당하는 주체들(entities)인 복수의 개별기업체들을 한데 뭉뚱그려 지칭(collectively indicate)하는 ① 기업체들/기업들(business firms, enterprises, companies, corporations)의 및 ② 기업그룹들(business groups) 내지는 같은 뜻인 복합기업들(conglomerate firms/corporations)의 뜻으로도 사용한다.

8) 사회비즈니스기업의 뜻

현대비즈니스는 사회비즈니스기업(social business enterprise)으로서 사적(私的) 가치와 공적(公的) 가치를 함께 추구하는 기업을 말하기도 한다. 사회적 책임을 별도로 생각하는 것이 아니라 기업활동 자체를 통해 사회 책임을 다하는 것이 특징이다.

투자자 자금을 주로 환경 · 건강관리 · 아동 · 빈곤탈출 등의 사업에 투자한 뒤, 수년에 걸쳐 원금을 되돌려 주는 사업을 한다. 이익을 얻더라도 배당을 하지 않는 것이 원칙이다.

9) 경영학의 뜻

현대비즈니스는, 경영학(고유명사이니만큼 B와 A는 반드시 대문자로 하여 Business Administration으로 표기해야 함)의 뜻도 담고 있다.

예컨대, "대학생들이 최근에 가장 선호하는 전공분야 중의 하나는 "(현대)비즈니스"라고 말한다면, 그 말은 경영학(經營學)의 뜻으로 사용한 것이다.

맺 는 말:

현대비즈니스는 동시에 위와 같이 여러 가지 뜻들을 내재하고 있으며 또한 여러 가지 뜻들로 사용되고 있는 것이 사실이다. 그러니만큼, 현대비즈니스 및 그 수행주체인 현대기업 등을 연구대상으로 하는 경영학의 연구범위에는, 최소한 위의 아홉 가지가 포함된다는 사실을 이해할 필요가 있다.

2. 현대비즈니스의 수행주체인 현대기업의 본질

1) 현대기업의 정의

(1) 현대기업의 간단한 정의

① 앞의 "1. 현대비즈니스의 본질"에서 이미 설명했듯이, 현대비즈니스(modern business)란 술어에 내재된 여러 가지 뜻들 중에서 핵심적인 뜻들은 ⓐ 비즈니스활동들(business activities)과 ⓑ 그런 비즈니스활동들을 직접 담당 · 수행하는 주체들(entities)인 현대기업체들/기업들(modern business firms)이다.

② 비즈니스활동들이란, 전통적으로 국내외시장에 존재하는 소비자/고객들에게 일상적으로 제품과 서비스를 제공할 목적으로 개인들과 집단들이 조직화하고 지휘하는 주로 이익추구활동들(primarily profit-seeking activities)이라고 정의할 수 있다.

③ 한편 현대기업체들/기업들이란 개인들과 집단들이, 시장경쟁력 향상을 통해 이익최대화 등에 궁극적 목적을 두고서, 국내외시장에서 제품과 서비스를 생산/소싱하여 국내외시장에 판매/마케팅하는 비즈니스활동들을 조직화하고 지휘하는 비즈니스주체들(business entities)이라고 정의할 수 있다.

(2) 현대기업의 구체적 정의: 시장기반 자본주의경제체제의 테두리 속에서, 비즈니스자원과 윤리적 행동을 융합하는 주체

좀더 자세히 설명하면 현대기업은, 아래와 같은 특성을 지닌 주체라고 말할 수 있다.

① 국내외 소비자 만족 최대화를 통하여 이익최대화 등 기업/회사 목적들을 최대한 달성하는 데 궁극적 목적을 두는 주체이다.

② 입헌민주주의 정치체제 · 그것에 바탕한 자유시장경제체제 · 그것

에 바탕한 자유기업제도를 합친 것을 뜻하는 시장기반 자본주의경제체제의 테두리 속에서(within the framework of market-based Capitalistic Economic System) 변화하는 국내외 비즈니스환경을 고려하고 또한 소속된 국가사회시스템의 게임규칙과 기대(rules of game and expectation)에 맞추어 기업/비즈니스를 운영하는 주체이다(예증 1-2 참조).

③ 비즈니스/회사 자원을 소싱하여 국내외 소비자가 원하는 제품과 서비스로 변환(transform)시키는 등의 기업/회사 경영활동(corporate managing activities)을 합법적 · 윤리적 행동(legal and ethical behavior)과 융합시키는 주체(blending entity)이다.

예증 1-2 *ILLUSTRATION*

자유시장주의 對 정부개입주의

일반적으로 시장기반 자본주의경제체제, 자유시장주의, 시장경제체제 등은 같은 뜻으로 사용되고 있다. 이 책에서도 이들을 상호교환적으로(interchangeably) 사용한다.

자유시장주의는 기업의 자유로운 경쟁을 경제운용의 기본 원리로 삼는다. 시장에서 경쟁이 활성화될 때 성장이 극대화된다고 보며 시장에 대한 정부 간섭을 최소화할 것을 요구한다.

반면 정부개입주의는 자유경쟁이 필연적으로 사회 양극화를 초래한다고 보고 정부가 시장에 대해 일정한 규제를 가해야 한다고 주장한다. 또 성장을 위해서도 정부의 시장개입이 필요하다고 본다.

그런 자유시장주의는, 미국 · 서유럽 등 선진국들에서는 아주 오래전부터 널리 수용되고 실행중인 현대기업의 정의이다.

그런데도 우리나라에서는 당면했던 외환위기에서 벗어나기 위하여 1997~2001년 기간에 국제통화기금(International Monetary Fund)으로부터 구제금융(financial bailout)을 받은 이후에야, 그런 현대기업의 정의가 비로소 우리나라의 기업들과 그 경영자들의 두뇌 속에 서서히 박혀 들기 시작했다.

2) 현대기업의 본질

독자들에게 "현대기업이 무엇인지"(what-is-it)를 보다 잘 이해시키기 위해 현대기업의 본질(the nature of modern/contemporary business firms, companies, corporations)을 설명하면 아래와 같다.

(1) 현대기업은 이익추구/이익창출 등 목적지향적인 사회 · 경제기구이다

① 현대기업은, 이익추구/이익창출 목적(profit-seeking/profit generating objectives)을 포함한 기업/회사 목적들을 달성하기 위하여 의식적이고도 합리적으로 구성되고 경영되는 목적지향적 사회 · 경제기구(objective-oriented socio-economic institution)이다.

② 그러므로 정부 · 정치인 · 일반대중 · 교육기관 · 사회행동단체(NGO) · 노동조합 등 기업 이외의 국가사회시스템의 구성요소들은, 기업을 비영리기구(non-profit institution)로 보거나 취급하지 말고, "기업을 오직 기업으로만 보고 또한 영리기구로 취급해야 한다."

즉 기업을, 이익추구 등에 주목적을 둔 고유한 경제적 역할과 기능(unique economic roles and functions)을 담당 · 수행하는 대표적인 경제기구(the representative economic institution)로만 보고 또한 당연히 그렇게 취급하고 지원해야만 한다.

③ 왜냐하면, 국내외에서 현대기업의 가장 중요한 본질은 이익추구/이익창출이기 때문이다. 그래서 국내외에서 법과 비즈니스윤리를 지키면서 이익을 많이 올리는 기업일수록, 우리는 당연히 "애국하는 기업" "선량한 일류기업" "존경히는 기업" 등으로 취급해 주고 그에 상응하는 대우를 해 주어야 한다.

(2) 현대기업은 다양한 기업/회사 자원으로 구성된다

① 이익창출 등을 주목적으로 현대기업을 창설하고 지속적으로 운영/경영하는데는, 특허 등 지적자산 · 정보자원 · 인적자원 · 자본자원 · 하드기술 및 소프트기술(첨단지식 포함) 자원 · 기계와 시설 및 원부자재 등 물

적자원 · 토지 · 가치 있는 디자인과 브랜드와 이미지 등 다양한 기업/회사자원(corporate resources)이 필수적으로 필요하다. 그런 것들이 현대기업을 구성하는 필수 요소들이기 때문이다.

② 그러므로 기업을 창설하고 지속적으로 운영/경영하려면, 기업자원을 효율적으로 조달/소싱(supply/sourcing)하여 혼합(blending)하는 합리적 경영행위(rational managing activities)를 반드시 수행해야 한다.

(3) 현대기업은 소비자만족 최대화를 위해 일상적으로 비즈니스활동을 수행해야 한다

① 현대기업은, 이익창출에 주목적을 두고서, 국내외 소비자/고객들을 지속적으로 만족시키기 위하여 일상적으로(routinely) 제품과 서비스를 생산/소싱 · 판매 · 제공하는 등 경제가치형성(economic-value forming) 내지 가치부가활동(value-adding activities)을 하는 데 필요한 모든 비즈니스활동을 지속적으로 수행해야 한다.

② 경제가치형성/가치부가활동이란, ⓐ 합리적 경영행위를 통하여, 제품 · 서비스소싱/생산에 투입되는 기업자원 투입코스트(corporate resources input cost)보다 더욱 높은 경제/시장 가치(economic/market value)를 지닌 제품 · 서비스로 변환(transform)시킴으로써, ⓑ 산출가치(output value)를 투입코스트보다 최대한으로 많게 증대시켜서 잉여이익(surplus profit)을 창출하는 행위를 수행하는 것을 말한다.

(4) 현대기업은 비즈니스활동의 주체인 동시에 시스템이다

① 현대기업은 비즈니스활동의 주체이다

현대기업은 집단적/개별적으로, ⓐ 비즈니스의 구상 · 계획 · 집행 등의 비즈니스의사결정 과정을 밟아 비즈니스활동을 이니시에이트(initiate)하고, ⓑ 또한 창의성과 혁신성을 발휘하면서 비즈니스활동을 직접 수행하고 관리하는 일종의 주체인 동시에 시스템(an entity and system)이다.

그러므로 어떤 기업이 일단 대규모 공개기업으로 성장하게 되면, 법적 지위에 있어서나 사회가치관으로 보아, 대주주나 어느 개인의 사적 소유물이 아니라 사회의 공기(public organ)로 취급해야 한다.

② 현대기업은 비즈니스활동을 하나의 시스템으로서 수행해야 한다

ⓐ 현대기업은 하나의 토탈로서/시스템으로서 작동하는 인체(人體)에 비유할 수 있다.

ⓑ 그 이유는 기업최고경영자(corporate CEO)의 리더십하에서, 기업자원(corporate resources)과 eBusiness · 구매 · 생산/소싱 · 마케팅 · 재무 · 인사 · 국제무역 및 국제비즈니스 등 운영-기능분야(operations-functional areas)를 합리적으로 통합/혼합(integrate/mix, blending)하여 전사(全社)차원에서 경영전략(corporate business strategy)을 계획 · 조직화 · 조정 · 통제하는 등 경영관리기능(management functions)을 수행해야만, 비로소 현대기업은 하나의 토탈/시스템(a total or system)으로서 경영관리가 합리적으로 이루어져 추구목적을 효과적으로 달성할 수 있기 때문이다.

⑸ 현대기업은 변화하는 국내외 비즈니스환경과 상호작용하면서 비즈니스활동을 전개해야 한다

① 현대기업은, 경제 · 정치 · 법률 · 문화 · 기술 · 지적재산권 · 경쟁 · 유통구조 · 윤리 · 지리 등으로 구성된 항상 변화하는 국내 및 글로벌 비즈니스 환경(domestic and global business environment)과 상호작용하면서 (그러나 영향을 주는 것보다는 영향을 더 많이 받으면서) 국내외 비즈니스 활동을 전개해야 한다.

② 그러므로 현대기업은, 국내외 비즈니스 환경변화에 적응 · 대응(adapt and counteract)할 수 있도록 보유한 핵심역량들(core competence areas)을 최대한 이익적으로 활용할 수 있게 국내외경영전략을 결정하여 집행해야 한다.

⑹ 현대기업부문은 국민경제활동의 가장 중요한 주체이며 추진력이다

① 우리나라뿐만 아니라 어느 시장경제 국가에 소속되있든간에 모든 현대기업들을 합친 것을 뜻하는 기업부문(business sector)은, 국민경제(national economy)를 형성하는 아래의 4개 부문 중에서 가장 중요한 주체이다.

즉, 국민경제활동의 주체들은 가계부문(household sector), 기업부문, 정부부문(government sector), 해외부문(foreign sector) 등인데, 그중에서 가장 중요한 경제주체는 물론 기업부문이다.

② 이들 부문들은 상호의존적이고 상호순환적인 관계를 갖고 있다. 즉, ⓐ 생산된 제품과 서비스를 구매/수요하기 위해 돈을 지출하는 지출측면, ⓑ 가치부가(value-adding)를 하면서 제품과 서비스를 생산하는 생산측면, ⓒ 제품과 서비스를 생산하기 위하여 생산요소(factors of production; 미시적으로는 기업자원과 같은 뜻임)에 지불하는 임금 · 가격 · 코스트 · 이자 · 임대료 · 이익배당 포함 분배측면 등 세 가지 측면을 기준으로 할 때, 4개 경제주체들 중에서 가장 중요한 주체는 기업부문이다.

③ 그래서 국민경제를 성장 · 발전시키는 데 있어서 가장 중요한 추진력(propelling force, engine)을 제공하는 것은 물론 기업부문이다. 이것은 모든 현대기업들을 합친 기업부문이 성장 · 발전해야만 국민경제가 비로소 성장 · 발전할 수 있다는 뜻이다. 그리고 국민경제가 성장 · 발전해야만, 우리나라라는 국가도 성장하고 부강해지고 일자리도 늘어나고 1인당 소득도 증가하면서 평준화될 수 있다는 뜻이다(예증 1-3 참조).

예증 1-3 *ILLUSTRATION*

"중국 학생, 한국 학생보다 자본주의적"

시장경제의 핵심은 자유와 경쟁이다. 그런데도 한국의 초 · 중 · 고교 경제교육이 사회주의국가 중국보다도 시장경제에 대해 더 부정적이고 기업의 본질에 대해서도 비뚤어진 인식을 심어주고 있다고 한다. '경제발전의 가장 중요한 주체'를 묻는 질문에 중국 학생들은 '기업'(46%)을 1위로 꼽았다. 한국 학생들은 '정부'(32.7%)가 더 중요하다고 답했다. 시장경제에서 정부와 기업의 역할이 어떠해야 하는지에 대해 우리 학생들이 180도 거꾸로 이해하고 있는 것이다.

문제의 근원은 경제 교육에 있다. 2005년 10월 재정경제부가 초 · 중 · 고 경제교과서 114종을 분석했더니 개념이 잘못 설명됐거나 반시장적인 내용이 446군데에 이르렀다. '가족끼리 외식을 즐기는 것은 이기주의적' '자본주의에선 아무리 노력해도 가난에서 벗어나지 못한다'는 등의 내용이 버젓이 실려 있었다. 반면 중국의 경제교과서는 '기업은 시장경제의 가장 중요한 주체' '기업은 이익을 목적으로 하며 기업

한국보다 더 시장경제적인 중국 학생 의식 (단위: %)

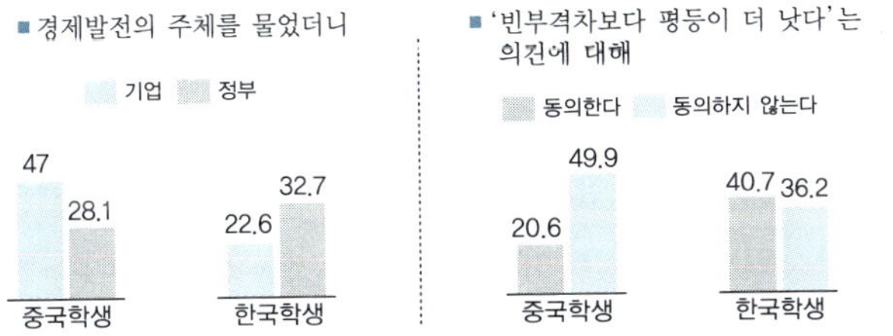

※한국 학생 상대로 한 조사는 2003년 전경련 실시 자료: 류태하 · 김정섭의 중국 초중고 414명 조사 결과

이익이 증가해야 국가에 더 많은 부와 번영을 가져다 준다'고 돼 있다. 뒤틀린 교육을 받고 자란 우리 학생들이 사회에 나와 어떻게 시장경제에 적응할 것이며 그들이 이끌 한국경제의 미래는 어떤 모습일지 답답할 뿐이다.

중 · 고등학교의 좌경 교재 · 교사들의 영향 때문에 한국학생들의 잘못된 인식의 예

① 기업의 역할/목적은 이익을 사회에 환원하는 데 있다.
② 이익은 근로자의 착취에서 나온다(Karl Marx의 잘못된 주장)
③ 富를 축적하는 것은 비윤리적이고 부도덕한 행위이다.
④ 이익을 많이 창출하는 것은 나쁘다. 따라서 대기업들과 기업그룹들은 나쁘다.

- 위와 같은 잘못된 생각/오해를 가지고는 기업에 들어가 생산적인 행동을 하기 어려움.
- 기업에 취직 않더라도, 반기업정서(anti-business sentiment)를 가질 가능성이 많음.
- 아이러니컬하게도 그런 반기업정서를 가진 사람들도 직장으로는 대기업을 선호함.

출처 : 중앙일보, 2006년 3월 2일, p. ED.

제 2 절 경영학 연구로 현대비즈니스와 현대기업을 연구해야 하는 이유

본절에서는 "왜"(why) "점점 많은 학생들과 기업경영에 관심이 있는 사람들이 ① 현대비즈니스, ② 현대비즈니스활동, ③ 현대비즈니스활동의 주체인 현대기업 등에 대해, ④ 그리고 그들을 연구대상으로 하는 경영학을 공부/연구(study)할 필요가 있고 또한 공부하고 있는지"를 설명한다.

(1) 현대비즈니스/기업의 고유한 역할과 기능에 대해 강력한 개인적 신념을 구축할 필요가 있기 때문에

① 독자가 민주산업사회의 책임성 있는 시민으로서 주어진 권리를 제대로 행사하고 책임을 다하려면, ⓐ 국가 · 정부 · 언론 · 학계 · 기업계 등의 차원에서 토론 · 논란 · 이슈 등이 되고 있는, 현대비즈니스/기업의 고유한 역할들과 기능들(inherent roles and functions of modern business)에 대한 정확하고도 충분한 이해력을 가져야 한다. ⓑ 그리고서 그런 이해력을 바탕으로 해서, 나름대로의 논리적 가치판단을 하고 강력한 개인적 신념/철학을 가지고 행동화할 수 있어야 한다.

② 그러므로, 독자는 우선 우리나라사회와 지구촌사회에서 비즈니스와 그 수행주체인 현대기업이 어떠한 중요하면서도 고유한 역할과 기능을 담당 · 수행하는지부터 먼저 명확히 이해해야 한다.

(2) 소비자 및 투자자로서 정보에 밝은 현명한 의사결정을 할 필요가 있기 때문에

① 현대비즈니스와 그 수행주체인 현대기업이 어떻게 기능(functioning)하는지 등을 명확히 이해하고 파악할 수 있게 되면, ② 독자는 소비자로서 그리고 투자자로서 정보에 밝은 보다 현명한 의사결정을 할 수 있을 것이기 때문이다.

(3) 원하는 비즈니스분야에 취업하기도, 취업한 분야에서 승진하기도, 직장을 옮기는 것 역시 쉬워지기 때문에

독자는 ① 원하는 업종과 업태의 기업에 취업하기도 쉬워지고, ② 보유한 핵심역량(core competence)을 활용하여 취업한 기업에서 최고경영자(CEO)까지 승진할 수 있는 찬스도 많아지고, ③ 한 비즈니스 업종 · 업태에서 다른 비즈니스 업종 · 업태로 승진하면서 직장을 옮기기도 쉬워지기 때문이다.

(4) 현대비즈니스를 창업하기도 쉬워지고 그 성공확률도 높아지기 때문에

① 만일에 독자가 언젠가는 기업가로서 스스로 기업을 창업하여 성공적으로 운영하기 원한다면, 무턱대고 비즈니스(장사, 사업)를 시작하지 말고, 대학재학시부터 "현대경영학원론" "중소기업창업론" 등을 포함한 비즈니스와 그 활동의 모든 측면에 대해 배우고 실력을 쌓아야 한다. 그래야만 성공적으로 창업할 수 있는 독자의 능력과 찬스가 커지기 때문이다.

② 또한 독자는 창업에 필요한 어느 정도 충분한 자금을 마련하기 위해서도, 창업하기 전에 일정기간 동안 "남의 기업"에 취직하여 "남의 월급"을 받는 또는 "남의 밥도 먹어 보는" 종업원 내지 중간관리자로서 경험을 쌓는 것이 바람직하기 때문이다.

제 3 절 경영학은 프로페셔널-실용적 학문

1. 경영학의 기본 특성

"경영학이란 무엇인가?"(What is Business Administration?) 현대비즈니스 · 현대기업 등과 직결된 과제들을 연구하는 프로페셔널-실용적 학문인 경영학의 기본 특성(basic characteristics)부터 설명하면 아래와 같다.

1) 경영학은 하나의 뛰어난 프로페셔널-실용적 학문이다

경영학은 다음과 같은 단계를 거쳐 발전하면서 오늘에 이른 하나의 뛰어난 프로페셔널-실용적 학문이다.

(1) (자본주의 사상이 최초로 형성된 곳은 물론 18세기 영국이지만) 자본주의를 최초로 가장 철저하게 받아들이고 실천하기 시작한 미국에서 1900년경부터 경영학이 발전하기 시작했다.

(2) 그러다가 특히 미국이 이끈 연합국들이 승리한 제 2 차 세계대전 이후부터 경영학은 꾸준히 증가현상을 보였다.

(3) 그러다가 특히 1990년경 동서냉전이 끝나고서부터 시장기반 자본주의(Market-Based Capitalism)를 받아들이고 실천하는 국가들이 급증하는 것에 발맞추어서 경영학은 전체지구로 비약적인 발전을 거듭했다.

(4) 그래서 경영학은 21세기 현재 중국 · 러시아 · 베트남 · 동유럽 등 과거의 공산국가들까지를 포함하여 전체지구촌으로 급속히 확산중인 하나의 뛰어난 프로페셔널-실용적 학문(an outstanding professional and pragmatic academic discipline)이다.

2) 경영학의 연구대상은 현대비즈니스와 현대기업 등과 직결된 모든 과제들이다

(1) 시장기반 자본주의의 주축은, 국내외 소비자들로 구성된 시장(market)을 서브하고 충족시키는 활동을 담당하는 현대비즈니스(modern business)이다. 그중에서도 大 · 中 · 小 규모의 사유비즈니스/기업(private business/enterprise)이다.

(2) 그러므로 경영학의 연구대상에는, 당연히 모든 형태의 비즈니스활동들 및 모든 규모의 현대기업들과 깊은 관련이 있는 아래와 같은 모든 과제들이 포함된다.

① 현대비즈니스활동의 대표적인 주체인 사유기업(private business firm, enterprise, company, corporation)의 본질, 사회적 존재가치, 추구목적, 법적 형태

② 기업 및 그 활동에 영향을 미치는 항상 변화(ever-changing)하는 글로벌(전체지구촌)차원 · 지역차원(예: 동북아) · 국내차원의 경제, 정치-정부, 법률, 기술, 자원, 정보 등 비즈니스환경(business environment)을 구성하는 요소들

③ 창업기업가가 기업을 창업하고 성장 · 발전시키는 다이나믹 프로세스(dynamic process of business start-up, growth, and development)

④ 기업가와 프로페셔널 경영자가 기업을 성공적으로 경영하는 데 필수적인 경영관리, eBusiness, 소싱/생산 및 운영관리, 마케팅, 글로벌 무역과 비즈니스, 재무관리, 리스크관리와 보험, 인적자원관리, 회계, 경영정보시스템, 관리과학 등.

물론 저자는 그런 과제들 모두를 이 책의 제 2, 3, 4 부에서 구체적으로 설명한다.

3) 경영학은 현대기업의 본질과 시장기반 자본주의에 대한 철저한 인식과 실천이 전제조건이다

(1) 경영학연구에서는 기업의 본질과 시장기반 자본주의(표 1-1에 제시한 입헌민주주의 정치체제에 바탕을 둔 시장경제체제와 자유기업제도, 같은 뜻인 자유시장주의, 자본주의 시장경제, 자유기업경제)의 본질(fundamental characteristics of market based capitalism)에 대한 철저한 인식과 그 실천을 전제조건으로 하고 있다.

(2) 현대기업 운영에서는 실용주의를 강조하기 때문에 경영학연구에서도 실용주의(pragmatism)를 강조한다.

① 경영학이 발전하기 훨씬 이전부터 미국의 국가 철학(national philosophy)은 실용주의이다. 그런 관계로 실용주의는 경영학이 처음 발전하기 시작했을 때부터 경영학의 철학적 초석(philosophical foundation)이기 때문이다.

② 기업과 그 경영에 직결시킬 때 실용주의는, ⓐ 외형(outward appearance) · 형식(form) · 위신/체면(face-saving) · 겉으로 보이는 매출액 · 시장점유율 · 종업원 수 · 계열사 수 · 본사빌딩 크기 등의 외형성장만을 위한 성장추구보다는, ⓑ 보유한 브랜드 · 정보 · 지식 · 인력 · 자금 · 기술 등 기업자원을 실제로 기업활동에 합리적으로 적용 · 투입하고 관리하여 추구하는 이익 · 이익성 · 현금유입 · 재무유동성 · 질적성장 등 기업목적들 달성이라는 실제성과(actual results) 창출 등 내실(substance) 있는 실제 실적(actual performance)을 최대화하는 것을 중요시하고 강조하는 철학 내지 사고방식이기 때문이다.

표 1-1 자유시장주의/시장기반 자본주의제도의 초석들/구성요소들

자유시장주의/시장기반 자본주의제도의 초석들/구성요소들
자유기업제도(free enterprise system)
자유시장경제제도(free market economic system)
입헌민주주의 정치제도(constitutional democratic political system)

4) 경영학에서는 실시간 베이스로 분석적 · 문제해결중심적 · 합리적 사고방식 · 의사결정 · 행동화를 강조한다

(1) 경영학에서는 기업가 · 경영자가 기업 및 그 경영과 관련된 철학 · 목적 · 전략 · 전술 · 프로그램 등을 결정하고 당면문제를 해결할 때에 실시간 베이스(real-time base)로 ① 분석적 접근(analytical approach), ② 문제해결중심적 접근(problem-solving centered approach), ③ 합리적인 사고방식 · 의사결정 · 행동화(rational thinking, decision, actionization), ④ 합리적 시간관리(rational time management)를 각별히 중요시하고 강조한다.

(2) 합리적 경영관리(rational management)를 강조해야 한다 함은, ① 효율성(efficiency), ② 효과성(effectiveness), ③ 경제성(economy)을 모두 동시에 최대화하는 것을, 즉 합리성(rationality)을 강조해야 한다는 뜻이다.

5) 경영학에서는 실제 경영 성과 · 효과 · 실적을 중요시하고 강조한다

(1) 경영학에서는 그리고 기업경영에서도 기업의 생존 · 이익 · 이익성 · 현금유입 · 재무유동성 · 혁신도입 · 기술적 돌파 등 기업목적들을 기준들로 삼고서 기업가 · 경영자가 달성해야 하는 실제 성과 · 효과 · 실적(actual result, effect, performance)을 중요시하고 강조한다.

(2) 즉, 말로만 그런 기업목적들의 달성을 떠들지 말라는 뜻이다.

6) 경영학에서는 공정경쟁, 비즈니스윤리 등 공정한 게임규칙을 강조한다

(1) 경영학과 기업경영에서는 다 같이, 법과 질서(law and order)를 지키는 것, 공정경쟁(fair competition)을 하는 것, 비즈니스윤리(business ethics)를 지키는 것, 사회적 책임(social responsibility)을 다하는 것 등을 포함한 "공정한 게임의 규칙"(fair rules of game)을 강조한다.

(2) ① 기업가 · 경영자는 공정한 경쟁규칙을 지키면서 경영 성과 · 효과 · 실적 달성에서 경쟁자들을 실제로 능가(actually outperform)하는 것을 중요시하고, ② 공정경쟁을 통하여 경쟁자들을 실제로 능가하는 기업 · 기업가 · 경영자만이 살아남고 이익 등 재무적 보상을 받고 성장 · 발전해야 한다는 것이 시장기반 자본주의의 두드러진 사고방식이고 태도이기 때문

이다.

즉, 기업 · 기업가 · 경영자의 능력과 실력(ability and competence)은, 실제로 달성(actually achieve, produce)한 경영 성과 · 효과 · 실적 등을 척도(measurement)로 삼고 평가해야 한다는 뜻이다.

(3) 그래서 기업 · 기업가 · 경영자는, 경쟁기업 · 경쟁경영자보다도 실제로 뛰어난 경영 성과 · 효과 · 실적을 창출하든지 아니면 사라져야(either produce actual results or perish) 한다는 것이 일반적 사고방식이다.

7) 경영학은 시장기반 자본주의제도/자유시장주의의 테두리 속에서 자유로운 경제/기업활동 보장이 대전제이다

(1) 경영학과 기업경영은 다 같이, 공정한 게임규칙의 테두리 속에서 민간인과 민간기업이 최대한의 경제적 자유(economic freedom)를 누리면서 자율적으로 기업활동을 할 수 있도록 정부가 보장해 주는 제도적 장치인 시장기반 자본주의제도/자유시장주의의 정착을 대전제조건으로 삼고 있다.

(2) 우리나라에서는, 정부가 우리나라 기업에 대한 과다한 규제(excessive regulation)로 우리나라 기업의 경제적 자유를 지나치게 억제하기 때문에, 이 대전제조건이 대체적으로 충족되지 않고 있다(예증 1-4 참조).

8) 경영학은 산업사회가 요구하는 프로페셔널 경영지식의 니즈와 수요증가에 순응하고 충족시키는 책무도 있다

(1) 프로페셔널-실용적 학문이니만큼 경영학은, 생성된 1900년경부터 21세기 현재까지, 기업을 국내외시장에서 실시간(real-time)으로 합리적으로 경영관리하는 데 필수적인 프로페셔널 경영지식에 대한 증가하는 산업사회의 니즈와 수요(industrial society's increasing needs and demand for professional business knowledge)에 순응(respond)하면서 발전하여 왔다.

(2) 21세기가 진전될수록 경영학은, 새로운 프로페셔널 경영지식에 대한 증가하는 니즈와 수요에 순응하면서, 지속적으로 발전해야 할 책무가 있다.

예증 1-4 *ILLUSTRATION*

2007년 한국 경제자유도 157개국 중 36위

세계 각국의 경제적 자유도 조사에서 홍콩이 13년 연속 1위를 차지했다. 한국의 순위도 2006년 45위에서 2007년 36위로 올라갔다. 그러나 일본(18위)·대만(26위) 등 아시아 경쟁국가에 비해서는 여전히 뒤진 순위다. 꼴찌는 북한이 차지했으며 쿠바(156위)·이란(150위) 등이 하위권이었다. 매년 실시되는 경제자유지수는 재산권보호, 정부 규제, 조세 및 재정정책, 정부의 시장 간섭, 통화정책, 무역정책 등을 평가해 순서를 매긴다.

출처 : 중앙일보, 2007년 1월 17일, p. E2.

한국의 경제자유도 (100점 만점)

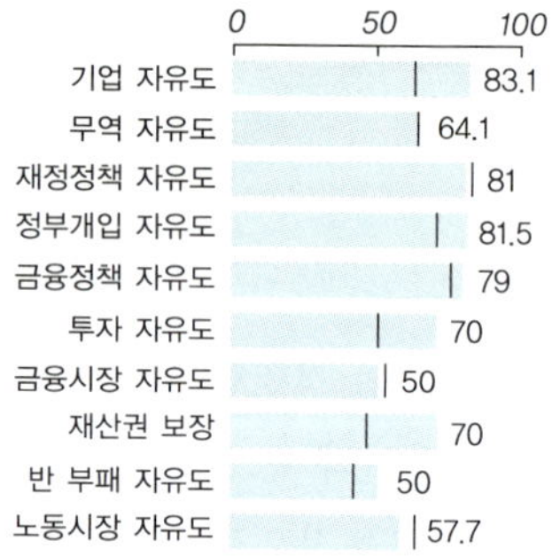

※ | 는 세계 평균

2007년 세계 경제자유도 순위

1 홍콩(1)	6 영국(5)
2 싱가포르(2)	18 일본(27)
3 호주(9)	36 한국(45)
4 미국(9)	119 중국(111)
5 뉴질랜드(9)	157 북한(157)

※( )는 전년 순위 자료: 헤리티지 재단

9) 경영학은 프로페셔널 경영자를 교육·양성해야 하는 책무도 있다

(1) 그런 지속적으로 증가하는 프로페셔널 경영지식에 대한 국내외기업들의 니즈와 수요는, 곧바로 비즈니스 전문성(business expertise)을 보유한 프로페셔널 경영자들(professional managers)에 대한 니즈와 수요를 지속적으로 증가시키고 있다.

(2) 그러므로 경영학은, 증가적으로 국내외기업들이 요구하는 대로, ① 현재뿐만 아니라 미래에도 실제로 쓸모 있는 지식전수 → ② "바보일 수도 있는 자유"까지 보장하여 당장에는 엉뚱하게 보일 정도의 새로운 사고방법과 발상방법개발(예: 발명왕 토마스 에디슨) → ③ 문제해결 및 목적달성에 전략적 초점을 맞춘 실시간 의사결정방법개발 → ④ 실시간 행동

화방법개발 → ⑤ 비즈니스실적 최대화방법개발 등(예: 이병철, Bill Gates 등 회장)을 통하여, 프로페셔널 경영자들을 교육 · 양성하여 배출하는 기능과 책무 역시 다해야 한다.

2. 경영학의 발전 역사

경영학이란 무엇인가에 대한 설명의 연속으로서, 여기서는 경영학이 발전해 온 연혁을 중심으로 설명한다.

21세기 현재까지 전체지구촌으로 확산되어 거의 모든 지구촌 국가들이 도입하고 있는 경영학의 주류는 역시 미국에서 생성 · 발전한 것이다. 그러므로 아래에는, 미국에서 경영학이 발전해온 연혁에 대해, 그리고 그 경영학이 한국에 도입되어 발전해온 과정에 대해 설명한다.

1) 1900~1930년대 기간

(1) 미국경영학의 출발점은 대체적으로 테일러(Frederick W. Taylor)의 저서들인 「공장관리」(*Shop Management*, 1903)와 「과학적 관리의 원리」(*The Principles of Scientific Management*, 1911)의 출판이라고 할 수 있다.

① 미국에서도 그 시기에는 생산자원이 부족하고 생산기술마저 충분히 발달하지 못하여, 제품의 고질적인 생산부족 문제를 해결하는 것이 기업의 가장 중요한 당면문제였다. 그렇기 때문에 테일러는, 제품생산을 증대시키는 데 주목적을 두고 생산공장 내에서 인간이 생산기계를 효율적으로 활용하도록 인간을 과학적으로 훈련시키고 관리하는 데 중점을 둔 연구를 하고 저서를 펴 냄으로써, 경영학의 시발점을 기록했다.

② 미국 대학 차원에서는 1908년에 하버드 대학교가 경영대학원을 설립하고 교과과정을 상업학(商業學, Commerce)에서 경영학(經營學, Business Administration)으로 바꾸었다. 이어서 1910년을 전후하여 몇몇 대학에서 '공장관리' '제품의 마케팅' '마케팅방법' 등의 교과목을 개설하기 시작한 것 등은, 경영학을 학문의 그리고 고등교육의 차원에서 발전시킨 큰 계기가 되었다.

③ 1910년을 전후하여 미국이 생산문제를 대체적으로 해결함으로써

세계 최초로 산업국가(industrialized country)로 부상한 것이, 그런 큰 계기를 마련해 주었다.

(2) 1920년대부터 경영학은, 마케팅(판매; marketing) · 재무관리(financial management) · 인사관리(personnel management) · 회계(accounting) 등 다양한 분야로 확대되기 시작했다.

(3) 대공황이 있었던 1930년대 후반부터는 인간관계(human relations), 노동관계(labor relations), 산업조직(industrial organization), 경영관리(management) 등에 관한 연구가 활발히 전개되고 경영학의 학문적인 체계화도 이루어졌다.

2) 제 2 차 세계대전~1950년대 기간

(1) 제 2 차 세계대전중에 경영학의 계량화/정량화를 촉진시킨 계량적 경영기법들(quantitative business techniques)의 예로는 오퍼레이션스 리서치(operations research), 산업공학(industrial engineering), 계량경영분석(quantitative business analysis), 경영과학(management science), 경영정보시스템(management information system) 등을 들 수 있다.

(2) 1950년대부터는 심리학 · 사회학 · 문화인류학 · 인간생태학 등 행동과학(behavioral sciences)을 경영학 분야에 응용하기 시작했다. 그래서 마케팅과 관련된 소비자행동(consumer behavior)이라는 학문이 형성되었고 경영관리 분야에서는 조직운영에 행동과학을 응용한 조직행동(organizational behavior)이라는 학문이 태동되었다.

3) 1960~1980년대 기간

(1) 미국경제와 세계경제가 비교적 순탄하게 성장한 1960년대에는, ① 예컨대 마케팅분야에서는 소비자 지향적인 관리적 마케팅컨셉트(managerial marketing concept)의 응용이 더욱 확산되게 되었다.

② 역시 1960년대에는 불확실성이 증가하기 시작한 미국내 비즈니스 환경과 기업의 상호작용에 관한 경영학연구가 전개되기 시작하여 컨틴전시이론(contingency theory)이 등장했다.

(2) 그러다가 1970년대부터는 세계비즈니스환경이 돌변하기 시작

했다.

① 석유수출국기구(Organization of Petroleum Exporting Countries) 주도로 1973년에 발생한 제 1 차 석유위기(first oil crisis)를 계기로 세계/글로벌 비즈니스환경(world/global business environment)이 돌변하기 시작했다. 그에 따라, 그 영향을 받아 개별국가들의 국내비즈니스환경 역시 돌변했다.

미국기업의 국내외비즈니스환경도 예외는 아니었다. 그에 따라 미국기업들과 경영자들은 불확실성(uncertainty) 증가로 인하여 리스크(risk)마저 증가하는 국내외비즈니스환경에 전략적으로 적응하고 대응(strategically adapt and counteract)해야 할 필요성을 절감하게 되었다.

② 이란 혁명이 불을 붙이고, OPEC이 가세하여 1979년에 발생한 제 2 차 석유위기는 이미 돌변시킨 그리고 불확실성이 높아진 글로벌 비즈니스 환경을 더욱 악화시켰다. 그렇기 때문에, 환경돌변에 대한 전략적 적응 · 대응의 필요성을 미국기업들과 경영자들은 더욱 절감하게 되었다.

(3) 그런 상황하에서 미국기업들은 1970~1980년대부터, ① 국내외 시장을 대상으로 하는 (군사전략을 벤치마킹한) 경영전략(business strategy)을 대대적으로 강조하기 시작하고, ② 특히 다국적 비즈니스 확대에 목적을 두고서 다국적화 전략에 높은 비중을 두기 시작했다.

③ 그런 다국적 비즈니스 안목과 패턴의 변화에 순응하면서 경영전략 · 경쟁우위강화전략(competitive advantage strengthening strategy) · 국제비즈니스(international business) · 리스크관리(risk management) 등이 미국경영학분야에서 학문적으로 크게 발전했다.

4) 1990~2000년대 초 기간

(1) 공산진영과 민주진영간의 동서냉전이 종식된 1990년경부터는, 브랜드를 부착한(brand attached) 제품 · 서비스 · 기업간의 경쟁이 급속히 글로벌화(globalization; 전체지구촌으로 확산)되기 시작했다. 그렇기 때문에, 많은 미국기업들과 그 경영자들은 글로벌 비전/안목(global vision/perspective)을 가지고 글로벌경쟁력강화전략들을 강조함으로써 글로벌수준의 우량기업들(excellent companies)을 만들기 위하여 또는 경영위기를 극복하기 위하여 크게 아래의 두 가지 전략적 조치를 취하기 시작했다.

① 하나는 전사경영관리, 연구개발과 기술, 기업자원 조달/소싱, 투자, eBusiness, 생산, 마케팅, 인적자원, 회계, 경영정보 등을 네트워킹시켜 경영관리를 글로벌 차원에서 접근하기 시작했다.

② 또 하나는 (이미 1980년대에 시작된 것으로서) 핵심역량분야(core competence areas)에 초점/재초점(focus/refocus)을 맞추고서 임직원 구성 · 사업부문 · 경영관리 과정 등의 구조조정(restructuring), 운영규모 축소(downsizing), 벤치마킹(benchmarking) 등에 박차를 가하기 시작했다.

(2) 그와 같이 미국기업들이 글로벌 접근(global approach)을 채택한 이유는, 아래와 같은 돌변하는 글로벌 비즈니스 환경에 대한 전략적 적응 · 대응 필요성 때문이다.

① 1995년 세계무역기구(World Trade Organization)체제 출범 및 경제협력개발기구(OECD)와 국제통화기금(IMF)의 영향력 행사의 결과로, 지구촌에 존재하는 거의 모든 국가들에 속하는 기업들과 그 활동은 국내시장영역과 해외시장영역이 사라져 가는 "단일 지구, 단일 글로벌 시장 시대"(the era of one globe, one global market)로 돌입했기 때문이다.

② ⓐ 그래서 미국기업들을 포함한 지구촌(global village)의 거의 모든 기업들과 그 활동들은 WTO가 주도하는 "글로벌 시장장터의 새로운 규칙"(new rules of global marketplace)을 따르지 않을 수 없게 되어 갔다. ⓑ 그에 따라 글로벌 시장과 개별국가시장들 어디서나 국경 없는 무한경쟁(borderless infinite competition)이 심화되고 있기 때문이다.

③ 정보기술(Information Technology)의 기업활동에의 빠른 도입 · 활용 역시, 미국기업들을 포함한 모든 지구촌 기업들의 국경 없는 무한경쟁을 심화시키고 있기 때문이다.

④ ⓐ 그런 글로벌 환경변화 속에서 미국기업들 포함 지구촌의 점점 많은 기업들에게는, ⓑ 글로벌 경쟁력강화와 기업의 글로벌화(globalization of business)는, ⓒ 이제 더 이상 일종의 선택(a choice)이 아니라 일종의 필수요건(a requirement)으로 되어 가고 있기 때문이다.

21세기가 더욱더 진전(progress)될수록, 지구촌에서는 국적에 상관없이 비즈니스 및 그 주체인 기업의 글로벌화는 더욱더 필수조건이 될 전망이다(예증 1-5 참조).

예증 1-5 *ILLUSTRATION*

21세기는 글로벌화시대

글로벌화(억지로 번역하면 "세계화")에 내재된 여러 뜻들 중에서, 아래가 대표적인 뜻들임.

(1) 가장 보편적인 뜻: 글로벌화란 지구촌의 멀리 떨어진 지역과 국가에서 발생한 사건들(events)이 다른 지역과 국가에 영향을 미치는, 한 마디로 "전체지구촌 차원의 상호의존성"(global interdependence)이 강화되는 현상.

예 ① 뉴욕 증권시장의 주가변동 방향에 따라 즉각적으로 한국 및 기타 국가 증권시장의 주가변동의 방향이 결정되는 현상.

② Lehman Brothers, Merrill Lynch 등 미국의 대형금융회사들의 2008년 파산에 따른 미국發 금융위기가 한국 포함 지구촌 모든 국가들의 금융시장에 막대하게 나쁜 영향을 미치는 현상.

③ 웨스트 텍사스산, 두바이산, 북해산 등 원유 가격의 급상승(2008년 한때 배럴당 150달러 정도까지 상승)이 특히 한국 포함 비산유국들의 수입원유가격 급상승 초래로 기업과 경제에 막대한 타격을 주는 현상.

(2) 시장기반 자본주의 사회체제의 글로벌확산의 뜻: 영국에서 시작하여 미국에서 고도로 발달해온 "시장기반 자본주의 사회체제"(market-based capitalic social system)가 전체지구촌으로 급속히 확산되고 있는 현상.

(3) "비즈니스와 그 주체인 기업의 글로벌화"(globalization of business)의 뜻.

5) 경영학이 한국에 도입되어 발전하고 있는 과정

(1) 이상은 미국을 중심으로 한 경영학의 발전연혁을 요약한 것이다. 그런 미국경영학이 우리나라에 도입되기 시작한 것은 1950년대 말~1960년대 초부터인데, 도입 · 활용 · 정착의 정도는 해를 거듭할수록 가속화되고 있다.

(2) 그 결과 경영학은 전문분야별로 그리고 통합된 상태로 모두 우리나라에서 그 연구(study, research) · 교수(teaching) · 비즈니스적용(business

application) 등이 계속 확대중이고 토착화되어 가고 있다.

(3) 그렇지만 경영학을 구성하는 전문분야별로 그 연구 · 교수 · 비즈니스적용이 강조되어 온 순서와 정도는, ① 산업별로 우리나라기업들이 발전해 온 순서/단계 및 당면한 국내외비즈니스 환경변화의 성격, ② 그에 따라서 떠오른 비즈니스 기회와 이를 이익적으로 활용하는 데 사용한 경영전략들 및 해결해야 했던 주요 이슈/과제/문제들 등과 높은 상관관계가 있다.

(4) 결론적으로 말한다면, 우리나라에서 현재 연구 · 교수 · 비즈니스에 적용되고 있는 경영학은, 다분히 미국식 경영학을 답습하고 있는 것이다. 왜냐하면 미국식 경영기법은 이제 미국식이라기보다는 글로벌 스탠더드 경영기법으로 봐야 하기 때문이다.

3. 경영학의 세부 전공분야

경영학이란 무엇인가를 설명하는 연속으로서, 여기서는 경영학에는 어떤 세부적인 전공분야들(major areas/concentrations)이 있는지를 분야별로 우선 소개만 한다. 경영학 과목들을 선택하는 순서는 예증 1-6과 같다.

예증 1-6 *ILLUSTRATION*

경영학 과목들을 선택하는 순서

(1) 경영학은, 경영학분야에서 고유하게 발달해온 학문(예컨대 경영관리, 생산, 인사 등)뿐만 아니라 경제학 · 사회학 · 심리학 · 컴퓨터과학 · 정보통신 등 수많은 관련된 인접분야 학문들을 끌어다 활용하는, 일종의 통합된 학문(an integrated academic discipline)이다.

(2) 경영학은, 세부전공분야별로 연구(study, research)를 할 수도 있고, 경영학의 여러 연구접근방법들 중에서 어느 하나 또는 그 이상을 혼합하여 활용할 수도 있다.

(3) ① 경영학의 테두리 속에서 대학생 · 대학원생 · 교수 · 전문경영자 등이 전공/전념할 분야를 선택할 때도, 여러 대안의 전공분야들 중에서 어느 하나 또는 그 이상

의 혼합을 선택할 수 있다.

② 경영학을 복수전공(double major)하거나 부전공(minor)하는 대학생들은 소속 대학교/학부/학과에서 지정한 필수과목들을 이수하면 되고, 다른 분야를 전공히더라도 기업에 취직하려는 등 경영학에 관심이 있는 대학생들은 관심이 있는 정도만큼 관련 과목들을 선별적으로 택하면 된다.

(4) 대학생들은 경영학 과목들을 어떤 순서로 이수해야 하나? 물론, 소속 대학교/학부/학과의 요람에 실린 순서대로 이수해야 한다.

그렇지만 일반적으로 말한다면, ① 경영학관련 입문적/기초적 지식을 우선 획득하기 위해서도 학생들은 1학년때부터 원칙적으로 현대경영학원론, 회계학원론, 경영과 컴퓨터 등 기초과목들(foundation courses)을 우선 이수해야 한다.

② 그런 다음에 2학년 이후부터는 아래에서 설명하는 생산 및 운영관리 · 마케팅 · 재무관리 등 경영학 세부전공분야들의 원론과목들(principles courses)을 이수한 다음에 응용과목들(applied/advanced courses)을 이수해야 한다.

1) 경영관리와 조직행동

(1) 일정한 운영규모 이상으로서 어떤 업종 · 업태에 속하든지간에, 모든 기업들은 전사적(최고경영자) 관점에서 반드시 경영관리(management)를 해야 한다.

(2) 따라서 기업의 전반관리(over-all management)를 주된 연구대상으로 하는 경영관리 및 그와 밀접한 관계가 있는 조직행동(organizational behavior)은, 경영학의 범위 속에서 두 가지 전공분야들을 형성한다.

2) 기능적/운영적 분야들

(1) 기업들은(대체적으로 제조업체들, 자체생산까지도 하는 종합무역상사들과 대형 유통업체들, 생산품이 서비스인 대형 서비스업체들 등은) 추구하는 기업목적들을 달성하는 데 필수적인 공통된 주요기능들인 eBusiness, 소싱/생산 및 운영관리(sourcing/production and operations management), 마케팅(marketing), 재무(finance), 인사(personnel management)/인적자원관리(human resource management)와 노동관계(labor relations), 회계(accounting), 경영정보시스템(management information system), 해외무역(foreign trade)과

국제비즈니스(international business) 등을 수행해야만 한다.

(2) 그러므로 전통적으로 기능적/운영적 분야들(functional/operational fields)이라고 부르는 이들 역시, 경영학의 테두리 속에서 각기 전공분야들을 형성한다.

3) 특수산업적 분야들

(1) 원래에는 제조산업 이외의 산업들에 속하는 기업들을 연구대상으로 삼았기 때문에 전통적으로 특수산업적 분야들(industry fields)이라고 불렀던 분야들은 다음과 같다.

즉, 국제경영(international business), eBusiness, 비즈니스 로지스틱스(물적공급과 물적유통을 포함하는 business logistics), 리스크관리와 보험(risk management and insurance), 은행경영(banking), 소매업경영(retailing), 호텔 · 식당경영(hotel and restaurant management, hospitality management), 부동산 개발과 관리(real estate development and management) 등도 각기 경영학의 주요 전공분야들을 형성한다.

(2) 여기서 지적해 둘 것은, 기능적/운영적/특수산업적 분야들 사이의 구별(distinction)은 이미 오래전부터 무의미해졌다는 사실이다.

왜냐하면 점점 많은 기업들이, eBusiness · 경영다각화(business diversification) · 시장다변화(market diversification) · 합병과 매수(merger and acquisition) · 전략적 제휴(strategic alliance) · 글로벌화(globalization) 등의 경영전략을 활용하여, 복수산업들(multi-industries)에 걸쳐서 운영하는 중대규모의 복합기업들(conglomerate firms)로서 활약하고 있기 때문이다.

4) 경영의사결정 지원분야들

경영자들이 합리적 경영의사결정을 하는 것을 지원(support)하는 정보기술(Information Technology)을 확대 활용하는 (1) 분석도구들(의사결정용 분석도구들: analytical tools for decisions)인 계량경영분석(quantitative business analysis) · 오퍼레이션스 리서치(operations research) · 경영과학(management science)뿐만 아니라 (2) 법률적 환경을 파악하고 활용하는 데 필요한 상법 · 기업법(business law) 등도 각기 경영학에서 중요한 전공분야들이다.

제 4 절 경영학은 프로페셔널 경영학 교육의 기초

1. 프로페셔널 경영학 교육의 수혜자는 미래 프로페셔널 경영자

1) 프로페셔널 경영학 교육은 당연히 미래지향적이어야

그렇기 때문에 가까운 미래에 기업가 · 프로페셔널 경영자들이 되려는 독자들은, 대학때부터 프로페셔널 경영학 교육을 받기 시작해야 한다. 따라서 (5~10년 이후부터 실제로 활동하게 되는)미래 프로페셔널 경영자들(future professional managers)을 교육 · 양성 · 배출하는 것이 목표이며 책무인 현재 대학의 프로페셔널 경영학 교육은, 당연히 미래지향적(futuristic)이어야 한다.

2) 프로페셔널 경영자가 되기 위한 바람직한 요건

그런 프로페셔널 경영학 교육의 대상자인 프로페셔널 경영자라 함은, 단순히 돈을 벌기 위해 직업적으로 경영자노릇을 하는 사람이 아니라, 아래의 필수요건들을 갖춘 참된 프로페셔널(전문인)을 말한다.

(1) 프로페셔널 경영자가 되기 위한 바람직한 요건(desirable qualifications)은 가급적 대학에서부터, 더욱 바람직하게는 대학원수준 공식교육기관 및 산업교육훈련기관에서까지, 참뜻의 프로페셔널 경영학 교육(professional business education)을 받아야 한다(예증 1-7 참조).

예증 1-7 *ILLUSTRATION*

대학 안 나온 억만장자 많다

국내에서는 고 정주영 회장과 이병철 회장 등이 대학을 안 나오고도(공식학력은 중학교나 그 이하였음) 기업그룹을 이룩한 좋은 예이다.

해외를 보자. 2008년 7월 13일 포브스 인터넷판에 따르면 억만장자 1,125명 가운데 최소한 73명이 대학학업을 중도에 포기한 사람인 것으로 밝혀졌다.

델컴퓨터의 최고경영자(CEO) 마이클 델은 텍사스대 생물학과에 입학했지만 공부보다는 기숙사에 부품을 쌓아놓고 PC를 조립하는 데 열중했다. 그는 19세의 나이로 학교를 박차고 나와 델컴퓨터를 창업했다. 그가 창업한 회사는 수년 뒤 연간 매출 1억 달러를 돌파했다.

미국 카지노 업계를 주무르는 셸던 아델슨도 젊은 시절 뉴욕시립대에 적을 두고 있었지만 사업에 몰두하는 바람에 졸업은 하지 못했다.

리처드 브랜슨 버진그룹 회장은 대학 근처에도 가지 못했다. 잡지 사업을 시작하기 위해 16세에 학교를 자퇴했기 때문이다. 그는 버진 갤럭틱이라는 회사를 설립해 우주관광 사업을 준비하고 있다.

포브스가 밝힌 저학력 억만장자 가운데는 홍콩의 허치슨 왐포아 및 청쿵(長江)그룹 리카싱(李嘉誠) 회장, 래리 앨리슨 오라클 CEO, 러시아의 재벌 로만 아브라모비치 등도 포함돼 있다.

포브스는 이들의 성공담을 소개하면서도 학교가 쓸모없다는 생각은 하지 말 것을 당부했다. 포브스는 학교에는 인맥 구축과 같은 보이지 않는 이점이 많다는 점을 상기시켰다. 2000년 마이크로소프트의 CEO 자리를 물려받은 스티브 발머는 하버드대 시절 게이츠와 같은 기숙사에 있었다.

출처 : 중앙경제, 2008년 7월 15일, p. E4.

⑵ 참뜻의 프로페셔널(전문인; professional)로서의 자질과 실력(취득한 학위 · 자격증 · 면허증 등으로 증명하는 professional qualifications and competence)을 갖추어야 한다.

⑶ 법과 질서를 지키는 것은 기본에 속하고, 프로페셔널 경영자로서 프로페셔널 비즈니스윤리 및 행동강령(professional code of business ethics and conduct)을 반드시 이해하고 따르고 지켜야 한다. 동시에 사회적 책임을 다해야 한다. 탈세 · 범법 등을 하는 전문경영자 · 변호사 · 의사 등은 true professionals가 아니다(예증 1-8 참조).

예증 1-8 *ILLUSTRATION*

변호사 등 전문직 2,188명 3년간 3조767억 소득탈루

국세청은 2008년 9월 21일 2005년 이후 2008년 8월까지 변호사 · 변리사 · 회계사 등 고소득 전문직 · 자영업자 중 세금탈루 혐의가 있는 2,188명을 세무조사한 결과 총 3조767억원의 탈루소득액을 적발, 1조1708억원의 세금을 추징했다고 밝혔다.

국세청은 "세무조사 대상자 1인당 평균 14억600만원의 소득을 빼놓은 채 신고했다가 세무조사를 받은 뒤 1인당 평균 5억4000여만원을 세금으로 추징당한 것"이라고 했다.

국세청은 "세무조사를 받은 사람들은 전체 소득액 중 절반 가량(49.9%)을 탈루했으며, 이들의 현금영수증 발급 비율이 40%에 불과한 점을 감안하면 현금 수입은 대부분 신고하지 않은 것으로 보인다"고 했다. 2007년 전문직들이 국세청에 신고한 1인당 평균 소득액은 변리사 6억5000만원, 변호사 3억9000만원, 관세사 3억3000만원, 회계사 2억7000만원 등이다.

출처 : 조선일보, 2008년 9월 22일, p. A8.

(4) 참뜻의 프로페셔널 정신(professionalism)을 발휘하여 경영자로서의 맡은 바 기능과 과업을 합리적으로 수행함으로써, 소속기업의 목적달성에 최대한으로 이바지하면서 급여를 받는 프로페셔널 경영자(salaried professional manager)여야 한다. 가끔 무보수로 일하는 CEO들도 있긴 있지만, 원칙적으로 급여를 받지 않으면 프로페셔널 경영자가 아니다. 급여를 받고 받은 급여를 어디에 어떻게 쓰든, 그것은 프로페셔널 경영자의 재량에 속한다.

2. 프로페셔널 경영학 교육은 프로페셔널 경영자 개발의 기초

유능한 프로페셔널 경영자는 타고난(born) 것인가 아니면 개발(development)되는 것인가? 프로페셔널 경영자는 아래와 같이 물론 개발되는 것이다.

1) 프로페셔널 실력의 세 가지 초석들

(1) (예컨대 교수 · 의사 · 변호사 등) 어느 프로페셔널 분야(professional field)에서나 프로페셔널 실력(professional competence)은 (제대로 된 인성을 갖추었다는 전제하에) 대체적으로 ① 지식(knowledge), ② 경험(experience), ③ 타고난 자질(personal traits) 등 세 가지 초석들(cornerstones)에 의해 판가름된다. 그중에서 가장 중대한 기초(the foundation)는 주로 교육을 통해 획득하는 지식이다.

(2) 프로페셔널 기업경영관리실력(professional business management competence)을 쌓는 데 있어서도 마찬가지이니만큼, 프로페셔널 경영학 교육은 프로페셔널 경영자를 개발하는 데 가장 중대한 기초이다.

2) 프로페셔널 경영학 교육

(1) 그런 세 가지 초석들을 제공하는 데 있어서 대학의 프로페셔널 경영학 교육이 담당할 수 있는 주요역할은, 미래의 프로페셔널 경영자들에게 경영학분야 및 이와 관련된 분야들에 대한 전문지식을 획득할 기회(opportunity for professional knowledge)를 최대한으로 제공하는 것이다.

(2) 그러니만큼 누구든지 프로페셔널 경영자가 되려면 그런 기회를 최대한 활용하여, ① 경영학분야의 프로페셔널 지식 등을 전문대학 · 대학 · 대학원 등 공식교육기관에서 교육받고 획득해야 하고, ② 소정의 교과과정을 이수했다는 증명서인 학위증서 · 자격증 등을 받아야 한다.

3) 비즈니스경험

(1) 성공적인 프로페셔널 경영자가 되려면, 실용적인 비즈니스경험(pragmatic business experience)을 쌓는 것도 중요하다.

실용적 비즈니스경험은 이미 보유하고 있는 지식을 실제비즈니스에 응용(apply)할 수 있는 능력(ability)을 개발해 주고, 주어진 환경이나 상황에 맞추어 지식을 실제비즈니스에 응용할 수 있는 특수한 기법(skills, techniques)을 연마하는 데 도움을 줄 수 있기 때문이다.

(2) 대부분의 대학재학생들로서는 기업계에 일단 진출한 후에나 프로페셔널 경영자가 되는 데 필요한 생생한 비즈니스경험을 쌓을 수 있을 것이다. 다만 대학재학중에는 online 또는 offline을 통한 사례연구(case study), 국내외회사(공장) 방문, 국내외회사 인턴십 프로그램, 국내외회사 part-time job 등으로 어느 정도 간접적/직접적 비즈니스경험을 쌓을 수는 있다.

4) 타고난 기질

(1) 정신 · 신체 · 개성 등 세 가지 요소로 형성되는 타고난 기질(born quality)은, ① 프로페셔널 경영자가 갖추어야 할 기업경영관리실력을 개발하는 데 직접적으로 기여하기 때문에, 그리고 ② 경영학교육 · 비즈니스경험과의 상호작용을 촉진시킴으로써 기업경영관리실력을 배양케 하기 때문에 중요하다.

(2) 다른 한편, 교육과 경험은 타고난 자질을 개선시킬 수도 있다.

① 교육은, 교육지수(Educational Quotient)의 개선을 통해 지능지수(Intelligence Quotient) · 감성지수(Emotional Quotient) · 디지털지수(Digital Quotient) · 환경지수(Environmental Quotient) 등을 개선케 하여, 인간의 분석능력을 예리하게 만들고(sharpen analytical ability) 특수한 타고난 자질을 표출시키고 개발하여 유능한 인재로 만드는 역할을 하기 때문이다(예증 1-9 참조).

② 프로페셔널 경영학 교육도 경영인재(business talent)를 길러내는 데 마찬가지 역할을 하기 때문이다.

예증 1-9 *ILLUSTRATION*

"이젠 SQ(사회적 지능지수)가 성공 열쇠"

문제: 남녀 여럿이 모여 5분씩 돌아가며 시험 데이트를 한 후 다음 정식 데이트 상대를 정하는 모임에서 가장 좋은 첫인상을 남기는 방법은?

a. 자신에 관해 가장 인상적인 것 서너 가지를 미리 생각했다가 5분 안에 모두 말한다.

b. 파트너에 관해 묻기만 하고 자신에 관해선 질문이 있기 전엔 말하지 않는다.

b를 정답으로 골랐다면 당신은 현대사회의 성공 능력인 Social Quotient가 높은 사람이다.

▶ 리더 되려면 SQ탁월해야

미국의 심리학자 대니얼 골먼은 최근 워싱턴 포스트가 주말에 발행하는 잡지 '퍼레이드'에서 SQ가 점점 더 중요해지고 있다고 강조했다.

잡지에 따르면 최근 신경과학의 발전으로 SQ가 다른 사람에게 좋은 인상을 주고 다른 사람의 감정과 의도를 감지하는 능력에서 더나아가, 자신과 상대 두뇌의 신경회로를 눈에 보이지 않게 연결시키는 능력도 포함하고 있다는 사실이 밝혀졌다.

우리가 보통 깨닫지는 못하지만 두 사람이 동시에 웃음을 터뜨리거나 연인들이 첫 키스 때 입술을 대는 속도에 이르기까지 SQ가 사회적 교류의 아주 작은 부분까지 조절하는 역할을 한다는 것.

따라서 SQ는 직장에서도 중요한 요소로 인식돼 사람을 새로 채용하거나 리더 자리로 승진시킬 때 SQ와 EQ가 탁월한 사람을 찾는 회사들이 많아졌다고 지적했다. 특히 e-메일 등을 통해 서로 원거리에서 협업하는 일이 많아지고, 직장 동료와 고객들의 배경이 과거보다 더 다양해지고 있기 때문에 SQ가 어느 때보다 중요해지고 있다고 대니얼 골먼은 역설했다.

SQ란: 사회생활 속에서 다른 사람들과 얼마나 잘 어울릴 수 있는지 사회적응력을 나타내는 수치다. SQ가 높은 사람은 다른 사람들로부터 호감을 잘 얻고 그들의 마음도 잘 이끌어 낸다.

출처 : METRO, 2006년 9월 4일, p. 03.

3. 프로페셔널 경영자 교육의 목표는 국내외 프로페셔널 경영인력 수요를 충족시키는 것

그렇기 때문에 우리나라대학들은 아래와 같은 실용적 이유들(pragmatic reasons) 때문에, 국내외기업들에서 활동할 미래프로페셔널 경영자들을 교육 · 양성 · 배출하는 데 프로페셔널 경영학 교육의 중점을 두어야 한다.

1) 지식기반산업 분야 고급두뇌수요의 급증

21세기가 진전될수록 한국 포함 지구촌 국가들이 지식기반산업(knowledge-based industries)을 집중적으로 육성하고 활용함에 따라, 특히 새로운 경영 · 기술 · 정보 등 분야의 프로페셔널 고급두뇌에 대한 수요가 급증하고 있기 때문이다.

2) 전사차원 경영계획 · 조정 · 통제를 담당하는 프로페셔널 경영자 수요의 급증

(1) 21세기가 진전될수록, 경영다각화 · 시장다변화 · 글로벌화 · 합병과 매수 등의 경영전략을 확대활용함으로써, 우리나라 포함 주요국가들에 소속된 기업들의 규모가 계속 확대되고 있다. 그에 따라 기업경영의 문제들이 더욱 복잡성을 띠고 어려워지게 되어, 전사적 경영관리기능의 중요성이 증대되고 있다.

(2) 그런 이유로 경영계획 · 조정 · 통제 등 전사적 경영관리에 전문성이 뛰어난 프로페셔널 경영자들에 대한 수요 역시 더욱 증대되고 있기 때문이다.

3) 중 · 대 기업의 소유권과 경영권 분리로 프로페셔널 경영자의 기업지배 확대

(1) 21세기가 진전될수록 그리고 특히 규모가 클수록, 제품 · 생산공정 및 전사경영(全社經營)이 기술적으로 복잡할수록, 글로벌시장까지 서브할

수록, 그런 기업들의 성공 여부는 출자 · 소유권 · 가족관계와는 상관없이 실력 있는 프로페셔널 경영자들을 얼마나 많이 채용하고 효과적으로 활용하느냐에 따라서 판가름될 것이다.

⑵ 그래서 그런 기업들일수록, 소유권과 경영권의 분리(separation of ownership and management)가 더욱 확대되어, 프로페셔널 경영자들이 점점 더 경영관리를 지배하고 있기 때문이다.

4) 지적 능력과 기술 · 정보 전문성이 풍부한 프로페셔널 경영자 수요의 급증

⑴ 21세기가 진전될수록 선진국 다국적기업들과 효과적으로 경쟁할 수 있기 위해서도, 우리나라기업들은 글로벌경쟁력을 강화하기 위하여 비즈니스/사업구조, 제품구조, 제조구조, 조직구조 등을 더욱더 기술 · 정보 · 첨단지식 집약적인 것으로 리스트럭처링(restructuring)해 나가지 않을 수 없다.

⑵ 따라서 그런 분야들의 프로페셔널 경영자들에 대한 수요가 급증하고 있기 때문이다.

5) 조직행동 및 노동관계 프로페셔널 경영자 수요의 급증

⑴ 21세기가 진전될수록 우리나라기업들의 글로벌화와 대규모화, 경영의 복잡화와 전문화, 근로자들의 의식구조 및 행동의 변화, 노사간 갈등과 분규의 증가, 기업경영에 대한 사회압력단체들의 영향력 증대 등으로 인하여, 특히 우리나라에서는 노사관계와 조직 내부의 인간관계가 점점 더 심각한 문제로 대두되고 있다.

⑵ 따라서 조직행동 및 노동관계(labor relations)에 전문성을 지닌 프로페셔널 경영자들의 필요성이 더욱 증가하고 있기 때문이다.

6) 특수직무 담당 프로페셔널 스탭 수요 증가

⑴ 21세기가 진전될수록 선진국 다국적기업들과 효과적으로 경쟁할 수 있기 위해서도 우리나라기업들의 경우, 첨단기술 및 첨단지식 개발 · 정부관계 · 기업홍보 · 정보수집활동 · 국제협상 · 해외투자 · M&A · 글로벌소싱 · 외환딜링 · 파생상품 · 리스크관리 · 사내 컨설팅 등 특수직무를

담당할 프로페셔널 스탭(professional staff)에 대한 필요성과 수요가 더욱 빠르게 증가하고 있다.

(2) 그에 따라 프로페셔널 스탭에 대한 그리고 프로페셔널 스탭활동을 조정(cordinate)해야 할 프로페셔널 경영자들의 필요성과 수요 역시 빠르게 증가하고 있기 때문이다.

7) 글로벌 경영자에 대한 수요 급증

(1) 21세기가 진전될수록 우리나라기업들은 더욱더 글로벌화하고 글로벌 비즈니스를 확대해 나가야 한다.

(2) 그래서 글로벌 안목을 가지고, 이질문화들을 이해하고, 정보기술과 외국어에 능숙하고, 다양한 글로벌 비즈니스전략들을 동원하여 글로벌 시장을 이익적으로 활용할 수 있는 글로벌 경영자들(global managers)에 대한 수요 역시 계속 증가하고 있기 때문이다(예증: 1-10 참조).

예증 1-10 *ILLUSTRATION*

글로벌한 시각이 우수학생의 공통점

자녀를 우수한 학생으로 키우려면 세계화(글로벌)된 학생을 모델로 삼아야 할 듯하다.

미 USA 투데이가 600명의 우수학생 중 최고의 학생 20명을 선정해 이들의 생활을 분석한 결과, '열정, 야망, 세계화(글로벌화)된 시각'이 이들의 공통 분모였다고 보도했다.

올스타 대학생에게 뛰어난 학업성적은 기본이었다. 이들의 평균 학점은 4.0점 중 3.9점이었고, 대부분이 복수전공자로 놀라운 학업량을 소화하고 있다. 하지만 이들의 활동 반경은 연구실이나 강의실에 한정되지 않았다. 상당수가 외국에서 봉사하거나 공부한 경력을 지니고 있다.

일반 학생들이 쉽게 엄두를 내지 못한 일을 해 온 이들은 세계화(글로벌화)된 시각으로 세상을 보고 행동도 그렇게 했다.

이들의 또 다른 공통점은 우연히 찾아오는 기회를 최대한 활용한다는 점이다.

출처 : 한국일보, 2006년 2월 17일, p. A6.

8) 프로페셔널 경영자로서 기업윤리와 이익성의 조화 필요성 급증

(1) 21세기가 진전될수록 WTO · OECD · IMF 등 3대 국제경제기구들의 강화되는 규범(norms)과 압력에 의해서 멀지 않아 우리나라에서도 경제적 자유가 보장되어 기업활동이 점점 더 자율과 창의에 의해 전개될 것이다.

(2) 그런 새로운 비즈니스환경하에서, 우리나라 기업들의 경우, 준법은 물론이고 비즈니스윤리(business ethics)를 지키고 기업의 사회적 책임(social responsibility of business)을 다하는 가운데서, 과감한 혁신도입으로 기업의 내실(외형보다는 내용적으로 충실함)을 기하고 국내외 경쟁력 강화를 통한 이익성/채산성(profitability)을 강조해야 하는 프로페셔널 경영자들의 책무는 지속적으로 증가할 수밖에 없다.

(3) 그러므로 앞으로는 ① 이익성, ② 비즈니스윤리 준수, ③ 사회적 책임 수행 등 세 가지를 잘 조화시킬 수 있는 프로페셔널 경영자들에 대한 우리나라 기업들의 수요 역시 급증할 것이다.

제 2 장
우리나라기업의 국가적 존재가치와 추구 목적

제 1 절 고유한 기능과 역할로 본 현대기업의 국가적 존재가치

우리나라에게 현대기업은 왜 중요한가? 비즈니스활동의 주체인 "현대기업의 사회적/국가적 존재이유와 가치(societal/national reasons and values of modern business)는, 현대기업이 수행하는 생산활동과 사회/국가 부의 축적과정(그림 2-1 참조)에 추가하여, 현대기업은 아래와 같은 일차적이고 고유한 역할과 기능(primary and inherent roles and functions of modern business)을 수행하기 때문이다.

여기서의 설명은 현대기업의 본질(the nature of modern business firms)에 대한 설명이기도 하다.

1. 국내 및 지구촌 소비대중이 필요로 하는 제품과 서비스를 제공해야 하기 때문에

(1) 우리나라의 현대기업은, 국내시장(5,000만명 정도)에 존재하는 일반소비자 · 가계소비자 · 기업소비자 · 정부소비자 · 여타 소비자들이 필요로 하는 제품과 서비스를 (한국에서 운영하는 외국인기업을 포함하는) 국내경쟁업체들보다도 뛰어나게 소싱 · 생산 · 유통시켜 제공하는 역할과 기능을

그림 2-1 우리나라기업의 생산활동과 사회/국가 부의 축적 과정

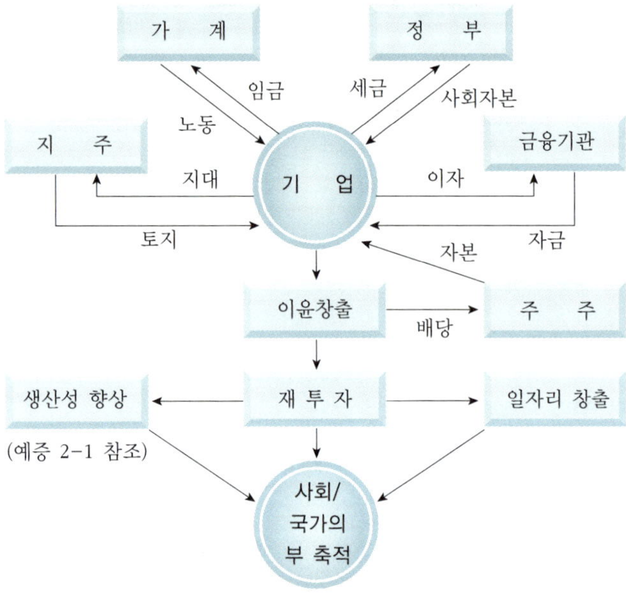

예증 2-1 *ILLUSTRATION*

생산성을 기준으로 한 우리나라기업의 산업경쟁력 비교
(산업경쟁력이 낮은 만큼 우리나라기업은 일자리 창출 등을 통한 사회/국가의 부 축적에 대한 기여가 상대적으로 낮음)

- 미국의 생산성(productivity)을 100으로 할 때
- 일본(전산업 121%), 제조업(105%)
- 한국(전산업 35%), 제조업(44%)

수행해야만 한다.

(2) 더 나아가서 우리나라기업은, 수출 · 해외마케팅 · 해외생산-마케팅 등 국제경영전략들을 활용하여 지구촌에 존재하는 다양한 소비자들(55

억명 정도)을 위해서도 여타 글로벌경쟁업체들보다도 뛰어나게 그런 역할과 기능을 수행해야만 한다.

(3) 우리나라기업은, 제품과 서비스를 국내외시장에 제공하는 역할과 기능을 수행할 때에도, ① 소비자들에게 만족을 배달(delivering satisfaction)하는 데도 경쟁기업을 능가(outperform)해야 하고, ② 투입코스트(input costs)보다 더 많은 산출 수익/가치(output revenue/value)를 창출하여 현금유입과 이익(cash inflows and profits) 등 추구하는 기업목적을 최대화할 수 있도록 전사차원에서 합리적으로 경영관리하는 데 있어서도 경쟁기업을 능가해야 한다(그림 2-1 참조).

2. 이익창출 최대화하여 일자리창출 확대와 개선된 생활기반을 제공해야 하기 때문에

(1) 우리나라기업이 추구해야 하는 가장 중요한 목적은 최우선적으로 이익창출을 최대화하여 기업/회사 부의 창조(creation of corporate wealth)를 최대화하는 것이다.

그리하여 먼저 이익이 창출되고 기업의 부가 확대 창조될 수 있어야만, 기업은 확대 창조된 기업의 부를 일부나마 재투자함으로써 비로소 일자리들/직장들(jobs)을 확대제공할 능력(capability)을 보유하게 된다.

(2) 그렇기 때문에 기업은, ① 지속적인 이익창출을 통하여, ② 국민들에게 지속적으로 확대된 취업기회(expanded employment opportunity)를 제공함으로써, ③ 국민들의 가처분소득(disposable income)을 증대시켜서, ④ 국민들에게 개선된 생활기반(improved living base)을 제공하는 역할과 기능도 수행해야 한다.

3. 재투자를 통해 제품 · 서비스의 재생산에 필요한 이익을 창출해야 하기 때문에

(1) 현대기업은 원래부터 일상적 비즈니스활동을 통해 이익을 추구하고 창출하도록 설계(design)된 주체이다. 그러므로 우리나라기업은 실제로도 이익을 추구하고 또한 이익을 창출하는 역할과 기능 역시 수행해야 한다.

(2) 만일에 기업이 이익을 창출하지 못하면, ① 투자자 · 주주 등 그 소유권자들은 기업에서 손을 떼게 되고, ② 기업은 새로이 신설되지 않으며, ③ 기존 기업은 추가투자를 못하여 성장할 수도 없어서 결국 도산/퇴출(bankrupt, exit)하게 된다.

(3) 그렇게 되면 기업은, 제품과 서비스의 재생산(reproduction of products and services) · 취업기회의 확대 등을 계속할 수 없어 파산하여, 그 고유한 역할과 기능을 수행할 수 없게 된다.

4. 국민경제 성장 · 발전을 통한 국가 부(富) 축적을 촉진시켜야 하기 때문에

(1) 우리나라 모든 기업을 합친 기업부문은 국민경제활동을 이끌어가는 가장 중요한 주체/부문이다. 그러니만큼, 모든 우리나라기업은 국민경제를 성장 · 발전시키는 가장 중요한 추진력(propelling force, engine)의 역할과 기능도 수행해야 한다(그림 2-1 참조).

(2) 그러므로 합리적으로 우리나라기업을 운영하여 국민경제를 성장 · 발전시키려면, 아래와 같이 해야 한다.

① 우리나라기업은 지속적으로 국내외 소비자 니즈 · 욕구 · 선호를 정확히 파악해야 한다.

② 신제품의 개발과 소싱/생산을 강조해야 한다.

③ 실제로도 충분한 현금유입을 확보하고 이익을 창출해야 한다.

④ 건전하고 생산적인 성장산업에 대한 이익의 재투자(reinvestment) 등 여러 가지 경영전략을 동원하여 국민경제를 성장 · 발전시켜야 한다.

⑤ 그럼으로써 우리나라기업은 우리나라 전체의 부(富)를 확대시키는 역할을 해야 한다(그림 2-1 참조).

5. 국가사회와 지구촌사회의 니즈를 충족시키고 삶의 질을 향상시켜야 하기 때문에

(1) 우리나라기업은, 아래에 구체적으로 지적한 대로, 국가차원 및 지구촌의 사회적 니즈(societal needs)를 적절히 충족시키고 국민대중 및 지구

촌 대중의 삶의 질(quality of living or life)을 향상시키는 역할과 기능도 철저히 수행해야 한다.

(2) 우리나라의 산업화가 빠르게 진전되고 우리나라기업이 급성장하고 글로벌화함에 따라서, ① 공해의 방지와 생태환경의 보호, ② 불공정거래의 방지와 소비자 보호, ③ 비즈니스윤리의 준수, ④ 사회적 책임의 수행 등 기업에 대한 국가사회 및 지구촌사회의 요구사항들이 늘어나게 되었다. ⑤ 그러므로 우리나라기업과 그 경영자들은, 그런 경향을 인식하고 타당성이 있다고 판단되는 국가사회 및 지구촌사회의 니즈와 요구사항만을 선별적으로 충족시키도록 노력해야 한다.

6. 선량한 기업시민으로 활동하는 것 등 기타 중요한 역할과 기능을 수행해야 하기 때문에

(1) 위에 제시한 것들은 국내차원과 지구촌사회에서 우리나라기업이 왜 중요한가를 가리키는 가장 중요하고도 고유한 1차적 역할과 기능(inherent and primary roles and functions)에 속한다.

(2) 그것에 추가하여 모든 우리나라기업은 국내차원과 지구촌차원에서 아래의 2차적 역할과 기능(secondary roles and functions) 역시 반드시 수행해야 한다.

즉, 모든 우리나라기업은 ① 법을 지키는 것은 물론이고 기업윤리(business ethics)도 지키고, ② 생태환경 보존 · 기업지배구조 개선 · 경영관리공개 등을 통하여 사회적으로 책임성 있는 행동(socially responsible behavior)을 하고, ③ 정부로부터 경제적 자유를 제대로 보장받기 위해서도 자유시장경제체제(입헌적 민주정치제도+자유시장경제제도+자유기업제도)를 선진국수준으로 발전시키고, ④ 사회정의를 실현하는 데 앞장서고, ⑤ 기업과 경제의 발전에 크나큰 걸림돌이 되어 온 한국적인 고비용 · 저효율구조(high cost, low efficiency structure)의 원인들인 저질적인 정치인과 후진적인 정치제도, 비능률적이고 부패한 정부관료주의, 그런 정부관료주의의 산물인 기업에 대한 지나친 규제 등을 제거하고 혁파하는 데 큰 몫을 하는 등의 2차적 역할과 기능도 수행해야 한다.

위에 지적한 한국적인 "고비용 저효율구조"는, 우리나라기업이 투자 여력(현금)이 있어도 국내에 투자하지 않고 외국에 투자하는, 그리고 외국인기업들이 한국에 투자를 하지 않고 투자한 것을 철수하는 가장 큰 요인으로 작용하고 있다.

제 2 절 현대기업이 추구해야 하는 복수의 비즈니스 목적들

"비즈니스활동의 주체인 우리나라기업은 어떠한 목적들을 추구해야 하나?" 이 질문에 대한 〈그림 2-2〉에 제시된 답을 통해서도, 독자들은 현대기업의 본질을 보다 잘 이해할 수 있을 것이다.

1. 현대기업은 어떠한 복수의 목적들을 추구해야 하나?

(1) 현대기업이 추구하는 목적을 한마디로 말한다면, 당연히 이익의 최대화(maximization of profit)이다.

현대기업의 소유권자들(개인소유자들, 합명회사 파트너들, 주식회사 주주들 등)은, ① 그들이 국내외비즈니스에 투입한 투자에 대한 정당한 보상(a just reward)으로서 이익을 최대화해야만 하고, ② 기업의 생존(survival) 및 성장(growth) 여부 역시 비즈니스 퍼포먼스에 따라 나타나는 이익성/수익성의 정도(extent of profitability)에 달려 있기 때문이다.

(2) 그런데도 많은 우리나라기업들은(특히 대기업들과 기업그룹들은) 1997년 외환위기로 인한 IMF 사태가 발생하기 이전까지는, ① 이익성 · 순이익 · 현금유동성 등 기업이 당연히 추구해야 하는 참뜻의 기본 목적들(basic/fundamental objectives)보다는, ② 매출액 · 시장점유율 · 비핵심분야로까지의 경영다각화 · 자산규모 · 계열사 수 · 종업원 수 · 본사빌딩 크기 등 외형지향적 목적들(outward appearance-oriented/form-oriented objectives)을 경쟁적으로 더욱 강조하는 경향을 보였다.

그런 외형지향적 목적들을 추구한 크고 작은 많은 우리나라기업들은

그림 2-2 현대기업이 필수적으로 국내외시장에서 추구해야 하는 복수목적들

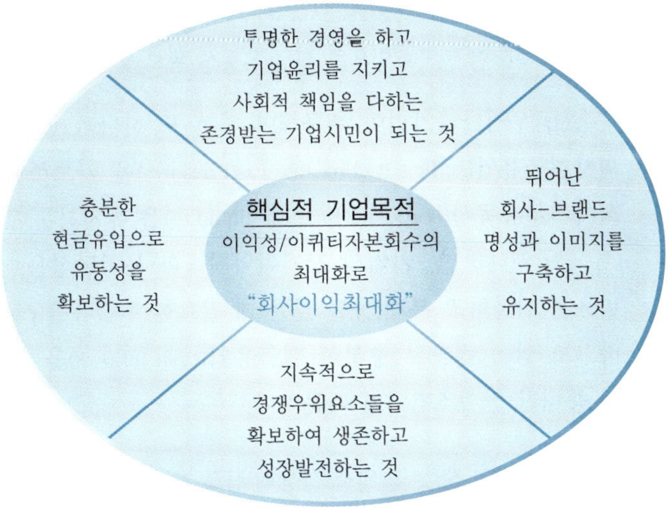

주 : 위 그림은 핵심적 기업목적인 "회사이익최대화"를 위해 상호의존하고 상호작용을 하는 네 가지 주요 요소들을 가리킴.

1997년 말 IMF 외환위기 발생때 많이 파산했다.

(3) 그러다가 IMF 사태 발생 이후에야 우리나라기업들은 〈그림 2-2〉에서 보는 바와 같은 실용적인 구체적 목적들(pragmatic specific objectives)을 포함한 복수목적들(multiple objectives)을 전략적으로 추구하고 실현하려는 경향이 급증하고 있다.

1) 핵심적 기업목적은 이익성/이퀴티자본회수 최대화로 회사이익최대화 달성

(1) 〈그림 2-2〉에서 보는 바와 같이 모든 우리나라기업이 국내외시장에서 추구해야 하는 가장 중요한 핵심적 기업목적은, ① 우선적으로 서브하는 소비자/고객들을 뛰어나게 만족시킴으로써, ② 회사이익성/이퀴티자본회수의 최대화(corporate profitability/return on equity investment maximization)를 통한 회사이익최대화(corporate profit maximization)이다. 그것도 단기보다는 장기 회사이익최대화를 핵심적 기업목적으로 삼아야 한다.

(2) 따라서 장기 회사이익최대화는, 그 자체가 가장 중대한 핵심적 기

업목적인 동시에, 여타 기업목적들을 성공적으로 달성하는 데 필수적인 대전제조건이다.

2) 충분한 현금유입으로 적정 유동성 확보 달성

(1) 우리나라기업이 추구해야 하는 또 하나의 중요한 목적은, 충분한 회사현금유입(sufficient corporate cash inflows)을 확보하여 계속 적정수준의 회사재무유동성(corporate financial liquidity)을 유지하는 것이다.

(2) 왜냐하면, 기업의 장기이익최대화 목적달성은, 제때에 모든 지출비용을 지불하고 부채 등을 갚는 데 필요한 현금유출(cash outflows)을 커버하고도 남을 정도로 충분한 현금유입(cash inflows)을 확보하는 것은 하나의 중대한 전제조건이기 때문이다.

3) 회사의 생존 및 양적 성장과 질적 발전 달성

(1) 회사의 생존 달성

기업이 망하는 이유는 간단하다. 빚을 감당하지 못하기 때문이다. 그래서 우리나라기업은, 국내외시장에서 고유한 역할과 기능을 계속 수행할 수 있기 위해서도, 국내외 비즈니스환경이 어떻게 변화하든 회사생존(corporate survival) 달성을 중요한 회사목적의 하나로 삼아야 한다. 생존달성은 회사가 계속 충분히 재무유동성을 확보하고 이익도 창출해야만 달성될 수 있다.

(2) 회사의 성장 · 발전 달성

① 우리나라기업은, 회사생존목적을 달성하기 위해서도, 내실(substance) 있는 양적 성장과 질적 발전(quantitative growth and qualitative progress)을 다 같이 달성하는 것도 회사목적의 하나로 삼아야 한다.

② 그러므로 우리나라기업이 국내외시장에서 내실 있는 양적 성장과 질적 발전을 하려면 주로(primarily) ⓐ 투자(investments), ⓑ 매출액(sales)을 포함한 총수익(gross revenue), ⓒ 시장점유율(market share), ⓓ 현금유입액(cash inflow amount), ⓔ 이퀴티자본회수율(rate of return on equity investments), ⓕ 총이익(total profit), ⓖ 자산(assets), ⓗ 종업원수 등을 증대

시켜야 한다. 그리고 경영의 질도 대폭 개선시켜야 한다.

4) 국내외 경쟁력 강화 위한 국내외 경쟁우위요소 확보 · 활용

(1) 우리나라기업은, 국내외시장에서 활용가능한 하나 또는 그 이상의 경쟁우위요소들(competitive advantage factors)을 확보하고 활용하는 것도 목적으로 삼아야 한다.

특정 기업이 누릴 수 있는 경쟁우위(competitive advantages)는 주로 경쟁업체들이 쉽사리 모방하거나 능가할 수 없는 경쟁우위요소들에서 비롯된다.

(2) 그러므로 특정 기업은 핵심역량분야(core competence areas)에 바탕한 아래와 같은 국내외경쟁우위요소들을 확보하고 활용하도록 해야 한다.

① 차별화전략(differentiation strategy)으로 경쟁업체들이 모방하거나 능가할 수 없는 제품 · 서비스 품질, 회사명 · 브랜드 네임 · 이미지, 제품 · 서비스 특징, 기술적 탁월성, eBusiness 탁월성 등 경쟁우위요소들 확보.

② 저코스트전략(low-cost strategy)으로 정보기술 · 전략적 제휴 등의 과감한 활용을 통하여 제품디자인, 원 · 부자재 소싱, 자금소싱, 노동력 투입, 생산, 유통, 일반관리 등에 걸친 저코스트 경쟁우위요소들 확보.

③ 초점전략(focus strategy)으로(선택과 집중전략이라고도 함) 보유한 핵심역량분야들에 한정시켜 회사자원을 집중투입함으로써 초점맞춘 사업분야, 제품 · 서비스라인, 국내세분시장, 국가시장, 해외지역시장, 글로벌세분시장 등에서 경쟁우위요소들 확보.

④ 선제조치전략(preemptive move strategy)으로 경쟁업체들에 앞서서 필요로 하는 기술, 소싱/공급업체, 제품, 생산시스템, 유통시스템 등 장악.

⑤ 회사운영 신크로나이제이션 선략(corporate operations synchronization strategy)으로, 회사자원 소싱 코스트 삭감 → 생산/완성품 소싱 코스트 삭감 → 품질의 획일화 → 가격과 품질경쟁력 강화 → 현금유입과 이익성 증대 등 회사운영 시너지효과(corporate operations synergy effects) 증대로 이어지는 경쟁우위요소들 확보(고급인력관리 특히 오너 · 전문CEO에 대해서는 예증 2-2 참조).

예증 2-2 ILLUSTRATION

우리나라기업 효율적인 경영 · 지배구조는 '오너+전문CEO' 쌍두체제가 대세

상장회사의 CEO시스템 유형

구 분	기 준	대표적인 기업	2000~2004년 연평균 매출액 성장률
소유CEO 기업	전문경영인 CEO 없이 소유경영자만 1인 이상	벽산그룹	3.86%
소유+전문 CEO 기업	1인 이상의 소유경영자와 1인 이상의 전문경영자가 공동으로 대표이사직 수행	삼성그룹, 현대자동차 그룹, LG그룹, SK그룹	5.22%
전문CEO 기업	소유경영자 없이 1인 이상의 전문경영자가 대표이사	포스코, 국민은행, 한국타이어	−0.20

자료: 삼성경제연구소 & 본사취재

- 포천의 글로벌 500대 기업 중 상당수는 "소유CEO 기업"
- 한국 오너 · 전문CEO시스템이 단독경영보다 실적 뛰어남
- 그러나 글로벌 추세에서 정답은 없음

출처 : 조선경제, 2006년 8월 10일, p. B3.

5) 글로벌차원에서 뛰어난 회사와 브랜드의 가치 · 명성 · 이미지 달성

(1) 우리나라기업은, 회사 · 브랜드 · 제품 · 서비스 등에 걸쳐 글로벌차원에서 뛰어난 명성과 이미지(outstanding prestige, reputation, image)를 달성하는 것도, 구체적 목적의 하나로 삼아야 한다.

(2) 국내외시장에서 실제로 좋은/뛰어난 명성과 이미지를 쌓으려면, 개별 우리나라기업은 ① 법률을 준수하는 것은 물론이고 윤리도덕적인 행동을 고집하면서, 공개 경영(open management)을 실시하여 회사와 그 경영의 투명성(transparency)을 높이고, ② 이미지먼트전략(imagement strategy) · 기업아이덴티티 프로그램(corporate identity program) 등도 동원하여 계획적

예증 2-3 *ILLUSTRATION*

우리나라에서 가장 존경받는 기업: 끝없는 혁신, 섬김의 경영이 박수 받다

삼성전자가 2008년 한국에서 가장 존경받는 기업으로 선정됐다. 한국능률협회컨설팅(KMAC)이 지난해 10월~올 1월 기업 임원들과 증권사 애널리스트, 소비자 9500여명을 대상으로 설문조사한 결과다. 삼성전자는 이 조사가 시작된 2004년부터 부동의 1위를 지키고 있다. 2008년 조사는 예년보다 기업 임원과 증권사 애널리스트 비중을 늘렸다.

2008년 2월 19일 KMAC에 따르면 삼성전자를 포함해 포스코 · 유한킴벌리 · 유한양행 · 현대중공업 · 안철수연구소 등 12개 기업이 5년 연속 '가장 존경받는 올스타 기업' 30위 안에 이름을 올렸다.

이 조사는 혁신능력, 주주가치, 직원가치, 고객가치, 사회가치, 이미지가치 등 6개 세부항목을 분석해 전체 산업 내에서 올스타 기업 30개를 뽑았다.

2008년에 삼성전자가 미 경제전문지 포천이 선정하는 '세계에서 가장 존경받는 기업' 27위에 올랐다. 이 회사는 2005년보다 12단계나 순위가 올랐고 국내 기업으로는 유일하게 '베스트 50'에 2년 연속 선정됐다.

2008년 한국에서 가장 존경받는 기업

순위		기업명
2008년	2007년	
1	1	삼성전자
2	2	포스코
3	4	유한킴벌리
4	3	유한양행
5	5	LG전자
6	8	현대중공업
7	7	현대자동차
8	6	SK텔레콤
9	9	안철수연구소
10	20	삼성물산
11	10	NHN
12	14	신세계
13	11	SK에너지
14	52	홈플러스
15	45	미래에셋증권
16	17	신한은행
17	72	두산중공업
18	16	KB국민은행
19	28	KT
20	15	삼성생명보험
21	48	KTF
22	19	한국전력공사
23	21	풀무원
24	46	대한항공
25	26	현대건설
26	31	아모레퍼시픽
27	-	대우조선해양
28	58	LG화학
29	77	두산인프라코어
30	-	KT&G

출처 : 중앙경제, 2008년 2월 20일, p. E4.

으로 명성과 이미지를 쌓는 과업도 수행해야 한다.

6) 글로벌차원에서 선량한/존경받는 기업시민 지위 달성

(1) 우리나라기업의 운영규모가 커질수록 그리고 이미 다국적기업의 지위를 확보한 기업일수록, ① 비즈니스윤리를 지키고 사회적 책임을 다하는 선량한 내지 존경받는 기업시민(a good or respected business/corporate citizen)이 되는 것, ② 그리고 또한 선량한 내지 존경받는 기업시민으로서 계속 활동하는 것도 회사목적으로 삼아야 한다.

(2) 어느 회사가 국내외시장에서 비즈니스윤리(business ethics)를 지키고 사회적 책임(social responsibility)을 다하면서 기업으로서의 고유한 경제적 역할과 기능을 효율적으로 수행하게 되면, 그 회사는 "선량한 기업시민" 내지는 "존경받는 회사"라는 명성과 이미지까지 쌓을 수 있기 때문이다(예증 2-3).

2. 기업이익의 기능

1) 이익추구는 특전(特典)일 뿐, 기업이익은 보장되는 것이 아님

(1) 자유시장경제체제하에서 현대기업은 궁극적 목적으로서 장기 기업이익의 최대화를 추구해야 한다고 앞에서 설명한 바 있다.

(2) 그렇다면 이익추구의 참뜻은 무엇인가?

① 자유시장경제체제를 운용하는 우리나라를 포함한 수많은 국가들에서, 이익추구(pursuit of profit)는 권리(a right)가 아닌 하나의 특전(a privilege)에 불과하다. 즉 "돈 돈 한다고 실제로 돈이 벌리는 것"은 아니라는 뜻이다.

② 사실상 자유시장경제체제는 창의적이고 혁신적인 개인과 기업에게, 법률과 윤리도덕이 규정하는 공정경쟁규칙의 테두리 속에서, 이익추구의 기회(opportunity to pursue profit)를 하나의 특전으로 제공하되, 이익을 보장(guarantee)하지는 않기 때문이다.

(3) 그렇기 때문에 달성한 이익 또는 손실의 정도는, 개별기업체와 그 경영자의 실력(ability, competence)과 성과(performance, achievement)를 측정

하는 기준(standard)/척도(measurement)로서 가장 폭넓게 활용되고 있다. 그래서 개별기업체와 그 경영자는 이익을 실제로 창출하든지, 아니면 직장과 시장에서 사라져야 한다(Either you produce profit or perish from the job and market).

2) 이익동기와 기업체이익이 수행하는 중요한 역할과 기능

이익동기(profit motive)와 기업체이익(corporate profit)은, 국민경제를 운용하고 국내외기업활동을 수행하는 데 있어서, 아래와 같은 중요한 역할과 기능을 수행한다.

(1) 국민경제운용과 국내외기업활동에 기여하는 이익의 역할과 기능

① 이익에 대한 기대(an expectation of profit)/이익동기는 기업의 투자 · 신설 · 성장을 유인(induce)하는 한 필요조건의 역할과 기능을 수행한다.

② 그러므로 실제로 달성한 기업체이익은, 투자에 대한 보상(reward) 및 자본형성원천(source of capital formation)의 역할과 기능을 동시에 수행한다.

(2) 기업체와 경영자의 성공 여부를 평가하는 기준으로서의 이익의 역할과 기능

이익 및 손실제도(profit and loss system)라고도 할 수 있는 자유시장경제체제하에서, 냉혹하지만 실현한 이익의 정도는 ① 개별기업체의 성공 여부를 그리고 ② 경영자들의 실력 정도를 공정하게 평가하는 기준의 역할과 기능을 수행한다.

(3) 고객을 만족시키는 기업체를 보상해 주는 이익의 역할과 기능

① 이익은 개별기업체가 제품과 서비스제공을 통하여 소비자들을 만족시킨 데 대한 일종의 정당한 보상(a just reward)으로서 발생한다.

② 따라서 이익은 소비자들을 만족시킨 개별기업체를 보상해 주는 역할과 기능도 수행한다.

⑷ 경영자가 합리적 의사결정을 하도록 촉진시키는 이익의 역할과 기능

① 기업체이익의 최대화는 개별회사에게 가장 가치 있는 추구목적이다. 그러니만큼, 경영자는 회사의 권익(interests)을 보호 · 증진시키는 방향으로 가장 합리적인 의사결정을 해야 한다.

② 따라서 기업체이익은, 경영자들이 합리적인 의사결정을 하도록 촉진시키는 역할과 기능도 수행한다.

⑸ 기업체와 경영자가 윤리를 지키고 사회적 책임을 다하도록 촉진시키는 이익의 역할과 기능

① 빈번히 범법행위를 자행하고, 비즈니스윤리를 어기고, 사회적 책임을 등한히 하는 개별기업체는, 법적 제재와 사회적 압력 및 소비자 보이코트 등으로 장기이익을 창출하기는 어렵다.

② 그러므로 이익은, 개별기업체와 그 경영자가 법률을 준수하는 것은 물론이고 비즈니스윤리를 지키고 사회적 책임을 다하는 등 사회적 기능(social functions)까지 완수하도록 촉진(facilitate, promote)시키는 역할과 기능도 수행한다.

제 3 절 현대기업이 지켜야 하는 윤리적 행동과 사회적 책임

1. 현대기업이 회사이익 추구와 비즈니스윤리 행동을 융합해야 하는 이유

1) 선진적인 "현대기업의 정의(定義)"를 우리나라에서도 실천해야 하기 때문

⑴ 저자는 제 1 장 제 1 절 "2"에서 이미 "현대기업"을 정의(定義)한 바 있다.

⑵ 그러므로 그런 "현대기업"의 정의를 받아들이고 실천하려 한다면, ① 사적목적(private objectives)에 속하는 회사목적들(corporate objectives)과 ② 공공목적(public objectives)에 속하는 윤리적 행동들(ethical behaviors)을 잘 융합하여 양자간에 조화(harmony)를 이루도록 해야 한다.

2) 현대기업은 왜 회사목적들과 윤리적 행동들을 잘 융합하고 조화해야 하나?

(1) 현대기업이 수행해야 하는 역할과 기능 중 하나는 경쟁업체들에 비하여 소비자들을 보다 잘 서브하고 만족시키는 것이기 때문이다.

예컨대 어느 회사가, ① 소비대중(consuming public)이 원하는 제품과 서비스는 제공하지 않고 회사가 일방적으로 결정한 제품과 서비스만을 제공한다면, ② 또는 소비대중이 원하는 제품과 서비스를 제공하더라도 광고 · 가격 등에 걸쳐서 소비자들을 오도하고 기만하는 비윤리적 행동(unethical behaviors)을 서슴지 않는다면, ③ 제품과 서비스가 팔리지 않아서 그 회사는 언젠가는 도산할 것이기 때문이다.

(2) 그러므로 현대기업은, 아래와 같은 이유들로도, 비즈니스윤리를 잘 지키고 사회적 책임을 다하는 선량한 존경받는 기업시민으로서 활동하는 것도 반드시 회사목적들 중 하나로 삼아야 하기 때문이다.

① 일반대중 역시, 우리나라기업이 법을 지키고 비즈니스윤리를 준수하는 것을 공공목적의 하나로 삼고서 실천하도록, 우리나라의 현대기업들에게 강력하게 요구(demand)하고 있기 때문이다.

② 21세기 국내외비즈니스 환경변화에 비추어 우리나라의 현대기업들은, 국내외시장 차원에서 ⓐ 우선은 "이익을 내는 회사"(profitable company)가 되고, ⓑ 궁극적으로는 진정한 일류회사가 되기 위해서도 "존경받는 회사"(admired company)로 발전해야 하기 때문이다.

2. 현대기업이 회사목적과 윤리행동을 융합할 때의 고려요소들

우리나라의 현대기업과 그 경영사는, 국내외시장 차원에서 다 같이 아래의 요소들을 고려하면서, 회사목적들과 윤리적 행동을 잘 융합하고 조화시키면서 두 가지를 동시에 충족시키도록 노력해야 한다.

1) 국내외 비즈니스 환경요소들의 변화 방향을 고려해야

(1) ① 우리나라기업과 그 경영자는 우선 회사 자체와 그 비즈니스활

동에 다대한 영향을 미치는 국내외에서 발생하는 변화무쌍한 비즈니스환경적 요소들(business environmental factors)을 고려해야 한다.

② 국내외 비즈니스 환경요소들의 변화는, 우리나라기업 포함 모든 지구촌기업들에게 새로운 비즈니스기회(new business opportunities)와 위협/리스크(threats/risks)를 동시에 제공한다.

⑵ 그러므로 우리나라기업 경영자는 새로운 국내외 비즈니스기회를 최대한 활용하는 동시에 따르는 위협/리스크를 효과적으로 회피하기 위해서도, 지구촌 일반대중/소비자들이 ① 어떤 제품과 서비스를 원하고, ② 제품 · 서비스 이외에 해당 기업과의 상호작용을 통하여 무엇을 추구하고 성취하려 하며 희망하는지, ③ 해당 기업과 그 비즈니스활동들을 어떠한 관점에서 주시하고 또 해당 기업이 사적 목적으로서 어떠한 회사목적들과 공공목적으로서 어느 정도 윤리적 행동을 추구하고 실천하기를 기대하는지 등에 대해, ④ 정확히 인식하고 강력한 의식(strong awareness)을 가지고서 실제로 회사경영에 반영시켜야 하기 때문이다(예증 2-4와 2-5 참조).

예증 2-4 *ILLUSTRATION*

우리나라기업의 윤리경영과 사회공헌 점수는 상대적으로 낮아

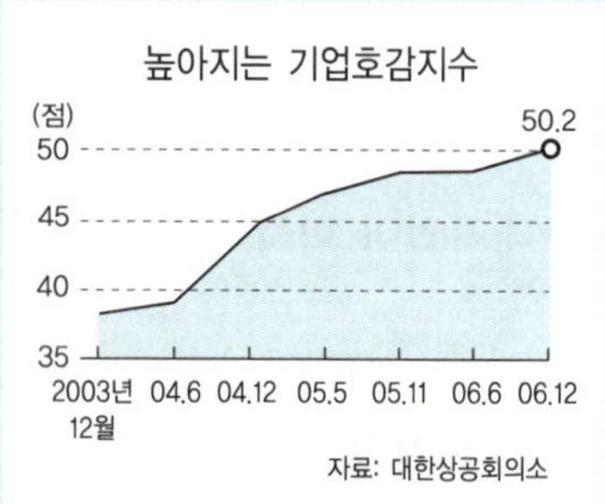

대한상공회의소는 2007년 말 현대경제연구소와 공동으로 20세 이상 2000명을 상대로 기업호감지수(CFI · 100점 만점)를 조사한 결과 50.2점으로 집계됐다고 밝혔다.

이 지수는 일반인이 기업에 호감을 갖는 정도를 지수화한 것으로 국가경제 기여도, 윤리경영, 생산성 향상, 국제 경쟁력, 사회공헌 등 다섯 가지 요소와 전반적 호감도를 합산해 산정했다. 이 지수가 50점을 넘어선 것은 2003년 12월 조사 시작 후 처음이다. 부문별로 국제 경쟁력(71.2점)과 생산성 향상(63.7점)이 높은 점수를 받았다. 윤리경영(21

점)과 사회공헌(41.2점)은 점수가 낮아 이들 분야의 개선 노력이 필요한 것으로 지적됐다.

출처 : 중앙일보, 2007년 1월 19일, p. E3.

예증 2-5 *ILLUSTRATION*

매일유업 "위기서 무균 경영 배운" 위기관리

유(乳)업계의 간판업체인 매일유업은 2007년 아찔한 사고를 세 번이나 겪었다. 4월에 6개월 미만 영아용 이유식에서 대장균의 일종인 사카자키균이 검출됐다. 5월엔 1회용 조제분유에서 발진을 일으키는 바실러스 세레우스균이, 12월엔 유기농 이유식에서 유전자 재조합(GMO) 성분이 나왔다.

사고가 터질 때마다 회사가 발칵 뒤집혔다. 항의 전화가 빗발치고 반품이 몰려들었다. 6개월 미만 이유식과 유기농 이유식은 한동안 생산을 중단했다.

첫 사고 직후 "이래서는 안 된다"는 위기의식이 퍼졌다. 전문 컨설턴트와 손잡고 문제점을 찾아나갔다. 이 회사는 2007년 200억원을 들여 무균 생산설비를 갖추고 위기관리시스템을 구축했다.

▶ 위기관리시스템 작동

매일유업은 2007년 하반기부터 "위기관리위원회"를 구성했다. 임원진과 생산관리자 · 외부전문가가 포함됐다. 정기적으로 만나 객관적으로 소비자불만 유형을 분석하는 일을 시작했다. 비슷한 불만이 5건 이상 접수되면 즉시 긴급회의가 열린다.

▶ 물질보다 정신적 보상 먼저

"소비자 불만을 잠재우는 방법은 두 가지입니다. 시간과 이해지요. 불만을 접수한 당일에 직원이 소비자를 직접 찾아가야 하고, 진심 어린 사과를 해야 합니다." 매일유업의 위기관리시스템 구축을 조언해 준 성민정(광고홍보학과) 중앙대 교수의 설명이다. 회사는 2007년 하반기 전국 18곳의 영업소에 소비자불만 처리를 전담하는 과장급 직원을 한 명씩 발령냈다. 이들이 본사와 의논하며 불만 사례별 수거 · 점검 · 보상 방침을 정해준다. 한 달 안팎 걸리던 이물질 사건 처리 기간이 5~6일로 단축됐다.

매일유업, 사카자키균 파동(2007년 4월) 이후 어떻게 바뀌었나

위기 대처단계	파동 전	파동 후
고객 불만 접수	소비자 신고센터에서 접수, 각 지방 영업소에서 불만 처리	각 지방 영업소에 과장급 불만처리 요원배치, 본사와 상의해 처리방침 결정
불만 분석	불만 사례에 개별 대처	소비자 불만을 유형별로 나눈 뒤 단골불만 분석, 같은 불만 5건 접수되면 위기관리위원회 소집
이물질 제거	이물질 모두 수거해 회사에서 분석, 불만 처리 후 폐기	이물질 절반으로 나눠 수거해 분석, 고객이 스스로 검사할 기회 제공
이물질 제보 고객 응대	제품 교환·환불 등으로 고객 피해 보상	교환·환불 제시와 함께 신체적 피해 의심되면 병원까지 동행해 검진 실시
사후 처리	소비자 보상 후 사후 처리 없어	불만 접수 3주 안에 소비자를 방문해 원인 분석 결과 및 재발 방지대책 보고

출처 : 중앙일보, 2008년 3월 27일, p. E4.

2) 기업에 대한 국내 및 지구촌 사회의 요구와 기대도 고려해야

(1) 우리나라기업과 그 경영자는 높아지고 있는 국내 및 지구촌 사회의 요구와 기대(demands and expectations) 역시 아래 이유로 고려해야 한다.

(2) 기업이 최대화를 목적으로 삼고 추구하는 이익은, ① 탐욕이나 방종과는 반드시 구별해야 하는 것이다. ② 기업활동을 국내에서는 정부가 규정(規定; regulate)하고 글로벌시장에서는 WTO 등이 규정하기 때문이다.

이 말은 기업이 이익을 추구할 때 ⓐ 임직원 각자의 도덕적 감성에 의한 통제, ⓑ 선악에 대한 사회윤리적 통제, ⓒ 사회가 요구하는 비즈니스 윤리기준 및 개별회사가 집행하는 비즈니스윤리강령(code of business ethics)에 의한 통제, ⓓ 법과 질서에 의한 통제, ⓔ 시장경제체제를 수반하는 시장경쟁의 준칙(standing rules of market competition)에 의한 통제를 받는다는 뜻이다(예증 2-6 참조).

예증 2-6 *ILLUSTRATION*

사회에서 번 돈과 재능, 사회에 다시 돌려줘야

다국적 컨설팅회사 '베인 앤드 컴퍼니'의 CEO였던 톰 티어니(Tierney). 연봉을 수백만달러씩 받던 그는 1999년 회사를 그만두고 비영리단체를 전문으로 컨설팅하는 '브리지 스팬 그룹'을 만들었다. 연봉은 '0달러'다. '빌 앤드 멜린다 게이츠재단' 등 100여개 비영리단체가 브리지 스팬의 고객이다. 그는 2008년 2월 경제전문지 포천(Fortune)에서 "인생에서 정말 원하는 게 뭔지 자문해 본 뒤, 공익 증진에 내 경험을 사용키로 한 것"이라고 말했다.

선진국들은 '노블레스 오블리주'(noblesse oblige · 고귀한 지위에 있는 인사들이 상응하는 사회적 · 도덕적 책무를 진다는 뜻)의 전통을 갖고 있다. 로마가 한니발의 카르타고와 16년간 제 2 차 포에니 전쟁을 치렀을 때, 최고 지도자인 콘술(집정관)만 13명이 전사했다. 시오노 나나미는 '로마인 이야기'에서 "로마제국 2000년 역사를 지탱해 준 힘은 노블레스 오블리주의 철학"이라고 했다. 미국의 경우 카네기와 록펠러 같은 선구적 기업인들이 유럽에서 귀족의 역할이었던 '노블레스 오블리주'의 바통을 자연스럽게 이어받았다.

한국의 사회 지도층에서 이런 전통이 미흡한 게 사실이다. 지도층이나 부유층 자제의 병역 기피 구설수가 끊이지 않고, 변호사 · 의사 등 전문직은 탈세 시비에 휘말릴 때가 적지 않다. 정치인과 관료도 사회적 신뢰를 잃은 지 오래다.

지금이 우리도 '신(新) 노블레스 오블리주' 문화로 방향을 선회해야 할 전환기라고 생각한다.

노블레스 오블리주 어록

앤드루 카네기(미국의 철강왕)
"행복의 비결은 포기해야 할 것을 포기하는 것이다"

테드 터너(AOL타임워너 부회장)
"쓸 줄 모르는 사람에게는 아무리 재산이 많아도 아무 소용이 없다"

토머스 헌터 경(영국 사모펀드 투자가)
"엄청난 부에는 그만한 책임이 따른다"

워런 버핏(버크셔해서웨이 회장)
"사회 자원이 일종의 특혜가 돼 대물림돼서는 안 된다"

유일한(유한양행 창업자)
"기업의 소유주는 사회다. 단지 그 관리를 개인이 할 뿐이다"

송명근(건국대 의대 교수)
"사회생활로 번 돈은 사회로 다시 돌려줘야 한다"

출처 : 조선일보, 2008년 3월 10일, p. A4.

3) 공정경쟁과 국내외시장에서의 기업분야 발전도 고려해야

(1) 우리나라기업은 회사목적들과 윤리적으로 행동해야 하는 공공목적을 잘 융합하여 충족시키도록 노력할 때, 공정경쟁이 국내외시장에서의 해당 기업분야의 발전에 미치는 파급효과까지 고려해야 한다.

(2) ① 우리나라계통 기업에 비하여 외국계통 다국적기업들은, ⓐ 사적 목적들인 회사목적들을 추구하는 데 있어서뿐만 아니라, ⓑ 회사윤리강령(corporate code of ethics)을 만들고 높은 수준의 윤리적 행동을 실천하는 등 공공목적을 추구하는 데 있어서도, 극심한 경쟁을 벌이면서 우리나라기업들을 능가하고 있다.

② 그와 같은 공정경쟁은, 국내차원과 글로벌차원에서도 모든 개별기업뿐만 아니라 해당 기업분야 전체를 발전(progress)시키는 중대한 추진력을 제공하기 때문이다.

제 3 장
우리나라기업의 역사와 성과, 현대기업가와 그 창업 · 운영 전략

제 1 절 우리나라기업의 발전역사

현재 기준으로 130여년에 불과하니 비교적 "매우 짧다"고 할 수 있는 현대 한국기업들(modern Korean companies)의 생성 · 발전 역사(formation and development history)는 ① 급변하는 국내외 비즈니스 환경과 ② 그에 적응 · 대응하는 시대적 기업경영의 특징들을 기준으로 아래의 몇몇 과정/단계로 나눌 수 있다.

1. 현대 우리나라기업의 태동기(1876~1945년)

1) 1880년대에 처음으로 새로운 명칭의 서구식/현대적 기업 등장

(1) 조선시대 중반 이후까지, ① 상업(commerce)은 소규모 점포운영과 더불어 재래 보부상 등 행상 형태가 주종을 이루었다. ② 공업(industry)의 경우는 직물업 · 요업 · 양조업 · 식료품업 등 분야에서 가내수공업형태(cottage industry type)가 주축을 이루고 있었다.

(2) 그러다가 1876년 개항을 계기로, 최초로 자본주의 컨셉트(철학, 사

고방식, 행동양식)가 우리나라에 유입된다. 유길준 · 김옥균 등 일부 선각자들이 먼저 개방된 일본에서 배워 와서 우리나라에 서구식 회사제도를 소개하고 서구식 회사설립의 중요성을 강조하기 시작했기 때문이다.

(3) 그에 따라 1880년에 인천에 대동상회, 1883년에 서울에 장통상회, 1896년에 서울에 박승직상점(두산그룹 전신), 1897년에 동화약품이 설립되는 등 상점(商店) · 상회(商會) · 상사(商社) · 공사(公社) · 회사(會社) · 은행(銀行) 등과 같은 새로운 명칭의 상업조직/회사기업들이 수십 개로 늘어났다.

그러나 그런 회사 형태의 기업들은, 그 조직과 기능면에서 근대회사의 성격을 띠었다고 보기 어려운 점들이 많았다.

(4) ① 우리나라가 개항을 한 1876년 이후 1890년대 초에 이르기까지 정부는 직속 도자기 · 직물 · 제지 등의 공장들을 국내 여러 곳에 세웠다.

② 그러나 민간기업인들은 1890년대 후반부터 근대공업에 관심을 갖고 서구의 기술을 도입해다가 공장설립을 서두르기 시작했다. 민간기업인들이 처음에 착수한 것은 면직물을 생산하는 방직공장들이었으며(영국의 18세기 산업혁명도 면방직공장으로 시작함), 그들과 기타 업종의 공장들은 모두 자본 · 기술면에서 영세기업이었고, 수공업의 영역을 크게 벗어나지 못했다.

③ 대한제국은, "노다지"의 나라로 명성이 나 있었던 관계로, 1890년대 후반기에 영국 · 독일 · 일본 · 러시아 등의 기업들에게 금광의 개발권을 부여하기도 했다.

④ 1910년을 기준으로 인천의 중국인 조계(租界)가 우리나라의 대중국무역의 90% 정도를 담당했고, 부산(동래)의 일본인 조계가 대일본무역의 90% 정도를 담당했다고 한다.

(5) 1910년 한일합방으로 국가주권을 강탈당함에 따라서, 우리나라는 자주적으로 근대기업들을 발전시킬 수 있는 터전을 잃게 되었고 일본에 의해 수탈을 당하는 시대로 들어갔다. 군사력을 동원하여 일본은 토지 · 금융자본 · 기술을 지배했고, 철저한 식민지경제정책을 펼쳐서 우리나라 경제를 일본에 대해 식량 · 원자재 · 인력 등을 공급하는 기지인 동시에 일본상품의 시장으로 전락시켰다.

(6) 한일합방 다음해인 1911년 말 현재 현대기업의 형태를 겨우 갖춘 민족계 공장들은 모두 합쳐 86개에 불과했고, 업종별로는 도업, 정미업, 철공업, 직물업, 제지업, 담배제조업, 제분업, 금은세공업, 제혁업, 인쇄업 등의 순이었다.

2) 1910년대에 처음으로 주식회사 형태의 현대제조기업 등장

(1) 1910년 8월 29일 한일합방 후의 어려운 비즈니스환경 속에서 최초로 주식회사 형태를 갖춘 민족제조기업이 탄생했는데, 이는 군소 수공업자들이 합동으로 1911년에 설립한 경성직유주식회사이다.

운영상의 어려움 때문에 이 회사는 1917년 김성수에 의해 인수되고 1919년에는 경성방직주식회사로 상호가 변경되었다가 1980년대부터는 (주)경방으로 성업중이다.

(2) 경성방직의 경영책임자였던 김연수는 간척사업을 위해 1924년에 주식회사 형태로 삼수사(三洙社)를 설립하고 1931년에는 삼양사(三養社)로 상호를 바꾼 후 3대에 걸쳐 오늘날까지 성업중이다(예증 3-1 참조).

(3) 김연수와 같은 시기의 주요회사들/기업가들로서는 21세기 현재도 선도적 제약회사인 유한양행의 설립자인 유일한, 현 두산그룹의 모체였던 박승직상점의 박승직, 해방 이후 서서히 사라져버린 화신백화점의 박흥식 등을 들 수 있다. 그들의 대부분은 뛰어난 기업가정신과 민족주의적 성격의 소유자들이었다.

예증 3-1 *ILLUSTRATION*

'3세 경영'의 삼양사

우리나라 대표 기업들의 '3세 경영'이 점차 가시화되고 있다. 창업주의 손자인 이들은 대부분 해외 유학파로 영어와 경영학 지식에 능통하고 글로벌 경영에 관심이 많다는 공통점도 갖고 있다. 그러나 이러한 '경영의 대물림' 과정에서 가문내 알력과 분쟁도 불거지고 주식관련 범죄행위 등에 개입되어 반(反)재벌(대기업)정서를 확산시키는 부작용도 생겨나고 있다.

물론 아무 잡음 없이 경영권 상속이 이뤄지는 가문도 있다. 삼양사 그룹은 이러한 면에서 재계의 부러움을 사고 있다.

창업주 고 김연수 선생의 손자인 김 윤 삼양사 회장과 김 원 삼양사 사장, 김 량 삼양제넥스 사장, 김 정 삼남석유화학 부사장이 3세 경영체제를 강화했다. 김 윤 회장과 김 량 사장은 김연수 선생의 3남인 김상홍 삼양그룹 명예회장의 장·차남이다. 김 원 사장과 김 정 부사장은 김연수 선생의 5남인 김상하 삼양그룹 회장의 첫째·둘째 아들이다(한국일보 2005년 8월 3일).

1924년 김연수 선생에 의해 설립된 삼양사(三養社)는 공동체 의식을 통한 사회적 정당성의 추구라는 기업철학을 바탕으로 90년 가까이 성장, 오늘에 이르고 있다. 1939년 만주에 남만방적을 설립, 국내 기업 최초의 해외공장을 설립함으로써 산업근대화의 초석을 다졌으며, 같은 해 국내 기업 최초의 민간장학재단 '양영회'를 설립하여 인재양성과 사회공헌의 효시를 이루었다. 근대기업의 선구자 역할을 한 삼양사는 1955년 제당사업에 진출한 이래 식품, 화학, 의약, 산업재용 섬유, 배합사료, 환경, 무역 분야 등에서 착실한 성장을 하고 있다.

삼양사는 2004년 10월 창립 80주년을 맞이하여 '생활을 풍요롭고 편리하게 하는 기업'이라는 비전을 발표했다. 핵심 성장 사업군으로 정한 화학, 식품, 의약, 신사업의 목표달성을 위해 2010년까지 신·증설 등에 2조원을 투자하여 매출액 6조원을 달성하고, 자본수익률 20% 이상을 실현하는 우량한 기업군으로 성장해 나가기 위해 노력하고 있다.

이를 위해 기존 사업에서의 매출신장과 수익성 확대를 추진하고 해외시장과 신사업 부문에 적극적으로 진출하여 '성장'과 '경쟁우위'를 동시에 확보해 나가고 있다. 또한 R&D 역량을 강화하며 신기술, 신제품 개발에 매진하고, 프로세스이노베이션을 꾸준히 추진하며, 인재 발굴 및 육성에 대한 적극적인 투자로 조직 역량을 강화하고 있다.

삼양사는 일찍부터 인재육성을 통한 사회공헌에 뜻을 두고 1939년 국내 최초의 민간장학재단인 '양영재단'을 설립한 이후 1968년에 설립한 장학재단인 '수당재단'을 통해 인재양성을 하고 있다. 특히 삼양사의 창업자인 수당 김연수(金季秀) 선생의 산업보국과 인재육성 정신을 계승하여 과학기술 및 인문사회 분야에서 훌륭한 업적을 이룬 분들을 격려하기 위하여 '수당상'을 제정하고 시행하고 있다.

자료원: 월간 마케팅, 2006년 10월호, p. 115.

삼양 80년사 1924~2004, 삼양그룹, 2005년 12월 30일 발행.

(4) 현대적 한국기업의 태동기는, 조선시대 말기의 혼란에 이은 일본의 식민지 지배 속에서, 서구에서 유입된 자본주의 컨셉트와 우리나라의 민족주의 정신(物産운동 등의 강조를 통한)을 바탕으로 기업가들이 초창기 형태의 현대기업을 시도해 본 시대로 특징지을 수 있다.

2. 현대 우리나라기업의 도입기(1945~1961년)

1) 일제로부터의 해방~한국전쟁 기간

(1) 1945년 8월 일제말기를 기준으로, ① 전체산업의 총 납입자본금 중에서 한국인 기업의 비중은 2%에 불과했고, ② 한국인 경제활동인구 660만명 중에서 관리직과 전문기술직 종사자들은 0.53%인 3만 5천명에 불과하고 95% 이상은 단순노동자였으며, ③ 산업배치는 "남농북공"(南農北工)(남한에는 농업, 북한에는 공업)으로 되어 있었다.

(2) 그런 사실 때문에 1945년 8월 15일에 일제로부터 해방된 후에, 남한에 위치한 제한된 수의 규모가 큰 근대 제조기업들의 대부분은 일제가 남긴 귀납재산이었고, 관리직 및 전문기술직 요원은 절대적으로 부족했다(예증 3-2 참조).

예증 3-2 *ILLUSTRATION*

광복직후의 한국 경제와 기업

1945년 광복 당시 한국 경제는 한마디로 '절대 빈곤'이었다. 1948년 정부 수립 무렵 남한 인구는 1680만명 안팎, GDP(국내총생산) 규모는 14억달러, 1인당 국민소득은 67달러였다. 당시 공장은 5000여개에 불과했다. 그나마 6·25 전쟁이 터지면서 산업 생산력이 1940년대로 후퇴했다.

광복 당시 국내 기업은 대한중석 등 일부 공기업을 제외하고는 고무회사·면방직회사 등 소규모 경공업과 무역회사였다. 당시 대표적인 면방직회사가 1919년에 설립된 경성방직이며, 이 밖에 조선방직·조선견직·태창직물·조양방직 등이 있었다. 무역회사로는 고(故) 이병철 삼성 회장이 1948년 설립한 삼성물산공사를 비롯해 천

우사 · 동아상사 · 대한물산 · 화신산업 등이 있었다. 이병철 회장은 회고록에서 "당시에 생산시설을 만들려고 해도 자본과 기술이 거의 없었고, 무엇보다도 전력공급이 절대적으로 부족했다"고 회고했다.

6 · 25 전쟁이 끝난 후 복구 과정에서 제당 · 제분(제일제당 · 삼양사), 방직(대한방직 · 금성방직 · 제일모직) 등 이른바 3백(白)산업을 중심으로 근대적인 형태의 제조업이 비로소 등장했다.

출처 : 조선일보, 2005년 8월 4일자.

2) 한국전쟁 종전~1961년 기간

(1) 성장기반을 다지기 시작한 대형현대기업들

① 한국전쟁 종전 이후의 우리나라 경제는 미국이 중심이 된 UN의 원조 덕택으로 면방 · 판유리(한국유리) · 비료 등 분야의 대규모 공장들이 신설되었거나 재건되었다. 그래서 이들 분야에 대규모기업들이 등장하게 되었다.

그 당시 미국으로부터 소비재공장들과 산업재공장들을 골고루 원조받는 데 있어서, 초대 대통령인 이승만 박사의 뛰어난 대미(對美) 협상능력이 크게 기여했다고 알려져 있다.

② 한국전쟁을 전후하여 정부가 일제 귀속재산의 많은 부분을 민간인들에게 불하해 준 것도, 한국기업의 기틀을 마련하는 데 도움이 되었다. 특히 맥주(OB, 크라운(하이트)), 화약(한국화약(한화)), 방직업(선경(SK), 쌍용) 등의 기업들이 그 예이다. 그런 기초를 가지고 후에 기업그룹으로 성장한 예는 두산(박두병), SK(최종건), 한화(김종희), 쌍용(김성곤) 등이다.

③ 이 시기에는 일제 귀속재산의 불하나 외국원조자금도 받지 않고 자수성가한 기업인들의 기업기반 구축활동도 활발했다. 그 시기에 무역 · 제당 · 제분 · 모직 등으로 출발한 삼성(창업자 이병철), 치약 · 플라스틱 · 화학제품 등으로 시작한 LG(창업자 구인회), 건설 등으로 시작한 현대(창업자 정주영), 목재업으로 시작한 대림(창업자 이재준) 등이 후에 기업그룹으로 성장 · 발전한 예이다.

(2) 1945~1961년 기간의 한국 현대기업의 발전적 변화

위의 설명에서 우리는 1945~61년 기간에 한국기업계에 아래와 같은 발전적 변화가 일어났음을 알 수 있다.

① 맥주, 방직, 화약, 제당, 제분, 모직, 시멘트, 판유리, 플라스틱, 비료 등의 업종에서 대규모기업들이 형성되어 독과점 이익을 누리면서 성장하기 시작했다.

② 기업그룹(재벌)들(business groups/conglomerate firms)이 아직은 뚜렷하게 형성되지는 않았어도, 그들의 모체는 형성되기 시작했다.

③ 종래의 상업자본(commercial capital) 중심의 기업형태에서 벗어나 자본주의적/산업자본(industrial capital) 중심의 기업형태로 변환(transform)하는 기업들이 늘어나기 시작했다.

위와 같이 발전적으로 변화/변환하지 못한 기업들은 정체 · 축소되거나 사라졌다.

3. 우리나라기업의 확장기(1962~1986년)

1) 일련의 5개년 경제개발계획에 바탕한 주요산업의 중점적 육성

1962~1986년 기간의 한국기업 성장과정은, 1962년 5 · 16군사 쿠데타로 등장한 박정희 군사정권(그 후 공화당정권)주도로 수립 · 집행한(기초계획은 이승만 대통령기간부터 이루어졌다고 알려짐) 일련의 5개년 경제개발계획들과 밀접한 관련이 있다.

(1) 1962~1969년 기간중의 주요산업 중점적 육성

① 그런 5개년 계획들에 따라 정부는 경제개발촉진을 위하여 우선적으로 그리고 중점적으로 육성할 산업을 선정하여 집중 지원하는(즉 선택과 집중) 경제정책을 집행했다. 이 정책의 집행은 현대적 우리나라기업의 전반적인 성장을 그리고 대기업들의 비관련 비즈니스다각화(비관련 업종으로의 다각화; unrelated business diversification)를 가속화시키는 계기를 마련해 주었다.

② 구체적으로, 정부는 1960년대 제 1, 2 차 5개년 경제개발계획에서

그 당시로서는 경제성장에 가장 필수적이었던 기간시설인 사회간접시설과 경공업 등의 산업을 중점 육성산업으로 선정했다.

ⓐ 그렇게 선정하자, 대기업들이 건설 · 시멘트 · 철강 · 제당 · 섬유 · 비료 · 전기 · 정유 등의 업종에 대거 진출하는 계기를 마련해 주었다.

ⓑ 기업들의 입장에서도 그런 업종분야들로의 진입허가를 정부로부터 따내는 것은, 대단한 이권(利權)이면서 대규모기업/기업그룹으로의 성장 · 발전을 정부로부터 보장받는 것이나 마찬가지이었다. 이때부터 우리나라에서 정 · 경유착이 시작되었다고 보는 의견이 많다.

③ 1966년부터의 한국군 월남(베트남)파병을 계기로 월남특수가 일어나자, 군수물자와 관련된 철강제품 · 타이어 · 면직물 등의 제조기업들과 운송기업들(한진, 대한통운)이 성장을 하게 되었다. 또 월남의 군사시설공사 증가로 건설업체들(삼환기업, 현대건설, 대림산업, 동아건설)은 해외경험을 쌓으면서 해외건설업체로 성장하게 되었다(예증 3-3 참조).

예증 3-3 *ILLUSTRATION*

대한민국 60년, 성공 키워드는 리더십

"대한민국('헌법제정', '대한민국 정부수립') 60년은, 성장과 발전의 역사이고 성공 키워드는 리더십이었다."…

"국가제도가 제대로 정착되지 못한 국가건설 초기 단계에서 지도자의 역할은 훨씬 커지게 마련인데, 냉전의 전초기지가 된 한국이 살아 남고 국가발전을 이룩하기 위해서는 '강한 국가'(strong state)가 돼야만 했다."

"이승만은 미국과의 동맹으로 국가안보를 보장해 대외전략의 기본 축을 만들었고, 박정희의 강력하고 체계적인 리더십은 한국을 '빈곤의 악순환'에서 벗어나게 했다."

출처 : 조선일보, 2008년 7월 16일, p. A6.

(2) 1970년대 기간중의 주요산업 중점적 육성

① 1970년대 제3, 4차 5개년 경제개발계획에서 정부가 국가안보 · 수

출진흥 · 중화학공업육성을 중점목표로 삼자, 대기업들은 그런 관련산업들에 자의반 타의반으로 석유화학 · 조선 · 중공업 · 방위산업 등 신규사업분야로 디각회 진입하게 되었다(전통적인 "남농북공" 때문에 1972년까지 남한의 GDP는 북한의 GDP보다 적었음을 참고로 알려둔다).

② 석유수출국기구(OPEC: Organization of Petroleum Exporting Countries)가 주도한 1973년의 1차 석유위기(First Oil Crisis)에서 비롯된 유가상승 때문에 모든 우리나라기업들은 당초에 큰 타격을 받기도 했다.

그러나 ⓐ 삼환기업(창업자 최종환)의 개척자적인 정신과 노력으로, 현대건설(창업자 정주영) 등 해외건설업체들을 필두로 한 우리나라기업들은 건설붐을 중심으로 한 중동붐을 최대한 활용함으로써, ⓑ 막대한 해외건설소득 · 인력수출소득 · 상품수출소득 등을 실현하면서 우리나라 경제를 유가상승으로부터 보호하는 방파제 역할을 담당했다.

③ 1977년에는 우리나라기업의 연간상품수출액이 역사상 처음으로 100억 달러를 돌파했다. 이것은 정부의 강력한 수출드라이브정책(export drive policy)과 우리나라기업의 수출증대노력의 결과이었다.

④ 이란의 혁명으로 1979년에 발생한 2차 석유위기(Second Oil Crisis)로 우리나라기업은 극심한 원자재 가격 상승, 고도의 인플레이션 등을 겪기도 했다.

ⓐ 그렇지만 중동붐을 계속 활용한 해외건설업체들 · 수출업체들 · 해외근로자들의 노력으로 해외건설소득 · 인력수출소득 · 상품수출소득 등은 석유수입 대전(代錢)을 커버하고도 남았다. 그렇기 때문에 ⓑ 중동붐에 참여한 기업들은 국부(national wealth)를 축적시키는 동시에 자동차(현대자동차) · 조선(현대중공업) · 전자(현대전자 → HYNIX) 등을 중심으로 한 산업고도화 작업에 필요한 추가자본을 공급하는 가장 큰 파이프라인 역할을 해냈다.

(3) 1980~1986년 기간중에는 우리나라기업이 전반적으로 급성장

① 그런 가운데서, 1981년에는 우리나라기업의 연간 해외건설 수주액/수출액이 드디어 100억 달러를 돌파했다. 중동붐을 중심으로 한 해외건설 수주액은 1981년에 피크인 136억 8천만 달러에 달하여, 다국적기업화된

현대건설 · 삼환기업 등 해외건설업체들은 상품수출에 이어서 연간수출(수주) 100억 달러를 두 번째로 넘어선 업종이 되었다(참고로 2008년도 우리나라의 해외건설수주액은 250억 달러를 능가했음을 알려둔다).

② 석유가격을 대폭 하락시킨 1983년에 발생한 역석유위기(reverse oil crisis)는, 석유 이외의 자원가격까지 대폭 하락시킴으로써 우리나라경제를 포함한 세계경제에 숨통을 트이게 하여, 두 번에 걸친 석유위기로 심히 어려웠던 국내외비즈니스환경을 호전시키는 데 기여했다.

그럼으로써 역석유위기는 3低현상(저유가, 저금리, 저외환율)을 초래하여 우리나라기업이 전반적으로 재도약할 수 있는 하나의 계기를 마련해 주기도 하였다.

③ 1962~1986년 기간중에 우리나라기업은 전반적으로 급성장하였고 특히 기업그룹들이 뚜렷하게 형성되면서 가장 급성장을 거듭했다(예증 3-4 참조).

예증 3-4 *ILLUSTRATION*

"기업가정신은 1970년대가 최고"

삼성경제연구소는 박정희 정권이 성장 드라이브 정책을 추진했던 1970년대는 기업가정신의 성장기로 뛰어난 기업가들이 다수 출현했고 정부도 기업에 지원을 아끼지 않았다고 밝혔다. 정부는 성장 · 수출 중시 정책을 일관되게 밀어붙였고, 기업들은 양적 팽창과 다각화에 발벗고 나섰다는 것.

기업가정신은 1980년대에 성숙기로 접어들어 1980년대 중후반에는 정점에 달했다. 기업가정신은 1990년대 들어 퇴조조짐을 보이기 시작했고 반도체 호황 등 성장에 따른 위기의식의 퇴색은 결국 1997년 외환위기로 이어졌다.

1998년 이후 지금까지의 시기에 대해 연구소는 기업들이 내실경영 위주에 편중했고, 정부도 기업가정신 고취를 위한 가시적 성과가 미흡한 전환기로 규정했다.

출처 : 한국일보, 2004년 7월 11일자.

2) 1962~1986년 기간중 우리나라기업성장을 촉진시킨 정부경제개발 정책의 특징

1962~86년 기간중에 우리나라기업성장에 큰 영향을 미친 정부경제개발정책의 특징은 아래와 같다.

(1) 관치경제 · 관치금융 등을 통하여 우리나라정부가 우리나라기업들의 경영에 점증적으로 깊숙이 개입하고 정 · 경유착을 심화시키는 식의 정부주도 경제개발계획에 의거하여 대규모 기업을 성장시켰다.

(2) 특히 중화학공업의 경우, 때로는 민간기업의 의사에 반하여, 정부가 강요한 대기업들의 비관련 비즈니스 다각화(특히 중공업 · 조선업) 등을 촉진시켰다.

(3) 한국산업은행과 기타 시중은행 등 금융채널(자금흐름경로)을 장악하고 정책금융과 은행융자를 통제함으로써(즉 정부와 정치권의 부정부패가 필수적으로 수반하는 관치금융을 통하여) 정부가 정책적으로 조속성장시키려는 산업분야기업들에 집중투자하였다.

(4) 외국의 차관과 기술도입에 의존한(관치적(官治的) 성격이 짙어서 부정부패의 소지가 많았던) 기업성장을 통한 경제성장이었다.

(5) 해외시장지향적 수출위주 기업성장을 통한 경제성장(1960~70년대 일본의 수출강국 철학을 모방함)이었다.

(6) 정부가 우리나라 대기업에 대해서는 수출목표 부여, 중화학공업 진출지시 등을 하고서, 그 달성/실천실적과 비교하여 포상과 응징(reward and punishment)을 하는 경제정책이었다.

4. 우리나라기업의 조정기(1987~1997년 IMF관리체제로 전락 직전까지)

1) 조정기의 주요 비즈니스 환경변화와 우리나라기업의 문제점 노출 시작

확장기에 이어서 1980년대 중반 이후 대략 1997년까지 조정기에 접어들면서, 우리나라기업이 안고 있는 아래와 같은 문제들이 노출되기 시작하였다.

⑴ 1983~1980년대 중반경까지의 일시적 호재인 3저현상

① 1983년에 발생한 역석유위기(원유가격 급락) 등 호의적인 글로벌 비즈니스 환경변화의 영향으로, 대내적으로 우리나라기업은 1980년대 중반경부터 저금리 · 저유가 · 저환율이라는 이른바 3저현상이라는 호재를 맞았다.

② 그로 인하여 수출이 크게 증대되는 등 국민경제가 일시적으로 호황을 누렸다.

③ 그렇지만, 1980년대 후반부터 우리나라기업은 아래와 같은 ⓐ 자체적인 경영전략 과오에서 비롯된 요인들과 ⓑ 불리한 국내외 비즈니스 환경변화에 당면함으로써, 우리나라기업은 아래와 같이 문제점들에 노출되기 시작했다.

⑵ 1987~1997년 기간의 수출경쟁력 약화 시작

① 1980년대 후반부터 우리나라기업이 당면하게 된 첫번째 문제는 수출경쟁력 약화이다. 선진국들의 보호무역주의 강화, 대만 · 홍콩 · 싱가포르 등과의 경쟁격화, 말레이시아 · 중국 · 태국 · 필리핀 · 인도네시아 등의 추격 등에 당면하게 되었기 때문이다.

② 그래서 결과적으로, 우리나라기업은, ⓐ 자체적인 경영체질 개선 · 국내외경쟁전략 강화를 통한 국제경쟁력강화 등 새로운 대응책을 강구하도록 강요당하기 시작했다. ⓑ 그렇지만 우리나라기업은, 해외직접투자 등으로 해외생산-마케팅 등 국제경영전략을 활용하기보다는, 여전히 풍부하고 저렴한 노동력에 과다의존하는 수출전략만을 지나치게 강조하면서, 국제경쟁력강화 등 강요당한 대응책강구를 게을리했다.

⑶ 1987~1997년 기간의 "민주화 물결"로 임금상승 및 폭력적 노동분규의 심화

① 위와 같은 상황하에서, 국내비즈니스 환경마저 아래와 같이 우리나라기업에게 불리하게 변화하기 시작했다.

1987년도를 전환점으로 하여 ⓐ "민주화 물결"이 거세짐에 따라, 잠재되어 있던 부(富)의 배분문제와 열악한 작업환경이 빈번한 폭력적인 노동분규의 양상으로 표출되었다. ⓑ 또 우리나라기업은 임금의 급상승 · 생산성 저하 · 빈번한 생산중단 · 빈번한 국내공급 및 수출납기 지연 등 그 이전까지는 경험하지 못했던 새로운 국면의 경영문제에 당면하게 되었다.

② 1991~1992년 피크(peak)이었던 그런 경영문제의 심화로 경쟁국들에 비하여 가격경쟁력 역시 크게 약화되었다. 그에 따라서, 우리나라기업은 중간품질의 제품을 저가격으로 수출하는 전략을 계속 활용하는 것이 더 이상 타당성이 없게 되었다.

③ ⓐ 그래서 결과적으로 우리나라기업은, 수출전략의 경우, 기술력에 바탕을 둔 고부가가치제품 수출을 강조하는 방향으로 급선회하도록 강요당하게 되었다. 강요를 당했지만, 우리나라기업은 실제로 고부가가치제품의 개발 및 수출을 충분히 강조하지 않았다.

ⓑ 또한 우리나라기업은, 수출전략에 추가하여 해외직접투자 등 여타 국제비즈니스전략들 역시 확대활용하도록 강요당했는데도, 수출전략에만 과다하게 의존하는 국제경영전략적 과오를 범했다.

(4) 1987~1997년 기간에 나타난 3D기피현상 확산에 따른 노동력 부족, 노조의 강성화, 임금의 지속적 상승

1990년대 중반으로 다가갈수록, 국내 비즈니스환경은 아래와 같이 계속 우리나라기업에게 불리하게 변화했다.

① 근로의욕을 북돋아주는 작업에 대한 태도(work attitude)가 급격히 퇴조되고, 노동조합은 강성화되고, 그래서 결과적으로 농업을 기피하는 현상뿐만 아니라 이른바 3D 기피현상(dangerous, difficult, and dirty work를 기피하는 현상)을 계속 더욱 확산시켰다.

② 그 귀결로 특히 완구 · 신발 · 봉제품 등 노동집약적 제품을 생산하는 우리나라 중소기업은 물론이고 대기업까지도 필요로 하는 생산인력을 확보하기가 점점 어려워지게 되었다, 확보할 수 있더라도 점점 높은 임금 지불이 불가피하게 되었다.

③ 그런 어려움의 가중은, 우리나라기업의 원가경쟁력 · 수출가격경쟁력 · 수출채산성을 악화시키고 경영채산성을 더욱더 악화시키는 큰 요인의 하나로 작용했다.

④ 그런데도 저원가 해외생산기지(low-cost overseas manufacturing

bases)를 설립 · 운영하기 시작한 우리나라기업들은 그리 많지 않았다. 왜냐하면 우리나라 정부가, 국내 비즈니스환경을 개선시킬 생각도 하지 않으면서, 국내산업의 공동화(空洞化: hollow out)를 막겠다고 우리나라기업들의 해외직접투자를 통한 다국적 생산-마케팅활동(multinational production-marketing activities)을 극도로 억제하는 정책을 썼기 때문이다.

(5) 1987~1997년 기간의 고비용저효율구조 악화로 우리나라 전체의 글로벌경쟁력 추락 시작

① 1960년대부터 시작된 장기간에 걸친 우리나라 정부가 주도해 온 관치경제운영(government-led economic operation)의 심각한 부작용으로서, ⓐ 관치(官治)의 중대한 일부로서 모든 기업들에 대한 과다규제(excessive regulation toward business firms)를 수반하여, ⓑ 관료부패비용 지출 · 정치자금 강탈 · 뇌물과 떡값 지출 등 기업들이 지출 · 부담하는 관료비용(bureaucratic costs)/부패비용(corruption costs)은, 1980년대 초~1990년대 중반 기간의 전두환과 노태우의 대통령시절에 날이 갈수록 증가적으로 증가(increasingly increase)했다.

ⓒ 반면에 정부행정능률은 반비례적으로(inversely) 증가적으로 하락(increasingly decrease)했다. 이런 현상이 우리나라와 우리나라기업이 1970년대 이후 지속적으로 당면해 온 고비용 저효율구조(high-cost low efficiency structure)의 문제이다.

② 거기다가 추가하여 4高현상으로 알려진 ⓐ 생산성향상을 훨씬 초월한 임금 급상승, ⓑ 토지/부동산 가격 및 임대료 급상승, ⓒ 높은 금융비용, ⓓ 물적유통문제의 악화와 물류비 급상승 등까지 겹쳐서, 기존의 고비용저효율구조가 더욱 악화되어 우리나라기업과 그 제품 · 서비스의 글로벌경쟁력을 현저하게 약화시켰다.

(6) 1987~1997년 기간에 해외여행, 사치품수입 등의 급증으로 무역수지, 국제경상수지 지속적 악화

① 1995년의 WTO출범과 우리나라의 1996년 OECD가입이 부추긴 데 따른 국민들의 무분별한 과소비풍조의 만연, 불요불급한 그리고 과다외환 지출을 수반하는 해외여행 범람과 사치품 수입의 급증 등은, 결과적으로

우리나라의 무역수지와 국제경상수지를 크게 악화시키는 역할을 했다.

② 벌어들이는 순수외환소득은 대폭 줄어드는데도 외환유출은 오랜 동안 급증했으니, 드디어 외환위기(foreign exchange crisis)가 발생하여 1997년 12월 3일자로 우리나라가 IMF로부터 구제금융(financial bailout)을 받게 된 하나의 요인으로 작용했다.

임기 동안에 꺼떡하면 “사정”(司正)만 외치던 김영삼 정부의 외환보유고 관리 실패(350억 달러 보유고를 장담했지만 실제는 89억 달러 보유), 기업그룹/대기업들의 과다한 해외부채금융(overseas debt financing)에(예: 단기부채로 공장에 투자) 따른 원리금 상환 압력 등도 물론 외환위기를 초래하는 요인들로 작용했다.

(7) 1987~1997년 기간중 우리나라기업의 과잉중복투자 · 과다부채의 병증(病症) 심화

① “규모 키우기” 등 외형성장 추구에 더욱 초점을 맞추었던 관계로 우리나라기업은 1997년경까지 과잉투자를 해왔으며, 그중에는 경쟁사 투자와 중복되는 투자도 많았다.

② 그것도 ⓐ 국내외 금융시장으로부터의 이퀴티금융(주식발행)과 장기부채금융보다는 몇 개월짜리 단기부채금융에 지나치게 의존하는 투자를 해왔다. ⓑ 부채금융에 의존하는 그런 투자도 핵심역량분야(core competence areas)보다는 비관련 사업다각화(unrelated business diversification)에 집중적으로 이루어졌다. 일부 기업그룹들이 철강 · 반도체 · 종합석유화학 · 자동차 등 분야에 새로이 뛰어들어 신규투자를 한 것이 그런 대표적인 예이다.

③ 그에 따라, WTO출범으로 국경 없는 무한경쟁시대가 시작된 바로 1995년부터, 우리나라기업의 “과다중복투자 · 과다부채”가 심각한 병증으로 서서히 나타나기 시작했다. 실제로 우리나라기업그룹들의 순부채비율(net debt ratio)은 계속 「무시무시하게」 늘어나 1997년에는 아시아의 기업그룹들 중에서 최고수준에 도달했다.

그에 따라 거의 모든 우리나라기업그룹들이 당면했던 낮은 수익성/적자경영 · 높은 누적적자 · 높은 부채비율 · 방만한 족벌경영체제 등의 문제점들이 수면 위로 떠오르기 시작했다.

④ 이어서 은행 · 투자신탁 · 종합금융 등 금융기관들이 갖고 있는 관치 및 정실에 의한 대출 · 방만한 경영 · 대규모 부실채권 · 누적적자 등의 문제점들 역시 표면으로 노출되었다.

⑤ 그 후 연쇄적으로 정부 · 정치권 · 경제 · 기업 등이 갖고 있는 고질적 문제들이 표면으로 노출되었다.

(8) 1987~1997년 기간중 WTO출범으로 국경 없는 무한경쟁시대 돌입

① 1995년의 WTO출범과 그에 따른 New Rounds협상 개시를 계기로, 국내시장은 국경 없는 무한경쟁시대로 돌입하게 되고, 글로벌시장에서는 선진국 계통의 다국적/글로벌기업들이 지배하는 글로벌경쟁이 더욱 치열해지게 되었다.

② 1996년 우리나라의 OECD가입으로, 우리나라 경제는 명실공히 선진국형 시장개방경제체제로의 변환을 그리고 우리나라기업은 글로벌시장을 서브하는 선진국형 다국적기업으로의 발전을 강요당하게 되었다.

③ WTO출범과 OECD가입은 우리나라기업에게 동시에 기회와 도전/부담(opportunity and challenge/burden)을 제공했다. 그럼에도 대부분의 우리나라기업은(유럽의 강소국들과 같이) '규모는 작아도 글로벌 경쟁력은 강화된 기업'을 그리고 '규모의 초대규모화로 글로벌경쟁력이 초강화된 기업'을 만드는 데 소극적이었다.

④ 그에 따라 우리나라기업그룹들의 모기업들과 계열기업들 중에는, 국경 없는 무한경쟁시대에 국내외경쟁력 취약화로 생존능력조차 의문시되는 그리고 운영적자가 누적되는 잠재적으로 도산할 기업들이 늘어났다.

(9) 1987~1997년 기간의 경상수지 적자 누적

위와 같은 요인들로 우리나라의 경상수지 적자가 누적되어 감에 따라, 우리나라기업들에게 많은 자금을 꾸어준 외국계금융기관들인 일본 → 미국 → 서유럽계 순서로 서둘러서 대대적으로 부채상환을 해간 것도 외환위기(foreign exchange crisis)를 발생시킨 중요한 요인으로 작용하였다.

5. IMF체제하에서 노출된 우리나라기업의 문제점 및 배운 교훈

위 (1)~(9)에서 요약하여 설명한 요소들의 상호작용의 귀결(consequence)로 발생한 외환위기를 넘기기 위해 한국은 IMF 등에 구제금융(financial bailout)을 신청하였다. 그리고서 1997년 12월 3일자로 IMF에서 195억 달러, 세계은행에서 70억 달러, 아시아 개발은행에서 37억 달러를 지원받아 국가부도를 넘기기 위해 IMF 감독하에 들어갔다.

그에 따라 우리나라에서는 외환위기 → 금융위기 → 경제위기로 이어졌다.

1) IMF관리체제하에서 한국정부는 IMF로부터 "정책훈수"를 받음

우리나라가 1997년 12월 3일부터 2001년 8월 23일까지 IMF관리체제하에 들어가게 된(일명 "외환위기"라고 함) 배경은 대체적으로 아래 세 가지로 요약할 수 있다.

(1) 1987~1997년 기간인 "우리나라 기업의 조정기"에서 설명한 요소들.

(2) 바로 뒤에서 설명하는 "외환위기 → 금융위기 → 경제위기로 노출된 정부 경제운영 및 기업경영과 관련 문제점들."

(3) 김영삼 정부의 과오 중 하나인 "준비 안 된" OECD가입.

그래서 우리나라 정부는 구제금융을 받는 조건으로 IMF와 합의한 대로 IMF의 "강력한 훈수"(strong recommendations)에 맞추어 경제 · 금융 · 기업 · 정부기관 · 이자율 등에 대한 구조조정 정책(restructuring policies)을 시행해야 했다.

2) 외환위기 → 금융위기 → 경제위기 발생으로 IMF체제하에서 노출된 정부 경제운용 및 기업경영과 관련된 문제점들

"외환위기"를 규명하기 위한 국내외 연구연기관들의 조사결과들은 아래와 같다.

(1) 심각한 우리나라 정부/정치권 부정부패와 정경유착

(2) 우리나라의 경제구조 취약성

(3) 우리나라의 시장경제질서 미정착과 도덕적 해이 심화
(4) 우리나라 정부의 국내외경제환경 변화에 대한 대응 실패
(5) 우리나라 정부의 개혁정책 추진 소홀

3) 우리나라기업이 IMF체제하에서 배운 교훈

(1) 대기업 · 기업그룹과 관련된 "대마불사 신화"의 붕괴

① 1960년대 말부터 1990년대 말경까지 역대 정부들은 대기업중심으로 국민경제를 고도로 성장시키는 전략을 추진했다. 그런 과정에서 정부는 "여러 가지 이유"로 대기업들의 시장퇴출(market exit)을 막거나 지연시켰다.

② 이런 것이 이른바 "대마불사(大馬不死; too big to fail)의 신화"이다. 그런 "신화"에도 불구하고 일부 기업그룹들과 대기업들은 고금리 · 금융위기 · 기업경기 불황 · IMF와의 합의조건 등 때문에 IMF체제하에서 붕괴되고 말았다.

(2) 대기업 · 기업그룹과 관련된 "비관련 사업다각화 전략" 종지부

① 지나치게 많은 우리나라기업그룹들이 핵심역량이 없거나 희박한 사업분야들에까지 단기부채로 마구잡이식으로 막대한 투자를 실시해온 "비관련 사업다각화전략"(unrelated business diversification strategy)을 채택해 왔다.

② 그런 비관련 사업다각화전략을 채택할 경우, 경쟁력 부족으로 국내외 시장에서 다 같이 실패할 수밖에 없다는 것도 우리나라기업이 IMF사태하에서 배운 교훈의 하나이다.

(3) 대기업 · 기업그룹과 관련된 총수 전횡에 의한 경영의 종지부

비록 일부이긴 하지만 특히 대기업들과 기업그룹들의 창업자 총수들 또는 2세 총수들이 거의 단독으로 경영을 전횡하는 것이 얼마나 시대착오적이며 해당 기업/기업그룹들과 그 주주들에게 얼마나 막대한 폐해를 주는지를 실제로 증명해 준 것도, IMF사태하에서 우리나라기업이 배운 교훈의 하나이다.

(4) 투자자 · 채권자 · 주주에게 중요한 것은 기업그룹이 아니라 개별 기업의 알짜경영

IMF사태로부터 배운 또 하나의 교훈은, 장기적으로 볼 때에 중요한 것은 기업그룹이 아니라 개별기업의 알짜경영(즉 수익성과 성장성을 겸비한 경영)이라는 사실이다.

6. IMF체제 이후에 우리나라의 국가경쟁력은 약화중

1) 김대중 · 노무현 정부기간중 한국은 “기업하기 나쁜 나라”로 추락

김대중 · 노무현 대통령 역시 “기업하기 좋은 나라”로 만들겠다는 의지를 반복적으로 표명해왔다. 정부와 정치권(국회 · 정당 등)도 그런 말을 지속적으로 반복해왔다. 그런데 결과는, 적어도 2007년 말까지는, 너무나 딴판이다.

(1) 노무현 정부가 들어선 이후에는 국가별 글로벌경쟁력 순위를 기준으로 할 때 우리나라의 글로벌경쟁력(global competitiveness)이 더욱더 추락했기 때문이다.

(2) 이것은 우리나라가 “기업하기 좋은 나라”라기보다는 “기업하기 나쁜 나라”로 계속 추락하는 추세를 보이고 있음을 가리킨다.

대통령들이 아무리 “기업하기 좋은 나라”를 다짐해도, 민간기업들에게 투자를 강요할 수는 없다. 그렇기 때문에, 우리나라기업들과 외국기업들이 “아니라” 하면 아닌 것이기 때문이다.

2) 국가별 글로벌경쟁력에서 우리나라의 순위가 추락한 주된 이유

(1) 노무현 정부 최초 2년새 기업규제가 68건 폐지되고 410건 신설되었기 때문이다(예증 3-5 참조).

예증 3-5 *ILLUSTRATION*

노무현 정부 2년새 기업규제 68건 폐지, 410건 신설

2003년 2월 노무현 정부 출범 이후 2005년 1월까지 2년간 68건의 규제가 폐지되고 119건의 규제가 완화된 반면, 410건의 규제가 신설되고 285건의 규제가 강화됐다는 것이다.

서울대 행정대학원 최병선 교수는 '규제 완화와 기업 경영'이라는 주제의 강연에서 "이처럼 규제를 강화하는 것은 세계적인 규제 완화 추세에 역행하는 것"이라고 덧붙였다. 그는 "규제가 강화되고 있는 것은 반시장 · 반기업 정서로 인해 정치 · 행정 부패의 책임을 기업에 전가하는 경향이 있기 때문"이라고 분석했다. 최 교수는 특히 기업 경영에 큰 영향을 주는 규제로 증권집단소송제, 출자총액 졸업제 변경, 금융보험사 의결권 행사 한도 축소 등을 꼽았다.

최 교수는 이 같은 규제에 대응하기 위해 기업들은 윤리경영실천 등 반사장 · 반기업 정서 극복노력, 기업인 스스로 자부심 갖기, 설득력 있는 규제 대안의 발굴, 헌법소원 등 불합리한 규제에 대한 활발한 문제 제기 등을 해야 한다고 지적했다.

출처 : 중앙일보, 2005년 3월 19일자.

(2) 우리나라에는 국민과 기업들에 지속적으로 부담을 주는 고비용 저효율 구조가 존재하기 때문이다. 그 실증의 하나는 지하경제에 속하는 것으로서 기업이 정부 · 정치단체 · NGO 등에 내는 세금 아닌 세금이라고 부르는 準조세(semi-tax)이다. 이것도 우리나라기업의 국내외경쟁력을 계속 추락시키고 있다.

3) 불확실성이 극심한 비즈니스환경변화 속에는 발 빠른 구조조정으로만 생존가능

앞서 설명한 바와 같은 노무현 정부하에서의 기업규제 강화, 고비용 저효율구조 지속, IMF 사태와 같은 불확실성이 극심한 비즈니스환경변화 속에서 지속적인 생존 비결은 발 빠른 변신(구조조정)뿐이다. 그 실증은 예증 3-6과 같다.

예증 3-6 *ILLUSTRATION*

40년전 100대 기업 중 살아남은 12곳, 비결은 발 빠른 변신(구소조정)

월간 '현대경영'이 매출액 기준으로 1965년과 2004년의 100대 기업을 비교해 본 결과 12개사가 수성(守成)에 성공한 것으로 나타났다. 2004년 매출액 3위인 LG전자를 비롯, 기아자동차 · 현대건설 · 대림산업 · CJ(전 제일제당) · 한화 · 제일모직 · 한국타이어 · 대상 · 코오롱 · 대한전선 · 태광산업 등이다(도표 참조).

40년 전 100대 기업 중 아직 건재한 12개사

회 사	2004년 순위	1965년 순위
LG전자(옛 금성사)	3	41
기아차	6	100
현대건설	21	96
대림산업	35	32
CJ(옛 제일제당)	42	8
한화	47	36
제일모직	51	15
한국타이어	71	27
대상(옛 미원)	85	97
코오롱	90	50
대한전선	91	52
태광산업	99	64

극심한 부침

당시 1~10위 업체중 현재 100대 기업에 드는 회사는 CJ가 유일했다. 40년 동안 100대 기업에 든 회사 중 매출액이 가장 많이 증가한 기업은 기아자동차였다. 4억8800만원(65년)에서 15조2577억원(2004년)으로 무려 3만1266배나 커졌다. LG전자는 12억7600만원에서 24조6593억원으로 2만배 가까이 성장했다.

환경에 대한 유연한 적응력이 생존 요인

우리 경제의 급격한 변화를 반영하듯, 우리나라기업의 100대 기업 잔존율은 미국 · 일본(20%대 잔존)보다 낮다.

출처 : 중앙일보, 2005년 4월 14일, p. 193.

제2절 우리나라기업의 달성한 성과

기업의 고유한 역할과 기능(inherent roles and functions)을 기준(criteria)으로 삼고서, 21세기 초까지 국가사회에 이바지해온 우리나라기업/우리나라기업인의 성과(performance, accomplishment)를 평가해 보면 아래와 같다(예증 3-7 참조).

예증 3-7 *ILLUSTRATION*

건국 60년 … 한국 대표 경제인물, 사건, 공장, 정권

월간 현대경영이 대한민국 건국 60주년을 맞아 여론 지도층을 설문조사한 결과는 다음과 같다. 설문조사에는 경제계와 학계의 전문가 50명이 참여해 세 번 복수응답했다.

◆ 한국을 대표하는 역대 경영인으로는 49명으로부터 표를 받은 정주영 현대그룹 창업주가 선정됐다. 이어서 이병철 삼성그룹 창업주(35명), 박태준 포스코 명예회장(21명), 이건희 전 삼성회장(12명), 김우중 전 대우그룹 회장, 유일한 유한양행 창업주(8명), 구인회 LG그룹 창업주와 구자경 LG그룹 명예회장(각 4명) 등의 순이었다.

◆ 한국경제의 새로운 전기를 가져 온 대표사건(events)으로는 1970년 경부고속도로 개통(31명), 62년 제1차 경제개발 5개년 계획(28명), 88년 서울 올림픽(25명), 73년 포스코 준공(17명), 97년 외환위기(14명), 72년 새마을운동(12명), 93년 금융실명제 시행(6명), 2008년 한 · 미 자유무역협정(FTA) 협상시작(5명), 77년 수출 100억 달러 달성(4명) 순이었다.

◆ 한국 경제를 빛낸 대표공장으로는 삼성전자(48명), 포스코(41명), 현대자동차(39명), 현대중공업(13명), 한국전력 · KT · SK에너지(각 2명), LG전자 · SK텔레콤 · 기아자동차(각 1명)도 "한국의 10대 간판급 공장"에 들었다.

◆ 정권별 선진화 기여정도 ① 경제적 풍요도, ② 사회복지, ③ 잠재적 성장력, ④ 환경, ⑤ 세계화 등을 기준으로 한 선진화 지수를 평가한 결과는 아래와 같다.

• 박정희 정부 153.6%

- 전두환 정부 44.3%
- 김영삼 정부 42.7%
- 노태우 정부 36.5%
- 김대중 정부 28.1%
- 노무현 정부 23.8%

출처 : 중앙경제, 2008년 5월 7일, p. E4.

1. 우리나라기업은 국부(國富)와 국력을 강화시키고 세계 속에서의 위상을 높임

(1) 1990년경 동서냉전이 종식된 이후에 국제관계(international relations)에 있어서 경제 · 기업 · 자금 · 소프트 파워(economic, business, money, and soft power)의 중요성은 대폭 증가중이다.

(2) ① 그런 새로운 상황에 맞추어 대부분의 지구촌 국가들은(노무현 정부때까지 우리나라만 예외적) 각기 국가적 경제목표를 달성하는 데 최우선 순위를 두고 국제정치와 국내정치를 하고 있다.

② 그에 따라 국가들간의 국제관계는 증가적으로 실리적인 경제-비즈니스관계 중심으로 이루어지고 있고, 지구촌의 동서 및 남북을 통틀어 국제경제협력과 국경초월 비즈니스거래가 급속히 확대되고 있다.

(3) 그래서 우리나라가 러시아 · 중국 · 동유럽국가 등 수많은 과거의 공산국가들과 1990년대부터 새로이 국교를 수립하고서 지속적으로 정치 · 경제 · 비즈니스 등의 관계를 강화하고 있다. 이것은, 대규모로 해외직접투자를 할 수 있는 대기업들이 중심이 된 우리나라의 경제 · 기업 · 자금 · 소프트 파워 신장에 바탕을 둔 우리나라의 국력(national power) 신장 때문이다.

2. 우리나라기업은 국내외 소비대중의 물질적 복지 향상에 기여

(1) 어느 국가에서나 그리고 지구촌 차원에서 소비대중이 필요로 하는 거의 모든 제품과 서비스를 충분히 효율적으로 제공해야 하는 것은, 기업의 가장 본질적인 역할이며 기능이다.

⑵ 현재까지 우리나라기업들은 그런 제품과 서비스의 확대제공을 통하여, 우리나라 및 지구촌 소비대중의 물질적 생활수준을 계속 획기적으로 향상시키는 성과를 올리고 있다.

그 결과로 경제생활이 여유 있게 되고 풍요로워짐에 따라서 우리나라 소비대중이 누리는 물질적 복지뿐만 아니라 다른 측면의 복지와 삶의 질이(정부 · 정치권과 관련된 것들을 제외하고) 향상되고 있다.

⑶ 우리나라기업은, 매년 막대한 규모의 상품과 서비스를 글로벌시장에 수출하고 있고(세계수출규모는 12~13위 정도), 해외직접투자 확대로(세계직접투자의 0.5% 내외) 해외생산-마케팅활동도 점점 더 많이 벌이고 있다. 그럼으로써 우리나라기업은 지구촌 사람들의 물질적 복지향상에도 점점 더 많이 기여하고 있다. 뿐만 아니라 북한에 비하여 비약적으로 발전하고 있다(예증 3-8 참조).

예증 3-8 *ILLUSTRATION*

북한, 더 가난해졌다

남 · 북한 주요 경제지표 비교 (2007년 기준)

	남 한	북 한	남한/북한(배)
명목GNI	902조5413억원	24조8268억원	36.4
1인당 GNI	1862만원	107만원	17.4
수출	3714.9억달러	9.2억달러	404.3
수입	3568.5억달러	20.2억달러	176.5
인구	4845.6만명	2320만명	2.1
경제성장률	5%	-2.3%	-

자료: 한국은행

한국은행은 2006년 6월 18일 발표한 '2007년 북한 경제성장률 추정 결과'에서 2005년 북한의 실질 국내총생산(GDP)은 전년 대비 2.3% 감소해 2006년(-1.1%)에 이어 2년 연속 마이너스 성장을 했다고 밝혔다. 곡물 생산량은 2005년 홍수 등 기상 악화로 전년 대비 9.4% 급감한 것으로 한은은 추정했다. 주식인 벼(-19.4%), 옥수수(-9.3)의 생산이 크게 줄었다.

한은은 "세계은행이 발표한 지난 2006년 1인당 GNI를 보면 북한은 1440달러로 세계 208개 나라 중 177위"라며 "이는 케냐(1470달러), 나이지리아(1410달러)와 비슷해 세계 최빈국 수준"이라고 밝혔다.

출처 : 조선경제, 2006년 6월 19일, p. B2.

3. 우리나라기업은 취업기회 확대, 소득증대를 통한 국민의 생활기반 확충 및 삶의 질 향상에 기여

(1) 비록 IMF사태 발생 후부터 2008년 미국발 글로벌 금융위기를 거치면서 현재까지, 많은 우리나라기업들이 필요성 때문에 고용구조조정을 단행한 바 있음은 인정을 한다. 그렇더라도 아직도 틀림없는 사실은 계속 증가하는 노동인구에게 우리나라기업 전체는, 정부 · 교육기관 등 어느 사회구성요소보다도, 가장 많은 일자리/직장(jobs)을 제공하고 있는 중이다.

(2) 그 결과로 우리나라기업 전체는 근로대중에게 소득(income)을 계속 증대시켜 계속 생활수준이 향상되게끔 개선된 생활기반(improved living standard)을 확충해 주고 있다.

4. 우리나라기업은 창출이익 재투자 통한 고도의 기업성장 유지

(1) 그 동안의 불리한 국내외 비즈니스 환경변화와 치열한 경쟁 속에서 도산하지 않고 이익을 창출하여 재투자하는 등의 방법으로 계속 성장해온 수많은 우리나라기업들의 성장 자체는 국가적으로 가치 있는 큰 성과이고 기여이다.

① 우리나라기업의 성장은 합리적인 국내외경영을 통해 국내외소비대중을 만족시키고 그들의 물질적 복지를 향상시키는 데 있어서 국내외경쟁업체들을 능가(outperform)했다는 실증이기 때문이다.

② 우리나라기업이 창출하는 이익은 재투자의 재원으로서 기업의 고도성장을 가능케 하며, 그 결과로 경제 · 사회발전을 초래하기 때문이다. 또한 우리나라기업들은 우리나라의 경제 · 기업 · 자금 · 소프트 파워를 강

화하여 국력을 강화하는 데도 직접적으로 기여하기 때문이다.

(2) 이상과 같은 논리에 비추어, 그 동안 국내외에서 성장해온 모든 우리나라기업들은, 맡은 바 역할과 기능을 효율적으로 수행함으로써 우리나라 사회에 가치를 부가하고 크나큰 기여를 했다고 칭찬을 받아야 마땅하다.

5. 우리나라기업은 국민경제성장의 가장 중요한 추진력 제공

(1) 21세기 현재까지 국민경제의 어느 부문보다도 민간기업부문은, 그 중에서도 특히 대기업들은, 경제를 성장시키는 가장 강력한 추진력(propelling force, engine)역할을 하고 있다.

(2) 그래서 우리 모두는 우리나라의 국력을 지구촌이 인정할 만큼 키워 온 가장 생산적인 부문은, 정부 · 국회 · 정당 · 국영기업 등이 아니라, 민간기업부문(private business sector)이었다는 사실을 널리 인정하고 높이 평가해야 한다.

우리나라기업이 국민경제의 성장 · 발전에 크게 기여하고 있는 주요 요소들은 아래와 같다(예증 3-9 참조).

예증 3-9 *ILLUSTRATION*

건국 60년 평가와 향후 과제

한국일보가 2008년 8월 13일 미디어리서치에 의뢰, 전국 성인 남녀 1,000명을 대상으로 국가발전에 가장 기여한 집단과 가장 시급히 개혁해야 할 분야는 아래 그림과 같다.

앞으로 가장 역점을 둬야 할 과제로는 경제성장(25.6%)과 정치개혁(22.6%)이라고 답한 사람들이 가장 많았다. 그 다음으로 교육개혁(10.5%), 복지확대(10.5%), 남북관계 진전(6.4%), 외교력 강화(5.6%), 노사관계 개혁(5.5%) 등의 순이었다.

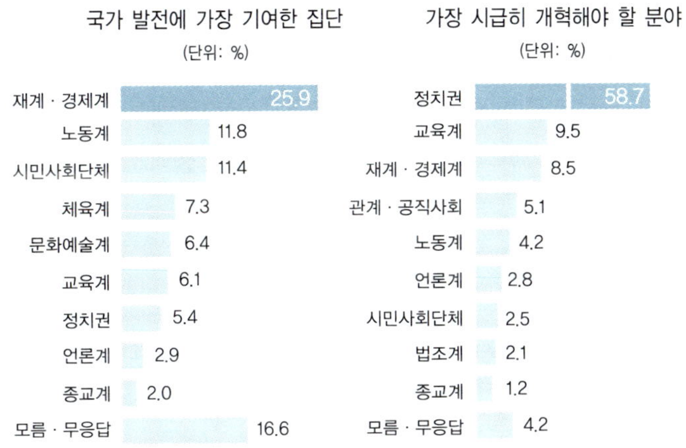

출처 : 한국일보, 2008년 8월 15일, p. 1.

1) 우리나라기업의 개척자적인 기업가, 전문경영자, 근로자의 뛰어난 역할

(1) 우리나라의 그 동안의 경제성장은 주로 기업그룹 창업자들과 전문경영자들의 기업가정신이 이룩한 결과라고도 말할 수 있다.

우리나라의 국민경제 성장은, 기업을 창업 · 운영 · 성장시켜 온 정주영 · 이병철 · 박태준 · 김우중 등 우리나라의 개척자적인 기업가들(pioneering entrepreneurs)의 이니셔티브 · 모험 · 창조성 · 기회포착능력 등에 의해 주로 이루어졌기 때문이다(예증 3-7 참조).

(2) 기업의 창업과 경영성패를 좌우하는 사람은 결국 기업가 · 전문경영자이다. 그렇기 때문에 현재까지 우리나라의 경제발전 · 국력신장을 실현하는 데 가장 중추적인 역할(central roles)을 한 사람들은 바로 개척자적인 기업가 · 전문경영자들이고 이들을 뒷받침한 것은 근로자들과 소비자들이었다고 평가하는 데, 우리들은 인색하지 말아야 한다.

2) 우리나라기업이 강조해온 경영혁명과 경영인재 양성

(1) 현재까지 주로 미국식 경영노하우와 한국식의 혼합 · 활용으로 우리나라기업이 오랜 동안 이룩한 "경영혁명"(managerial revolution)은, 고도

의 기업성장을 통해 우리나라경제의 성장을 지구촌의 모범이 되도록 앞당겼음을 우리 모두는 높이 평가해야 한다.

(2) 급속도로 확대된 전문경영자계층(professional managerial class)이 선진경영 노하우를 도입 · 활용함으로써, 이들의 대부분이 기업발전을 통해 경제발전에 기여한 공로는 가히 혁명적이라 불러도 전혀 손색이 없기 때문이다.

3) 우리나라기업의 성장위주전략과 경제성장을 이끄는 대기업의 역할

(1) 현재까지 국민경제성장의 추진력은, 우리나라기업이 주요목표를 성장성(growth)에 둔 데서도 비롯되었다. 대기업일수록 오랜 동안 고도 경제성장에 또는 국민경제가 침체하는 것을 막는 데 가장 큰 기여를 하고 있다.

(2) 점점 치열해지는 글로벌 경쟁시대에 점점 많은 우리나라의 대기업과 기업그룹이 현재와 같은 세계적 규모 · 수준 · 순위에 와 있다는 사실 자체는, 우리나라경제의 앞날을 위하여 퍽 다행한 일이다.

4) 우리나라기업이 주축이 된 농경 → 산업 → 정보화 과정의 시간단축

2008년 8월 15일은 대한민국 정부수립 60돌이었다. 제헌국회와 건국헌법, 국군 창설 등 대한민국을 지탱해 온 모든 핵심 시스템이 다 환갑을 맞이했다.

그런 건국 60주년 동안 우리나라기업이 주축이 되어 우리나라는 농경사회 → 산업사회(경제발전 단계를 거치고) → 정보화사회로 전환 · 발전하는 과정을 성공적으로 밟아 오늘에 이르고 있다.

세계사적으로 유례가 드문 성공케이스로 평가받는 우리나라의 그러한 전환 · 발전과정은 최소한 두 가지 측면에서 각별한 뜻이 있다.

(1) 하나는 산업화과정의 시간적 단축이다. 다른 나라들의 성장속도에 비해 그 동안 우리나라의 경제발전과 산업화는, 속도면에서 엄청나게 빠른 것이었다.

(2) 또 하나는 우리나라기업인의 기업가정신이다. 기업가 중에서도 오늘의 대기업과 기업그룹을 길러낸 몇몇 창업주의 기업가정신과 헌신, 불

굴의 투지와 인내, 새로운 시장과 사업의 개척정신이 우리나라경제의 고도성장에 막대하게 기여했다는 사실을 우리는 높이 평가해야 한다.

6. 우리나라기업은 세계 500大기업으로 성장

미국의 경제지 FORTUNE이 2008년 매출액을 기준으로 선정한 세계 500大기업에는 삼성전자를 위시한 우리나라기업이 15개 포함되어 있다. 200위권, 300위권, 400위권에 포함된 우리나라기업은 〈표 3-1〉과 같다. 그리고 2007년도 10大 그룹 실적, 거래소 · 코스닥 기업의 매출액 · 영업이익은 예증 3-10을 참조하기 바란다.

표 3-1 포춘 글로벌 500대 기업에 포함된 우리나라기업

순 위	기 업
1(1)	월마트
2(2)	엑손 모빌
3(3)	로열 더치 셸
4(4)	BP
5(6)	도요타
6(7)	쉐브론
7(13)	ING
8(10)	토털
9(5)	제너럴 모터스(GM)
10(9)	필립스
38(46)	삼성전자
67(73)	LG
82(76)	현대자동차
86(98)	SK(주)
200위권	포스코 · 한국전력 · 삼성생명 · GS홀딩스 · 신한금융 · 우리금융
300위권	한화 · 현대중공업 · KT
400위권	국민은행 · 삼성물산

※ ( )안은 2007년 순위

자료: 포춘

7. 우리나라기업은 국내외에서 사회경제기구로도 활약 확대

(1) 우리나라기업은 대기업일수록, 국내는 물론 지구촌 차원에서 고유한 경제기능 수행뿐만 아니라, 사회적 니즈(societal needs)도 서브하는 사회경제기구(socio-economic institution)로도 뛰어난 활약을 하고 있다.

(2) 즉 우리나라기업은 투자증대를 통해 문화재단 · 의료시설 · 탁아소 · 교육훈련시설 등의 운영과 같은 여러 가지 사회적 니즈를 확대 서브하는 사회적 기능도 나름대로 잘 수행하고 있다는 뜻이다.

(3) 오늘날 그런 사회적 기능을 나름대로 잘 수행하고 있는 것은 아무래도 규모가 크고 이익을 많이 창출하는 우리나라의 기업그룹들과 대기업들이다. 기업 이미지 향상을 위해서뿐만 아니라 국가사회와 지역사회에 그리고 지구촌 사회에 참되게 이바지하겠다는 경영철학 때문이다.

8. 우리나라의 10대 기업그룹과 기타 주요 기업

우리나라의 10대 그룹 실적, 거래소 · 코스닥 기업의 매출액과 영업이익은 예증 3-10과 같다.

예증 3-10 *ILLUSTRATION*

2007년도 현재의 10대 그룹 실적, 거래소 · 코스닥 기업의 매출액 · 영업이익

10대 그룹 실적

그 룹	매 출 액		순 이 익	
	규모(원)	증감률(%)	규모(원)	증감률(%)
삼성	98조7237억	7.33	8조6478억	-4.7
현대자동차	70조2749억	8.43	3조1454억	9.13
SK	34조7978억	10.65	2조4307억	12.69
LG	51조2423억	13.51	3조4850억	53507.03
롯데	16조9319억	7.91	1조5387억	0.76
GS	6조2036억	3.9	3850억	3.96

금호아시아나	15조7882억	9.82	1조1942억	41.52
한진	16조8196억	10.93	1755억	-80.14
현대중공업	18조3814억	23.44	2조2653억	138.67
한화	6조394억	31.37	4418억	-10.42
합계	335조2028억	10.24	23조7092억	23.57

거래소 기업

매출액 상위 10개사

순 위	회 사	매출액(원)
1	삼성전자	63조1760억
2	현대자동차	30조4891억
3	한국전력공사	28조9839억
4	LG전자	23조5019억
5	포스코	22조2067억
6	국민은행	21조2818억
7	SK네트웍스	17조6863억
8	기아자동차	15조9485억
9	현대중공업	15조5330억
10	S-Oil	15조2187억

영업이익 상위 10개사

순 위	회 사	영업이익(원)
1	삼성전자	5조9429억
2	포스코	4조3083억
3	국민은행	4조2334억
4	SK텔레콤	2조1715억
5	현대자동차	1조8150억
6	현대중공업	1조7507억
7	기업은행	1조5555억
8	LG디스플레이	1조4911억
9	KT	1조4337억
10	한국외환은행	1조4116억

코스닥 기업

매출액 상위 10개사

기 업	매출액(원)	증가율(%)
LG텔레콤	4조5855억	16.3
하나로텔레콤	1조8683억	8.4
쌍용건설	1조3358억	-0.4
NHN	9202억	60.5
에스에이엠티	6944억	-19.7
매일유업	6888억	0
LG마이크론	6658억	-13.2
KCC건설	6398억	-10.4
태산엘시디	6343억	6.7
CJ프레시웨이	6128억	0

영업이익 상위 10개사

기 업	영업이익(원)	증가율(%)
NHN	3895억	69.7
LG텔레콤	3239억	-22.2
하나로텔레콤	809억	164.4
성광벤드	709억	148
CJ홈쇼핑	709억	-16.8
GS홈쇼핑	667억	-5
태웅	623억	69.2
메가스터디	584억	80.1
KCC건설	548억	-10.9
태광	542억	106.3

자료: 증권선물거래소 · 한국상장회사협의회.

출처 : 중앙일보, 2008년 4월 4일, p. E6.

제 3 절 현대기업가의 컨셉트, 고유한 정신, 고유한 특성

우리나라에는 현대기업가들(modern entrepreneurs)과 현대기업들(modern enterprises)이 계속 늘어나고는 있다.

그렇지만 우리나라의 ① GDP 등 경제적 성장과 변화, ② 인구수 등 인구통계학적 변화, ③ 소비자 주권주의의 신장 · 여성의 역할변화 등 사회적 변화, ④ 사업분야 · 재무구조 · 고용구조 등의 구조조정을 통한 기업조직 변환 등을 감안할 때, 현대기업가들과 현대기업들은 아직도 수적 · 질적으로 너무나 부족한 실정이다.

그렇기 때문에 우리나라 경제/기업계 전체는 최대 성장 잠재력을 실현하기 위해서도, 현대기업가들과 현대기업들을 대폭적으로 늘려야 한다.

1. 독자가 중 · 소기업가로 활동하는 데 따르는 잠재적 장 · 단점

1) 중 · 소기업가의 잠재적 장점

(1) 소기업이나 중견기업의 주인/경영주(boss)가 된다. 만일 성공한다면 중소기업을 소유-경영하는 생애를 누리게 된다.

(2) 금전적 보상을 포함한 잠재적 보상(potential rewards)이 대단히 크다. 대기업 프로페셔널 임원 중에도 성공한 기업가만큼 거부(巨富)가 되는 경우는 아주 드물다.

(3) 매년 시장에 출시되는 첨단/선진 기술 제품과 서비스 중에서 상당 부분은 벤처기업형태 중소기업의 제품과 서비스가 차지한다. 그러니만큼, 혁신적이고 창의적인 기업가들에게, 중소기업이 제공하는 창의적 자유(creative freedom)는 대단히 중요하다.

2) 중 · 소기업가의 잠재적 단점

(1) 잠재적 보상은 아주 큰 반면에, 기업가가 개인적으로 부담해야 하는 잠재적 재무 리스크(potential financial risk) 또한 대단히 크다.

① 기업가는 운영하는 중소기업을 위해 밤낮 가리지 않고 열심히 일하고 뛰어야만 하고 또한 상당히 많은 자금과 자산 그리고 감성적 에너지까지 투입해야만 한다.

② 그래서 기업가는 가족에게 충분한 시간과 관심을 할애하기가 어려울 수도 있다. 그 결과로 가정파탄, 자녀교육 소홀 등이 발생할 수도 있다.

(2) ① 매년 수많은 중소기업들(특히 요식업체들)이 부실화되고 도산한다. 불황이 닥쳐오면, 영세기업들부터 부실화되고 도산한다. ② 비즈니스 실패는 기업가들에게 그리고 그 가족들에게, 심한 심리적 고통을 준다. 뿐만 아니라, 대규모 자금/재산 손실이나 개인적 파산의 형태로 비싼 대가(high price-costs)를 치르게 한다.

2. 미래 중 · 소기업가가 되기 위한 준비

중소기업을 운영하는 기업가가 되기 위해서 준비를 하는 유일한 최선의 방법이란 존재하지 않는다. 그러므로 미래에 기업가가 되기 위한 준비를 지금부터 하고자 하는 독자들은, 아래를 참고하기 바란다.

(1) 우선 자신들의 교육과 지식 수준을 계속 높여가야 한다.

① 점점 많은 대학들이 "현대 경영학원론" "창업 및 중소기업경영" 등과 관련된 교과목들과 단기 프로그램들을 오퍼하고 있으며, 또한 대학생들의 창업 동아리 활동 역시 빠른 속도로 확산되고 있다.

② 그러니 관련 교과목들과 단기 프로그램들을 최대한으로 수강하고 창업 동아리 활동에도 적극 참여하는 것, Internship같은 파트타임 잡 경험을 쌓는 것, 국사 · 한문을 익히는 것 등도 미래기업가가 되기 위한 준비를 하는 좋은 방법이다(예증 3-11 참조).

(2) 기업가가 되는 최선의 연령이란 존재치 않으나, 최선의 연령범위는 20대 초로부터 40대 초 사이라고 한다.

예증 3-11 *ILLUSTRATION*

롯데백화점, GS칼텍스 등 신입사원 · 간부승진 시험에 국사 시험 실시

2007년부터 롯데백화점의 경우는 간부승진때 국사시험을 보게 한다. 롯데백화점의 이철우 사장(2007~)은 롯데리아 사장(1998~2003)과 롯데 마트 사장(2003~2007)을 할 때부터 간부승진때 국사시험을 강조하고 태극기 마케팅을 강조하고 있다. 이철우 사장의 유통업의 glocalization(globalization과 localization을 합친) 경영철학이 그 발판이다.

GS칼텍스의 경우 신입사원 시험에 국사시험이 등장한 것은 이례적이다. 외국계 합작회사인 GS칼텍스가 영어, 세계사도 아닌 한국사 시험을 치르게 된 것은 허동수 회장의 의지가 강하게 작용했다고 한다.

참고로 삼성그룹에서는 입사시험에서 뛰어난 한문성적을 우대한다.

글로벌화가 빠르게 진행되고 있음에도, 이들 회사들이 국사 · 태극기 · 한문을 강조하는 것은 투철한 국사의식 등을 지닌 인재만이 세상의 조류에 휩쓸리지 않고 어느 조직에도 뒤지지 않는 경쟁력을 갖출 수 있다고 믿기 때문이다.

출처 : 조선일보, 2008년 3월 21일, p. B3.

3. 현대기업가의 컨셉트와 고유한 기업가정신

1) 현대기업가의 컨셉트

기업가의 컨셉트(concept of entrepreneur)는 ① 시간의 흐름과 ② 국내외 비즈니스 환경의 변화에 발맞추어서 아래와 같이 단계적으로 변혁되어 왔다.

(1) 기업가=자본가

① 대부분의 기업이 중소규모이었던 시대에는, 기업가를 출자기능과 경영관리기능을 모두 수행하는 사람으로 간주한 적이 있었다.

② 그런 시대에는, "기업가=자본가"라는(기업가는 자본을 투자하는 사람이라는) 컨셉트 내지 등식이 성립되었었다.

③ 그렇지만 자기자본을 가지고 기업(예컨대 식당 · 특수품판매점 · 벤처기업 등을)을 창업하여 기업가가 되려는 사람이 계속 있는 한, 이런 등식은 계속/아직도 성립될 수 있다.

(2) 현대기업가=혁신기능 등을 수행하는 개인

① 오늘날에는, 기업가정신을 발휘하여 기업을 창업 · 운영하는 것을 전제로 하여, 고유한 기술 · 뉴 아이디어 등을 가지고 보다 혁신적인 제품 · 서비스 · 공정에 적용하는 이노베이션/혁신기능(innovation function) 등을 수행함으로써 새로운 비즈니스(a new business)를 개척 · 운영해가는 개인을, 일반적으로 현대기업가(modern entrepreneur)라고 부른다.

② 이런 컨셉트의 현대기업가는, 기업에 반드시 스스로 출자를 하는 자본가라고 볼 수 없으며, 따라서 반드시 그 소유자라고도 볼 수가 없다. 왜냐하면 뛰어난 비즈니스 아이디어나 기술만 있으면, 자금은 벤처 금융회사나 정부로부터 융자/지원 받을 수도 있기 때문이다.

2) 미래 성공적 기업가가 갖추어야 할 공통적 개인적 특성

조사결과들에 의하면, 정주영 · 이병철 · 박태준 · 이건희 · 김우중 · 유일한 · 구인회 · 구자경 등과 같이 아래의 (1) · (2) · (3)과 같은 공통된 개인적 특성(common personal characteristics)을 가진 사람들만이 현대기업가로서 성공할 가능성이 높다고 한다. 그런 기업가들은 1970~90년대에 많이 있었으며 2000년대 이후부터는 줄어드는 경향이 있다.

(1) 고도의 창조성과 성취 니즈가 있는 사람

성공적인 기업가들은 고도의 창조성을 보유한 고도의 성취자들(high achievers)이다. 그래서 기업가로서 성공하려면, 고도의 창조성을 보유하고 강력한 성취 니즈(strong needs for achievement)가 있어야 하고 또한 그런 니즈를 실현하려는 강력한 추진력이 있어야 한다.

(2) 특별한 리스크를 기꺼이 감당하려는 의사가 있는 사람

성공적인 기업가들이 되려는 사람들은, 기업을 창업하여 운영하는 데 또는 기존 기업을 인수하여 운영하는 데 따르는 특별한 비즈니스 리스크를 기꺼이 받아들일 의사(willingness to take extra business risks)가 있어야 하고 또한 실제로도 그런 비즈니스 리스크를 선택해야 한다.

⑶ 강력한 자신감이 있는 사람

기업가들은 기업을 창업하는 데 또는 기존 기업을 운영할 때 당면하게 되는 문제들을 해결할 충분한 기법 · 수완 · 자금동원력 등을 보유하고 있다는 자신감(self-confidence)을 갖고 있어야 한다.

⑷ 대기업으로부터의 도피자 중에도 기업가들이 많음

성공적인 기업가들 중에는 대기업으로부터의 도피자들(refuges)도 많다. 대기업에서는 배우는 것도 많고 받는 금전적 · 사회적 대우도 좋지만, 대부분의 대기업에 팽배한 관료주의적 환경 속에 갇혀 있는 느낌으로부터 돌파구를 찾는 방법의 하나로서 기업가들이 되는 경우도 많기 때문이다.

3) 현대기업가의 정신적 공통점인 기업가정신

성공한 현대기업가들은, 기업가정신(entrepreneurship)이라고 부르는 아래와 같은 몇 가지 공통적 정신적 특성(common psychological characteristics) 역시 보유하고 있는 것으로 조사됐다.

⑴ 기업왕국을 만들려는 꿈과 의지를 보유

현대기업가는, 자기 나름대로의 기업왕국(대기업 · 기업그룹을 뜻하는 business empire)을 건립하려는 꿈과 의지가 있어야 한다.

⑵ 새로운 국내외 비즈니스기회의 적시적 포착 및 활용 능력 보유

① 국내외 비즈니스 환경변화로부터 새로운 비즈니스기회를 적시에 포착하여 적절히 활용할 수 있고, ② 도전을 극복하려는 의지가 강하고, ③ 성공의 과실뿐만 아니라 성공 자체를 즐기기 위하여 노력하는 충동이 강해야 한다.

⑶ 독창성을 발휘하는 창조적인 성격 보유

① 새로운 비즈니스를 착수하고 완성시키는 데, ② 기업/회사 자원을 효율적으로 소싱/동원하고 활용하는 데, ③ 표적시장 · 브랜드-제품-서

비스 · 기술 · 소싱-제조방법 · 판매방법 · 고객서비스방법 등을 착안하고 선정하는 데, ④ 그럼으로써 비즈니스 퍼포먼스(경영 실적)를 최대화하는 데 등에, ⑤ 새롭고 넓은 안목 · 사고 · 발상 · 선견성 · 개혁성 · 글로벌성 · 독특한 기술 혁신 등으로 독창성을 발휘할 수 있는 창조적인 마인드를 지녀야 한다.

(4) 미래지향적 태도와 새로운 사물에 대한 강한 관심과 모험심 보유

5~10년 이상을 뜻하는 미래 지향적 태도(futuristic attitude)를 갖추고 새로운 사물(事物: 일 · 발견 · 발명 등과 브랜드 · 제품 · 기술 · 서비스 · 아이디어 등)에 대한 관심과 모험심이 강해야 한다(예: 정주영의 경우 선박 · 자동차 등, 이병철의 경우 반도체 등).

(5) 강력한 목표 · 과업 지향성 보유

① 일단 비즈니스 목표와 그 달성에 필요한 비즈니스 과업을 결정했으면, ② 물론 그 목표와 과업이 지속적으로 경제적 · 기술적으로 타당한 한, 일관성 있게 추진하는 목표 · 과업 지향성(goal/task orientation)이 강해야 한다.

(6) 강력한 성취 동기와 더불어 법 · 윤리 등을 준수하는 마음가짐 보유

① 강력한 성취동기가 있고, ② 사리(事理: 일의 이치)에 밝고, ③ 인간관계와 비즈니스 거래관계에서 신용과 법 · 윤리 · 도덕을 확실히 지키는 건전한 정신자세를 갖추고 또한 실제로 발휘해야 한다.

제 4 절 현대기업을 창업 · 매수 · 프랜차이즈하는 전략

사적(私的)인 개인 · 소집단이 현대 비즈니스/기업을 시작하려 한다면, 크게 나누어 ① 기업을 창업/신설하는 방법(start-up method), ② 기존의 계속기업(on-going firm)을 매입하는 방법(acquisition method), ③ 프랜차이즈 기업(franchise firm)을 시작하는 방법 중에서, 어느 하나를 선택해야 한다.

1. 현대기업을 창업하는 전략

창업 기업가가 현대기업을 성공적으로 창업하고 운영 개시하려면, ① 무엇보다도 창업기업가가 있어야 하고, ② 창업기업가가 주도하는 아래의 세 가지 비즈니스 행위들(three business activities) 등, ③ 모두 합쳐서 아래의 네 가지 필수적인 구비요소들(four prerequisites)이 있어야 한다.

1) 창업기업가는 현대기업을 창업하는 데 가장 필수적인 기본요소

(1) 현대기업을 창업하고 운영하는 데 가장 중요한 필수적 기본요소는 창업기업가(start-up entrepreneur)이다.

(2) 그러므로 창업의 네 가지 구비요소들 중에서, 아래의 "나머지 세 가지 행위들"은 피동적인 요소들이다.

2) 창업기업가는 뚜렷한 비즈니스 목적의식을 갖고 새로운 기업을 조직화하는 행위를 수행해야

(1) 현대기업을 성공적으로 창업하고 운영하려면, 창업기업가는 "나머지 세 가지 행위들" 중에서 최우선적으로 새로운 기업을 조직화하는 행위(organizing activities)를 수행해야 한다.

(2) 즉, 반드시 물적자원(material resources), 인적자원(human resources), 재무자원(financial resources), 정보자원(information resources) 등 네 가지 유형의 비즈니스/기업 자원들을 혼합(combine)하여 투입해야 한다(그림 3-1 참조).

3) 창업기업가는 반드시 소비자/고객 니즈를 충족시키는 행위를 수행해야

(1) 이익은 소비자 니즈를 충족시킨 보상으로서 창출된다. 그러므로 일단 조직화된 신설 기업은 반드시, 필요 · 욕구 · 수요 · 선호 · 변덕 등을 포함하는 소비자/고객 니즈를 충족시키는 행위(consumer/customer needs satisfying activities)를 효과적으로 수행해야 한다.

(2) 그래서 다양하고도 복잡한 소비자니즈를 충족시키는 데 있어서 경쟁업체들을 능가(outperform)하지 못하는 신설 기업들의 앞날은, 경쟁업체

그림 3-1 기업을 성공적으로 창업하고 운영하기 위해 혼합하여 투입해야 하는 네 가지 비즈니스 자원들

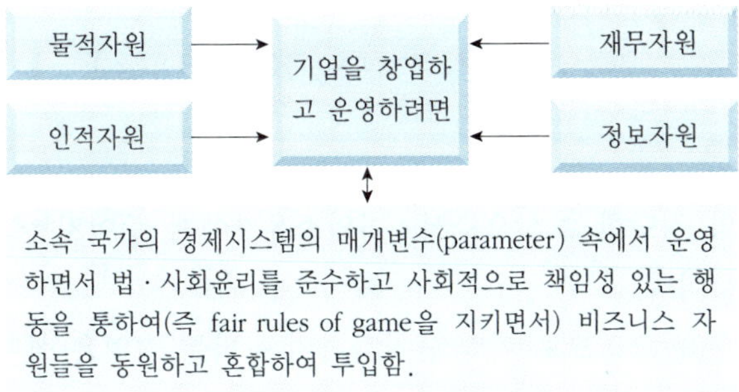

들에 의하여 능가당하여(outperformed by competitors) 적자운영 · 도산 등으로 험난할 수밖에 없기 때문이다.

4) 창업기업가는 반드시 실제이익을 창출하는 행위를 수행해야

(1) 새로이 조직화된 신설기업은, 소비자에게 판매하는 브랜드 부착 제품과 서비스의 교환대가(exchange payment)로서 소비자로부터 돈(현금 · 신용카드 등의 형태로 받는 것을 매출수익이라 부름)을 받는다. 그런 매출수익(sales revenue)을 가지고 기업을 운영하는 데 들어가는 모든 비용(expenses)을 지불해야 한다.

그래서 기업의 이익은, 총매출수익에서 모든 비용을 공제하고 남은 금액을 말한다(그림 3-2 참조). 만일에 총경비가 총매출수익보다 많다면, 손실(loss)이 발생한다.

(2) 특정 기업이 벌어들인 이익은, 아래와 같은 이유로, 그 기업소유자(개인소유자 · 주주)의 소유물/재산이 된다.

① 이익은, 소비자니즈를 충족시킨 데 대한 일종의 정당한 보상(a just reward)으로서, 기업의 소유자에게 주어지는 금전적 보상(a monetary compensation)이기 때문이다.

② 또한 이익은, 기업을 소유 · 운영하는 데 따르는 상당한 비즈니스 리스크(a substantial business risks)를 떠맡아 성공적으로 극복한 데 대한 일

그림 3-2 매출수익과 이익/손실의 관계

종의 정당한 보상으로서, 기업소유자에게 주어지는 보수(a payment)이기 때문이다.

(3) 그러므로 이익을 창출하지 못하는 기업은 실패할 확률이 높고, 적자를 견디지 못하여 기업이 실제로 실패할 경우, 소유자는 투입한 모든 비즈니스자원들을 상실할 수도 있다.

5) 창업기업가가 현대기업을 창업하는 과정/전략

어느 누구든지 자영기업(self-owned business)을 창업하려 할 때는, 창업에 앞서서 보편적으로 활용되는 기업창업 과정/전략(business start-up process/strategy)에 대한 충분한 노하우를 갖추고 철저히 따르도록 해야 한다(예증 3-12 참조).

참고로 창업하는 데 걸리는 기간에 대해서는 예증 3-13을 참조하기 바란다.

예증 3-12 *ILLUSTRATION*

창업 어떻게 하나(일반적인 제조업종의 경우)

창업 예비분석

- 자신의 창업 자질 및 적성 파악
- 자원은 충분한가
- 창업시기는 적당한가

⇩

사업목적 정의

- 창업하는 이유
- 기본적인 운영 방향

⇩

사업분야 결정/사업 아이디어 모색

- 유망하고 자신에게 적합한 업종 선택
- 사업 아이디어가 얼마나 시장조건에 잘 맞는가
- 어떤 제품 · 서비스를 소싱 · 생산 · 판매하고, 시기를 언제로 할 것인가
- 시장조사(소비자 조사)

⇩

사업성 분석

- 사업으로 발생할 손해와 이익 분석
- 수익성 · 시장성 · 기술성 있나
- 기존 사업사례 참조/희망 사업분야의 총투자 및 비용, 예상입지 및 상권 분석

⇩

사람과 돈 구하기

- 창설팀 만들기
- 소요자금 조달

⇨

사업계획서 작성과 조직구조 설정

- 구체적인 실행계획 세우기(제품계획 · 시장성과 판매계획 · 소싱/생산 및 설비계획 등)
- 조직의 업무 · 책임 · 권한 등을 체계적으로 구분
- 인력 선발 및 배치

⇧

사업개시

- 생산착수

자료: 창업넷(www.changupnet.go.kr)
중앙일보, 2005년 3월 28일.

예증 3-13 *ILLUSTRATION*

창업하는 데 걸리는 기간

우리나라는 창업하는 데 걸리는 기간이 캐나다의 11배에 이르는 등 산업통상구조 측면 등에서 선진통상국가의 기준에 못 미치는 것으로 나타났다. 또 자유무역협정(FTA) 등 경제블록화에 대한 대응이 유럽에 비해 수십년, 남미국가에 비해서도 10여 년 뒤떨어진 것으로 평가됐다.

대외경제정책연구원(KIEP)은 서울 역삼동 한국기술센터에서 열린 '선진통상국가, 개념 정립 및 추진과제' 세미나에서 이렇게 밝혔다. KIEP 선진통상국가 여부를 측정할 수 있는 지표로 산업통상구조 고도화, 글로벌 스탠더드 도입 및 강화, 생산요소 이동의 효율성, 경제통합 대응, 국가위상 제고, 피해부문 지원 및 사회안전망 구축, 개방에 대한 국민합의 등을 선정해 우리나라의 실태와 비교했다.

이 지표는 네덜란드 · 싱가포르 · 아일랜드 등 선진통상국가로 평가되는 6개국을 대상으로 조사해 선정됐다.

조사 결과 우리나라는 창업에 걸리는 기간이 33일로 캐나다(3일), 미국(4일), 싱가포르(8일) 등에 비해 긴 것으로 나타났다.

또 1인당 국민총소득(GNI) 대비 창업등록비용 비중도 우리나라는 18%에 달해 영국(1%), 싱가포르(1%), 캐나다(1%) 등에 비해 높은 것으로 분석됐다.

출처 : 중앙일보, 2005년 3월 16일자.

2. 현대기업을 창업 또는 매입하는 전략

(1) 현대기업을 창업/매수할 때의 고려 요소들

사적인 개인 · 소집단이 현대기업/비즈니스를 시작하려 한다면, 최소한 세 가지 방법들 중에서, 특히 창업방법과 매수방법 중에서 어느 하나를 선택할 것인가를 결정할 때는 〈표 3-2〉에 제시한 요소들을 중심으로 고려해야 한다. 또한 창업환경을 고려해야 한다(예증 3-14 참조).

표 3-2 기업을 매수 또는 창업할 때에 고려해야 하는 요소들

고려 요소들	기존기업을 매수할 때	기업을 창업할 때
이익성(수익성)	빠른 이이 실현	보다 큰 이익창출의 잠재성 창조
리 스 크	적은 리스크	보다 큰 리스크
평 판	확립된 평판	평판은 존재치 않고 확립하기가 쉽지 않음
시설과 기기	시설과 기기가 있어야 할 장소에 있음	시설과 기기가 있어야 할 장소에 없음
인 력	인력이 있어야 할 장소에 있음	인력이 있어야 할 장소에 없음

예증 3-14 *ILLUSTRATION*

노무현 정부 들어 더 심해진 '규제공화국'–창업환경, 155국 중 97위

2006년 6월 KDI 분석 보고서에 따르면, 우리나라의 기업 창업 환경이 세계 155개국 중 97위에 그치고 있는 것으로 나타났다. 기업들의 세부담도 아시아의 경쟁국에 비해 여전히 높은 데다 각종 정부 규제는 노무현 정부 들어 오히려 늘어난 것으로 분석됐다.

기업의 세부담 비교 (단위: %)

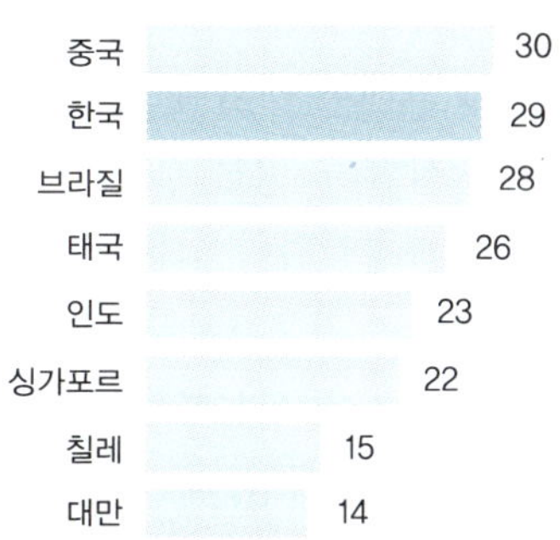

※기업의 이윤이 증가할 때 늘어나는 한계 법인세율 기준

자료: 한국개발연구원

출처 : 중앙일보, 2006년 3월 24일, p. E2.

(2) 현대기업을 창업/신설할 때의 상대적(잠재적) 장점

일반적으로 말할 때, 기업가는 비즈니스를 시작하고자 할 때, 기업을 창업/신설을 선호하는 경향이 많다. 아래의 상대적(잠재적) 장점이 따르기 때문이다.

① 기업을 신설할 경우에 자본의 조달방법, 사무실과 공장의 입지, 임직원과 기능공, 브랜드, 제품 · 서비스 생산시설과 활용하는 기술, 마케팅 프로그램 등을 새로운 것으로 재량껏 선정할 수 있다.

② 기업을 신설할 경우, 기업가 개인이나 소집단이 보유한 자원과 능력에 맞추어 기업을 아주 적은 규모로 또는 그 이상의 규모로 시작할 수 있다.

(3) 기존기업을 매수할 때의 상대적(잠재적) 장점

현재 운영중인 계속/기존기업(going concern)을 매수하여 운영할 경우의 상대적(잠재적) 장점은 다음과 같다.

① 이미 좋은 입지(사무실 · 점포 · 공장 등)에서 성업중인 계속기업을 매수하여 운영할 경우, 입지조건의 우월성이 이미 증명되었다는 사실이 장점의 하나이다.

② 그래서 기업의 미래성장 여부에 대한 불확실성의 수준을 어느 정도 감소시킬 수 있는 것도 장점이다.

③ 계속기업의 소유자가 사망하거나 은퇴하려고 하든지 또는 기타 이유로 시급히 처분하고자 한다면, 염가매수가 가능하다.

④ 기업을 신설하는 데 소요되는 많은 시간, 노력, 비용 등을 계속기업매수시에는 삭감/제거할 수 있는 것도 장점이다.

계속기업은 이미 고객(시장), 브랜드, 제품 · 서비스의 재고, 생산시설, 인력, 기술, 성가(goodwill), 공급원 등을 축적하고 확보하고 있을 가능성이 많기 때문이다.

3. 현대기업을 프랜차이즈하는 전략

(1) 프랜차이즈의 정의

Franchising이란 Franchisor(프랜차이즈를 해주는 기업)가 Franchisee(프

랜차이즈를 해가는 기업)에게 Franchisor가 보유한 회사의 이름, 상호, 브랜드 네임, 영업방법 등을 제공하여 상품과 서비스를 시장에서 파는 시스템을 발한다.

Franchisor로부터 Franchisee가 받게 되는 권리/자격을 Franchise라고 하며, 이를 위해 royalty를 지불해야 한다.

Franchising system은 거의 모든 제품과 서비스에 적용할 수 있다. 예컨대,

- world-wide hotels── Hilton, Intercontinental, Hyatt
- fast food── McDonald's, Burger King, Wendys, KFT, 종로김밥
- coffee shops── Star Bucks, etc.

(2) 프랜차이즈의 장점

① 실패의 위험성이 상대적으로 낮다.

② 비교적 소규모투자로 사업시작이 가능하다.

③ 상대적으로 저렴한 원자재 공급이 본사로부터 이루어진다.

④ 현재 성공적으로 운영중인 프랜차이즈들로부터 높은 인지도를 얻을 수 있다.

⑤ 본사로부터 경영에 필요한 일체의 노하우를 전수받을 수 있다.

⑥ 시장흐름변화에 대해 신속하게 대응할 수 있다.

⑦ 본사가 복잡한 관리를 대행해 준다.

(3) 프랜차이즈의 단점

① 독립적인 사업경영이 어렵다

② 여타 프랜차이즈점들의 이미지 손상으로 같이 피해를 볼 수 있다.

③ 지속적으로 royalty를 내야 한다.

④ 거래처를 임의로 바꿀 수 없다.

⑤ 계약해지가 어렵다.

⑥ 일정지역 이상 판매확장을 할 수 없다.

제 5 절 현대기업이 선택가능한 비즈니스 업종 및 법적 소유권 형태

(1) 현대기업의 창업과 창업 후의 성공여부는 창업기업가가, ① 어떤 업종 및 업태의 비즈니스(which category and type of business)를 선택하고, ② 또한 어떤 법적 소유권 형태(which legal form of ownership)를 채택하느냐에 따라서도 좋고 나쁜 영향을 받는다.

(2) 그러므로 사적인 개인이나 소그룹은 최적의 비즈니스 업태와 업종 및 법적 소유권 형태를 선택해야 한다.

1. 현대기업이 종사가능한 비즈니스 업종

사적인 개인 · 소그룹 · 현대기업은 아래와 같은 광범위한 비즈니스 라인들/업종들 중에서 어느 하나 또는 둘 이상을 선택하여 국내외거래와 이전 등에 종사할 수 있다.

1) 물리적 재화의 비즈니스거래

개인 · 소그룹 · 현대기업은, 주요 비즈니스 업종들인 정보통신산업 · 광산업 · 석유화학산업 · 농업 · 임업 · 수산업 등 중에서 어느 하나 또는 그 이상의 업종(들)(category of business)이나 업종의 하위 개념인 업태(들)(type of business)를 선택하여 브랜드가 부착된 물리적/유형 재화(physical/tangible goods)를 국내외시장에서 생산 · 판매하는 생산업체로서 또는 소싱 · 판매만 하는 유통업체로서 종사할 수 있다.

2) 서비스의 비즈니스거래

개인 · 소집단 · 현대기업은, 아래의 여러 서비스업종 중에서 어느 하나 또는 그 이상을 선택하여 브랜드가 부착된 무형재(intangible goods)인 서비스(services)를 국내외시장에서 자체적으로 생산/창출 · 판매하는 데 또는 아웃소싱하여 판매만 하는 데 종사할 수 있다.

(1) ① 건설 · 호텔 · 관광 · 음료업 · 음식업 · 도매 · 소매 · 통신판매 · eBusiness · 인터넷마케팅 등 분야의 서비스, ② 기술서비스(technical services), ③ 경영서비스(managerial services)

(2) 예금은행, 투자금융, 증권, 보험, 신용금고, 주택금융 등 금융서비스(financial services)

(3) 항공, 해운, 내륙수운, 철도운송, 자동차운송, 복합운송, 택배 등 로지스틱스 서비스(logististics services)

(4) 라디오, TV, 컴퓨터, 전신, 전화, FAX, Internet, Cell phone, 잡지, 신문, 서적 등이 창출하는 정보 · 통신 서비스포함 커뮤니케이션 서비스(communication services)

(5) 기술, 특허, 영업기밀, 등록브랜드, 경영노하우, 자료와 정보 등 무형재(intangible goods)와 지적재산권(proprietary rights)

3) 수출입으로부터 해외직접투자에 이르는 국제비즈니스거래

개인 · 소집단 · 현대기업은 국제비즈니스전략들(international business strategies)인 ① 수출입 · 국내외 eBusiness, ② 국제기술제공 · 국제라이슨싱 · 국제경영계약, ③ 해외현지마케팅, ④ 해외현지생산-마케팅, ⑤ 국제 전략적 제휴, ⑥ 제품과 서비스 생산/창출용 물리적 시설의 신설 · 매각 · 매수-합병 등 해외직접투자(foreign direct investment) 또는 해외투자철수(foreign divestment), ⑦ 증권 · 회사채 · 공채 등의 매입 매각 등 국제포트폴리오투자(international portfolio investment) 등과 관련된 국제비즈니스활동 중에서 일부 또는 전부를 선택하여 종사할 수도 있다.

2. 현대기업이 선택가능한 법적 소유권 형태

1) 법적 소유권 형태 선정시의 고려 요소들

시장경제체제하에서 개인 · 소그룹 · 현대기업이 선택가능한 법적 소유권 형태들(legal forms of ownership) 중에서 어느 한 형태를 선정할 때는 다음을 고려해야 한다. 즉, ① 보상책임의 한계(limit of liability), ② 세금(taxation), ③ 경영의 통제권(control), ④ 기업으로서의 지속성(continuity),

그림 3-3 현대기업의 법적 소유권 형태

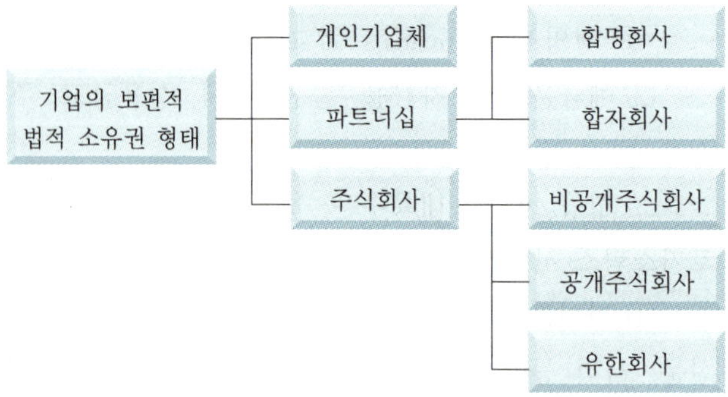

⑤ 법률상의 능력(기업체의 명의로 재산을 소유 · 매각하고 계약을 체결할 수 있고 소송자 또는 피소송자 등이 될 수 있는 능력(capability)을 뜻하는 legal capacity) 등을 고려해야 한다(그림 3-3 참조).

한편 개인기업체, 파트너십, 주식회사의 장 · 단점들은 〈표 3-3〉과 같다.

표 3-3 개인기업체, 파트너십, 주식회사의 장 · 단점들

소유권 형태	장 점	단 점
개인기업체	창업이 쉬움 소요자본이 적음 모든 이익을 보존 기업을 완전 통제 세제상의 혜택	무한책임 경영인재 부족 종업원 성장기회 제한 신용등급이 낮음 비즈니스가 불안정
파트너십	자본 접근이 많아짐 경영인재를 여유있게 확보 창업이 쉬움 세제상의 혜택	무한책임 파트너들간의 개인적 갈등 파트너들의 유한생애 파트너들을 퇴출 또는 추가 어려움
주식회사	유한책임 무한생애 소유권 이전 프로페셔널 경영층	주식회사 설립의 고비용과 복잡성 대중에게 공개 이중세금납부

2) 유한회사와 지주회사

(1) 유한회사

유한회사(limited liability company)는 파트너십과 주식회사의 혼성물로서 주주가 아닌 회원들을 갖고 있고, 회원들은 유한회사에 대해 일정한 소유권을 갖는 등 독특한 특성을 지닌다. 그러므로 개인 · 소그룹 · 현대기업은 파트너십과 주식회사의 중간에 해당하는 유한회사를 법적 소유권 형태로 채택할 수도 있다.

(2) 지주회사

일반적으로 지주회사(持株會社: holding company)란, 다른 회사의 주식을 소유함으로써 다른 회사의 경영활동을 지배 · 관리하는 회사를 말한다.

지주회사는 다른 회사를 지배하는 것 말고도 독자적인 비즈니스/사업활동을 벌이고 있는지 여부에 따라서 ⓐ "순수지주회사"(예: 대상홀딩)와 ⓑ "사업지주회사"(예: GS홀딩)로 나눌 수 있다. 일반적으로 별도의 설명이 없는 한, 지주회사는 "순수지주회사"를 말한다.

예증 3-15 ILLUSTRATION

지주회사의 유형

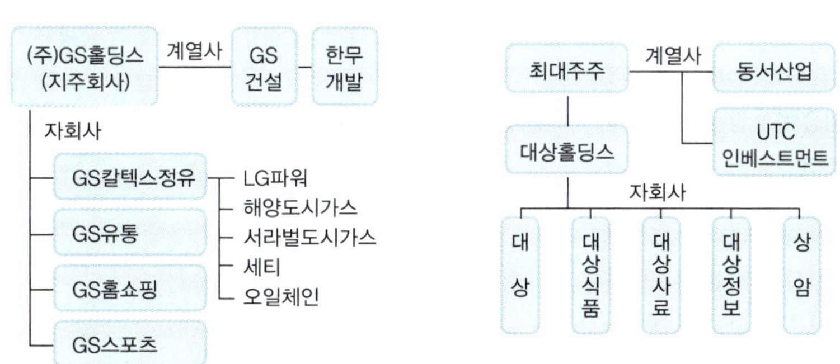

아직까지는 (주)GS홀딩스 · 신한은행지주회사 · 우리은행지주회사 · 삼영홀딩 · KEC홀딩 · KPC홀딩 · S&T홀딩 · SBS홀딩 · 녹십자홀딩 · 대상홀딩 · 세아홀딩 · 웅진홀딩 · 중외홀딩 · 진양홀딩 · 평화홀딩 등 제한된 수만이 지주회사로 운영되고 있다(예증 3-15 참조).

제 6 절 중소기업의 현황, 공통적 특징과 운영특성

1. 중소기업, 난관 이겨낸 우리나라 경제의 버팀목

2008년 현재 중소기업은 우리나라 기업체수에서 99.8%를 차지하고 있고, 고용은 88.3%를 담당하고 있다. 이처럼 우리 경제에서 중소기업이 차지하는 역할과 비중은 상당히 높다. 하지만 대부분이 수출과 내수의 동반 부진으로 어려움을 호소하고 있다(예증 3-16 참조).

예증 3-16 *ILLUSTRATION*

이명박 정부가 추진하는 중소기업 범위변화

• 현 행
- 매출액 50억~100억원 이하
- 자본금 30억~80억원 이하
- 상시근로자 50~300명 미만

※ 매출액 · 자본금 · 상시근로자 중 한 가지 요건만 충족하면 중소기업이 되는 택일주의

• 개선(중견규모의 요건)
- 상시근로자 1000명 이상
- 자산총액 5000억원 이상이면 중소기업에서 제외

자료 : 중소기업청

중소기업이 어려움을 겪는 이유로는 대기업 위주의 급속 성장, 국제화, 개방화, 기술변화 등의 흐름에 유연하게 대처하지 못하는 점 등을 꼽을 수 있다. 우리 중소기업들이 이 같은 문제를 해결하고 한 단계 도약할 수 있는 방안은 무엇인가?

2008년의 정부 중소기업 지원정책방향은 크게 네 가지로 대별된다. 첫째는 연구개발, 금융, 인력 지원을 통한 혁신역량을 강화하여 강소기업으로 육성하는 것이고, 둘째는 중소기업의 새로운 수익모델 창출을 통한 비즈니스 기회를 확대하는 것이다. 셋째는 기업간 화합경쟁력 제고를 통한 동반성장을 유도하는 것이며 넷째로 세계를 무대로 독자개발하는 선도적 중소기업을 육성하는 것을 들 수 있다.

다섯째 중소기업을 단순히 하청기업으로 보지 않고 함께 성장해 나갈 동반자로 인식하는 대기업의 의식변화가 필요하며 중소기업 스스로의 변화도 중요하다. 인력 양성 및 기술개발에 노력하여 스스로 성장해 나가려는 중소기업들의 의지가 필요하다.

참고로 주요국의 중소기업 비중은 예증 3-17을 참고하기 바란다.

예증 3-17 *ILLUSTRATION*

주요국의 중소기업 비중

구 분	기업체수 비중(%)	종사자수 비중(%)	대기업수(개)
미 국	99.7	50.9	1만7000
일 본	99.2	79.4	4만5600
EU	99.8	69.7	4만
대 민	97.7	76.6	2만8000
한 국	99.9	88	4266

자료 : 중소기업청.

출처 : 중앙경제, 2008년 8월 29일, p. E1.

2. 중소제조기업 빠르게 영세화 중

종업원수 20명도 안 되는 업체가 5인 이상 전체 제조업체의 76%를 차지할 정도로 중소기업의 영세화가 가속화하고 있는 것으로 나타났다. 인력이 극소수 대기업에 집중적으로 몰리고, 나머지 중소기업들은 더욱 열악해지는 양극화 현상이 확대되고 있는 것이다. 이에 따라 중소기업들의 노동생산성은 대기업의 31%에 불과할 정도까지 떨어졌다.

2006년 3월 16일 한국개발연구원(KDI)이 발표한 '제조업의 양극화와 중소기업의 영세화 실태에 관한 실증분석' 보고서에 따르면, 종업원수 20인 미만 영세업체수가 종업원수 5인 이상 제조업체 중 차지하는 비율이 1980년 59.6%에서 2003년 75.9%로 증가했다. 1990년대 초까지 60%대를 유지하다 최근 10여년간 급속히 영세화한 것이다. 이에 반해 종업원수가 300인 이상인 대기업수는 80년 제조업체 중 3.3%를 차지했지만, 2003년에는 0.6%로 떨어졌다(예증 3-17과 3-18 참조).

예증 3-18 *ILLUSTRATION*

전체 제조업체 중 20인 미만(300인 이상) 사업체가 차지하는 비율

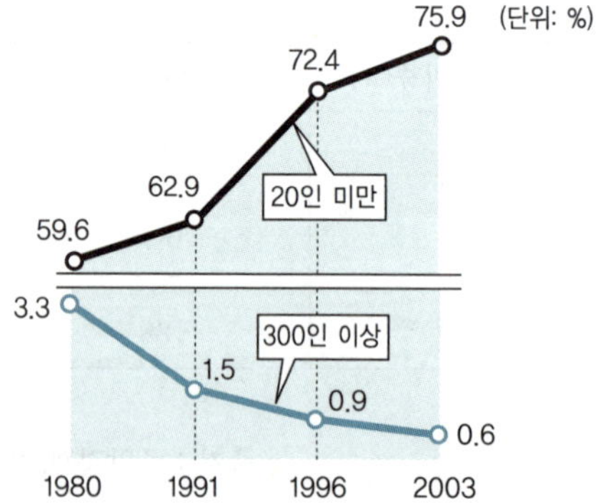

자료: KDI

3. 명 짧은 우리나라 중소기업

실리콘밸리 같은 클러스터(기술집약 산업단지) 위주의 과학기반형 중소업체가 많은 곳이 미국이라면 일본은 가업을 잇는 가계승계형, 이탈리아는 가족경영방식이 많다. 우리나라 중소업체의 두드러진 색깔이나 특장점을 찾기 힘들다는 게 중소업계 스스로 내린 평가다.

1) 한국 중소기업의 공통적 특징

중소기업중앙회가 내놓은 연구보고서에 따르면 ① 한국의 중소업체 열 중 아홉은 종업원 10인 미만이었다. 이들 10인 미만 중소기업체의 1인당 부가가치는 2만7000달러로, 같은 규모의 선진국 중소업체에 비해 훨씬 작았다. 영국은 8만5000달러, 이탈리아는 7만8000달러, 일본은 5만4000달러였다.

② 이렇다 보니 기업의 수명이 짧고 경쟁력도 뒤처진다. 일본에선 중소기업이 한번 창업하면 열에 일곱은 5년 이상 존속한다. 한국에서는 5년 이상 굴러가는 중소기업체가 열 중 둘이다. 창립 5년 미만 기업이 절반 가까이 되고 30년 이상 장수 기업은 15%에 불과했다.

③ 기술 수준은 세계 최고를 100으로 봤을 때 신기술 개발이나 제조기술 · 디자인에서 70을 간신히 넘기는 수준이다.

④ 시간당 노동생산성은 미국을 100%로 봤을 때 독일(93%) · 이탈리아(76%) · 일본(71%)에 한참 뒤진 41%에 불과했다.

위 연구보고서는 "우리나라엔 작지만 탄탄한 강소기업보다 작아서 약할 수밖에 없는 부실업체가 늘고 있다"고 지적했다.

2) 한국 중소기업의 도약을 가로막는 장벽

중소기업인들은 기업하기 좋은 환경을 저해하는 1순위 요인으로 불공정 하도급 같은 부당 상거래(31.6%)를 꼽았다. 공장 부지와 관련된 행정규제(24.6%), 복잡한 조세제도(15.4%), 잡다한 신고 · 보고와 같은 불필요한 행정부담(14.4%)도 중소기업의 발목을 잡는다고 답했다. 경영 위협 요인으로는 내수 침체(35.8%), 인력 부족(29%), 중국과의 경쟁(28.4%)을 꼽았다.

국내 중소기업은 선진국과 달리 대기업 납품업체로 성장해 대기업이 얼마나 일거리를 주느냐에 기업의 성패가 좌우된다. 그래서 국내 거래처를 다변화하고 해외시장을 뚫으려면 독자기술 · 노하우를 발굴해야 한다 (예증 3-19 참조)(출처: 중앙경제, 2008년 5월 14일, p. E4).

예증 3-19 *ILLUSTRATION*

'의식주' 파는 小기업이 장수한다

한국은행이 2008년 5월 발표한 '일본기업의 장수 요인 및 시사점' 보고서의 요약은 아래와 같다.

일본 오사카(大阪)의 건설회사 '곤고구미(金剛組)'는 2008년 현재 창립 1430년 주년을 맞는다. 서기 578년, 일본의 쇼토쿠(聖德) 왕자는 사찰 건립을 위해 백제로부터 세 사람의 장인을 초청, 각각 하나의 사찰을 건설하도록 부탁했다. 이 중 한 사람이던 유중광(柳重光 · 곤고시게미쓰)이 시텐노지(四天王寺)라는 사찰을 세우는 과정에서 만든 사찰 전문 건축회사가 바로 이 '곤고구미'다. 백제인이 창립한 이 회사가 현존하는 세계 최장수 기업이다.

장수(長壽)기업: 확립된 기준은 없다. 다만, 세계적인 비교를 할 때 쓰이는 장수기업 통계는 대부분 200년 이상을 기준으로 삼는다. 장수기업 클럽인 에노키안 협회(The Henokiens Association of Family and Bicentenary Companies)도 200년 이상 된 기업만 가입할 수 있다. 에노키안은 구약성서에 등장하는 '에녹'이 365년이나 살았다는 데서 유래한 이름이다.

포천지 선정 세계 500대 기업의 평균 수명은 고작 50년 정도이다.

생명 긴 기업의 DNA

한국은행의 보고서에 따르면, 2007년 현재 전 세계에는 창립 200년 이상 된 장수기업이 5586개사다. 특히 일본의 경우 창립 1000년을 넘긴 기업만 7개사에 달한다. 반면 한국에는 200년 이상의 장수기업이 아예 없다. 100년 이상도 두산(1896년 창립)과 동화약품공업(1897년 창립) 두 개뿐이다. 기업을 장수하게 하는 DNA는 무엇일까.

① DNA 1: 인류가 존재하는 한 의식주는 필요하다

세계의 최장수 기업은 대부분이 의식주와 관련되는 기업들이다(표). 독일의 슐로스 요하니스버그(Schloss Johannisberg · 768년 창립), 이탈리아 프레스코발디(Frescobaldi · 1106년 창립), 프랑스의 에그벨(Eyguebelle · 1239년 창립)은 와인회사이다. 이외에 음료 · 식품 · 가공식품 · 목공 등의 업종이 주로 최장수 기업에 이름을 올리고 있다. 불황이나 호황에 관계 없이 반드시 소비해야 하는 생필품 기업이 오래간다는 것이다.

주요국 최장수 기업

국가	기업	창업연도	업종
일본	곤고구미	578	건설
독일	슐로스 요하니스버그	768	와인
오스트리아	베네딕티에르스티프트 아드몬트	1074	목공
이탈리아	프레스코발디	1106	와인
프랑스	에그벨	1239	와인
중국	베이징리우리와창 (北京 琉璃瓦廠)	1267	자기제품
인도	님라나 포트 팰리스	1464	호텔
네덜란드	크리스토펄 BV	1516	주류
미국	질드전 심벌	1623	악기
러시아	티스메니치아 퍼 컴퍼니	1638	섬유
캐나다	몰슨	1786	주류
한국	두산	1896	음식료품

국가별 200년 이상 장수기업 수

일본 2008년, 다른 나라 2007년 기준

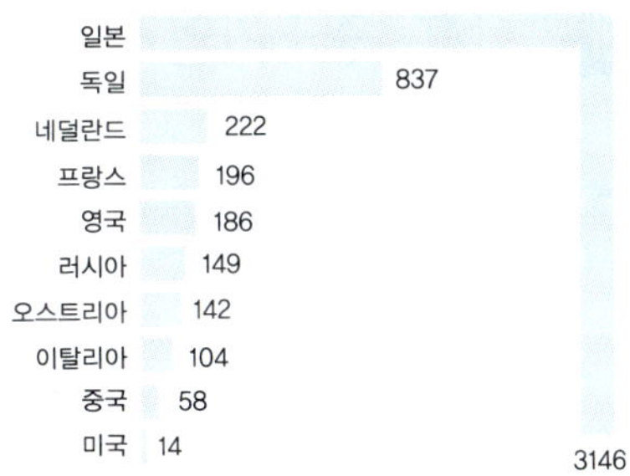

※한국은 200년 이상된 기업이 없음.

② DNA 2: 기술은 둘째, 고객 신뢰가 우선이다

일본 실천경영학회가 2003년 실시한 '100년 장수기업 앙케이트'에서 장수기업들은 영업상 가장 중시하는 요소로 '거래처 · 고객의 신뢰'(복수응답 92%)와 '상품 · 서비스에 대한 신뢰'(82.2%)를 꼽았다. 기술력(69.6%)은 그 다음이었다.

③ DNA 3: 한눈을 팔지 않는 곤충전략-작은 기업이 오래간다

일본의 경우 창립 100년 이상 기업의 89.4%가 종업원 300명 미만 중소기업이었다. 기업이라기보다는 가문 대대로 이어가는 상점(商店)이라고 하는 편이 더 적당한 경우가 많았다.

한국은행은 보고서에서 "일본의 장수기업들은 기업을 작게 하는 것이 오히려 존재감을 크게 할 수 있을 뿐만 아니라 장기간 존속할 수 있다는 '곤충전략'을 구사한다"고 설명했다. 몸집을 크게 해서 생존하려 했던 코끼리는 결국 크게 인도 코끼리와 아프리카 코끼리의 두 종류만 남게 된 반면, 몸집을 작게 해 생존하려 했던 곤충은 지구상 전 생물의 4분의 3을 차지한다는 논리다.

④ DNA 4: 2, 3대 후를 내다보는 신용관리와 장자(長子) 상속보다 적자(適者) 상속

곤고구미 관계자는 장수의 요인에 대해 "큰아들 상속을 고집하지 않고, 가장 경영에 적합한 사람에게 회사를 물려줬기 때문"이라고 설명한다. 어떤 경우엔 당찬 여장부가 회사를 맡아 쓰러져 가는 회사를 일으켜 세운 일도 있었다. 이 회사는 2006년에 파산 위기를 맞았을 때 1428년간 회사를 이끈 곤고 가문도 물러났지만, 영업양도 방식으로 결국 회사 이름만은 남도록 했다. 1625년 창업한 주류업체 '후쿠미쓰야'(福光屋)는 사업 계승을 형제 중 1인에게만 하고 나머지 형제·혈족은 기업에 머물지 못하게 하는 방법으로 기업 내부의 경영권 분쟁을 경계하고 있다.

일본 장수기업 중 창업자 가족에 의한 동족(同族) 경영은 전체의 74.3%이며 나머지 25%는 창업가와 무관하다.

출처 : 조선경제, 2008년 5월 15일, p. B2.

제 7 절 중소기업과 비교한 대기업의 강점과 지배구조

1. 대기업의 잠재적인 강점분야

대기업에게도 잠재적인 강점분야와 취약점이 있다. 중소기업의 취약점분야가 대기업의 강점분야이다. 그러므로 아래에서는 대기업의 강점분야들을 중심으로 설명한다.

1) 전문화의 장점, 규모의 경제, 범주의 경제 등의 활용능력

(1) 대기업은 보편적으로 전문화의 장점(advantages of specialization)·규모의 경제(economy of scale)·범주의 경제(economy of scope) 등을 영위할 수 있다.

(2) 경영규모가 크기 때문에, 규모의 경제·범주의 경제를 실현하면서, 다양한 비즈니스/사업 분야·작업·직책·국내외시장 등에 적합한 전문화된 인력과 기계시설 등을 배치할 수 있기 때문이다.

2) 기업자원의 경제적인 조달능력

(1) 대기업은 ① 원부자재 · 기술 · 기계시설 등 기업자원의 대량 구입/소싱을 통하여 그것도 빈번히 글로벌 소싱(global sourcing)을 통하여 코스트삭감을 할 수 있으며, ② 만일에 그런 기업자원의 공급이 부족하더라도 우선적으로 공급받을 수 있는 장점이 있다.

(2) 명성과 신용을 바탕으로 국내 및 해외에서 자본을 유치하고 자금을 조달할 때도, 대기업은 장점을 누릴 수 있다.

그렇기 때문에 대기업은, 기업의 신설 · 매입 · 합병 · 확장 등을 통해 특정 제품/서비스분야의 글로벌 스케일 기업 또는 글로벌 콘글로머레이트형 기업(글로벌 복합기업; global conglomerate type firm)으로 발전하기가 상대적으로 쉽다.

3) 우수 인적자원의 유치 · 확보 · 유지능력

(1) 대기업은 임원, 전문스탭, 사원과 기능공에 이르기까지 가장 유능한 인력을 확보하여 활용할 수 있다.

(2) 급료 · 후생복지 · 임직원의 성장기회 · 사회경제적 지위 등이 중소기업보다 상대적으로 우월하여, 뛰어난 경영능력자를 유치하고 또한 유지하기가 쉬워서, 대기업일수록 경영자의 능력을 효과적으로 활용할 수 있기 때문이다(예증 3-20 참조).

예증 3-20 *ILLUSTRATION*

삼성그룹 … "기업은 사람이다"

건국 후 60년, 세계를 놀라게 한 우리나라의 눈부신 경제발전을 일궈낸 주역 중 하나는 삼성, 현대 · 기아차, LG, SK, POSCO 등 한국 대표기업들이다. 이들은 60년 풍파를 이겨 내고 한국경제의 든든한 버팀목이자 글로벌 기업으로 성장중이다. 여기서는 삼성의 성장 · 발전 역사에 대해서만 간략히 알아본다.

① 삼성의 창업과 사업보국(1938~50년)
- 1938년 대구에서 삼성상회 설립
- 1948년 서울 진출 및 삼성물산공사 설립

② 민족 자립경제를 위한 기반 구축(1951~59년)
- 1953년 제일제당 설립
- 1954년 제일모직 설립
- 1957년 국내 최초 대졸사원 공개채용 실시
- 1958년 안국화재 인수

③ 한국 대표기업으로 성장(1960~68년)
- 1963년 동방생명(현 삼성생명) 인수
- 1965년 삼성문화재단 설립 및 중앙일보 창간
- 1966년 한비공장 국가에 헌납(고 이병철 회장 경영일선에서 후퇴)
- 1969년 삼성전자 설립

④ 전자 · 중공업 등 첨단산업에의 도전(1969~87년)
- 1970년 삼성NEC(현 삼성SDI) 설립
- 1973년 삼성산요(현 삼성전기) 설립
- 1974년 삼성중공업 및 삼성석유화학 설립
- 1978년 삼성반도체 설립
- 1980년 TBC(동양방송) 국가에 헌납(실제로는 전두환 정부가 강탈)

⑤ 제2창업과 신경영 10년(1988~98년)
- 1987년 이병철 회장 영면 및 이건희 회장 취임
- 1993년 프랑크푸르트 선언 및 신경영 시작

삼성이 거둔 경영성과 (단위: 원, 명)

연 도	1968년(30주년)	1988년(50주년)	2006년
매 출	220억	20조1000억	152조
순이익	5억	4500억	14조2000억
수 출	28억	9조	63조
종업원 수	7000	16만	25만

- 브랜드 가치: 169억 달러(2007년)
- 시가총액: 140조원(2006년 말)

자료 : 삼성그룹

- 1997년 IOC와 올림픽 파트너십 체결
- 1998년 자동차사업 포기, 강도 높은 구조조정

⑥ 글로벌 일류기업 구현(1999년~)

- 2004년 이건희 회장, 프랑스 최고영예 레종도뇌르 훈장 수여
- 2005년 안기부 X파일사건, 사재 8,000억원 사회에 헌납
- 2006년 이건희 회장, 뉴욕에서 '창조경영' 선포
- 2008년 삼성특검으로 이건희 회장 퇴진 및 전략기획실 해체

출처 : 한국일보, 2008년 8월 14일, p. 8.

4) 최첨단 연구개발사업 전개 및 혁신적 경영시스템 도입능력

(1) 대기업일수록, 그 국내외 경쟁력강화를 통한 성장에 필요한 광범위한 최첨단 연구개발사업을 전개할 수 있다. 그런 연구개발사업에는 상당한 규모의 자금, 기술인력, 시설 등을 포함한 상당한 규모의 기업자원이 장기간에 걸쳐 투입되는 경우가 많기 때문이다.

(2) 신제품/서비스 및 그 생산과 관련된 신기술의 도입, 기술적으로 앞선 신시설의 도입, 구조조정 등을 통한 혁신적인 경영시스템을 도입·활용하는 등에 있어서도, 대기업은 보편적으로 고급기술인력을 보유하고 있기 때문에 유리한 입장에 있다.

5) 글로벌화에 활용가능한 대안적인 경영전략들이 많음

(1) 대기업은 국내시장은 물론 글로벌시장을 상대로 활용가능한 대안적인 경영전략들이 많다.

(2) 해외시장진출을 예로 들면, ① 중소기업은 수출/eBusiness를 통한 무역에만 의존해야 하는 경우가 많은 반면에, ② 대기업은 수출·글로벌 eBusiness·글로벌 전략적 제휴·글로벌 마케팅·해외직접투자를 통한 해외생산·자원의 개발 및 도입 등 여러 대안적인 전략들을 적절히 혼합(mix)하여 활용할 수 있는 재량권이 많기 때문이다(예증 3-21 참조).

예증 3-21 *ILLUSTRATION*

"대기업 규모 더 커져야" 41%

성균관대 · 삼성경제연구소 한국인 경제의식 심포지엄

대기업의 규모가 '더 커져야 한다'고 보는 사람도 늘어난 것으로 조사됐다.

이는 성균관대학교 동아시아학술원 서베이리서치센터가 한국학술진흥재단의 지원을 받아 삼성경제연구소와 공동으로 2007년 7~8월 전국의 18세 이상 성인 남녀 1312명을 직접 면접 방식으로 조사한 결과이다.

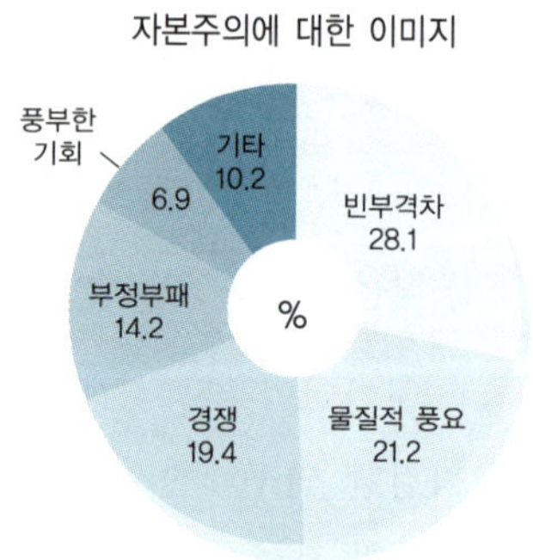

자료: 제2차 한국종합사회조사

성균관대 서베이리서치센터와 삼성경제연구소는 '한국인의 경제 및 시민의식과 사회 연결망: 국제비교'란 제목의 심포지엄에서 이 같은 조사결과를 발표했다.

이에 따르면 우리 국민이 자본주의에 대해 떠올리는 이미지 중 '물질적 풍요'가 전년보다 줄어들고 '경쟁'과 '빈부격차'가 크게 늘어났다. 자본주의의 이미지를 '물질적 풍요'라고 답한 비율은 2003년 29.4%에서 2004년 21.2%로 줄어든 반면 '경쟁'이라고 답한 비율은 13.7%에서 19.4%로, '빈부격차'라고 답한 비율은 27.5%에서 28.1%로 늘어났다.

특히 자본주의에 대해 떠올린 이미지를 연령별로 보면 20대에서는 '경쟁'이 27.6%로 가장 높게 나타난 반면 60대에선 '경쟁'(9.4%)보다 '빈부격차'(26.7%)가 높았다.

한편 대기업의 규모에 대한 평가에선 '더 커져야 한다'는 응답(41.4%)이 '작아져야 한다'는 응답(34.8%)보다 많은 것으로 나타났다.

출처 : 중앙일보, 2005년 5월 20일자.

2. 모든 나라에 적용되는 최선의 기업지배구조는 없음

(1) OECD의 기업지배구조(corporate governing structure) 원칙이나 EU 국가들의 기업지배구조 코드(code) 제정 등과 관련된 보고서들은 공통적으로 모든 나라에 적용되는 최선의 기업지배구조는 없다는 점을 지적하고 있다.

따라서, 기업지배구조는 어느 나라에 속해 있건 개별기업들(individual firms)이 ① 고유의 역사와 문화, 목표, 성숙도와 같은 자체의 특징적 요소들을 감안하여, ② 그리고 또한 급변하는 국내외 비즈니스 환경도 감안하여, ③ 자율적으로 선택해야 한다는 것이다.

(2) 그러므로 한국의 대기업들과 기업그룹들의 지배구조("소유주가 분명한 가족기업" "전문경영자가 지배하는 구조" 등) 역시, 개별기업/기업그룹들이 자율적으로 선택하도록 해야 한다(예증 3-22 참조).

예증 3-22 *ILLUSTRATION*

기업그룹의 오너십과 경영체제

삼성그룹이 2008년 4월 22일 발표한 경영쇄신안의 핵심은 '투명경영 강화'로 요약된다. 삼성그룹 글로벌 경영의 '컨트롤 타워' 역할을 해 온 전략기획실이 해체됨에 따라 사실상 구조조정본부(구조본) 시대를 마감하고 계열사별 전문경영인 시대를 맞을 것으로 보인다.

다른 기업그룹의 오너십과 경영체제에 상당한 영향을 미칠 것으로 본다.

전문경영인 그룹 vs 오너 그룹

전문경영인 그룹	오너 그룹
대림산업(이용구 회장)	현대기아차그룹(정몽구 회장)
포스코(이구택 회장)	한화그룹(김승연 회장)
대한전선(임종욱 대표)	롯데그룹(신격호 회장)
신한지주(라응찬 회장)	신세계 그룹(이명희 회장)
하나금융지주(김승유 회장)	SK그룹(최태원 회장)
	LG그룹(구본무 회장)

	GS그룹(허창수 회장)
	CJ그룹(이재현 회장)
	한솔그룹(조동길 회장)
	동부그룹(김준기 회장)
	하이트진로그룹(박문덕 회장)
	삼양그룹(김상하 회장)

출처 : 한국경제, 2008년 4월 23일, p. 20.

한국의 정부 · 국회 · 사회행동단체 등의 일부가 주장하는 대로 규모가 큰 기업들과 기업그룹들의 소유권과 경영권을 강제로 분리시켜서는 안 되는 이유는 다음과 같다.

① 자유기업제도하에서 기업의 소유권자/대주주가 경영권을 합법적 · 공개적 · 윤리적으로 행사하려는 것은 당연한 것이고, 그러한 권리의 행사는 헌법에도 보장되어 있기 때문이다.

② 정부를 포함한 어느 누구도 사유기업의 경영권과 소유권을, 강제로 분리시킬 수 있는 합법적인 권한이 없기 때문이다.

③ ⓐ IMF사태 발생이 계기가 되어 대기업들과 일부 중견기업들 차원에서 소유권과 경영권의 분리가 빠르게 진행되고 있고, ⓑ 앞으로는 점점 더 대 · 중견기업들에 한하여 전문경영자시대가 올 것이기 때문에, 소유권과 경영권은 충분히 분리될 것이고 전문경영자들의 프로페셔널리즘 제고는 분명히 실현될 것이기 때문이다.

그런 가운데서도 예외적으로 시급히 사유화(privatization)해야 할 대기업들이 많다. 다름아닌 公企業들(public enterprises)이다(예증 3-23 참조).

예증 3-23 *ILLUSTRATION*

여전히 도덕도 염치도 없는 공기업들

'신이 내린 직장'이니 '황금 밥통'이니 비아냥을 받는 공기업의 도덕적 해이가 조금도 개선되지 않고 있다. 여론의 질타나 정부의 다짐을 비웃기라도 하듯 여전한 '해방구'로 남아 있다. 국회 국정감사에서 드러난 것만 보아도 끼리끼리 자리를 나눠 차지하고, 규정을 악용하여 퇴직금을 챙겨가고, 손익과 무관하게 성과급 잔치를 벌이는 실태가 뚜렷하다.

일반 기업은 물론 공무원들도 업무상 비리로 구속되거나 파면되면 퇴직금을 제대로 받지 못한다. 그러나 한국도로공사와 한국토지공사의 사장 등은 스스로 '예외'를 인정하는 규정을 만들어 놓았다. 대한주택공사, 한국수자원공사 등도 유사한 보호장치를 갖춰 놓고 있다. 해임이든 구속이든, 아무런 장애 없이 수천만원씩 퇴직금을 챙겨가고 있다.

공기업 예산이 '눈먼 돈'이란 인식은 지방도 마찬가지다. 113곳의 공사·공단 가운데 44곳이 최근 3년간 모두 2조2,737억원의 적자를 냈고, 이 중 37곳은 연속적으로 순손실을 기록했다. 그런데도 이 곳 임원들이 2007년에만 21억4,000만원의 보너스를 뜯어갔다니 도덕적 해이를 짐작하고도 남는다. 임원 연봉이 어느 부처 산하인가에 따라 10배 이상 차이가 날 정도로 주먹구구식인 것도 그렇다.

이들이 스스로 만든 '해방구'를 구가할 수 있는 원인은 인적 구성을 살펴보면 명백하다. 중앙이든 지방이든 산하 공단 임직원은 평균 절반 넘게, 많게는 90% 이상이 (정부관료) 퇴직자나 (정당출신, 국회의원 선거 탈락자 등) 낙하산 인사로 구성돼 있어 끼리끼리 챙겨주기에 적합한 구조다. 이런 사실만으로도 공기업을 민영화해야 할 당위성은 충분한다.

출처 : 한국일보, 2008년 10월 8일, p. 39.

제 4 장
글로벌 · 국내 경제환경이 기업경영에 미치는 영향

우리나라기업과 국내외시장에서 상호작용을 하고 우리나라기업에게 크고 작은 영향을 미칠 수도 있는 경제환경에는 크게 두 가지가 있다. 즉 제 1 절에서 설명하는 글로벌 경제환경과 제 2 절에서 설명하는 국내 경제환경이 있다.

그 두 가지 유형의 경제환경변화는, 우리나라기업들에게 동시에 ① 새로운 국내외 비즈니스 기회를 제공하기도 하고, 또한 ② 좋고 나쁜 영향을 미치기도 한다.

그러므로 우리나라기업들의 경영자들은 그런 두 가지 유형의 경제환경변화를 사전에 지속적으로 분석 · 파악한 다음에 전략적 · 전술적으로 적응 · 대응하도록 해야 한다(예증 4-1 참조).

예증 4-1 *ILLUSTRATION*

2008년 세계국가경쟁력 평가 및 선진국 도약을 위한 5대 과제

한국경제가 선진국으로 도약하기 위해서는 ① 새로운 성장동력의 확충, ② 글로벌 경제에 적극 참여, ③ 고급 인력의 확보, ④ 사회적 자본의 육성, ⑤ 국제사회 기여 확대 등 5대 과제를 달성해야 한다고 IMD는 밝혔다.

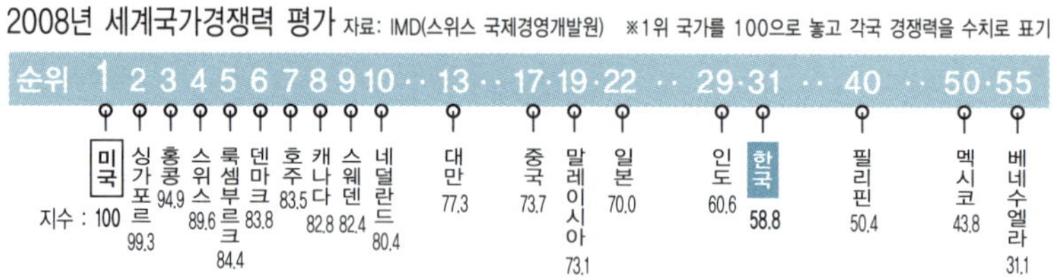

출처 : 조선일보, 2008년 8월 15일, p. A6.

제 1 절 글로벌 경제 · 비즈니스 환경변화의 에센스

최근의 글로벌 경제 · 비즈니스 환경변화의 에센스(essences of global economic-business environmental changes)와 그 파급효과는 아래와 같을 것으로 전망된다.

1. 원유, 기타 주요 원자재의 부족과 가격의 급변

예컨대, 2008년 우리나라가 수입해다가 사용하는 두바이 원유가격이 예증 4-2에서 보는 바와 같이 변화가 극심했다. 기타 광물의 가격도 급상

예증 4-2 *ILLUSTRATION*

2008년 하반기 두바이 유가변동 폭

출처 : 중앙일보, 2008년 12월 8일, p. 1.

승했다가 급하락했다. 콩 · 보리 · 밀 · 옥수수 등 농산물의 가격도 마찬가지로 변화가 심했다.

그런 상품들의 공급과 가격이 급변한 이유들로는 ① 중국 · 인도 · 일본 · 러시아 등 수많은 국가들과 기업들의 사재기(매점 매석)행위, ② 가격을 상승시켜 이익을 실현하는 데 목적을 둔 투기업자들의 투기 행위, ③ 중국 등 일부 자원보유국들의 자원수출제한 정책 등을 들 수 있다.

우리나라는 겨우 쌀정도를 자급자족하고 있다. 나머지 지하자원과 지상자원은 대부분 또는 전적으로 수입해 의존하고 있다. 그런 형편이니, 원유 등 원사재와 농산물의 공급부족과 가격 급상승은 우리나라 기업들과 국민들에게 크나큰 타격을 초래할 수밖에 없고 또한, 실제로도 초래하고 있다(예증 4-3 참조).

예증 4-3 *ILLUSTRATION*

산업구조와 GDP 1만 달러당 에너지 소비량 때문에도 국제유가 오를 때마다 한국 경제에 직격탄

한국의 산업구조는 기름 값 변동에 매우 민감한 편이다. 전체 산업 가운데 에너지 소비가 서비스 산업의 세 배 이상인 제조업 비중이 높기 때문이다. 특히 '기름 먹는 하마'로 불리는 중화학공업 비중이 유난히 높아 유가가 치솟을 때마다 경제지표가 휘청거리기 일쑤다.

주요국의 부문별 경제적 비중 (단위: %)

	한국 (2004)	미국 (2003)	일본 (2003)	독일 (2003)	프랑스 (2004)
1차산업	4.0	2.2	1.4	1.4	2.6
제조업	28.7	13.9	20.0	22.2	13.9
(에너지다소비산업)	(8.3)	(3.4)	(4.6)	(5.9)	(2.2)
서비스업	67.2	83.9	78.7	76.5	83.4

자료: 산업연구원(에너지다소비산업=석유화학 및 화학, 비금속광물, 철강)

주요국의 GDP 1만 달러당 에너지 소비량 (단위: 석유환산톤)

	1980	1990	2000	2003
한국	3.3	3.2	3.7	3.5
미국	3.5	2.7	2.3	2.2
일본	1.2	1.1	1.1	1.1
독일	2.9	2.3	1.8	1.8
프랑스	2.2	2.1	2.0	2.0
OECD 평균	2.8	2.3	2.1	2.0

자료: 산업연구원

출처 : 중앙일보, 2008년 7월 8일, p. 4.

2. 미국발 금융위기의 글로벌 확산

미국의 Housing sub mortgage 시장의 몰락에서 출발하여 지구촌 전체의 은행 · 증권시장 등 금융계로 번진 미국발 글로벌 금융위기(Global financial crisis)가 전체 지구촌으로 확산중이다.

이 책을 집필하는 2008년 말 시점에서 미국발 글로벌 금융위기의 파급효과(outcome, impact)에 대해서는 아무도 예측하기 어렵다. 그러나 언론이 전망하는 파급효과를 요약해 보면 아래와 같다.

즉 (1) 미국 · EU 정부 등이 은행 등 금융기관들의 파산을 방지하기 위한 주식지분의 매입, (2) 미국 · EU · 일본 · 한국 등 수많은 정부들은 은행 · 기업 등의 유동성을 유지하고 파산을 방지하기 위하여 미국 달러 · EU Euro · 영국 파운드화 등의 무한정 배정 · 유출, (3) 지구촌 전체로의 불경기 확산, (4) 산업생산량 감소, (5) 실업률 급증, (6) 수 · 출입 급감, (7) 실물경제로의 전이, (8) 증권시장과 환율의 급변동 등을 들 수 있다.

위와 같은 나쁜 파급효과는 특히 우리나라에서 가장 심하게 나타나고 있다.

3. 러시아 · 동유럽 · 중국 등의 민주화와 시장체제화 급진전

(1) 중국의 경제적 실용주의 노선과 구소련의 개혁과 개방정책이 불씨를 붙임으로써 중국 · 러시아 · 동유럽 등 세계인구의 65%를 차지했던 구공산국가들에서 민주화 및 시장체제화(marketization)가 급진전되고 있다. (2) 그 결과로 1990년대부터 지구촌 전체를 단일 글로벌시장(a single global market)으로 이미 만들었고, (3) 다국적/글로벌 기업들의 활동에 활력소를 제공하는 등 글로벌 경제/비즈니스협력을 확대시키고 있다.

4. 정보혁명과 지식혁명의 글로벌 확산

(1) 정보기술(IT: Information Technology)의 고속 발전에 따른, 시장경제 · 입헌민주주의 · 자본주의 · 풍요한 물질적 생활 등에 대한 정보와 아

이디어를 전체 지구촌으로 확산시키는, 정보혁명(Information Revolution) 및 그에 바탕한 지식혁명(Knowledge Revolution) 역시 글로벌하게(전체 지구로) 확산중이다.

(2) 그에 따라 선진국들 · 개도국 · 과거 공산국들까지도 점증적으로 정보를 기간으로 하는 국경 없는 경제들(borderless information economies)에 흡수되고 있다.

그 결과로 1990년대부터 전체 지구촌을 점점 더 시간적으로 동시화(synchronization)시키고 공간적으로는 단일 지구촌(a single global village)으로 변환시키고 있다.

5. 국제관계에서 경제파워 · 비즈니스파워 · 자금파워 · 소프트파워의 중요성 증가

(1) 점점 더 국제관계에 있어서 경제 · 비즈니스 · 자금 · 소프트파워(economic, business, money, soft power)의 중요성이 크게 증가하고 있다. 최근에는 가치관, 정보 통신 · 교육기관 · 문화력 · 국제문제주도 능력 등에 바탕한 소프트파워(soft power)의 중요성 급증하고 있다.

(2) 지구촌의 대부분 국가들은, 국제정치와 국내정치에서 다 같이, 국가 경제목표 달성에 국가적 최우선순위를 두고 있기 때문에(노무현 정부 기간의 국내정치 지향적이었던 한국만이 대체적으로 예외), 국가들간에는 경제적 실리를 강조하는 국제협력이 확대되게 되어, 시장의 글로벌화→기업과 그 비즈니스활동의 글로벌화 → 경쟁의 글로벌화 등이 급진전되고 있기 때문이다.

6. 경제의 글로벌화/글로벌 경제통합 확대

(1) 냉전 종식 이후부터 전체 지구촌은 글로벌주의(globalism)에 바탕하여 시장경제체제 중심으로 경제의 글로벌화(globalization of economy)/글로벌 경제통합(global economic integration)이 급진전되고 있다.

(2) 그런 글로벌 경제통합은 글로벌시장을 계속 확대시킴으로써, 수억

명을 이미 빈곤에서 탈피시키고, 그들에게 승용차 · 퍼스널 컴퓨터 · 셀룰러 폰 등을 즐길 수 있는 기회를 확대시키고 있다.

7. 지역시장블럭의 확장 및 FTA 급증

(1) 글로벌주의에 바탕한 경제의 글로벌화가 확대되고 있는 가운데서도, 지역주의(regionalism)를 강조하는 EU · NAFTA · MERCOSUR(남미 5개국 자유무역지역) 등 지역시장 블럭들(regional market blocs) 역시 확대되고 있다.

(2) 그래서 지구촌 기업들이 블럭화된/비블럭화된 지역시장들을 이익적으로 서브하려면, 지역시장별로 접근하는 비즈니스전략을 또한 활용해야 한다.

(3) 또한 최근에는 국가들간에 자유무역협정(Free Trade Agreement)이 급증하고 있는데, 개별국가들은 수적으로 많은 FTA체결을 해야만 파트너 국가들과의 자유무역과 기타 국제협력을 강화할 수가 있다. 우리나라는 FTA를 별로 체결하지 않고 있어서 피해를 많이 보고 있다.

8. 세계 3대경제권 재편성 급증

(1) 세계의 3대경제권(Economic Triad)이, 1980년대 말까지는 미국 · 서유럽(당시의 EC) · 일본으로 구성되었다가, 1990년대에 들어와서부터 현재까지는 EU · NAFTA · 동아시아(중국 · 일본 중심의 동북아 · 동남아 국가들을 합친)로 재편성되어가고 있다.

(2) 그에 따라 우리나라기업들은, 지리적 근접성(geographic proximity) · 산업구조의 보조보완성 등 때문에, 중국을 위시한 동아시아 시장과 인도를 중심으로 하는 서남아 시장까지도 가장 이익적으로 활용할 수 있게 되었다.

9. WTO출범으로 글로벌경쟁규칙의 변화 및 국경 없는 무한경쟁 심화

(1) 기업들간의 글로벌경쟁규칙(rules of global competition)이, 현재는 미국 · 서유럽 · 일본 · 중국 · 인도 · 한국 등 다국적기업들간의 "생존을 위한 공격적인 경쟁"(aggressive competition for survival)으로 바뀌어가고 있다.

(2) 그런 글로벌 경쟁환경 변화 속에서 선진국 글로벌기업들일수록 ① 생존을 위해서, 강요되다시피 공격적인 경쟁전략을 강조하고 있으며, ② 회사자원 재편성이 필수적으로 따르는 회사구조조정을 통하여 핵심역량 분야들을 중심으로 글로벌경쟁우위 요소들(global competitive advantage factors)을 확보하고 활용하는 것을 더욱더 강조하고 있다.

(3) ① 1995년 WTO체제 출범 이후부터 OECD · IMF 등과의 공동작용으로 ② 대부분 국가들의 국내시장개방(domestic market opening)이 확대되고 산업별로는 완전개방까지 되고 있다. ③ 그래서 지구촌 차원에서 기업 · 경영인력 · 자본 · 기술 · 제품 · 서비스 · 브랜드 · 기타 지적재산권 등의 국가간 이동(수출입)이 급진적으로 자유화되고 있다. ④ FTA 역시 같은 역할을 하고 있다.

10. 문화, 인식, 소비자 니즈, 라이프 스타일의 글로벌화 급증

(1) 정보혁명 · 지식혁명 · 교통발전 · 재화 · 서비스 교류 등으로 지구촌화가 가속화됨에 따라서 문화 · 의식 · 소비자 니즈 · 라이프 스타일 등 역시, 국가간 지역간 이질성/차이가 급속히 감소중이다. 그에 따라서 글로벌 공통성과 유사성(global commonalities and similarities)이 급증하고 있다.

(2) 이것은, 지구촌 사람들(global villagers)이 빠른 속도로 열린 마음으로 외국계통/글로벌 제품 · 서비스 · 브랜드 · 문화 · 의식 등을 받아들이는 시대가 이미 왔음을, 그리고 시장이 지리적 측면에서만 급속히 글로벌화하고 있는 것이 아니라 수요측면에서도 급속히 글로벌화하고 있음을 가리킨다.

제 2 절 글로벌 경제 · 비즈니스 환경변화가 국내 기업경영에 미치는 영향

1. 우리나라의 지속적인 국내시장개방 확대

(1) 1995년 WTO출범 · 한국의 1996년 OECD 가입 · 한국의 1997~2001년 IMF구제금융 수혜 · 지속되는 미국정부 압력 등으로, 모든 제품 · 서비스 · 경영노하우 · 기술 · 첨단지식 · 외환 · 자본 · 금융 · 지적재산권 · 교육 등의 한국시장이 계속 확대 개방되고 있다.

WTO · OECD · IMF는 미국이 주도하는 세계경제기구들이다. 글로벌 경제 · 비즈니스에 대해 언급이라도 하려면, 이들 3개 글로벌 기구에 대해 잘 알아야 한다.

(2) 상쇄(trade-off)관계 때문에, 한국의 시장개방(market opening) 확대는 한국에 동시에 ① 잠재적인 긍정적 효과와 ② 잠재적인 부정적 효과를 초래하고 있다.

2. 점점 더 모호해지는 국내시장과 글로벌시장의 지리적 구분

(1) 지속적인 한국시장 개방확대로, 국내시장(domestic market)과 글로벌시장(global market) 사이에는 지리적 구분이 점점 더 모호해지고 있다.

(2) 국경은 더 이상 무역장벽 · 경쟁장벽의 역할을 하기 어렵기 때문이다. 그래서 한국시장은, 더 이상 해외시장과는 따로 떨어져 존재하는 폐쇄되고 보호받는 시장이 아니라, 글로벌시장의 통합된 일부로 흡수되고 있기 때문이다.

3. 국내시장에서도 점점 더 국경 없는 무한경쟁 심화

(1) 우리나라의 국내시장개방이 계속 확대되고 있어서, 해외로부터 기업 · 경영인력 · 자본 · 기술 · 제품 · 서비스 · 브랜드 · 여타 지적재산권 등

의 국내유입이 급진적으로 자유화되고 있기 때문이다.

(2) 우리나라도 WTO · OECD · IMF 등의 회원국인 이상, 그런 글로벌 경제기구들이 정하는 규범 · 규칙에 발맞추어, 우리나라정부 역시 공정하고 적정한 경쟁을 조성하고 촉진시키는 방향으로 경쟁정책을 변경하고 있기 때문이다.

우리나라는 아직도 칠레 · 싱가포르 · ASEAN 등 제한된 수의 국가들과 FTA(Free Trade Agreement)를 체결하고 있다. 그렇지만 우리나라가 FTA를 체결하는 국가들이 수적으로 늘어날 것임에 따라, 우리나라정부는 그들과의 협정 내용 역시 준수해야 하기 때문이다.

4. 글로벌 소비자니즈의 공통성과 유사성에 점점 더 닮아가는 국내 소비자니즈

(1) 지구촌의 어디에 살든 소비자니즈(need, desire, preference, whims 등을 포함하는 뜻의 consumer needs)는 계속 변화하고, 다양해지고, 동시에 글로벌 공통성과 유사성(global commonalities and similarities)이 늘어나고 있다.

(2) 그런 글로벌화 · 다양화 패턴에 발맞추어서, 우리나라 소비자들의 니즈 역시 선진국 소비자 니즈를 닮아가면서 글로벌 공통성과 유사성에 급속히 동일해지고 있다.

(3) 그런 현상도 국내시장과 글로벌시장의 구분을 점점 더 모호하게 만들고, 국내시장에서의 국경 없는 무한경쟁을 심화시키고 있다.

5. 급변하는 우리나라 소비자의 구매행동과 라이프 스타일

(1) 우리나라 사람들의 소득이 계속 늘어나고 가치관까지 급변하면서, 우리나라 소비자의 가치관 · 구매행동 · 라이프 스타일 등이 선진국 소비자들을 닮아가는 방향으로 빠른 속도로 바뀌고 있다.

(2) 그에 따라 우리나라 시장은 외국기업에게 그리고 외국산 명품에게 더욱더 매력적인 시장으로 바뀌고 있다. 그래서 국내시장은 더욱더 치열한 국경 없는 무한경쟁이 벌어지는 시장터(marketplace)로 바뀌고 있다.

6. 우리나라기업의 강요된 경영혁신과 경쟁력 강화

(1) 점점 더 심해지는 국경 없는 무한경쟁에 당면하고 있는 우리나라 기업들은 아래를 강요당하고 있다. 즉, ① 핵심역량분야에 역점을 두는 경쟁우위요소들(competitive advantage factors)을 확보하는 전략으로서, 전사 · 사업 · 기능/운영분야 등에 걸친 리스트럭처링(restructuring), 리엔지니어링(reengineering), 다운사이징(downsizing), 리포커싱(refocusing) 등의 경영혁신을 보다 과감히 도입하도록 강요당하고 있다. 또한 ② 공격적인 경쟁(aggressive competition)의 강화를 강요당하고 있다.

(2) 그런 강요 때문에도, 우리나라 시장에서는 국내기업들과 외국기업들 상호간의 경쟁이 더욱 치열해지고 있다.

7. 우리나라기업의 모든 비즈니스 활동분야에서의 정보기술 활용 확대

(1) 글로벌하게 급속히 확산중인 정보혁명은, 우리나라기업들에게도 정보혁명의 도입 · 활용 확대를 강요하고 있다.

(2) 얼마나 많은 비즈니스 활동분야들에 정보혁명의 산물인 최신 하드웨어와 소프트웨어를 얼마나 빨리 그리고 어느 정도 충분하게 도입 · 활용하느냐에 따라서, 개별 우리나라기업과 그 제품 · 서비스 · 브랜드 등의 국내외 시장경쟁력 정도가 판가름되기 때문이다.

8. 우리나라기업에게도 그린 경영, 비즈니스윤리 · 사회적 책임 등의 강조 확산

(1) 위에서 설명한 다양한 국내외 비즈니스 환경변화들 때문에, 우리나라에서도 "GREEN"과 "green management"는 기업 · 제품 · 서비스 · 브랜드 등의 이미지를 제고시키고 기업활동을 지원하고 촉진시키는 핵심적 활동이 되어 가고 있다.

(2) ① 점점 더 비즈니스윤리(business ethics)는 지구촌 기업들이 활용하는 가장 강력한 글로벌 경쟁도구로 떠오르고 있다. 그래서 특히 선진국계통의 글로벌기업들이 비즈니스윤리를 강조하고 있다.

② 그런 상황하에서 점점 많은 우리나라기업들은, 국내경쟁력과 글로벌 경쟁력을 가일층 강화하는 중요한 경영전략의 하나로서, 높은 수준의 비즈니스윤리요강(code of business ethics)을 제정하고 강력히 집행해야 한다.

③ 우리나라기업들은 또한, ⓐ 기업과 그 경영의 공개성(openness)과 투명성(transparency)을 높이고 기업지배구조(corporate governance structure)를 대대적으로 개혁함으로써 선량한 기업시민의 이미지(the image of good corporate citizen)를 높이고, ⓑ 우리나라 사회에 대한 책임성 있는 행동(socially responsible behavior)을 하는 것도, 강조해야 한다(예증 4-4 참조).

예증 4-4 *ILLUSTRATION*

한국에서 가장 존경 받는 '올스타' 기업 … 삼성전자 · 유한킴벌리 · 제일모직 · 포스코건설

한국능률협회컨설팅은 2005년 전체 산업을 아우르는 '한국에서 가장 존경받는 기업 올스타'를 발표했다. 올스타에 뽑힌 30개 기업 가운데 부동의 1위인 삼성전자 이외에도 눈에 띄는 기업이 있다. 유한킴벌리는 내로라하는 거대기업과 어깨를 나란히 하며 6위를 차지했고, 포스코건설(11위)과 제일모직(26위)은 이번에 처음 30위권에 진입했다.

2005년 한국에서 존경받는 기업(제조업)

산업군	1위 기업	비 고
식품	CJ	2년연속
제과	(주)오리온	신규
주류	하이트맥주	2004년 1위 국순당
음료	롯데칠성음료	2년연속
섬유(면방직)	일신방직	신규
섬유(합성섬유)	효성	2년연속
제지	한솔제지	2년연속
정유	SK	2년연속

2005년 한국에서 존경받는 기업(서비스업)

산업군	1위 기업	비 고
도시가스	삼천리	2년연속
발전	한국수력원자력	신규
종합상사	삼성물산	신규
건설	대림산업	2년연속
백화점	신세계	2년연속
할인점	신세계-이마트	2년연속
편의점	GS리테일	2년연속
호텔	신라호텔	2년연속
해운	한진해운	2년연속

석유화학(기초화합물)	LG석유화학	2년연속
석유화학(합성)	LG화학	신규
제약	유한양행	2년연속
화장품	태평양	2년연속
시멘트	한일시멘트	2년연속
철강	포스코	2년연속
전자부품	삼성SDI	2년연속
통신기기제조	삼성전자	2년연속
가전	삼성전자	2년연속
가구	퍼시스	2년연속
조선	대우조선해양	2004년 1위 현대중공업
자동차	현대자동차	2년연속
자동차부품	현대모비스	2년연속
통신서비스	SK텔레콤	2년연속
정보기술서비스	삼성SDI	2년연속
교육서비스	대교	2년연속
은행	신한은행	2년연속
생명보험	삼성생명	2년연속
화재보험	삼성화재	2년연속
카드	삼성카드	2004년 1위 현대카드

출처 : 한국일보, 2005년 5월 3일자.

제 3 절 국민경제적 환경이 기업경영에 미치는 영향

특정국가가 선택가능한 국민경제체제(national economic system)의 대안들(alternatives)에는 아래의 세 가지가 있다.

즉, ① 선진국들일수록 채택하는 Adam Smith의 이상(ideal)을 가장 밀접하게 따르는 민간주도형인 자유시장경제체제(free market economic system)/시장기반자본주의 경제체제(market-based capitalistic economic system), ② 1990년경까지 공산주의 국가들이 주로 채택해 온 Karl Marx의 이상을 따른 정부주도형 중앙계획 경제체제(centrally planned economic system), ③ 우리나라 등 많은 개도국들이 채택하고 있는 것으로서 국민경제운용을 정부가 비교적 강력히 주도(lead)하는 혼합국민경제체제(mixed national economic system)/관치경제체제(government-led economic system) 등.

1. 우리나라는 관치경제체제를 시장경제체제로 시급히 전환해야

위의 세 가지 대안 중 우리나라는 혼합국민경제체제/관치경제체제를 1960년대 후반부터 김대중 · 노무현 대통령 시절까지 너무 오랜 기간 동안 유지해 왔다. 그래서 기업계 · 일반대중 등은 아래와 같은 이유로 우리나라의 국민경제체제를 선진국형 시장경제체제로 시급히 전환시켜야 한다는 의견을 갖고 있다(예증 4-5도 참조).

예증 4-5 *ILLUSTRATION*

한국의 비즈니스 환경… 시민이 꼽은 기업활동 장애요인

우리 국민 넷 중 세 명은 국내 기업운영 여건이 중국 · 싱가포르 등 경쟁국보다 나쁘다고 생각하는 것으로 나타났다. 전국경제인연합회는 수도권 거주 성인 남녀 1000명을 대상으로 '기업 · 기업인에 대한 국민 인식도'를 물은 결과, 75.3%가 이같이 답했다. 그 이유로는 국내외 정치 · 사회의 불안정, 정책 일관성 결여 등 정책 불확실성을 많이 꼽았다(그래프 참조).

기업이 최우선으로 삼아야 하는 목표에 대해선 37.2%가 '투자 확충 등을 통한 일자리 창출'이라고 했고, 이어 수출증대 및 해외시장 개척(12.4%), 사회공헌을 통한 이윤 환원(8.1%), 기술개발 등 기업경쟁력 제고를 통한 이윤 극대화(7.8%) 순이었다.

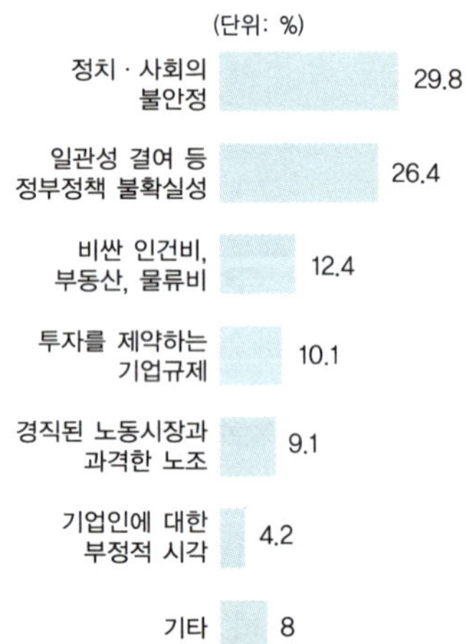

출처 : 중앙일보, 2006년 12월 11일자.

1) 시장경제체제의 급속한 글로벌 확산

(1) 1990년경 공산권이 붕괴됨과 동시에, 정부주도 중앙계획경제체제는 북한을 제외한 모든 국가에서 몰락했다.

(2) 그 결과로, 오랫동안 끌어 온 동서간의 경제체제 경쟁/논쟁은 우월성이 증명된 자본주의경제체제(Capitalist Economic System)의 승리로 끝이 나고, 지구촌에 남은 단 하나의 우월한 국민경제체제인 자본주의경제체제는 현재 전체 지구촌으로 계속 확산중이다.

2) 현재까지 관치경제체제 운영에 따른 막대한 악질적 효과 발생

(1) 그런데도 우리나라에서는 현재까지 혼합경제/관치경제의 성격이 짙은(우리나라에서는 헌법부터가 그런 것을 허용: 제5장 제2절 참조) 정부가 국민경제 운용을 주도하는 후진국형 시장경제체제를 너무나 오랫동안 운용해오고 있다.

(2) 그런 정부주도/관치 국민경제운용의 결과(폐해)는 아래와 같다. ① 우리나라기업에 대한 과다한 정부규제(excessive government regulation of Korean business)를 수반하는 우리나라기업의 경제적 자유제한 및 그에 따른 우리나라기업의 창의성 발휘 제약.

② 우리나라기업에 대한 과다한 정부규제를 악용하는 우리나라의 정부와 정치권의 극심한 부정부패와 비능률(예증 4-6 참조).

예증 4-6 *ILLUSTRATION*

세계 경쟁력 1위 핀란드의 힘은 도덕

나무와 장거리 육상선수 외에는 이렇다 할 천연자원을 찾아 볼 수 없는 유럽의 북국, 핀란드. 하지만 이 나라는 수많은 분야에서 세계 1위를 누리고 있다. 세계경제포럼이 발표하는 성장 경쟁력지수에서 핀란드는 이미 2001년에 미국, 캐나다, 싱가포르 등을 제치고 1위에 올랐고, 2003년엔 259개 분야를 기준으로 앞으로도 현재의 높은 성장률을 유지할 수 있는가를 평가하는 글로벌 경쟁력 지수에서 모든 국가를 앞섰다.

세계적인 기업인 노키아(Nokia)의 고향인 핀란드가 위와 같이 수많은 분야에서 경쟁력 1위를 계속 차지하고 있는 것은 연구개발 투자, 높은 학력, 전자금융사용률 세계 1위, 인터넷과 휴대폰 보급률 1위 등 높은 IT수준도 만만치 않기 때문이다.

하지만 무엇보다 세계의 성장표본으로 핀란드를 꼽는 데 주저하지 않는 요소는 핀란드인의 높은 윤리 · 도덕수준이다. 최근 조사에 따르면 핀란드는 국가별 반부패지수가 세계에서 가장 높고 유럽연합 회원국 중 부채상환 기간이 제일 짧으며 행정 절차도 가장 간단하다. 2차대전 패전국인 핀란드는 1952년 헬싱키올림픽 이전에 전쟁배상금을 완납하기도 했다.

소득 수준에 따라 벌금이 매겨지는 핀란드에선 젊은 인터넷 사업가 야코 륏솔라에게 속도 위반을 했다는 이유로 6,000만원짜리 티켓이 발부된 적도 있다.

과묵하고 남에게 피해를 주기 싫어하며, 넓고 광활한 영토에서 자신의 삶을 영위하고 싶어하는 핀란드인의 국민성 또한 국가 경쟁력으로 승화했다. 일례로 핀란드는 팀워크가 필요없는 장거리육상에 특히 강한데, 그동안 획득한 올림픽 메달 수가 무려 인구 100만명당 106.3개에 이른다. 스포츠 최강국인 미국이 고작 8.3개인 것에 비교하면 엄청난 수치이다.

출처 : 중앙경제, 2008년 8월 12일자.

③ 우리나라의 국민경제와 기업이 당면하고 있는 고비용저효율구조(high cost, low efficiency structure), 및 그에 따른 국가차원 및 기업차원의 국내외 경쟁력 저하/추락 등 수많은 악질적 효과들(adverse effects)을 초래했고 또한 아직도 초래하고 있는 중이다.

3) 관치경제운용은 글로벌 경제 · 비즈니스 환경변화의 방향에 역행하는 행위

관치 국민경제운용은 우리나라 경제 · 기업 등의 글로벌 경쟁력 강화 차원에서 볼 때도, 21세기 초 글로벌 경제 · 비즈니스 환경변화의 3대 추세인 (1) 경제와 기업의 글로벌화(globalization), (2) 경제와 기업에 대한 탈규제화/자유화(deregulation/liberalizaion), (3) IT 중심의 급속한 기술적 발전(rapid technological progress)이 지구촌 경제와 기업에 미치는 파급효과 확대 등에 어긋나고 역행하는 것이 사실이기 때문이다.

4) 시장경제체제 특징들의 조속한 실현 필요성

(1) 참고로 자본주의 시장경제체제의 핵심적 특징들(core features of market-based capitalism)은 〈그림 4-1〉에서 보는 바와 같이 가장 핵심적 요소인 개인주의를 포함하여 일곱 개이다.

(2) 그런 공통적 특징들을 우리나라에서 조속히 실현(realization)하려면, 우리나라도 하루 속히 선진국형 시장경제체제로 전환해야 한다.

2. 시장경제체제의 실무적 원리

1) 시장경제체제에서 개별경제주체는 사적 개인과 집단

(자유)시장경제체제는, (그림 4-1에서 보는 바와 같이) 개별경제주체(단위)들인 사적인 개인과 집단(가계, 기업 등(private individuals and groups))이

그림 4-1 자본주의 시장경제체제의 핵심적 특징들

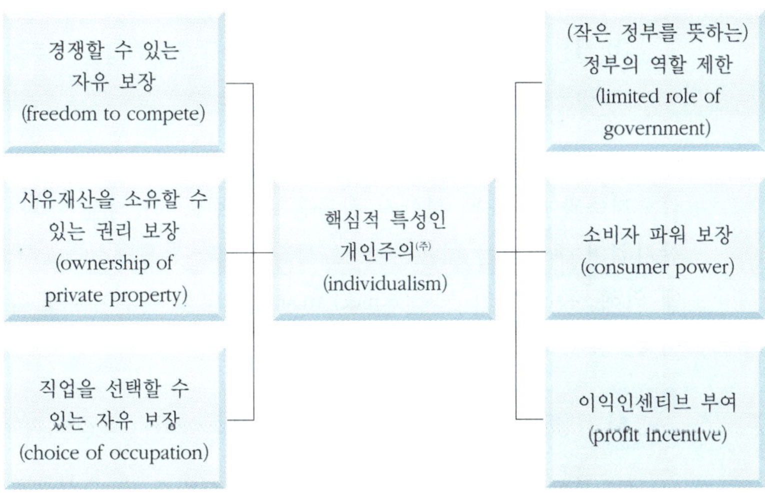

(주) : 가장 핵심적 특징인 개인주의는 국가사회가 정한 법과 질서 · 윤리 · 도덕 등 공정게임 규칙(rules of fair game)을 준수하면서 개인들 각자가 사회를 구성하는 하나의 단위로서(as an unit) 배우고, 생각하고, 판단하고, 의사결정하고, 행동하고, 행동결과에 대해 개인적으로 스스로 국가사회에 대해 책임(responsibility)을 지고 또한 선량한 시민으로서 국가사회에 대해 책무(obligation)를 다하는 것을 뜻함.

(1) 사유재산권을 보유하고, (2) 이익동기에 따라 사적 이니셔티브(private initiatives)를 행사하고, (3) 각기 보유한 고유한 자원과 특성에 바탕한 핵심역량(core competences)을 잘 발휘하고 활용하여 분업과 전문화의 이점(advantage of division of labor and specialization)을 가장 잘 실현하도록 하는데 목적을 두고서, (4) 독자적이고 자발적인 입장에서 제품과 서비스 및 생산요소의 자발적 교환(voluntary exchange)을 통하여 국민경제를 운용하는 것을 실무적 원리(working principles)로 삼는 경제체제이다.

2) 시장경제체제하에서는 사적 개인과 집단이 생산적 활동을 스스로 결정

시장경제체제는 정부가 비즈니스/기업활동에 대해, 간섭자 및 규제자 역할을 스스로 제한하는 동시에, 경제적 자유(economic freedom)를 최대한으로 보장하면서, 사적인 개인과 집단으로 하여금 (1) 누구(어떤 소비자 · 고객)를 위해, (2) 무엇(어떤 제품과 서비스)을, (3) 어떻게 얼마만큼, 언제, 어디서 생산 · 유통 · 소비할 것인가를, 즉 생산적 활동(productive activities)을, 스스로 결정하게 하는 경제체제이다.

3) 시장경제체제하에서 경제적 의사결정은 민간기업들이 주축이 되는 가격기구를 통하여 이루어짐

시장경제체제는 사적인 개인과 집단의 생산 · 유통 · 소비 · 수요와 공급 · 저축과 투자 등 생산적 활동을 포함한 그런 경제적 의사결정은, 민간기업이 주축되는 넓은 뜻으로 시장가격의 작용(working of market price)에 의해, 즉 가격기구(price mechanism)에 의해 이루어지게 하는 경제체제이다.

4) 시장경제체제하에서 시장가격은 대체로 수요와 공급에 의해 판가름

(1) 시장경제체제하에서 개별 제품과 서비스 및 생산요소의 시장가격(market price)은, 때때로 정부개입에 의해서 결정되기도 하지만, 대체적으로 시장에서의 수요와 공급의 균형에 의하여 결정된다.

(2) 가격기구(price mechanism)라고도 부르는 그런 시장기구(market mechanism)는 가격이라는 매개체를 통하여 수많은 경제단위들에게 누구를

위해, 무엇을, 얼마만큼, 어떻게 소싱 · 생산 · 유통 · 소비시키는 등 어떤 식으로 그들의 경제/비즈니스활동을 조정해야 하는가를 알려 준다.

5) 시장경제체제는 시장기구에 의존하고 소규모 정부를 지향

(1) 시장경제체제는 국민경제 운용에 대한 정부 · 국회 · 정당 · 노조 · 사회행동단체 등 비 경제/비즈니스 기구들의 압력 · 간섭 · 규제 등 형태의 개입을 제도적으로 최소화하면서 사적개인과 집단(기업)의 이니셔티브 · 창의성 · 리스크부담(risk bearing) 등을 기초로 하는 가격(시장)기구에 크게 의존한다. (2) 따라서 만능적인 정부가 아니라 깨끗하고 능률적인 비교적 소규모 정부(clean and efficient relatively small government)를 지향하는 경제체제이다. (3) 여기서 소규모 정부란 정부 · 정치권의 영향이 강력하게 미치는 공공기업의 수를 최대한 줄이든지 없애라는 뜻도 된다.

6) 시장경제체제는 시장실패의 가능성도 내포

(1) 인류사회가 마련한 여러 대안의 경제체제들 중에서 가장 훌륭한 것일지라도, 자유시장 경제체제는 시장기구만으로는 해결할 수 없는 나름대로의 문제점과 결함을 안고 있다. 즉, 부분적으로나마 이른바 시장실패(market failure)의 가능성도 내포하고 있는 경제체제이다. 이른바 2008년의 미국발 글로벌 금융위기가 한 예이다.

(2) 따라서 정부는, 공정한 기업경쟁의 성격과 정도(즉, 공정한 게임의 규칙), 각 경제단위의 의사결정과 거래의 준칙, 기업과 소비자의 관계, 기업활동에 대한 정부의 직접적인 개입(예컨대, 사회간접시설의 건설과 유지 등), 국토와 생활환경의 보호 · 보존 · 개선, 국가자원의 동원과 배분의 효율화 등에 대해서는, 국민이 납득할 수 있는 적정한 규칙과 규제(reasonable rules and regulations)를 마련하여 집행해야 한다.

즉, 시장실패의 가능성을 미리 우려하여 또는 정부만이 만능이라는 생각에서 정부가 기업과 그 시장을 지나치게 규제하지 말아야 한다는 뜻이다.

3. 시장경제체제하에서의 자유기업제도의 철학과 특성

(1) 자유시장경제체제(거시경제 차원)를 초석으로 삼고 기업(미시적)차원에서 작동하는 것이 자유기업제도(free-enterprise system)/사유기업제도(private-enterprise system)/현대기업제도(modern-enterprise system)이다.

(2) 자유기업제도는, 공공이익(public interest)을 보호 · 증진시킬 목적으로 극히 제한된 특수사업만을 정부가 국유/공유로 운영하는 것을 제외한, 한 나라의 모든 비즈니스 활동을 사적인 개인들과 조직들이 운영하는 것을 말한다.

(3) 시장경제체제하에서의 그런 자유기업제도의 철학과 특성(philosophy and characteristics)은 아래와 같다. 그럼에도 우리나라에서는 주로 정부와 정치권의 자기이익 보호에 집착하는 후진성 때문에 현재까지도 자유기업제도의 철학과 특성이 정착되지 못하고 있다. 그 결과로 우리나라기업의 국내외경쟁력을 낮추고 국내외경영실적을 낮추는 작용을 하고 있다.

1) 정부가 경제 · 사회 · 정치적 자유를 보장하는 것

(1) 선진국들과 같이 우리나라에서도 입헌적 민주주의 정치체제의 채택 · 운용이 필수적

① 중요한 것은, 자유기업제도는 입헌적 민주주의 정치체제(헌법에 바탕한 민주주의 정치체제를 뜻하는, constitutional democratic political system)에 바탕한 자유시장경제체제(free market economic system) 위에서만 존재하고 번영(exist and prosper)할 수 있다는 사실이다.

② 그러므로 우리나라에서도 참뜻의 자유기업제도가 존재하고 번영을 할 수 있으려면, 이른바 "한국식" · "인도네시아식" 등 "정부에 의해 가이드되는 민주주의"(government-guided democracy)가 아닌, 미국식 · 서유럽식 입헌적 민주주의 정치체제를 필수적으로 채택하고 운영해야 한다.

(2) 정부가 경제적 · 사회적 · 정치적 자유 등을 완전히 보장하는 것은 필수적

① 현재까지도 우리나라에서는 시대착오적인 과다한 정부규제(excessive government regulations)를 통하여 정부가 사적인 개인들과 집단들/기업들의 경제적 자유를 지나치게 제한하고 있다.

그러므로 정부는, 시급히 입헌적 민주주의를 참뜻대로 실천함으로써, 사적인 개인과 기업에게 경제적 자유(economic freedom)를 완전히 보장해 주어야 한다.

또한 정부는, 경제적 자유를 보장하는 자유기업제도를 원리 · 원칙대로 운용하기 위해서도, 개인과 기업에게 사회적 · 정치적 자유(socio-political freedom) 역시 철저히 보장해 주어야 한다.

② 그 이유는, 모든 형태의 자유(all forms of freedom)는 상호의존적이기 때문이고, 결과적으로 정부와 정치권의 부정부패도 상당히 줄이고 지하경제도 줄일 수 있기 때문이다(예증 4-7 참조).

예증 4-7 *ILLUSTRATION*

지 하 경 제

한국 지하경제, GDP의 30% … OECD '불명예 1등'

몇천원짜리 커피를 마시고도 현금영수증을 받는 시대인데 지하경제 규모는 여전히 국내총생산(GDP)의 최대 30%에 이른다는 보고서가 나왔다. 이 같은 비중은 경제협력개발기구(OECD) 회원국 중 최하위 수준이다. 대한상공회의소는 2008년 1월 17일 '지하경제 추이와 시사점'이라는 보고서를 내고 국내 지하경제 규모가 최대 250조원에 달하는 것으로 추정된다고 밝혔다.

지하경제란 무자료 · 사채금융 · 뇌물수수 · 정치자금 등 국민 소득 통계에는 잡히지 않는 경제활동을 말한다. 지하경제를 증가시키는 요인으로는 세금 인상, 정부 지출 증가, 실업, 정부관료 · 국회의원 · 정치인 · 판사 · 변호사 · 변리사 · 회계사 · 의사 등의 탈세와 부정부패 등이 손꼽혔다. 대한상의는 "지하경제 규모가 미국(8.4%), 일본(10.8%) 등과 같이 GDP의 10%대로 내려가야 경제성장률도 높일 수 있을 것"이라고 말했다.

고소득 변호사 · 의사의 탈세 실태 … 평균 소득 33억인데 신고는 18억

국세청에 신고한 평균 소득은 18억4000만원, 세무조사 결과 나타난 실제 소득은

33억6000만원.

국세청이 2008년 1월부터 변호사 · 의사 등 고소득 자영업자 199명에 대해 세무조사를 벌인 결과다. 세금을 줄이기 위해 실제 소득의 55% 정도만 신고한 것이다.

국세청은 이들에게 1271억원의 세금을 추징하고, 10명은 검찰에 고발했다고 밝혔다.

출처 : 중앙경제, 2008년 8월 22일, p. E2.

2) 자유기업제도는 이익동기를 부여하는 것

(1) 자유기업제도하에서 이익획득의 희망은 비즈니스/기업에 참여토록 하는 가장 중요한 유인

① 우리나라 정부는 자유기업제도의 효율적 운영을 통하여 사적인 개인들과 집단들에게 이익을 획득할 수 있다는 기회/희망을 뜻하는 이익인센티브(profit incentive)를 제공해 주어야 한다.

② 따라서 정부가 제도적으로 제공해야 하는 이익획득의 기대/희망은(즉 이익인센티브는), 사적인 개인과 집단이 비즈니스/기업활동에 참여토록 하는 중요한 하나의 유인(an inducement)이다. 그래서 그런 이익동기(profit motive)가 있어야, 개인과 기업이 투자 등을 한다.

(2) 자유기업제도하에서 이익획득의 주요 원천

① 자유기업제도하에서 사적인 개인/집단이 창출할 수 있는 이익의 주요 원천은 ⓐ 유형 · 무형적인 상품(merchandise)과 재산(property)을 지불한 총원가/총투자액보다 더 높은 가격에 팔아서 이익을 내는 것, 즉 기업가로서 다양한 비즈니스/기업활동에 직접 참여하여 이익을 올리는 것, ⓑ 또는 주식회사의 일반주주가 되어 주가 차익을 얻고 이익배당을 받는 것 등 크게 두 가지이다.

② 이익추구를 목적으로 두 가지 방법 중에서 어느 것을 선택하든간에, 총수익(total revenue)과 총비용(total cost)이 정확히 균형(일치)되는(즉 손익분기(break-even)되는) 경우는 극히 드물다. 왜냐하면 항상 어느 한쪽이 많아서 이익 또는 손실/적자가 발생하게 마련이기 때문이다.

(3) 자유기업제도하에서의 비즈니스/기업활동에는 비즈니스 리스크도 내재

① 자유기업제도하에서 사적인 개인과 집단은 그와 같이 항상 유동적(fluctuating)이고, 잡기 어렵고(elusive), 불확실(uncertain)하고, 항상 변하는(ever-shifting) 이익을 목표로 삼고 추구할 수밖에 없다.

② 즉 기업활동에는 비즈니스 리스크(business risk)가 내재(built-in, embody)되어 있다는 뜻이다. 그러므로 사적인 개인과 집단은, 그 활동에 내재되어 있는 리스크를 성공적으로 극복해야만, 비로소 이익을 실현할 수 있다.

(4) 자유기업제도는 이익제도라기보다는 손익제도

① 위와 같이 자유기업제도는, 이익을 추구할 수 있는 기회(the opportunity to pursue profit)만을 제공할 뿐이고, 이익을 누구에게도 보장하지 않는다. 따라서 자유기업제도는, 이익제도(profit system)라기보다는, 손익제도(profit and loss system)라고 부르는 것이 더욱 정확하다.

② 그러므로 자유기업제도하에서 이익 및 이익창출능력(profit and profit making capacity)은, 기업과 그 기업가/전문경영자의 실력과 성공여부를 측정하는 가장 중요한 척도이다.

3) 자유기업제도는 사유재산권을 보장하는 것

(1) 사유재산권 보장은 이익동기, 사유기업의 전제조건

① 사유기업이 주축인 자유기업제도의 특성 중 하나는, 정부가 사적인 개인과 집단이 사유재산을 소유할 수 있는 권리를 보장하는 것이다. 이 사유재산권(right to private property ownership)이 없이는, 이익동기도 있을 수 없고, 사유기업도 존재할 수도 성장 · 발전할 수도 없기 때문이다.

② 사유재산권에는 소유자가 재산을 활용, 매도, 증여, 임의처분할 수 있는 권리도 포함되는데, 우리나라에서는 법적미비 · 정부행정력 부족 등으로 선진국들에 비해 사유재산권을 많이 제한하고 있다.

(2) 사유재산권은 국가의 부를 활용 · 보존 · 증대시키는 유인의 역할도 수행

① 사유재산권은 국가의 부(national wealth)를 적절히 활용 · 보존 · 증대시키는 유인(incentive)의 역할도 수행한다.

② ⓐ 사람들은 자기 개인재산을 남의 것보다 소중히 다루기 때문에, 활용과 보존이 잘 이루어진다. ⓑ 또한 사람들은 사유재산권을 보장받고 있기 때문에, 재산의 증식을 위한 노력을 한다. ⓒ 사람들이 열심히 일하고 노력하여 더 많은 이익과 소득을 추구하는 큰 이유 중의 하나는 재산증식에 있기 때문이다.

③ 모든 국민이 그와 같이 행동할 때, 각자는 개인적인 부를 키우게 되고, 결과적으로 국가 전체의 부가 증대된다.

4) 자유기업제도는 공평하고 공정한 경쟁의 기회 및 자유를 보장하는 것

(1) 공평 · 공정한 기회 부여로 공평 · 공정하게 경쟁할 수 있는 기회 제공

① 자유기업제도의 특성 중 하나는 정부가 모든 사람과 기업에게 모든 분야에서 경쟁할 수 있는 공평하고 공정한 기회(equal and fair opportunity to compete)를, 즉 공정한 경쟁의 자유를 보장하는 것이다.

② 경쟁의 자유란, 다른 사람/기업인/임직원/기업/브랜드/제품/서비스/아이디어/창의성/혁신성 등에 도전하여 그들을 경쟁적 열위(competitive disadvantage)로 몰고 갈 수 있는 그 무엇인가를 발명 · 발견 · 개발해 냄으로써 경쟁적 우위(competitive advantage)를 차지할 수 있는 자유를 말한다.

(2) 공정한 경쟁기회 제공은 다양한 양상의 시장경쟁 유발

정부가 보장해야 하는 공정한 경쟁의 자유는 모든 비즈니스/기업활동 분야에서 보장되어야 하므로, 자유기업제도는 불가피하게 아래와 같은 비즈니스/기업경쟁을 유발시킨다.

① 생산요소시장 경쟁 유발: 생산자들은 자본 · 기술 · 인력 · 토지 · 기계시설 · 원자재 · 지식 · 아이디어 · 자료 · 정보 등 기업자원을 보다 좋은 거래조건으로 조달/소싱하려고 경쟁한다. 때문에, 생산요소시장(production factor market)에서 경쟁을 유발시킨다.

② 판매시장 경쟁 유발: 생산자들은 또한 제품 · 서비스를 더 많이 판매하기 위하여 경쟁한다. 때문에, 판매시장(selling market)에서의 경쟁을 유발시키고, 도 · 소매상 등 유통기구들도 더 좋은 제품을 구입하고, 보다 좋은 입지와 종업원을 차지하기 위하여 판매시장에서 상호경쟁을 심화시킨다.

③ 구매시장 경쟁 유발: 소비자들도 필요로 하는 브랜드 · 제품 · 서비스를 보다 좋은 조건으로 충분히 소싱 · 구입하기 위하여 경쟁한다. 때문에, 구매시장(purchasing market)에서도 경쟁이 일어난다.

(3) 공정경쟁은 코스트 · 가격 · 품질 · 신뢰성 · 이미지 · 디자인 · 브랜드 경쟁을 가장 심하게 유발

① 공정한 기업간 경쟁은 일반적으로 코스트 · 가격 · 품질 · 디자인 · 브랜드 · 신뢰성 · 이미지 등에 걸친 경쟁을 가장 심하게 유발시킨다.

② 개별기업들이 그런 분야들에서 경쟁기업들을 능가(outperform)하기 위해 노력하기 때문이다.

(4) 공정경쟁은 경영혁신과 소비자보호를 촉진

① 기업들간에 치열한 공정경쟁이 없는 상황하에서는, 소비자이며 국민인 우리 모두는 기업들로부터 기술 · 제품개발 · 생산 · 마케팅 · 물류 · 재무관리 · 인적자원관리 · 전반관리 · 사업구조조정 등에 걸친 혁신과 발전을 기대하기 어렵다. 다른 기업들로부터 경쟁이라는 자극이 없기 때문이다.

② 그러므로 공정경쟁은, 자극제 역할을 함으로써 기업들로 하여금 혁신과 발전(innovation and progress)을 거듭하게끔 촉진시킨다.

(5) 공정경쟁은 소비자니즈를 외면하고 비능률적 · 비윤리적 · 부패한 기업을 도태시킴

기업간 공정경쟁은 또한 소비자의 니즈 · 욕구 · 선호를 외면하는 기업, 부패하고 비능률적 · 비윤리적으로 운영하는 기업 등을 시장에서 도태/퇴출시킨다.

5) 자유기업제도는 계약의 권리를 보장하는 것

(1) 자유기업제도의 특징에는 개인이나 집단이 행사할 수 있는 계약의 권리(the right of contract)를 정부가 보장하는 것도 포함된다. 계약의 권리에는 계약을 지켜야 하는 의무/책무(duty, obligation)도 포함한다.

(2) 계약이란, ① 법에 의하여 강제 집행할 수 있는 자발적 합의(voluntary agreement)를 뜻한다. ② 그러므로 계약을 하고 안 하고는 각자의 자유이다. ③ 따라서 합법적이고 또한 자발적으로 합의한 계약만이 합법적 계약이다.

(3) 그러므로 법적으로 계약의 권리를 보장하고 또한 합법적 계약을 정부가 강제집행하는 것은, 선량한 개인/기업가/경영자/기업을 보호하기 위해 절실히 필요하다.

6) 자유기업제도는 소비자를 보호하고 소비자의 복지와 행복을 증진시키는 것

(1) 우리나라 기업은 반드시 소비자를 섬겨야

① 자유기업제도의 특성 중 하나로서 우리나라 기업은 ⓐ 누구를 지배하는 것이 아니고 "남"을 섬기는(serve others) 입장에 있다. ⓑ 그래서 기업이 "남"인 고객/소비자의 환심을 사려면, 경쟁업체들보다도 훌륭하게 고객/소비자를 섬겨야 한다.

② 경쟁업체들보다 제품과 서비스를 질적으로 좋고 싸게 제공하는 경쟁에서 지게 되면, 그런 기업은 언젠가는 국내외 시장에서 퇴출되고 말 것이기 때문이다.

(2) 우리나라 기업의 진짜 보스는 궁극적으로 소비자

① 자유기업제도가 통합된 일부인 자본주의사회에서 자유(freedom, liberty)란, 남들이 나에게 의존하는 것만큼, 나도 남들에게 의존해야 함을 뜻한다.

② 그러므로 자유기업제도란, 사회구성원들간의 상호의존관계를 강조하면서, 각자가 타 사회구성원들을 위해서 서비스를 제공하는 한편, 그들로부터도 서비스를 받는 제도를 뜻한다.

③ 일부 사람들은 자유기업제도하에서는 남의 호의/지원(favor or support)을 필요로 하지 않는 보스(boss)가 있다고 생각한다. 그들은 특정 산업의 영수, 기업그룹의 총수/회장, 기업가, 최고경영자 등이 자유기업제도의 실질적 보스라고 믿는다. 그러나 그것은 환상이다.

④ 자본주의의 핵심적 특징 중 하나로 보장되는 것이 소비자 파워(consumer power)이다. 그러니만큼, 자유기업제도하에서 대기업들까지도 호의를 구하면서 섬겨야 하는 진짜 보스는 제품과 서비스를 실제로 구매하는 소비자들이다.

⑶ 우리나라 기업이 소비대중의 니즈를 충족시키려면, 대량생산 · 유통 · 소비를 지속적으로 확대해야

① 자유기업제도는 자본주의적 산업을 일으키게 한 기본원리인 대량생산(mass production)의 시발점이었다. 그것도 일반소비대중(general consuming public)의 경제적 니즈에 호응하기 위한 대량생산이었다.

② 그러므로 자유기업제도의 특성 중 하나 역시, 소비대중의 소비니즈를 지속적으로 충족시키기 위한, 제품과 서비스의 지속적인 대량생산(mass production of products and services)이다.

③ 오늘날 우리나라에서는 대기업(big business)일수록 다수 소비대중의 니즈를 대량으로 충족(mass satisfaction)시키기 위하여 대량생산을 확대하고 있다. 그리고 대량생산되는 제품과 서비스를 대량유통(mass distribution) 과정을 거쳐서 대량소비(mass consumption)를 확대시키고 있다.

⑷ 우리나라 기업은 사회 · 경제 · 직업적 · 지리적 이동성 역시 증진

① 사람들의 사회 · 경제적 계층(socio-economic class)은 주로 교육 · 직업 · 소득 등 3개 요소에 의해 결정되는데, 자유기업제도하에서는 사람들의 사회 · 경제적 이동성(socio-economic mobility)이 일상화된 지 오래이다.

② 자유기업제도는 누구든지 자신의 사회 · 경제적 지위(socio-economic status)를 바꿀 수 있는 자유를 보장하기 때문이다.

그와 같이 자유기업제도는 국민들의 ① 사회 · 경제적 이동성, ② 직업적 이동성(occupational mobility), ③ 지리적 이동성(geographic mobility)을 증진시킨다.

7) 자유기업제도는 비즈니스윤리 준수와 사회적 책임 수행을 촉진시키는 것

(1) 자유기업제도하에서 기업은 권리 · 특전에 대한 대가로서 사회적 책무 수행

① 위에서 설명한 자유기업제도의 철학과 특성 중에서 특히 1)~5)는 자유기업제도의 한쪽 측면(one aspect)인 기업이 행사하고 누릴 수 있는 권리와 특전(rights and privileges of business)에 해당된다.

② 자유기업제도의 또 한쪽의 측면(the other aspect)으로서 기업에게는, 아래와 같은 이유로, 법을 철저히 지키는 것은 물론이고 그것에 더하여 비즈니스윤리를 준수하고 사회적 책임을 다해야 하는 사회적 책무(social obligation)가 있다.

ⓐ 자유기업제도는, 사회적 권익(social interest)을 증진시키는 데 목적을 둔 사회적 니즈와 이유(social needs and reasons) 때문에 생겨난 것이고, 또한 사회적 용인(social sanction) 때문에 발전하고 있기 때문이다.

ⓑ 따라서 기업은, 사회가 규정하는 사회적 권익을 보호하고, 사회윤리(social ethics)를 지키고, 사회적으로 책임성 있는 활동(socially responsible activities)을 하는 선(그어 놓은 줄이나 금; line) 안에서만, 비로소 권리와 특전을 행사하고 누릴 수 있기 때문이다.

③ 그러므로 자유기업제도하에서 기업이 행사하고 누릴 수 있는 한쪽 측면인 권리와 특전은, 절대로 무료(free)가 아니다.

(2) 자유기업제도하에서 사회는 무절제한 누구의 행동도 용납치 않음

① 기업의 무절제하고 방만한 행동 규제

ⓐ 입헌적 민주정치체제를 철저히 운용하는 미국 · 서유럽 등 선진국들일수록, "법과 질서"("법과 원칙"; law and order)를 강조하고 또한 강력히 집행한다.

ⓑ 같은 맥락에서 자유기업제도를 운용할 때에도, 만일에 기업이 원래 생성되고 성장하게 된 사회적인 목적과 이유에 어긋나는 무절제하고 방만한 행동을 하게 되면, 사회(정부)는 공공복지(public welfare)의 보호 ·

증진을 목적으로 적절한 수준까지 기업활동을 규제(regulate)할 권리를 유보(reserve the right to regulate business activities)할 수도 있다.

② 위와 같은 논리에 입각하여, 우리나라에서는 과다한 정부규제(excessive government regulation)가 아직도 혁파되지 않은 것이 문제이지, 기업활동에 대한 정부의 적정한 수준의 규제 자체(reasonable level of regulation itself)는 정당한 것이다.

제 4 절 정부가 국민경제체제를 운용하는 궁극적 목표 및 그에 필수적인 생산요소의 조달 · 관리 · 활용 책임

제 4 절에서는, 정부가 책임지고 있는 국민경제체제를, ① 어떠한 국민경제적 목표들을 달성하기 위하여 운용해야 하는지, ② 그리고 그런 국민경제적 목표들을 달성하려면 국가차원에서 필수적으로 어떠한 생산요소들을 효율적으로 조달 · 관리 · 활용해야 하는지를 설명한다.

① 우리나라기업의 비즈니스활동은, 해외비즈니스부분을 제외하고, 거시적 차원(macro-level)에서 국민경제(national economy)의 운영 테두리 속에서 이루어지기 때문이며,

② 거시적 차원의 국민경제운영에 필수적인 생산요소(factors of production)는 동시에 미시적 차원(micro-level)에서는 기업에게는 회사자원(business/corporate resources)이어서 기업경영에 영향을 미치기 때문이다.

그런데 우리나라의 국민경제적 환경(national economic environment)과 생산요소환경(production factor environment)은, 우리나라기업이 국내외에서 비즈니스활동을 하는 데 그리고 국내외에서 경쟁력을 강화하는 데 전반적으로 우호적이지 못하다.

1. 정부가 책임맡고 있는 국민경제체제 운용의 궁극적 목표

(1) 우리나라정부는 국민경제체제 운용을 통하여 국민 1인당 GNI가

하나의 지표인 국민대중의 생활수준(standards of living)을 지속적으로 높이는 데도 목표를 두고 있다. 생활수준은 국민대중이 ① 골고루 얼마나 많은 종류와 양의 그리고 ② 얼마나 높은 질의 제품과 서비스를 소비하느냐에 따라서 판가름되기 때문이다.

(2) ① 생활수준이 높아질수록, 국민대중의 물질적 복지(material welfare)가 더욱 향상된다. ② 물질적 복지가 향상될수록, 일반적으로 국민대중의 정신적 · 사회적 복지(psychological and social welfare)가 더욱 향상된다. ③ 그래서 결과적으로 국민대중의 전반적 삶의 질(overall quality of life) 역시 더욱 향상될 수 있기 때문이다.

(3) 그렇기 때문에 국민경제체제 운용에서는 그런 경제적 성과를 달성하는 데 궁극적 목표를 두기 때문에, 정부는 국가적 수준에서 최적으로(optimally; 가장 합리적으로) 제품과 서비스를 생산(production) · 분배(유통, distribution) · 소비(consumption)시키는 데 초점을 맞추어야 한다.

(4) 한편, 국민경제체제/국민경제운용의 가장 중요한 주체인 기업들은 개별적으로 그리고 집단적으로, 똑같은 궁극적 목표(최적으로 제품과 서비스를 생산 · 분배 · 소비)를 달성하는 데 최대한 기여하기 위하여, 미시적/기업체 수준에서 최적으로 제품과 서비스를 생산 · 유통 · 소비시키는 기능과 역할을 수행해야 한다.

2. 국민경제체제 운용에는 정부에 의한 생산요소의 합리적 조달 · 관리 · 활용이 필수적

국민경제체제/국민경제운용을 통해 국가적/거시적 수준에서 국민대중의 삶의 질을 지속적으로 향상시키려면 우리나라정부는, ① 국민대중/시장이 수요하는 제품과 서비스를 합리적으로 생산 · 분배(유통) · 소비시키는 데 초점을 맞추고서, ② 아래와 같은 생산요소들을 합리적으로 조달하고 관리하고 활용(sourcing, managing, utilize)하는 데도 초점을 맞추어야 한다.

1) 지상 · 지하자원

(1) 지하자원

자연자원(natural resources)의 한 유형인 지하자원(underground resources)은 ① 석유 · 석탄 · 자연가스 · 우라늄 · 조류 등 에너지자원(energy resources)과 ② 철 · 동 · 아연 · 보크사이트 등 광물자원(mineral resources)으로 구성된다. 우리나라는 이런 지하자원이 부족하고 어떤 것은 100% 수입에 의존하고 있다.

(2) 지상자원

지상자원(aboveground resources)은 ① 임산물을 중심으로 한 삼림자원(forestry resources), ② 쌀 · 보리 · 밀 · 콩 · 옥수수 · 사탕수수 · 원면 · 각종 채소와 과일 · 각종 가축 등 농산자원(agricultural resources), ③ 물고기 · 해초와 같은 수산자원(fishery resources) 등으로 구성된다.

우리나라는 지하자원과 지상자원이 모두 지나치게 부족하다. 그중에서 국민경제를 운용하고 기업을 성장 · 발전시키는 데 가장 필요하면서도 가장 부족하여(해외로부터 수입을 하든지 해외에서 개발하여 도입하는 것을 뜻하는) 해외의존도(foreign dependency)가 대단히 높은 것은 지하자원이다.

그 결과로 우리나라의 국민경제와 기업은, 글로벌 자원환경의 좋고 나쁜 변화로부터, 크나큰 좋고 나쁜 영향을 받고 있다. 일반적으로는 나쁜 영향을 받고 있다.

2) 수 자 원

(1) 우리나라는 1960년대 이후의 산업화 · 도시화 · 과학적 영농화 등의 과정에서 가정용 · 공업용 · 농업용 수자원(water resources)이 부족하게 되었다. 우리나라는 멀지않아 심각한 "물 부족 국가"로 전락할 전망이다.

(2) 따라서 우리나라의 국민경제가 계속 국민대중과 지구촌 사람들의 제품 · 서비스 욕구를 충족시킬 수 있게 하려면, 정부와 기업은 일반가정과 더불어 수자원을 경제적으로 저장하고 활용하는 데 더욱 많은 관심과 자금을 투입해야 한다.

(3) 용수부족뿐만 아니라 날로 높아가는 수질오염도 역시 큰 문제이다. 물론, 수질오염(water pollution)은 우리들의 생태적 환경을 파괴하는 주요 요인 중의 하나이기 때문이다.

3) 토 지

(1) 토지(land) 역시 중요한 자연/부존자원이다. 우리나라에서는 지형 때문에 국토의 한정된 면적(30% 정도)만이 농경지로 활용되어 왔는데, 날이 갈수록 경작면적은 감소추세에 있다.

(2) 그래서 결과적으로, 공장부지의 부족과 높은 가격/임대료는 우리나라기업이 당면하고 있는 고비용저효율구조의 한 구성 요소로서, 우리나라기업의 국내외경쟁력을 약화시키는 한 요인으로 작용하고 있다.

(3) 대기오염(air pollution) · 폐기물오염(solid-waste pollution) · 소음오염(noise pollution) 등으로 토지의(하천 · 강 · 호수 · 연근해와 더불어) 자연균형(balance of nature)/생태적 균형(ecological balance)이 점점 파괴되어 농업용지 · 공업용지 · 생활용지로 사용하는 것을 어렵게 만드는 것도 큰 문제이다.

4) 기 후

기후(climate)는 국내외에서 각종 산업 · 기업활동에 그리고 국민의 일상생활에 영향을 미치는 또 하나의 중요한 자원이다. 우리나라는 다행히도 좋은 기후조건을 갖추고 있다(그렇지만 지구온난화로 계절이 뚜렷한 4계절에서 2계절로 바뀌고 있다).

(1) 전국적으로 각종 농산물을 생산하는 데 충분한 경작기간을 가질 수 있고, 점차 다목적 댐과 수리시설이 확장되고 있어서 경작지의 가뭄 피해를 막고 농업생산에 큰 도움을 주고 있고, 생활용수와 공업용수의 공급도 늘리고는 있다.

(2) 그러나 생활용수 · 공업용수 · 농업용수의 공급이 질적 · 양적으로 현재도 부족하고 앞으로는 더욱 부족할 것이라는 것이 문제이다.

5) 임해부존자원

(1) 우리나라는 3면이 바다라서 어류 등 수산자원(fisheries resources)이 풍부하였으나, 수질오염과 어류남획(indiscriminate fishing) 등으로 급격히 고갈되고 있다.

(2) 바다 자체는, 임해공업단지와 주요 항만을 경제적으로 연결하는 임해 해운이 잘 운영될 수 있도록, 지리적 여건이 잘 구비되어 있다.

(3) 대륙붕개발의 일환으로 석유 · 가스 등 임해부존자원(coastal natural resources)의 개발을 추진해왔으나, 소량의 자연가스를 제외하고는 아직 실적이 없다.

(4) 한때 청정했던 연근해가 여러 가지 이유로 심히 오염되고 있는 것도 큰 문제이다.

6) 인적자원/노동력 공급

(1) 인적자원(human resource)은 우리나라가 보유한 국가자원 중에서 단연 가장 중요한 자원이다.

(2) 그런데 심각한 문제는 우리나라에게 그와 같이 중요한 인적자원의 경쟁력이 주요 경쟁국들과 비교하여 현재에도 계속 하락하고 있다는 사실이다(예증 4-8 참조).

(3) 경제협력개발기구(OECD)의 최근 조사 자료에 의하면, ① 미국 근로자의 노동생산성을 100으로 할 때 우리나라 근로자의 노동생산성은 47% 정도에 불과하고, 일본 근로자 노동생산성의 63% 정도에 불과하다고 한다.

예증 4-8 *ILLUSTRATION*

노는 사람 많은데 실업률 고작 3.1%?

구직 단념자 등 제외해 현실과 차이 … 체감 실업률 개발해야

한국은 이른바 '완전고용' 국가다. 실업률로만 보면 그렇다. 일자리가 갈수록 줄어들어 취업자 수 증가규모가 연간 15만명을 밑도는 상황인데, 어떻게 이런 일이 벌어지게 된 것일까.

이유는 통계의 함정에 있다. 현재 실업자 통계에는 4주 동안 적극적으로 구직활동을 했음에도 불구하고, 취업을 하지 못한 사람들만 포함된다. 반면 일할 능력이 있음에도 일할 의사가 없거나, 혹은 취직 준비를 해도 이력서를 제출하는 등 적극적으로 일자리를 찾는 노력을 하지 않으면, 공식 실업자 통계에 잡히지 않고 '비경제활동인구'로 빠진다.

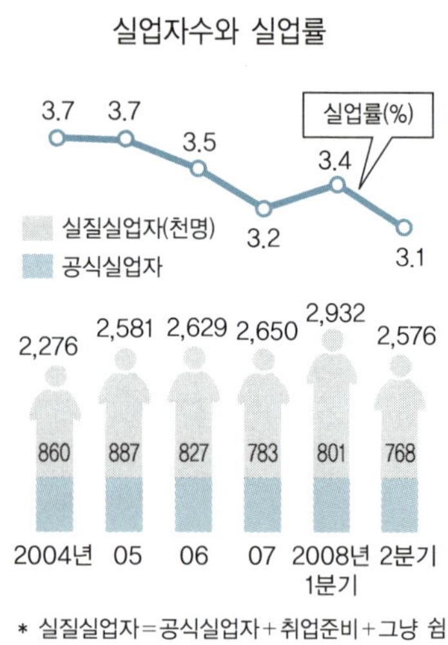

출처 : 한국일보, 2008년 7월 18일, p. 16.

⑷ 우리나라에서는 노동력 공급부족이 심각해지고 있음

국민경제 생산능력의 크기를 가리키는 우리나라(남한)의 인적자원/노동력 공급(labor supply)은, 우리나라의 전체 인적자원/인구에 바탕을 두고 있다. 그런데 최근으로 오면서 아래 이유로 노동력 공급이 점점 더 부족해질 전망이다.

① 급속한 인구성장률 하락과 심각해지고 있는 인구의 노령화

② 농업 및 3D 직종 기피현상 심화

③ 우리나라의 산업구조가 기술 · 지식 · 정보 집약적인 고부가가치산업으로 급발전하고 있는 패턴에도 불구하고, 그런 분야(특히 이공계) 전문

인력 부족 심화

④ 지속되는 고임금패턴과 노동시장(노동조합)의 경직성, 그리고 노동생산성을 능가하는 임금상승률

⑤ 여성인력의 지속적으로 저조한 사회 · 경제적 진출과 그에 따른 여성인력의 저조한 활용(예증 4-9 참조)

⑥ 외국인 노동인력(2009년 현재 200만 명을 능가하는 것으로 추정)의 수입 · 활용 등에 관한 일관성 없는 정부정책

예증 4-9 *ILLUSTRATION*

여성 고용 관련 통계

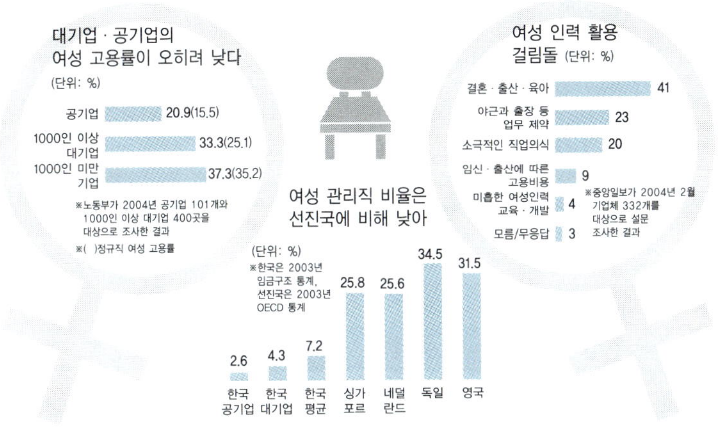

출처 : 중앙일보, 2005년 4월 28일자.

7) 과학기술

(1) 과학과 기술(science and technology)은, 최근으로 올수록, 우리나라 자체와 우리나라 기업의 국내외 경쟁력과 국내외 경영실적에 미치는 영향/파급효과가 더욱더(나쁜 방향으로) 커지고 있다.

(2) 그렇기 때문에, 여기서는 불리해지는 경향이 농후한 우리나라 기업의 기술적 환경(technological environment of Korean business)의 이유에 대해 설명을 한다.

① 무엇보다도 역대 우리나라정부들이 과학기술개발을 위한 연구개발비(research and development expenditure)를 절대적으로 지나치게 적게 투입해 왔기 때문이다. 역대 우리나라정부들은 수없이 반복적으로 발표해온 "과학기술진흥정책"에도 불구하고, 역대정부들은 지나치게 적은 연구개발비를 투입하고 있다.

그러면서도 우리나라정부는 "믿거나 말거나" 지식정보산업중심으로 "21세기 신성장/동력엔진"을 만들겠다고 호언하고 있다.

② 반면에, 우리나라의 전반적 기술 수준을 그런대로 지탱하면서 우리나라기업들의 글로벌 기술경쟁력을 일부 기술에 한정해서지만 세계적 수준으로 끌어올리고 나머지 기술에 대해서는 그런대로 강화하고 있는 것은 우리나라의 민간기업들이다.

그 증거로서 "연간 연구개발비지출" 10대 우리나라기업들은 삼성전자, LG전자, 현대자동차, 기아자동차, 삼성 SDI, KT, SK텔레콤, 삼성전기, 한국전력, LG화학 등이다(예증 4-10 참조).

예증 4-10 *ILLUSTRATION*

원천기술 뒷전 … 무늬만 '메이드 인 코리아' 헛장사

2008년 초 대한상공회의소가 국내 5대 수출제품(반도체, 승용차, 선박, 무선전화기, 디스플레이) 제조기업 500개사를 대상으로 실시한 조사 결과에 따르면, '핵심 부품소재를 수입해 의존하고 있다'(주로 일본으로부터의 수입에 의존함)고 응답한 기업이 전체의 45.6%. 상의는 "그동안 부품소재의 국산화가 원천기술을 바탕으로 한 첨단 부품소재보다는 상대적으로 쉬운 조립 · 가공분야 범용부품에 치우쳐 있었기 때문"이라고 풀이했다.

기업들은 부품소재 분야의 국산화 수준이 낮은 이유로 '원천기술 개발능력부족'(39.1%), '개발보다 수입하는 것이 경제적'(30.3%), '해외에서 원천기술 선점'

(21.2%) 등을 꼽았다. 기술력, 경제성 등 모든 분야에서 한국 기업의 경쟁력이 떨어진다는 뜻이다.

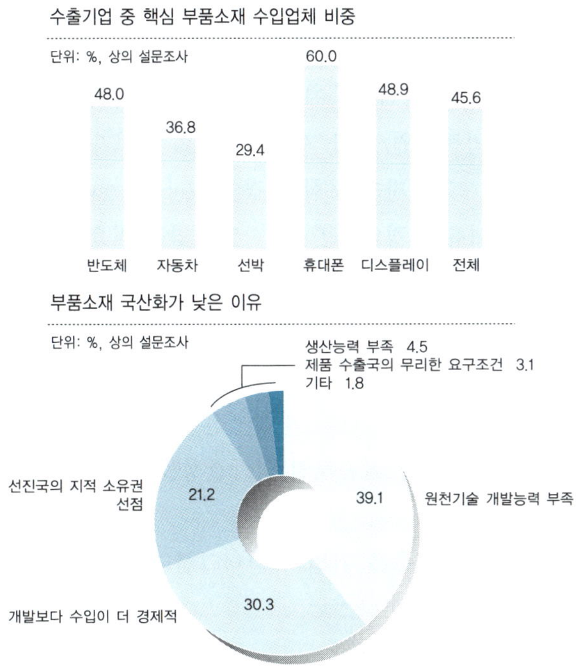

출처 : 한국일보, 2008년 5월 1일, p. 6.

8) 자본공급

(1) 어느 나라에서나 국민경제를 효율적 운영으로 성장시키고 기업을 경쟁력 있게 능률적으로 경영하려면, 충분할 정도로 저코스트 자본공급(low cost capital supply)이 뒷받침되어야 한다.

(2) 더욱이 우리나라기업이, 이미 약화된 국내경쟁력을 회복 · 강화하려면, 또한 글로벌 경쟁력을 강화하면서 글로벌 비즈니스 활동을 확대하려면, 더욱 저코스트 대규모 자본조달(low-cost mass capital financing)이 필수적이다.

(3) 그럼에도 우리나라에서는 우리나라정부의 관치금융 때문인지, 자본조달의 어려움과 고금리(high interest rates)는 계속 우리나라기업을 속박하는 심각한 요소로 작용하고 있다. 특히 중소기업을 계속 속박하고 있다.

9) 경 영 층

(1) 특히 우리나라기업들에게 생산요소/회사자원 중에서 가장 중요한 것은 ① 물론 인적자원/자산/자본이며, ② 인적자본 중에서도 가장 중요한 것은 기업가 · 경영자를 포함한 경영층(management)이다.

(2) ① 그 이유는 경영층만이, 기업경영에 필요한 모든 생산요소/회사자원을 국내외에서 효율적으로 소싱하고 조직화하고 관리함으로써, 국내외 소비자/고객들의 욕구를 충족시키기 위한 제품과 서비스를 효율적으로 제공할 수 있기 때문이다. 또한 ② 경영층만이 기업의 성장 · 발전을 위한 경영전략과 전술, 기술 · 지식 · 신제품 연구개발투자, 경영의 혁신 및 글로벌화 등에 대한 최종적인 의사결정을 할 수 있기 때문이다(예증 4-11 참조).

(3) 그만큼, 경영층은 기업의 리더그룹(leader group)으로서 가장 중대한 생산요소/회사자원이다.

예증 4-11 *ILLUSTRATION*

미래 CEO 첫째 조건은 창조성

미래 기업의 최고경영자(CEO)가 갖춰야 할 첫째 조건은 바로 창조성이다. 창조적 활동을 통해 신사업, 신제품 및 신시장을 개척하는 창조적 의지와 역량을 발휘하는 리더가 미래 기업 최고경영자인 것이다.

삼성경제연구소는 '미래 CEO의 조건-창조적 리더십'이라는 보고서에서 1960년대까지는 창업가형 1970~1980년대는 관리형, 1998~2008년까지는 구조조정형 CEO가 필요했다면 앞으로는 창조형 CEO가 요구된다고 밝혔다. 실용 지향적인 새 정부 출범과 세계경제의 저성장 기조 전환 등 경영환경의 변화에 직면해 있는 미래 기업 최고경영자가 갖춰야 할 조건은 창조성이라는 것이다.

연구원은 단기성과에 대한 집착이나 개인의 몸값 올리기, 의사결정과 책임회피, 어중간하고 무난한 리더십 발휘 등의 함정에 빠지지 않고 창조형 CEO가 되려면 부단한 성장추구, 인재확보와 후계지 육성, 조직에 창조적 영감부여, 글로벌 시장개혀, 사회와의 의사소통에 나서야 한다고 제시했다.

출처 : 한국일보, 2008년 4월 18일, p. 20.

10) 지 식

(1) 특히 정보기술 급발전에 바탕한 정보혁명(information revolution)과 더불어 그에 바탕한 지식혁명(knowledge revolution)이 우리나라는 물론이고 전체 지구촌으로 급속히 확산되고 있다. 그러니만큼, 국가차원에서 우리나라도 토지 · 노동 · 자본 등 전통적 생산요소투입 중심의 경제(input-driven economy)체제에서 하루 빨리 벗어나서 정보기술을 포함한 지식추진경제(knowledge-driven economy)/지식기반경제(knowledge-based economy)로 더욱 급속히 전환해나가야 한다.

(2) ① 우리나라경제의 글로벌 경쟁력이 현재에도 계속 추락하고 침체에서 벗어나지 못하고 있는 이유는 선진국들과의 생산성격차(productivity gap)와 지식격차(knowledge gap) 때문이라고 한다(예증 4-12 참조).

예증 4-12 *ILLUSTRATION*

노동생산성 추락

- 한국 시간당 20.4달러, OECD평균의 54%, 체코 · 헝가리에도 뒤져 -

2008년 8월 기획재정부 및 OECD에 따르면, 2006년 기준 우리나라 근로자늘의 시간당 노동생산성은 20.4달러로 OECD 회원국 평균(38달러)의 54% 수준에 그쳤다. 이는 OECD회원국 중 터키(14.6달러), 멕시코(16달러), 폴란드(19.3달러) 등에 이어 4번째로 낮은 것으로 체코(22.3 달러)나 헝가리(23.5달러) 등에 비해서도 떨어지는 수준이다.

출처 : Focus, 2008년 8월 11일, p. A3.

② 그래서 결과적으로 우리나라는 실용적 가치(pragmatic value)가 높은 인재가 드문 지식/인재 열등국이고, 그것이 우리나라경제와 우리나라기업의 국내외 경쟁력을 약화시키는 가장 중대한 이유라는 것이다.

(3) 그러면 "실용성 있는 행동하는 지식"이란 무엇인가? 지식이 지배하는 사회에서 요구되는 지식은, 단순히 교과서에 담긴 학식이나 본인의 직접적 체험이 뒷받침되지 않은 이론이 아니라, "살아 있는 실용적인 지식"이다.

살아 있는 지식/행동하는 지식/지적 자본(knowledge capital)이란, ① 기초과학, 순수학문, 경제학, 경영학과 같은 이론적 지식, ② 데이터베이스, 인터넷, 기술특허와 같은 실용적 지식, ③ 현장경험과 노하우 등 세 가지가 합쳐진 것을 뜻한다.

3. 국민경제체제 운용에 필수적인 생산요소는 곧 우리나라기업들의 기업/회사자원

(1) 우리나라정부가 책임지고 국민경제체제/국민경제를 운용하는 데 필수적인, 위에서 설명한 생산요소들은, 동시에 우리나라기업에게는 그 경영에 필수적인 비즈니스/회사자원들(business/corporate resources)이다.

(2) 그래서 생산요소의 가용성 정도는 우리나라기업의 생산요소환경(production factor environment of business)에 해당된다.

(3) 우리나라의 경우와 같이 ① 생산요소가 비싸고 불충분할수록, ② 그리고 그것에 더하여 정치와 정부가 부패하고 비능률적일수록, ③ 고비용저효율구조(높은 금리, 토지가/임대료, 노동비, 원·부자재비, 기술비, 물류비, 정치적 비용, 관료비용/부패비용, 관료주의적 행정처리 지연에 따른 비용 등 높은 비용구조와 저효율 구조(high cost, low efficiency structure)를 말함)일수록, 우리나라에서는 국민경제운용/기업경영에 지속적으로 부담(burden)을 주고 있다.

제 5 장
정부 · 정치, 법률, 사회문화적 환경이 기업경영에 미치는 영향

제 1 절 정부 · 정치적 환경이 기업경영에 미치는 영향

(1) 제 5 장 제 1 절에서는 우리나라 기업을 에워싸고 좋고 나쁜 영향을 미치는 우리나라기업의 정부 · 정치적 환경(governmental-political environment of Korean business)에 대해서 설명을 한다.

우리나라에서 기업의 정부 · 정치적 환경이란, 정부정책 · 국회 · 정당 등이 정치적 행동을 통하여, 우리나라기업과 그 국내외 경영활동을 ① 한편으로는 진흥(promote)하고, ② 다른 한편으로는 규제(regulate)하는 등 우리나라기업과 그 국내외 경영활동에 그리고 결과적으로 우리나라기업의 국내외 경쟁력과 국내외 경영실적에까지 막대한 영향을 미치는 우리나라의 정부 · 정치와 관련된 환경적 요소들을 말한다.

(2) 우리나라에서 우리나라기업과 그 국내외 경영활동에 막대한 영향을 미치는 정부 · 정치 관련 환경요소들 중에서 ① 가장 강력한 "좋고 나쁜 영향"을 미칠 수 있는 것은 중앙행정부이고, ② 부차적으로 강력한 "좋고 나쁜 영향"을 미칠 수 있는 것은 국회 · 사법부 · 지방자치단체 · 주요 정당 · 강성 노동조합 · NGO 포함 기타 정치세력이다(예증 5-1, 5-2 참조).

예증 5-1 ILLUSTRATION

"정치인이 가장 썩었다"

매년 12월 9일은 유엔이 정한 '반(反)부패의 날'. 전 세계적으로 부정부패가 가장 심한 분야는 정치인이 모인 정당과 국회라는 조사 결과가 나왔다.

독일 베를린에 본부를 둔 국제투명성기구(TI: Transparency International)가 갤럽 인터내셔널 보이스에 의뢰해 69개국 5만5000명을 대상으로 '2005년 국제 부패측정조사'를 실시한 결과, 조사대상 69개국 중 45개국이 정당을 가장 부패가 심한 곳으로 꼽았다.

'생선은 대가리부터 썩는다'

조사대상국 가운데 한국 포함 48개국이 지난 3년간 부정부패가 늘어났다고 응답했다. 부패가 다소 줄어들었다고 응답한 나라는 홍콩, 싱가포르, 인도네시아 등 6개국뿐이었다.

지역별로 보면 우리나라가 속해 있는 아시아(12개국)에서는 정당, 국회와 경찰, 세무당국 순으로 부패가 심하다는 응답이 나왔다.

출처 : 조선일보, 2005년 12월 10일, p. 19.

예증 5-2 ILLUSTRATION

反기업정서

▶ 한국의 反기업정서와 정부규제 22國 중 가장 높아서 二重苦

"일반국민의 반(反)기업정서가 정부규제와 함께 한국기업에 이중고가 되고 있다."

산업연구원 김용열 연구위원은 세계 22개국 최고경영자(CEO)를 상대로 한 액센추어사의 최근 조사를 인용해 한국의 반기업정서가 가장 높다고 소개했다.

金위원은 "반기업정서가 강해지면서 국내 기업들이 사업을 해외로 이전하거나 신규 기업의 설립이 지연되는 등 창의와 혁신의 기업가정신이 발휘되기 어려운 상황"이라고 지적했다.

출처 : 중앙일보, 2008년 4월 30일, p. 15.

▶ 초 · 중 · 고 교과서에 실린 반(反)시장 · 반기업 · 반세계화 등 편향적 시각이 담긴 예

대한상공회의소는 현재 일선 학교에서 사용중인 경제 · 사회 · 국사 · 근현대사 등 4개 과목 교과서 60종을 분석한 결과 337개의 건의 개선 사항이 발견됐다고 밝혔다. 고등학교 교과서에서 266건, 중학교 교과서에서 67건, 초등학교 교과서에서 4건, 특히 반시장 · 반기업 · 반세계화 등 편향적 시각이 담긴 것으로 판단되는 사례가 97건에 달했다. 그런 글들 중에는 아래와 같은 적합하지 않거나 사실을 왜곡 · 과장한 사례들이 많다.

- 대기업이 협력업체에 횡포를 일삼는다.
- 기업은 이익 위해 유전자 조작도 서슴지 않는다.
- 지나친 경제활동의 자유는 계급 대립을 낳는다.
- 수출지향적인 경제개발로 악덕기업이 출현했다.
- 성장 제일주의는 수단과 방법을 가리지 않는 편법과 황금 만능주의를 확산시켰다.
- 대기업이 손해를 보더라도 가격을 터무니 없이 내려 약한 경쟁상대를 쓰러뜨린다.

출처 : 중앙일보, 2008년 3월 21일, p. E1.

1. 우리나라정부의 행정적 · 정치적 기능으로서 우리나라기업의 국내외활동을 촉진시켜야 하는 책임

(1) ① 아래에 열거한 정부의 행정적-정치적 기능들(administrative-political functions), ② 그리고 바로 뒤인 "2"에서 설명하는 경제적 기능들(economic functions)은, ③ 시장경제체제를 제대로 운용하는 선진국 정부들이 기업/비즈니스와 그 활동을 촉진시켜야 하는 책임(responsibility to promote business and its activities)을 합리적으로 수행하는 데 목적을 두고, ④ "당연히 수행해야 하는 기능들"(functions ought to be performed)에 속한다.

(2) 따라서 우리나라기업들과 그 경영자들이 과연 우리나라정부가 "당연히 수행해야 하는 행정적 · 정치적 기능들"을 어느 정도로 실제로 수행하고 있는지(extent of actual performance)를 평가해 보면, 우리나라정부가 우리나라기업의 국내외활동을 촉진시켜야 하는 행정적-정치적 기능을 사

실상 열등(inferior)하게 수행해 오고 있음을 알 수 있다.

1) 그래서 우선 우리나라 정부–정치권은 입헌적 민주주의 정치체제를 조속히 정착시켜 민주적 정치발전과 정치적 안정을 실현시켜야

(1) 현재까지도 우리나라에서는 주로 정부와 정치권(국회 · 정당 · 강성노조 등) 합작에 가까운 공동작용을 통하여, 아직도 사적 개인들 · 기업들 · 기구들은 과다한 정부규제 때문에 그들의 "착복대상"이 되고 있다.

(2) 빈번한 불법시위 · 집회 등으로 보아 우리나라에는 아직도 참뜻의 입헌적 민주주의 정치가 정착되지 않았다. 그래서 우리나라기업들과 그 국내외 활동들에 주로 부정적 영향을 미치는, ① 경제적 자유의 제한, ② 정부관료 · 국회의원 등의 비생산적이고 심히 부패한 행태, ③ 전반적 정치적 불안정성, ④ 국내 정치 논리에 바탕한 일관성이 결여된 정부의 경제정책과 기업정책 등, 수많은 심각한 부작용들이 계속 발생하고 있기 때문이다(예증 5-3 참조).

예증 5-3 *ILLUSTRATION*

20년간 불법시위 크게, 오래 할수록 그들이 원하는 것 얻었다

1988~2007년 시위 건수 및 거리시위 비율

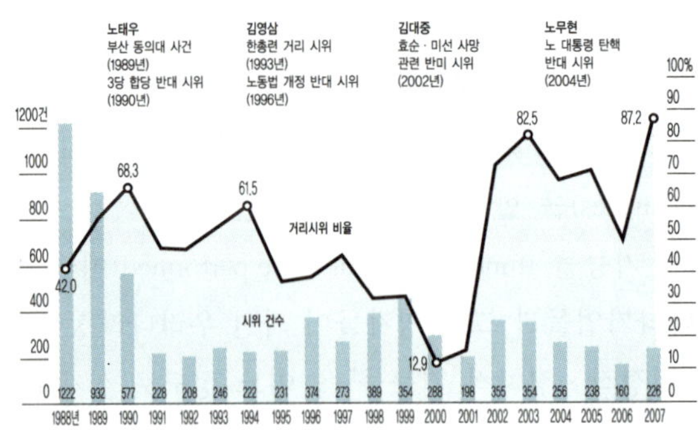

집회시위 주도 단체별 요구사항

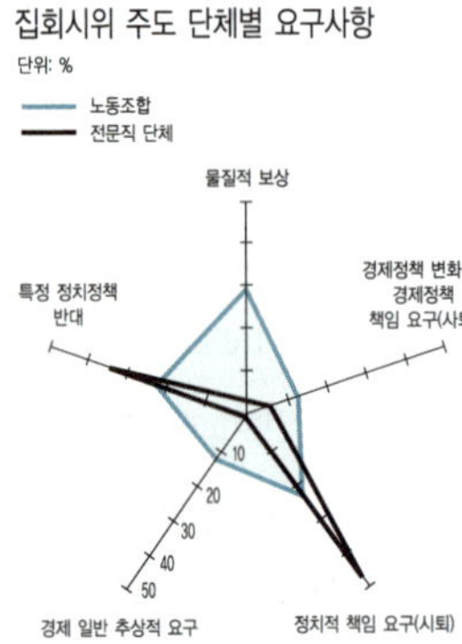

과거 20년간 한국의 집회 · 시위를 분석해보면 특징들은 아래와 같다.
① 불법 · 떼쓰기 시위 때 요구가 수용될 확률이 높다.
② 시위지도층이 변화(학생 → 와이트칼라 사무직 → 생산직 근로자)하고 있다.
③ 이념 중심의 "정치적 시위"가 "경제적 시위"보다 많다.
④ 협상 · 조정시 요구의 관철 비율이 높다.

출처 : 중앙일보, 2008년 7월 24일, p. 5.

2) 우리나라 정부–정치권은 더욱더 국민의 안전과 재산을 보호하는 노력을 해야

(1) 법과 사회질서의 확립 · 유지

① 국민 각자의 안전을 도모하고 재산을 보호해야 하는 우리나라정부의 행정적 기능에는 법과 사회질서(law and social order)를 확립하고 유지하는 것도 포함된다. 정부가 법에 바탕한 사회질서를 유지하지 못하여(언제나 일부 관료 · 국회의원 · 권력자와 그 가신 등은 법을 어기는 데 솔선수범하고 있음) 사회적 혼란이 심하면, 개인 · 가족 · 기업 · 기타 사회기구들이 정상적인 활동을 할 수가 없다(예증 5–3 참조).

② 그에 따라 개인 · 가족 · 기업 등에게는 많은 재무적 및 기타 피해를 가져다준다. 그래서 결과적으로 우리나라기업의 국내외 원가 · 가격경쟁력을 하락시키고 있다.

(2) 국가안보/국방의 책임

① 국민 각자와 그 재산을 보호해야 하는 정부기능에는, 정부만의 독자기능인 국가안보(national security)/국방(national defense)의 책임도 포함된다.

② 국방이란 외국의 비우호적인 행동(unfriendly actions)으로부터 국내외의 국민과 그 재산을 보호하는 것을 뜻한다.

3) 우리나라정부와 국회는 선진국 수준으로 자유시장경제관련 법률을 제정하고 집행해야

(1) 우리나라정부와 정치권은 자유시장경제관련 법률을(물론 국회만이 법률을 제정하고 개폐할 수 있으므로 국회와의 협력을 통해) 선진국 수준으로 업그레이드(upgrade)하여 제정하고 집행할 의무가 있다.

(2) 우리나라기업과 그 국내외 활동에 대한 적정수준의 정부규제, 자유기업제도의 기반인 개인재산권의 보장 · 이익동기 · 계약의 자유와 이행 · 직업이나 참여할 업종의 선택자유 등은, 경제적 자유를 선진국 수준으로 업그레이드된 법률의 테두리 안에서만 가능하기 때문이다(예증 5-4 참조).

예증 5-4 *ILLUSTRATION*

2008년 한국경제자유지수 순위(괄호 안은 2007년 순위)

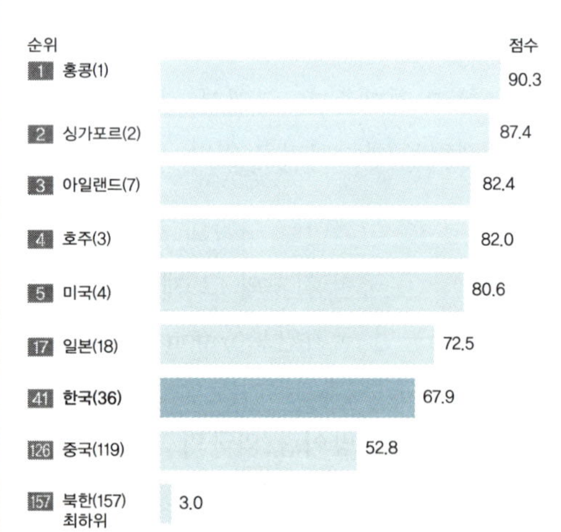

한국의 2008년 경제자유지수 순위가 세계 157개국 중 41위를 차지했다고 월스트리트저널(WSJ)이 2008년 1월 15일 보도했다. 지난해 36위에서 다섯 계단 미끄러졌다. 경제자유지수는 WSJ가 미국 헤리티지재단과 국가별 경제자유도를 평가해 매년 발표한다. 홍콩이 지난해에 이어 1위 자리를 지켰다. 한국과 순위가 비슷한 나라는 39위와 40위에 오른 쿠웨이트와 우루과이 등이었다. 한국은 기업 활동의 자유(84.0)에선 비교적 높은 점수를 얻었지만 부패(51.0),

무역자유(66.4) 등에서는 낮은 평가를 받았다. 경제자유지수는 기업 활동의 자유를 비롯해 통화와 재정의 건실성, 무역 자유 정도, 정부 크기, 개인재산권 보호 수준 등을 지표화해 국가별 점수를 매긴다.

출처 : 중앙경제, 2008년 1월 16일, p. E2.

4) 우리나라 정부-정치권은 인권을 더욱 보장하고 증진시켜야

우리나라정부는 국민의 인권(human rights)을 더욱 보호하고 증진시킬 책임도 있다. 그래서 섹스 · 사회적 신분 · 종교 · 혈연 · 지연 · 학연 · 인종 · 출신국적 · 다문화가족 · 장애인 등에 따른 차별 없이, 모든 국민이 동등한 기회를 갖고 권리를 행사하고 의무를 이행할 수 있도록, 정부는 지금까지보다도 더욱더 제도적 보장을 강화해야 한다.

5) 우리나라 정부-정치권은 국민의 복지향상에 더욱 힘써야

(1) 우리나라정부는 국가 전체의 안녕과 복지향상을 도모하기 위해서만, 개인 · 기업 · 기타 기구 · 재산 · 상품 · 거래 등을 대상으로 공정하고 적정한 범위 내에서 각종 세금을 부과하고 징수할 권한이 있다. 그렇지만 우리나라에는 정부관료 · 국회의원 · NGO · 기타 정치권 사람들 · 변호사 · 변리사 · 경영자 · 기업가 등 중에 "탈세범들"이 너무 많은 것이 문제이다.

(2) 특히 그런 범법행위에 해당하는 것으로서, ① 대통령 · 각료 · 공무원 · 국회의원 등이 "정치자금 · 떡값 · 뇌물 · 급행료 · 기부금" 등을 사적인 개인 · 기업인 · 기업체 등 어느 누구로부터도 거두어 착취할 권한은 없다. ② 또한 각종 행정 · 검찰 · 사법 기관들이 거두어들이는 "후원금" 등 준조세(semi-tax)도, 챙길 권한이 없다(예증 5-5 참조). 이런 것들은 기업과 그 활동에 고비용과 비능률을 안겨주고 결과적으로 국내외 경쟁력을 저하시키기 때문이다.

예증 5-5 *ILLUSTRATION*

기업들, 노무현 정권서 기부금 제일 많았고 부담도 제일 많았음

금융감독원에 따르면 상장사들의 연평균 기부금 총액은 김영삼 정부 시절 8557억원에서 외환위기를 겪은 김대중 정부 시절에 8109억원으로 줄었다. 그러다가 노무현 정부가 들어선 이후 3년 동안(2003~2005년) 연평균 1조651억원으로 31.3% 급증했다.

기부금 1위 기업이 포스코와 한전 등 대형 공기업에서 민간기업인 삼성전자로 바뀐 것도 눈에 띈다. 이런 기부금도 우리나라기업들의 투자의욕을 떨어뜨리고 국내외 경쟁력을 약화시킨다.

역대 정부의 상장사 연평균 기부금 총액

구 분	연평균 기부금
김영삼 정부	8556억원
김대중 정부	8109억원
노무현 정부	1조651억원

※ 김영삼 정부는 기부금 집계가 시작된 1995년부터 1997년까지, 노무현 정부는 2003년부터 2005년까지 평균치임.

노무현 정부 출범 이후 기부금 상위 10개 기업
(2005년 말까지 3년 누계액, 단위: 만원)

기 업	기부금액
삼성전자	4525억6600
포스코	3904억700
한국전력	3154억800
KT	2120억2400
KT&G	1620억4000
SK텔레콤	1215억5900
SK	1020억8900
한국가스공사	980억2400
삼성SDI	876억6600
현대자동차	715억2600

자료: 상장사협의회

출처 : 조선일보, 2006년 4월 10일, p. B1.

6) 우리나라정부는 깨끗하고 능률적인 작은 정부를 유지해야

우리나라정부는 현재까지 제대로 수행하지 못한 것들인 ① 법과 질서를 지키는 데 모범을 보이고, ② 징수한 세금 등 국고를 맡은 바 역할과 기능을 수행하는 데만 효율적 · 공개적 · 윤리적으로 사용하고, ③ 비리 · 부조리 · 부정부패 등을 제거하여 깨끗한 정부(clean government)를 유지하고, ④ 공기업을 사유화하고, ⑤ 비대해지고 낭비적인 정부기구와 기능을 구조조정 · 리엔지니어링하고 공무원들을 다운사이징하고 정예화하여 능률적인 작은 정부(efficient small government)를 운영해야 할 책임도 철저히 이행해야 한다(예증 5-6 참조).

예증 5-6 *ILLUSTRATION*

법인세와 맞먹는 準조세 때문에 기업경쟁력 저하

정부 · 국회 · 정당 · NGO 등의 부정부패가 많을수록 커지는 준조세(세금 아닌 세금)는 기업이 세금 이외에 비자발적으로 지게 되는 금전적 부담으로, 농지조성비와 환경개선부담금 등 각종 부담금과 공과금, 사용료 및 수수료, 사회보장성 보험료(고용보험료 · 국민연금 등), 강제성을 띠는 기부금과 성금 등을 말한다. 그러나 이번 조세연구원 조사에서는 규모 파악이 어려운 기부금 · 성금, 공과금, 사용료 및 수수료 등은 제외했다.

음성적인 뇌물포함 기부금과 성금까지 포함하면 준조세 규모는 더 커질 것이다.

법인세와 준조세 추이

	법 인 세	준 조 세	세수(稅收) 대비 준조세 비중
2003년	25조6000억원	23조1023억원	15.6%
2002년	19조2431억원	19조8876억원	14.7%
2001년	16조9751억원	17조6627억원	14.4%
2000년	17조8784억원	13조6346억원	12.0%
1999년	9조3654억원	11조9720억원	12.7%
1998년	10조7758억원	10조9635억원	12.9%
1997년	9조4247억원	11조7382억원	13.3%

자료: 조세연구원, 국세청

출처 : 조선일보, 2005년 3월 10일자.

2. 우리나라정부의 경제적 기능으로서 우리나라기업의 국내외활동을 촉진시켜야 하는 책임

(1) 국내외시장에서 우리나라기업과 그 국내외 경영에 막대한 영향을 미치는 우리나라정부가 당연히 수행해야 하는 경제적 기능/책임들(economic functions/responsibility)을 요약하면 아래와 같다. 이런 경제적 기능/책임들도 선진국 수준으로 upgrade되어야 한다.

(2) 이미 널리 알려지고 증명되고 있는 바와 같이, 우리나라정부는 그런 경제적 기능들을 어느 하나도 효과적으로 수행하지 못하고 있다.

1) 우리나라정부는 자본주의의 핵심적 특징들을 장려하고 보장해야

우리나라정부는(물론 정치인을 포함하고 우리나라의 정치권도), 진실로 우리나라에 시장경제체제가 제대로 정착되어 경제가 성장 · 발전하기 바란다면, 자본주의의 핵심적 특징들(core features)(그림 4-1 참조)과 이를 지키고 촉진시켜야 하는 경영자 · 기업인들의 기(氣)를 살려주고 지원해 주는 경제적 기능/책임부터 완벽에 가깝게 수행해야 한다.

2) 우리나라정부는 국내외 소비자가 필요로 하는 제품과 서비스를 우리나라기업이 충분히 생산-유통-소비하도록 촉진시켜야

(1) 우리나라정부는 국내외 소비자의 니즈 · 욕구 · 선호를 만족시키는데 충분할 만큼, (2) 우리나라기업들이 경쟁력 있는 제품과 서비스를 국내외시장에서 충분하게 생산-유통-소비토록 촉진(promote, facilitate)시키는 기능을 앞으로는 더욱 합리적으로 수행해야 한다.

3) 우리나라정부는 비즈니스 환경쇄신을 통해 우리나라기업의 국내외 경쟁력 강화를 지원해야

우리나라정부는, (1) 우리나라기업이 맡은 바 고유한 경제적 기능과 사회적 책임을 지속적으로 다할 수 있게 촉진(facilitate)시키기 위해서도, (2) 또한 국경 없는 무한 경쟁시대에 우리나라기업이 경영관리혁신과 글로벌화를 통하여 국내시장과 글로벌시장에서 다 같이 생존 · 이익 · 성장을 실현할 수 있게 국내외경쟁력을 회복 · 강화하는 것을 방해(discourage)하지 않기 위해서도, ③ 우리나라 정부는 기업에 대한 규제혁파(deregulation)를 통하여 우리나라기업에게 경제적 자유(economic freedom)를 더욱 보장하고 성금 · 정치자금 · 뇌물 등을 갈취하지 않는 등 우리나라기업의 정부-정치적 환경을 대폭 개선하는 책임을 철저히 수행해야 한다.

4) 우리나라정부는 우리나라기업의 글로벌 비즈니스 확대 및 글로벌기업화를 적극 지원해야

우리나라정부는, (1) 우리나라기업이 글로벌 비즈니스 환경변화에 경쟁력을 갖고 효과적으로 적응 · 대응(adapt and counteract)하는 능력(capability)을 갖추고서 글로벌 시장기반 및 이익기반을 확충할 수 있게 하기 위해서도, (2) 앞으로는 우리나라기업이 더욱더 글로벌 비즈니스 활동을 확대하고 글로벌기업화하는 것을 고무하고 지원(encourage and support)하는 책임을 철저히 수행해야 한다.

5) 우리나라정부는 최적의 화폐금융제도와 신용제도를 제공하고 외환율을 안정되게 유지해야

국내외에서 우리나라기업의 모든 비즈니스거래(business transactions)가 원활히 수행될 수 있도록, 우리나라정부는 현재까지보다도 최적으로 화폐금융(money and banking)과 신용제도(credit system)를 제공하고 외환율(foreign exchange rate)을 안정되게 유지해야 한다.

6) 우리나라정부는 가격기구를 발전시켜 적정한 소득배분제도를 제공해야

(1) 우리나라정부는 가격기구(화폐를 통한 거래)를 바탕으로 하는 시장기구를 발전시키기 위해서도, 경제활동에서의 차별 · 강요 · 협박 · 독점 · 사기성 행동 등을 최대한 제거해야 할 책임이 있다.

(2) 검은돈(slush funds) 등 심각한 지하경제의 요인들을 더욱 적극적으로 없애는 데 스스로 앞장서면서 경제발전의 혜택을 모든 국민들이 최대한 골고루 누릴 수 있도록, 우리나라정부는 형평 있는 조세제도(equitable

taxation system)를 도입 · 활용하여 적정한 소득배분(equitable income distribution)을 실현시켜야 한다.

7) 우리나라정부는 적정한 경제성장을 유지하는 책임도 수행해야

(1) 우리나라정부는 불법 · 폭력 시위를 적정 수준 이하로 제한해야 하고, 적정한 고용수준을 유지하고, 균형잡힌 소득배분을 촉진시키고, 지나친 호경기나 불경기와 같은 급격한 경제변동으로부터 시장경제체제를 보호하고, 질서 있고 안정된 경제성장목표를 추구할 책임이 있다(예증 5-7 참조).

예증 5-7 *ILLUSTRATION*

불법 · 폭력 시위가 경제성장률 1%P 날렸다

OECD국가 '법 · 질서 준수' 비교

KDI조사에 의하면, 잦은 불법 · 폭력 시위 등에 시달리는 한국의 법 · 질서 유지 수준이 선진국 평균과 비슷했다면 경제성장률이 매년 1%포인트가량 더 높아졌을 것이라는 분석이 나왔다.

세계 67개국의 법 · 질서 지수와 경제성장률 간의 상관관계를 분석한 결과다.

보고서는 우리나라의 최근 잦은 폭력 · 불법 시위와 관련, "그동안 중앙정부 · 지자체 등이 불법시위 등에 단호하게 대처하지 못함에 따라 '고성불패'(高聲不敗)가 사회 기준으로 자리 잡을 가능성이 커지고 있다"고 지적했다.

따라서 법 · 질서 위반이 경제에 미치는 부정적 영향을 최소화하기 위해 이해관계자들

자료: 폴리티칼 리스크 서비스 그룹 · 한국개발연구원

의 사전 의견 조정 활성화, 법 · 질서 위반 행위에 대한 일관된 법률대응, 불법행위로 피해를 본 개인 · 집단이 가해자로부터 적절한 배상을 받을 수 있는 법률적인 지원 등이 시급하다고 보고서는 지적했다.

출처 : 중앙일보, 2007년 1월 8일, p. 2.

(2) 그런데 우리나라정부는 IMF 외환위기 이후와 2008년 미국발 금융위기 기간까지 그런 책임을 제대로 수행하지 못하고 있다.

8) 우리나라정부는 교육기회와 취업기회를 확대제공해야

우리나라정부는 정보혁명과 지식사회로의 발전에 맞추어 (1) 실용적 교육을 강조하는 질적인 교육발전에 투자를 확대하고, (2) 산업 · 기업의 리스트럭처링 · 다운사이징 등으로 늘어나는 기술적 실업(technological unemployment)을 해결하기 위하여 재취업과 신규취업을 증진시키는 데 필요한 산업교육에도 투자를 확대해야 하고, (3) 일자리 확대를 위해서도 투자를 확대해야 한다.

9) 우리나라정부는 국가지식 시스템 역시 구축해야

(1) 오늘날 정보혁명과 지식혁명의 글로벌확산에 따라 과학적 · 기술적 지식 및 이를 활용하여 획득가능한 실용적인 생생한 지식이, 국내외에서 다양한 산업과 기업에게 새로운 비즈니스 기회를 혁명적으로 창출해주고 있다.

(2) 그런 상황하에서 우리나라정부는, ① 실용적 지식을 보다 많은 국민들에게 전파하고 이해시켜서 활용하기 쉽게 하기 위한, ② 국가차원에서 실용지식이라는 경쟁무기를 활용하고 창출하는 데 도움을 주는 범국가적 시스템을 뜻하는, 21세기에 적합한 국가적 지식시스템(National Knowledge System)을 계속 확대해야 하는 책임이 있다.

10) 우리나라정부는 정확 · 신속 · 충분한 자료와 정보도 제공해야

(1) 우리나라정부는, 국민 · 기업 · 기타 사회구성요소들이 유익하게

활용할 수 있도록, 그들에게 현재까지보다는 더욱 정직하고 정확하고 투명한 자료와 정보(data and information)를 실시간으로 충분하게 그리고 적시적으로 제공해야 하는 책임이 있다.

(2) 그래야만 우리나라정부가 국민경제운용을 그리고 우리나라기업이 국내외경영을 합리적으로 수행할 수가 있다.

11) 우리나라정부는 공공서비스를 충분히 제공해야

우리나라정부는, 공공이익(public interest)을 그리고 국민경제와 기업의 지속적 발전을 도모하기 위해 사회간접시설(social overhead capital)의 지속적인 확충을 통해, 공공서비스(public utility services)를 지금까지보다도 확대제공해야 하는 책임도 있다.

12) 우리나라정부는 투명하게 검사와 인 · 허가업무를 수행해야

(1) 우리나라정부는, ① 공무원 · 정치권 사람들의 부정부패의 중요한 원천이 되고 있는 기업에 대한 과다한 규제 및 쓸데없는 검사와 인 · 허가를 대폭적으로 줄이면서, ② 소비자보호 등을 목적으로 제품과 서비스에 따라서 그 제조 · 판매기업과 수입기업이 정부기관이나 대행기관으로부터 검사(inspection)를 받도록 해야 하는 책임이 있다.

(2) 우리나라정부는 개인이나 기업에게 영업할 수 있는 인가 · 허가(permits and licenses)를 해 주는 권한을 줄이면서 그 권한을 투명하게, 공정하게, 합리적으로 행사할 의무/책임이 있다(예증 5-8 참조).

예증 5-8 *ILLUSTRATION*

"한국은 거대한 규제 백화점"… "한국서 기업하기 너무 힘들어요"

"우리나라는 전 세계에서 규제가 가장 많은 규제 백화점이다." "(국민)정서법을 들어 선진국의 5분의 3에 불과한 통신요금을 더 내리라고 하면 도대체 무슨 돈으로 투자하란 말인가."

김신배 SK텔레콤 사장이 작심을 하고 정부의 통신정책에 쓴소리를 쏟아냈다. 여의도 전경련회관에서 열린 사법연수원생을 대상으로 한 '21세기 기업환경과 SK텔레콤의 발전전략' 이란 강연을 통해서다. 김 사장은 "여러분이 다루는 헌법보다도 더 지고지순한 법이 바로 '정서법'"이라며 "물가를 고려하면 우리 통신요금은 200분 통화시 경제협력개발기구(OECD) 회원국 평균의 63% 수준밖에 안 되는데 정부는 여론을 들어 통신요금이 비싸다고 한다"고 비난했다.

"중국 현지 공장의 5분의 1크기밖에 안 되는 공장을 한국서 짓는 데 건설비용은 같고, 기간은 오히려 5개월이나 더 걸린다."

미국계 자동차 부품회사인 J사가 한국에 공장을 증설하면서 겪었던 애로를 외국인투자옴부즈맨사무소에 호소한 내용이다. 이 회사는 "한국이 아시아에서 기업하기 가장 힘든 나라라는 생각이 든다"고 하소연했다.

외국인투자옴부즈맨사무소는 "사무소에 접수되는 고충 사례를 분석해봤을 때 우리나라에 투자한 외국기업들이 아직도 초기 인 · 허가 단계에서 많은 애로를 겪고 있다"고 말했다. 토지 용도 변경, 도시계획위원회의 자문, 사전환경성 검토 등에 시간과 비용을 너무 뺏기고 있다는 것이다. 택지개발 등에 따른 공장 이전 요구, 공장부지 내 분묘 이전 문제, 지역주민과의 마찰 등도 외국인 투자를 가로막는 애로사항으로 지적됐다.

이승철 전국경제인연합회 전무는 "규제가 많은 것보다 행정절차가 불투명하다는 게 더 큰 문제"라고 꼬집었다.

출처 : 중앙일보, 2004년 7월 8일자.

3. 우리나라정부가 선진국수준으로 우리나라기업에 대한 탈규제를 시급히 단행해야 하는 이유들

1) 우리나라정부의 과도한 기업규제가 우리나라의 국민경제와 기업에게 심각한 피해를 주고 있음

(1) 앞서 설명한 대로 현재까지 ① 우리나라정부가 당연히 수행해야 하는 "행정적-정치적 기능"으로서 우리나라기업의 국내외활동을 진흥(promote)해야 하는 책임을(의도적일진 몰라도) "결과적으로" 등한히(neglect)하고 있고, ② 우리나라정부가 당연히 수행해야 하는 "경제적 기

능"으로서 우리나라기업의 국내외활동을 진흥해야 하는 책임을(의도적일진몰라도) "결과적으로" 지나치게 소홀히 해왔다.

⑵ 그래서 우리나라정부는 우리나라기업에 대한 과다한 규제(excessive government regulation)를 지속시키면서 (의도적이지는 아닐지라도) "결과적으로" ① 오래 묵은 문제점들은 방치/악화시키면서, ② 새로운 부작용/문제점들을 양산하고 있다.

⑶ 현재까지를 기준으로 우리나라국민경제의 성장 · 발전을 저해하고 우리나라기업과 그 국내외활동에 피해를 주고 있는 우리나라정부의 과도한 기업규제의 문제점들을 요약하면 아래와 같다.

① 기업에 대한 우리나라정부정책은 과도하게 관치적이고 규제중심적이다. 그에 따라 현재까지 누적되어 온 우리나라기업에 대한 과도한 정부규제의 문제점들에는 아래가 포함된다.

② 정부경제정책이 기업과 기업인을 부분적으로 악당(bad guy)으로 만드는 데 목적을 두었기 때문에 일관성이 부족하거나 不在하다.

③ 기업에 대한 정부규제가 지나치게 즉흥적이고 돌발적이고 광범위하고 포괄적이다(한국헌법에 포함된 기업을 규제하는 조항들은 중국헌법보다도 "더욱 사회주의적 조항들"이며 우리나라에서는 전체 법률의 72% 정도인 700여개가 어떤 형태로든 경제 · 기업을 규제하는 법률임). 예증 5-13과 표 5-1을 참고하기 바란다.

④ 사업 · 제품 · 서비스분야 시장진입과 시장퇴출을 지나치게 제한한다.

⑤ 법적으로 사후적 규제를 하도록 되어 있어도, 사전적(事前的) 규제가 지나치게 많다.

⑥ 규제의 형태가 유인적인 것은 적고 지나치게 위압적이다.

⑦ 시민 · 기업보다는 정부행정편의적 규제를 많이 한다.

⑧ 법적 근거가 희박한 시행령과 과거로부터 내려온 나쁜 관행을 답습하는 "행정지도"가 보편화되어 있다.

⑨ 위에 나열한 문제점들 때문에 기업의 법적 리스크가 과다하고 그에 따라 경제적 · 정치적 리스크도 과다하다.

⑷ 그러므로 아래에서는 선진국수준으로 시급히 우리나라기업에 대

해 우리나라정부가 탈규제/규제혁파를 해야 하는 절박성(urgentness of Korean government deregulation toward Korean business firms)을 설명한다.

2) 과다한 정부규제는 우리나라기업의 국내외 경쟁력을 제약하고 약화시키는 가장 큰 요인

위에서 설명한 누적되고 과다/과도한 정부규제에서 파생되는 문제점들의 혼합작용(combined actions)은, 우리나라기업의 국내외(글로벌) 경쟁력(global competitiveness)을 아래 이유로 계속 제약하고 약화(retard and restrict/weaken)시키고 있기 때문이다.

(1) 우리나라기업의 기업가정신 발휘를 억누르고 전문경영자의 창의성 · 혁신성 발휘를 억제하고 있음

특히 김대중 · 노무현 정부 때 "재벌" 깨는 데 주목적을 둔 재벌개혁이라는 국내 정치적 논리에 입각한 경제력 집중 억제 목적의 정부규제는, ① 우리나라기업인들의 기업가정신(entrepreneurship) 발휘를 억누르고, ② 우리나라 전문경영자들의 창의성 · 혁신성 등의 발휘를 억제하고, ③ 외국기업과의 역차별(reverse discrimination)(우리나라정부의 외국기업 우대정책은 결과적으로 한국시장에서 우리나라기업을 차별하는 정책이기 때문에) 문제를 발생시키고 있기 때문이다(예증 5-9 참조).

예증 5-9 *ILLUSTRATION*

"(우리나라 대표적 기업가인)정주영 · 이병철 회장, 직관력으로 경영"

"인재 육성은 미래를 위한 최고의 보험입니다. 기업이 시속적으로 싱징하기 위헤 가장 중요한 과제는 인재육성입니다."

윤종용 삼성전자 상임고문은 대한상공회의소에서 열린 강연회에서 "앞으로 미래는 훨씬 더 빠르게 변할 것"이라며 "아주 유능한 인재를 많이 확보 · 육성해서 미래가 어떻게 바뀌더라도 그 변화를 따라갈 수 있는 기업만이 살아남는다"며 이같이 말했다. 정주영 현대 창업주와 이병철 삼성 창업주를 거론하며 오너와 월급쟁이의 차이도 지적했다. "경영이라는 것은 아랫사람들이 가지고 오는 데이터, 숫자로만 판단해서는 안 되고, 그 숫자 뒤에 숨어 있는 뜻을 읽을 줄 알아야 됩니다"라고 했다.

그는 "정주영, 이병철 회장은 많이 배운 사람들이 아닌데도 실제로 데이터는 5%만 활용하고 나머지 95%는 직관력으로 경영을 해서 성공했다"고 말했다. "오너는 상당히 고민을 많이 하고 넓게 보는데, 월급쟁이는 맡은 일만 하고, 시야가 좁은 측면이 있다"는 것이다.

출처 : 조선경제, 2008년 11월 7일, p. B2.

(2) 우리나라기업의 국내외 경쟁력 강화 등에 목적을 둔 미래지향적 투자활동을 방해하고 위축시키고 있음

우리나라정부는 ① 특히 김대중 · 노무현 정부기간에 경제성장보다는 소득 분배를 강조하는 식의 주로 국내 정치적 논리(기업과 그 경영을 잘 모르는 일반대중의 인기/지지투표를 얻기 위하여)에 입각하여, ② 그것도 단기적 정치적 목적의 가시적 성과(visible results)에 집착하면서, ③ 국민경제운용 정책과 기업에 대한 정책을 다분히 일관성 없게 추진하는 등의 정부-정치적 환경은 현재와 미래의 투자리스크를 높인다. 그래서 ④ 국내외 경쟁력 회복 · 강화 등에 목적을 둔 우리나라기업들의 투자를 방해하고 위축(discourage and contraction)시키고 있기 때문이다.

(3) 국민경제 내의 자원배분 왜곡으로 우리나라기업의 국내외 경쟁력을 약화시키고 있음

과도한 정부규제는, ① 국민경제 내의 자원배분(resource allocation)을 왜곡(distort)시키고 자원배분의 효율성을 저해하고 지하경제(underground economy)를 비대하게(정부가 발표하는 GDP통계에 포함되지 않는 뇌물 · 불법정치자금 등 불법경제로서 정부가 공식적으로 발표하는 GDP의 30~50% 정도에 해당되는 것으로 추정됨) 만들어, 결과적으로 우리나라에 존재하는 "고비용, 저효율 구조"의 주범으로 작용하기 때문에 ② 결과적으로 우리나라기업의 국내외 경쟁력을 약화시키고 제약하기 때문이다.

(4) 직접적 기업손실 초래로 우리나라기업의 국내외 경쟁력을 약화시키고 있음

① 과다한 정부규제는, 국내경영과 글로벌 경영을 하는데 다 같이 전사 차원에서 경영능률 · 계획수립코스트 · 노동력코스트 · 생산코스트 · 마케팅코스트 · 금융코스트 · 시간과 노력코스트 · 뇌물 포함 "정치자금"코스트 등에 걸쳐서 우리나라기업들에게 막대한 규모의 직접적인 손실과 부담(direct loss and burden)을 안겨주고 있기 때문이다.

② 그래서 우리나라정부의 과도한 규제는 결과적으로 국내외 시장에서 우리나라기업들의 코스트경쟁력, 가격경쟁력, 품질과 브랜드 경쟁력, 이미지 경쟁력 등을 약화시키고 있기 때문이다.

③ 그것에 추가하여 우리나라기업의 회장과 경영자는 불법적으로 "비자금"을 모으고 국회의원 · 정부관료 · 검사 · 판사 · 기타 정치인과 NGO 등에게 뇌물과 "정치자금"의 형태로 착취당하고도 검찰에 끌려다니고 언론에 악당(bad guy, 죄벌)으로 비치는 체면 · 긍지 등에 손상을 입으면서 인내력을 혹사당하고 있기 때문이다(예증 5-10 참조).

3) 우리나라정부 보유 경제-기업분야 전문행정인력의 한계성 때문에

(1) 선진국수준으로 경제적 자유를 보장하여 우리나라기업의 활동을 국내외시장에서 더욱 활성화(activate)해야 하는 또 하나의 이유는, 우리나라정부는 경제-기업분야 전문행정인력을 충분히 보유하지도 못하고 보유한 것도 일부는 부패하고 합리적으로 활용하지도 못하기 때문이다.

예증 5-10 *ILLUSTRATION*

어느 나라에서나 기업의 최대 敵은 무능하고 부패한 정부

영국의 Economist는, "어느 나라에서나 테러보다는 정부 · 정치권(국회의원, 정당, 권력자와 그 가신, 검사, 판사, NGO 등 포함)의 부정 · 부패와 권위주의적/관료주의적인 과도한 규제가 기업활동을 훨씬 더 위축시키는 요소인 것으로 조사됐다"고 발표했다. "고비용, 저효율구조"(high cost, low efficiency structure)가 너무 오랜동안 유지되고 있는 우리나라의 정부 · 국회 · 정치권을 두고 하는 "말"같다.

(2) 그래서 우리나라정부는, 과거에도 아니었지만, 현재와 앞으로는 더욱더 "만능정부"(can do all government)로 행동하지 말아야 한다(강성노조 역시 국내외 시장 기업경쟁력을 약화시키는 역할을 함을 예증 5-11을 참고하기 바람).

예증 5-11 *ILLUSTRATION*

현대차 노조의 '自害 파업'

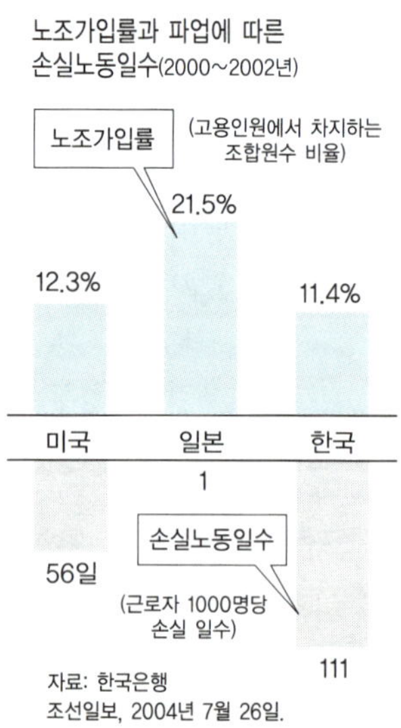

현대차 노조 간부가 "광우병 소를 먹고 건강이 나빠지면 생산성이 떨어질 수밖에 없으므로 이를 막으려는 파업은 정당하다"고 말한 것으로 보도됐다(현대차 생산근로자들의 평균임금은 연 8천만원을 상회하는 것으로 알려짐). 현대차 노조가 민주노총 지침에 따라 2008년 6월 13일 미국 쇠고기 수입 반대를 위한 파업 찬반투표를 한 데 대해 회사측이 "정치파업을 자제하라"고 호소하자 맞받은 말이다(그림에서 보는 바와 같이 한국의 노조 가입률은 일본보다는 낮았지만 파업에 따른 손실 노동일 수는 미국과 일본보다 훨씬 많았음을 참고하기 바람).

현대차 노조원들은 한미 FTA로 가장 이득을 볼 사람들이다. 한미 FTA가 발효되면 미국에 수출하는 3000cc 이하 승용차는 2.5% 관세가 즉시 철폐되고, 3000cc 이상 승용·승합차 관세는 3년 내, 화물차는 25% 관세가 10년 내 없어질 전망이기 때문이다.

그런 판에 현대차 노조가 자해(自害) 파업을 벌이겠다는 것이다. 철부지 부잣집 아들 같은 억지다.

출처 : 조선일보, 2008년 6월 16일, A31.

4) 우리나라기업의 이니셔티브 · 창의성 발휘에 필수적인 풍토조성의 절박성 때문에

과도한 정부규제를 탈규제(deregulation)해야 하는 또 하나의 이유는, 새로운 기업풍토(new business/corporate climate)가 조속히 조성되어야만, 우리나라기업 스스로가 국내외시장을 상대로 이니셔티브(initiatives)를 취하고 창의성을 발휘하고 그 결과(results, consequences)에 대해 스스로 책임지는 새로운 기업풍토를 시급히 조성할 필요가 있기 때문이다.

5) 현재부터 우리나라기업의 역할은 국민경제운용의 주도자로, 정부의 역할은 국민경제운용의 후견자로 바꾸어야 하기 때문에

(1) 위에 제시한 논리/이유들 때문에, 현재부터라도 기업-정부관계(business-government relationship)를 시급히 선진국수준으로 바꾸어야 한다.

(2) ① 즉, 우리나라 정부-정치권이 과도규제를 통해 뇌물 · 정치자금 등까지 뜯어가면서 우리나라기업을 지배하는 다분히 수직적/종속적 관계(vertical or dependency relationship)에서 하루 속히 벗어나야 한다. 그리고서 우리나라정부와 기업은 대등한 지위를 갖고 각기 상호보완적인 역할을 하는 수평적 관계(horizontal relationship)로 하루 속히 바꾸어야 한다.

② 이 말은, ⓐ 우리나라정부의 역할은 관치경제하에서와 같이 국민경제운용의 주도자(master)가 아닌 후견자(servant, guardian)로 하루 속히 바뀌고, ⓑ 우리나라기업의 역할은 당연히 국민경제운용을 이끄는 주도자(master)로 하루 속히 바뀌어야 한다는 뜻이다.

(3) 그 이유들은, 앞서 설명한 이유들에 추가하여, 아래와 같다.

① 우리나라기업이 국민경제운용을 주도해야만 우리나라기업들은, 선진국들에서처럼 적정한 정부규제환경(reasonable government regulatory environment)하에서 경영할 수 있는 기회를 누릴 수 있는 정당한 위치(a rightful place)를 하루 속히 찾을 수 있게 된다. 그렇게 되면 선진국들에서처럼 우리나라정부가 ⓐ 위압적 규제(coercive regulation)를 유인적 규제(inductive regulation)로, ⓑ 직접규제(direct regulation)를 간접규제(indirect regulation)로 규제방법을 획기적으로 바꾸도록 할 수 있을 것이기 때문이다.

② 우리나라기업이 국민경제운용을 주도해야만 우리나라기업들은, ⓐ 위기감 공유, ⓑ 의식개혁, ⓒ 경영체질개선 등을 통하여 국내경쟁력 강화는 물론 글로벌 경쟁력을 가일층 강화할 수 있게 되어 세계 500大기업에 속하는 한국기업들의 수를 불원간 현재보다 두 배나 그 이상으로 늘려서 1인당 국민소득 3만달러 달성을 획기적으로 앞당길 수 있을 것이기 때문이다.

③ 우리나라기업이 국민경제운용을 주도해야만 우리나라기업들은, 오랜 동안 기업들뿐만 아니라 대부분의 사회구성원들을 직 · 간접적으로 손해를 보게 하고 괴롭혀 오고 짜증나게 만들어 온 ⓐ 우리나라정부가 "깨끗하고 능률적인 작은 정부," ⓑ 우리나라국회가 "깨끗하고 생산적인 국회," 우리나라의 정당/정치집단/NGO 등이 "깨끗하고 책임성있는 정당/정치집단/NGO" 등이 되도록, 하루 빨리 전환(transform)시킬 수 있을 것이기 때문이다.

제 2 절 법률환경이 기업경영에 미치는 영향

1. 우리나라국회의 입법기능과 우리나라기업의 국내외활동을 촉진시켜야 하는 책임

(1) 현재까지 우리나라국회는 우리나라기업과 그 국내외 경영활동에 "주로 부정적으로 막대한 영향을 미치고 있다" "부담을 주고 장애요인이 되고 있다" 등의 평가와 비판을 받고 있다.

(2) 국회는 아래의 두 가지 고유기능(two inherent functions)을 효과적으로 수행해야 한다. 그래야만 국회는 결과적으로 우리나라기업과 그 국내외활동을 촉진시키는 책임을 다할 수 있다.

① 즉, 우리나라기업과 그 경영활동을 포함하는 국가경영 및 글로벌경영 확대에 필요한 새로운 법률을 제정하고 낡은 것은 개 · 폐하는 기능

② 우리나라정부가 책임지고 있는 다양한 과업과 기능을 합리적으로 수행하도록, 감시인(watchdog)의 역할 수행. 정부의 그런 과업과 기능에는

행정적-정치적 기능과 경제적 기능의 합리적 수행을 통하여 우리나라기업과 그 국내외활동을 촉진시켜야 하는 책임

(3) 그런데도 우리나라국회는 현재까지도 그 두 가지 고유기능을 범죄적 직무유기(criminal negligence)에 버금갈 정도로 지나치게 태만하고 있다.

그래서 ① 국회와 국회의원들은 정부행정과 기업활동 등의 합리화 · 글로벌화 · 경쟁력 강화 노력 등에 결과적으로 크나큰 걸림돌(bottleneck)이 되고 있고, ② 국회의원들은 거의 예외없이 당지도부 지시에 따라 움직이고 당리당략에 얽매이고 검은돈 거래에 몰입하고 있다. 때문에 국민들에게는 크나큰 실망과 분노를 안겨주고 현재대로라면 국회의 존재가치에 대한 의구심만을 안겨주고 있다(예증 5-12 참조).

예증 5-12 *ILLUSTRATION*

입법 생산성 높여가야 할 (18대) 국회

18대 국회 들어 정부가 199개 법안을 국회에 제출했으나 본회의를 통과한 것은 지방세법 개정안과 교통 · 에너지 · 환경세법 개정안 2개뿐이다. 의원들이 무더기로 제안한 1,409개 법안 가운데서도 겨우 5개만이 본회의를 통과한 것으로 나타났다.

법제처의 국무회의 보고와 국회 사무처의 확인으로 밝혀진 국회의 부진한 '입법 성적표'는 미국산 쇠고기 파동 등으로 구성이 늦어진 것이 주된 이유다. 그러나 그 후에라도 입법에 매달렸다면 상상하기 어려운 성적이라는 점에서 본연의 입법활동보다 정치공방에 매달려 온 여야 모두의 자성과 분발이 요구된다. (사설)

출처 : 한국일보, 2008년 11월 15일, p. 39.

2. 우리나라헌법에 포함된 경제 · 비즈니스와 직결된 조항

1) 우리나라헌법에 포함된 경제 · 비즈니스 활동을 제한하고 억제하는 조항

어느 나라에서나 법률체제(legal system) 중에서 최고의 법은 헌법(constitution)이다. 우리나라헌법에 포함된 경제 · 비즈니스와 직결된 주요 조항

들(major provisions)을 주요 외국들의 그런 조항들과 상호비교 분석해보면 〈표 5-1〉과 같다. 우리나라에서는 헌법 자체부터 경제자유(economic freedom)를, 예컨대, 사회주의적인 중국보다 더욱더 제한(limit)하고 억압(retard)하고 있다(예증 5-13 참조).

예증 5-13 ILLUSTRATION

우리나라헌법에 포함된 경제 · 기업활동을 규제하고 억압하는 구체적인 조항들

① 우리 헌법 제119조 1항은 "대한민국의 경제질서는 개인과 기업의 경제상의 자유와 창의를 존중함을 기본으로 한다"로 되어 있다.

② 바로 이어지는 2항은 "국가는 균형 있는 국민경제의 성장 및 안정과 적정한 소득의 분배를 유지하고, 시장의 지배와 경제력의 남용을 방지하며, 경제주체간의 조화를 통한 경제의 민주화를 위해 경제에 관한 규제와 조정을 할 수 있다"로 돼 있다.

상공회의소 · 전경련 등 기업계에선 헌법 제119조 1항과 달리 2항이 정부의 개입을 지나치게 중시하고 있어 시장경제주의(자본주의)에 반(反)한다고 주장한다. 그러므로 미국 · 프랑스 · 독일 · 일본 등 선진국들과 같이(표 5-1 참조) 우리나라는 헌법개정을 통해 헌법에서 경제규제조항을 없애야 할 것이다.

(1) 1987년에 마지막으로 개정된 우리나라의 헌법에는 사회주의국가인 중국의 헌법보다도 "더욱 사회주의적인 조항들"이 포함되어 있다.

(2) 우리나라헌법에 포함된 경제 · 비즈니스 규제조항들은 ① 1948년 8개 조항 12개 항목에서 1987년 13개 조항 36개 항목으로 증가하고, ② 그런 증가에 따라 경제 · 비즈니스 관련 법률도 크게 늘어 2008년 현재에 전체 법률의 72% 정도를 차지하고 있다.

2) 우리나라헌법에 경제 · 비즈니스 관련 규제조항이 증가한 이유와 그런 증가에 따른 폐해

(1) 우리나라헌법에 경제 · 비즈니스 관련 규제조항들이 위와 같이 증가하게 된 가장 중요한 이유들로는 1980년대 이후 정권이 바뀔 때마다 ①

표 5-1 주요국 헌법 경제관련 조항 비교

국 가	경제 조항수	재산권 보장	근로의 권리	사회보장 수급권	국토의 균형개발	농어업 보호육성	중기 보호육성	소비자 보호
한국	13	다소 약함 (재산권 보장)	매우 구체적	매우 구체적	국가 개입 강함	매우 광범위	규정됨	규정됨
미국	0	강함 (재산박탈 금지)	–	–	–	–	–	–
프랑스	0	강함 (소유권 불가침성)	–	–	–	–	–	–
일본	3	강함 (재산권 침해금지)	간결함	간결함	–	–	–	–
독일	3	다소 약함 (재산권 보장)	–	–	–	–	–	–
중국	19	약함 (합법적 재산권은 보호)	매우 구체적	매우 구체적	간접적 규정	–	–	–

※ –는 관련 조항이 없는 경우 자료: 전경련 경제법령팀

정부 · 정치인 등이 기업으로부터 정치자금 · 뇌물 등을 뜯어가는 정치적 목적으로 대기업/기업그룹들을 "악당"/"죄벌"(bad guys)로 몰면서 일반대중의 反기업정서(anti-business sentiment)를 부추기기 위해, ② 대기업들을 말 잘듣도록 길들이기 위해, ③ 그럼으로써 기업-정부/정치권 관계를 계속 정부/정치권이 지배하는 "수직적 관계"로 묶어 두면서 계속 부당한 "떡값" "정치자금" "뇌물" 등을 받아 챙기기 위하여 등을 들 수 있다.

(2) 헌법에 포함시키는 조항들은 선진국들에서와 같이 당연히 선언적 성격만을 띠어야 한다. 그럼에도 우리나라헌법에는 경제 · 비즈니스 관련 규제조항들이 지나치게 광범위하고 그리고 구체적으로 명시되어 있다. 그래서 정부/정치권에서 비능률/부정부패 등이 많이 발생하고 있는 것이 큰 문제이다. 문제가 그와 같이 크니만큼, 우리나라헌법에 포함된 경제 · 비즈니스를 규제하는 조항들을 헌법개정을 통해 그리고 법령개정을 통해 선진국들과 같이 없앨 수밖에 없다(예증 5-14를 또한 참조).

예증 5-14 *ILLUSTRATION*

"법령만 제대로 고쳐도 국민과 기업에 비용 100조 절감"

이석연(이명박 정부의 초대) 법제처장의 집무실에는 '以法爲人'(법으로 사람을 위한다는 뜻)이라는 문구가 걸려 있다. "사람을 법령에 맞추는 것이 아니라 법령을 사람에 맞추겠다"는 것이다. 이석연 법제처장은 "정부 수립 60년간 법을 만들어 오기만 했지 무엇이 필요하고 불필요한지를 검토하는 작업이 없었다"고 말했다.

"오늘 현재 시행중인 법률이 1246개, 각종 시행령이 3054개다. 여기에 국민 생활의 많은 부분을 직접 규제하는 행정규칙, 훈령, 고시가 1만 8건이나 있다. 이런 1만 4308개의 법령 중 상당 부분이 국민과 기업의 권리를 침해하고 있다. 법이 정의의 수호자를 자처하면서 국민 생활과 기업활동 곳곳에 불편함을 만들고 있는 것이다. 이제 그런 법령들을 정리할 필요가 있다."

그는 부처 이기주의 때문에 법령개폐작업이 쉽지 않았다고 털어 놓았다. 다음은 이 처장과의 일문일답의 일부이다.

문: 기업 및 영업활동을 규제하는 법령정비는?

답: "자유시장경제 원리에 어긋나는 중소기업 창업 지원 관련 법이 많이 있다. 무슨 지원법, 진흥법, 촉진법, 조성법 등을 가만히 보면 이를 근거로 정부 개입의 근거를 마련하고 있다. 차라리 없는 게 낫다."

문: 법령이 모호하게 만들어진 경우가 많은데?

답: "그렇다. 법을 만들 때 법령 내용은 모호하게 하고 자세한 것은 각 부처장 고시 등 하위 법령에 위임한다. 결국 공무원들에게 재량의 여지를 많이 주어 부패로 많이 이어진다. 인·허가가 어려우면 권한 남용에 이어진다."

출처 : 중앙일보, 2008년 6월 3일, p. 6.

제 3 절 사회 · 문화적 환경이 기업경영에 미치는 영향

제 3 절에서는 대중환경의 중요한 일부를 형성하는 우리나라기업의 사회 · 문화적 환경(socio-cultural environment)에 대해서 설명을 한다.

1. 우리나라기업이 일반 대중 · 소비자와 밀접한 상호관계를 유지해야 하는 필요성

1) 우리나라기업의 입장에서 본 대중 · 소비자와 밀접한 상호관계를 유지해야 하는 필요성

우리나라기업과 그 경영자는, 상호이익을 증진시키기 위해서뿐만 아니라 자기이익(self-interest)을 추구하기 위해서도, 우리나라의 사회문화적 환경에서 중대한 위치를 차지하는 일반대중(general public) 및 그 중요한 일부인 소비대중/소비자들(consuming public/consumers)과 밀접한 상호관계(close mutual relations)를 유지하고 상호작용해야 한다. 그 이유는 아래와 같다.

(1) 우리나라 기업 · 경영자가 열성을 바쳐 서브하고 만족시켜야 하는 가장 중요한 대상은 소비대중/소비자이고, 소비대중은 동시에 일반대중의 중대한 일부이기 때문이다.

(2) 21세기가 진전될수록, 우리나라에서도 일반대중과 소비자의 의사 · 주장 · 여론 등이 강화되고 있다. 또한 그들을 대신(represent)한다고 자처하는 늘어나는(예증 5-15와 5-16 참조) 시민운동단체들/비정부기구들(NGO: non-governmental organizations)의 적지 않은 일부가 반기업정서(anti-business sentiment)를 부추기기도 한다.

예증 5-15 *ILLUSTRATION*

시민사회(NGO) 2001년에 비해 2배 증가

2008년 9월 4일 행정안전부에 따르면 중앙행정기관과 각 시·도에 등록된 비영리 민간단체는 2008년 3월 31일 현재 총 7749개로 집계됐다.

이 가운데 사업 범위가 2개 이상 시·도에 걸쳐 있어 중앙행정기관에 등록된 중앙단체는 833개, 각 시·도에 소재한 지방단체는 6916개다.

이는 2001년 3월 현재 비영리민간단체 수가 3236개(중앙 355개, 지방 2881개)였던 것에 비해 7년 사이 2.4배로 증가한 것이다.

이처럼 비영리 민간단체 수가 크게 늘어난 것은 정치, 경제, 사회, 문화 등의 분야나 지역에서 시민들의 관심과 의식이 다양화되고 사회에 참여하는 분위기가 확산했기 때문으로 풀이된다.

출처 : AM 7, 2008년 9월 5일, p. 2.

예증 5-16 *ILLUSTRATION*

"시민단체 신뢰 위기"

전문가 70.5% "공감" "시민 없는 활동 때문"

환경운동연합(환경련)의 회계 부정 사건과 관련한 파문이 확산되고 있는 가운데, 교수와 시민단체 활동가 등 전문가들은 대다수 시민단체가 큰 신뢰의 위기에 봉착했다고 생각하는 것으로 파악됐다. 위기의 원인으로는 '시민 없는 단체 중심의 활동'을 꼽는 의견이 가장 많았다. 중도·보수 성향 125개 시민단체 연대체인 한국시민단체네트워크(공동대표 이갑산)는 2008년 11월 13일 오전 서울 중구 태평로 한국프레스센터에서 기자회견을 열고 '시민단체 신뢰도 평가조사' 결과를 발표했다.

시민단체네트워크는 2008년 11월 3일부터 9일까지 정치·사회·정책학회 회원(159명), 비정부기구(NGO) 활동가(11명) 등 181명(응답거부자 제외)을 대상으로 여론조사기관 '인사이트리서치'에 의뢰해 전화 설문조사를 실시했다.

조사 결과, '시민단체의 신뢰도가 낮아지는 등 위기라는 주장에 대해 동의하느냐'는 질문에 전체 응답자의 70.5%가 "동의한다"고 대답했다. 시민단체의 위기를 지적한 응답자들은 위기의 원인에 대해서(복수 응답 가능) '시민 없는 단체 중심의 시민운동'(22.2%), '정파적 · 이념적 편향성'(19.8%), '시민단체의 권력화'(18.1%)를 주요 원인으로 꼽았다.

출처 : AM 7, 2008년 11월 13일, p. 1.

(3) 그래서 NGO는 우리나라기업과 그 국내외 경영활동에 막대한 영향력을 미치고 있다. 구체적으로 NGO는 ① 개별기업체/기업그룹의 국내외 비즈니스 활동 · 경쟁력 · 실적에 그리고 ② 기업계 전체의 국가적 위치와 이미지에, 좋지 않은 영향을 미치고 있기 때문이다.

(4) 그러므로 우리나라기업은, 정부로부터 탈규제(deregulation)를 쟁취하여 하루 속히 국내외 경쟁력을 강화해야 한다. 이를 통해 국내외 경영실적을 획기적으로 높이는 데 가장 유리하고 호의적인 국내비즈니스환경을 하루 속히 달성해야 한다. 그런 것에 더하여 우리나라기업은, "강한 우리나라기업이 우리나라국민에 희망을 심어준다" "우리나라가 1인당 3만달러 소득을 조속히 달성하기 위해서도 삼성전자 · 현대자동차 · POSCO · SK Telecom 같은 글로벌기업들이 현재보다 2배 이상 늘어나야 한다" 등을 역설하는 대중관계(public relations)와 소비자관계(consumer relations)를 획기적으로 개선시키고 애국하는 기업시민의 이미지를 강화해야 한다.

2) 우리나라기업이 대중여론을 파악하고 경영활동에 활용해야 하는 이유

(1) 우리나라기업이 분석 · 파악해야 하는 대중여론 사항들

우리나라기업은, 하루 속히 〈그림 5-1〉에 제시한 바와 같은 "악영향"을 제거해야 하고, 〈그림 5-2〉에 제시한 "기업사랑은 곧 나라사랑"이라는 "개념"을 실현하기 위해서도, 아래 사항들을 중심으로 우선 대중여론을 항상 분석 · 파악해야 한다.

① (이 교재에서 설명하고 강조한 바 있는) 입헌민주주의 정치체제, 시장경제체제, 자유기업제도, 기업의 역할과 기능 · 목적 · 사회적 존재가치 등

그림 5-1 우리나라기업에 대한 대중 · 정부/정치권의 편견은 우리나라경제와 우리나라기업에 악영향을 미치고 있음

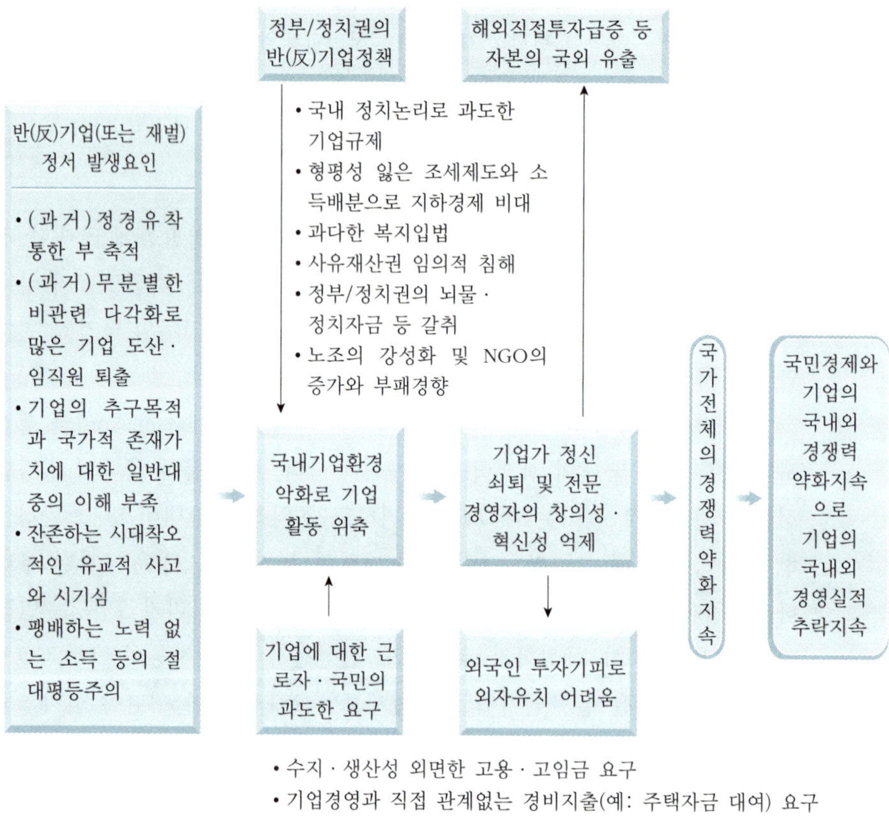

에 대해 대중이 정확히 인식하는 정도와 가치를 부여하는 정도.

② 국민경제성장 · 사회발전 · 취업기회 확대 · 물질적 복지향상 등에 대한 우리나라기업의 기여와 성과에 대해(이 교재의 제3장에서 설명한 바 있는) 대중이 정확히 인식하고 또 진가를 인정(appreciate)하는 정도.

③ 우리나라기업이 ⓐ 계속 국내외시장에서 생존하고 또 가일층 성장 · 발전하기 위해 거쳐야만 하는 전환과정(예컨대, 활용기술/지식의 첨단화, 사업 · 재무 · 고용 등의 구조조정, 경쟁력 강화, 글로벌화 등)과 ⓑ 극복해야

그림 5-2 우리나라에도 정착되어야 하는 '기업사랑은 즉 나라사랑'이라는 개념

잘못된 기업관

- 정부/정치권 = 현재까지와 같은 종속관계 유지 위한 왜곡되고 과도한 기업 지배적 · 규제적 정책의 철폐
- 기업 = 과거와 같은 정경유착 · 무분별한 기업확장 투자의 지양
- 국민 = 현재까지 다분히 지속되고 있는 시장경제체제 및 기업의 추구목적과 경영에 대한 이해 부족 · 기업불신 · 적대적 감정의 획기적 해소

→

바람직한 기업관

- 정부/정치권 = 선진국 수준으로 시장경제체제 정착에 초점을 맞춘 기업진흥정책 강조
- 기업 = 선진국 수준으로 비즈니스 basic/fundamentals 강조하면서 법률 · 윤리도덕 준수 통한 정당한 부의 창출
- 국민 = "기업"을 "단순히 이익창출에 주목적을 둔 기업으로만" 바로 보기

→

- 국가경쟁력 강화

- 국민경제와 기업의 국내외경쟁력 강화 통한 기업의 국내외 경영실적 향상

하는 당면문제(예컨대, 기업에 대한 지나친 정부규제, 정부 · 정치권의 부정부패, 고비용저효율 구조, 국내외 경쟁력 약화, 경제위기 등)에 대해 대중이 인식하는 정도.

④ 대중이 우리나라기업을 신뢰하는 정도와 이유 또는 우리나라기업을 비판하는 정도와 이유.

⑤ 대중이 우리나라기업에게 개선토록 촉구하는 사항(예컨대, 회사지배구조의 획기적 개선 · 경영의 공개와 투명성 제고 등), 거는 기대의 내용과 정도 등.

(2) 우리나라기업이 분석 · 파악한 대중여론을 경영활동에 활용해야 하는 이유

그리고 우리나라기업은 분석 · 파악한 내용을, 아래와 같은 경영활동에 적절히 활용해야 한다.

① 합리적인 경영의사결정을 하는 데,

② 개별적/집단적으로 기업이 대중환경과 소비자환경에 보다 많은 관심을 갖도록 자극하는 데,

③ 개별적/집단적으로 기업이 원만한 대중관계와 소비자관계를 유지 · 발전시키는 프로그램을 마련하고 집행하는 데,

④ 국민대중의 도움을 받아 정부의 과다한 기업규제와 썩고 반생산적인 국회와 정당들을 우리나라에서 추방하는 데 등

2. 우리나라기업이 호혜적 관계를 유지 · 발전시켜야 하는 대중의 유형

우리나라기업은, 〈그림 5-1〉에 제시한 내용을 제거하고 〈그림 5-2〉에 제시한 개념을 "실현"하기 위해서도 필수적으로 아래 유형의 대중과 호혜적인 대중관계(mutually beneficial public relations)를 조성하고 유지해야 한다.

1) 아직도 관치적 성격이 짙은 국내금융기관과 외국금융기관 및 국내외 잠재적 투자자

경영자/재무관리자가 아무런 차질 없이 자금조달을 할 수 있으려면, 우리나라기업에게 자금을 공급하고 또한 기업의 자금조달능력에 영향을 미칠 수 있는 국내외의 ① 금융기관들(financial institutions), ② 잠재적 투자자와 사채업자 등과도 좋은 관계를 맺고 유지해야 한다.

2) 국내외 언론기관

언론기관을 뜻하는 언론대중(media public)은 뉴스 · 기사를 통하여 해당 기업에 대해 어떠한 관심을 보이고 얼마만큼 프리 퍼블리시티(free publicity)를 해 주느냐 등 때문에, 우리나라기업은 국내외의 주요 언론기관들

과 우호적 관계를 유지해야 한다.

3) 정부기관, 입법기관, 정치단체

(1) 선진국들에서는 기업과 정부가 동등한 수평적 관계(equal horizontal relations)를 유지하면서 각기 고유한 역할을 담당 · 수행하고 있다. 그래서 기업들의 행정부 · 입법부 · 사법부 등 정부대중(government public)과의 관계는 그리고 정당과의 관계는 일상적 대중관계활동(routine public relations activities)의 일부에 불과하다.

(2) 그렇지만 우리나라에서는 정부-기업관계가 아직도 다분히 수직적/종속적 관계(largely vertical/dependent relations)이다. 그렇기 때문에 주권자(상전)인 우리나라기업은 괴롭힘(harassment)을 덜 당하고 금전적 · 정치적 피해를 덜 보기 위해서도, 어이없게도 공공의 머슴(public servants)인 정부대중을 "상전으로 모시는" 실정이다. 이런 나쁜 관행은 우리나라에서 시급히 없어져야 하고, 오히려 정부대중은 당연히 우리나라기업을 "상전"으로 모셔야 한다.

4) 사회행동단체/비정부기구

(1) 수적으로 증가하고 있는 노동조합 · 경실련 등 각종 사회행동단체(social action groups)/이해단체(interest groups)/NGOs는, 이미 우리나라기업의 국내외 경영 전반에 상당한 영향력을 미치고 있다(예증 5-15, 5-16, 5-17 참조). 앞으로는 그들의 발언권(voice)과 영향력행사가 더욱 강화될 것이 틀림없다.

(2) 그런 상황하에서, 우리나라기업은 그들과의 상호이해증진과 의견절충을 통하여 소비자 · 소액주주 등의 보호, 불량품 추방, 공해방지 등에 대한 기업활동과 사회행동단체들의 주장 · 요구를 적절한 방법으로 조질(conciliate)해야 한다.

예증 5-17 *ILLUSTRATION*

시민단체 수는 늘었는데 신뢰도는 대기업보다 낮아

시민단체 수

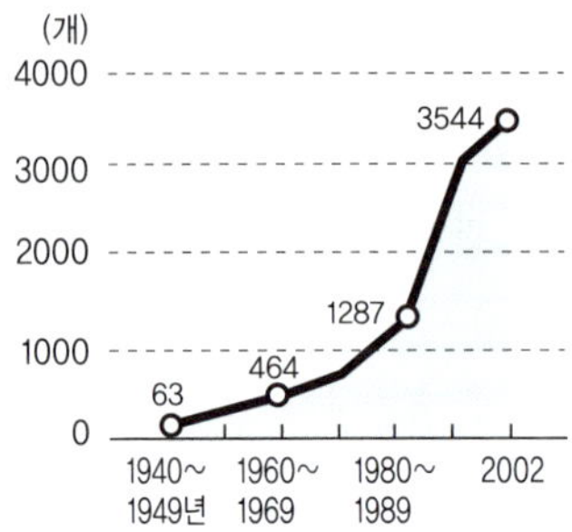

자료: 한국민간단체 종합(2003)

신 뢰 도

순위	기관	점수
1	삼성	6.80
2	현대차	6.77
3	SK	6.33
4	헌법재판소	6.19
5	LG	6.07
6	대법원	5.78
7	경찰	5.03
8	참여연대	4.98
11	경실련	4.76
12	전경련	4.70
17	한나라당	4.56
18	민주노동당	4.53
19	청와대	4.34
22	국정원	4.05
23	열린우리당	3.98

자료: 중앙일보 5월 25일자 '23개 파워조직 신뢰도 평가'

출처 : 중앙일보, 2005년 8월 17일자.

5) 일반대중

(1) 우리나라기업은 국내외 경영전반에 대한 일반대중의 태도에 대해 신경 쓰고 염려(concern)해야 한다. 확대중인 모자이크 사회에 대해서도 그렇게 해야 한다(예증 5-18 참조).

왜냐하면, 일반대중이 특정 기업체와 그 국내외 경영활동에 대해 갖는 태도에 따라서, 그 기업체의 회사이미지 · 제품이미지 · 브랜드이미지가 판가름나고 제품의 매출액 · 현금유입 · 이익성 등에까지 막대한 영향을 미칠 수 있기 때문이다.

(2) 그러므로 우리나라기업으로서는, '선량한/존경받는 기업시민' (a good/respected corporate citizen)으로 인정받기 위해서도, 필수적으로 지역사회활동과 기업이미지통일화 프로그램(corporate identity program) 등을 확대전개해야 한다.

예증 5-18 *ILLUSTRATION*

모자이크 사회로 되어가는 한국사회

모자이크 사회(mosaic society)란 다양한 인종 · 언어 · 문화적 배경을 가진 사람들이 한 사회에서 조화롭게 살아간다는 개념이다. 이민국인 캐나다는 자국사회를 '문화적 모자이크'로 부른다. 이민자들은 기존 문화에 통합 흡수하려는 '멜팅 팟'(melting pot · 인종의 용광로)과 달리 독립성을 중시한다. 다문화주의에 어울리는 용어로 '샐러드 보울'(salad bowl)이 쓰이기도 한다.

이민자 유형별 통계

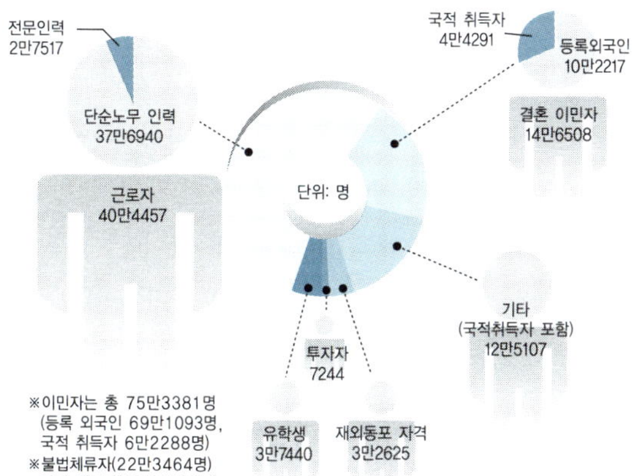

※이민자는 총 75만3381명 (등록 외국인 69만1093명, 국적 취득자 6만2288명)
※불법체류자(22만3464명) 단기 체류자(15만1716명) 제외

자료: 총리실 외국인정책위원회

국내 체류 외국인 비중

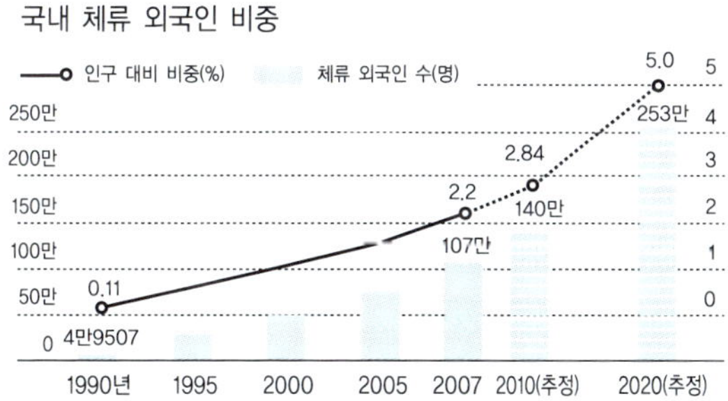

자료: 법무부, 1990~2007년은 '출입국관리통계연보'

출처 : 중앙일보, 2008년 5월 20일, p. 3.

제 4 절 소비자환경이 기업경영에 미치는 영향

(1) 일반대중의 중요한 부분을 차지하는 소비자들/소비대중은, 개별적/집단적으로 각종 제품과 서비스를 구매하고 소비함으로써, 우리나라 기업에게는 매출액 · 현금유입 · 이익성 · 성장 등의 주 소스(main source)이다.

(2) 그러므로 제 4 절에서는 우리나라기업이 호혜적인 상호작용을 하고 성실히 서브하고 만족시켜야 하는 가장 중요한 대상인 소비자를 중심으로 우리나라기업의 소비자환경(consumer environment)에 관하여 설명한다.

1) 어느 나라에서나 기업-소비자 관계는 본래부터 소비자에게 불리

(1) 우리나라기업의 경우도, 그 존재이유와 책임의 하나는, 제품 · 서비스 제공을 통해 소비자들에게 만족과 개선된 생활수준을 배달함으로써, 소비대중의 삶의 질 향상에 기여하는 데 있다.

(2) 그런데도, 현재까지도, ① 우리나라소비자들이 제품과 서비스를 실제로 구매하고 소비할 때는, 안전 · 가격 · 품질 · 효능 · 성능 · 제공서비스 등에 대하여 만족하기도 하지만 실망하는 경우가 많다. 특히 중국으로부터 먹을거리 · 경공업 제품 등의 수입이 계속 늘어나면서, 실망하고 피해를 보는 경우가 늘어나고 있다. ② 당했다든지 속았다고 분개할 때도 많다. ③ 그 이상의 욕을 할 때도 있고 법정소송까지 제기하는 경우도 늘어나고 있다.

(3) 그런 현상들은, 현재까지도 우리나라시장에서, 기업-소비자 관계에 결함(defects)이 있음을 예증하는 것이다. 그러므로 우리나라기업과 그 경영자는, 아래 이유로 기업-소비자 관계에서 소비자들은 본래부터 불리한 위치(inherently disadvantageous position)에 있다는 사실부터 우선 인정하고서, 앞으로 더욱 혁신 · 개선된 기업-소비자 관계를 실현시킬 책임/책무가 있다.

(4) 우리나라소비자들 스스로도 우리나라기업과 외국인기업의 횡포로

부터 자기자신들을 보호하는 여러 가지 조치를 반드시 강구해야 한다.

(1) 우리나라에서 "소비자는 왕/여왕이다"는 아직도 수수께끼

① 우리나라에서 생활하는 "모든 사람"(everyone)은, 무엇인가를 구매하고 소비하는 소비자이고 또한 우리나라기업은 소비자를 "(여)왕이다"라고 말하기도 한다.

② 그렇지만 우리나라소비자는 우리나라기업으로부터 "하찮은 사람"(nobody)으로 취급당하는 경우가 많으니, "소비자는 (여)왕이다"라는 말은 우리나라에서는 아직도 수수께끼(enigma)이다.

(2) 구조적으로 그리고 파워균형에서 소비자는 본래부터 불리

① 수수께끼의 답은 이렇다. 우선 어느 나라에서나(대체적으로 후진국일수록) 기업-소비자 관계는, ⓐ 구조적(structurally)으로 그리고 ⓑ 파워균형(power equilibrium)에 있어서도, 소비자에게 본래부터 불리하게 되어 있기 때문이다.

② 소비자들은 무수한 조직화 안 된 개인들로 형성되어 있으므로, 그들은 개별적으로 특정 제품/서비스를 사고 안 사고 또는 불매운동(boycott)만을 할 수 있는 수동적 파워(passive power)밖에 없다.

③ 반면에 기업들은, 고도로 조직화된 경제기구로서 고유기능인 제품/서비스의 소싱/생산 · 판매에 관한 능동적 파워(active power)를 행사할 수 있어서, 파워의 균형에서 비교우위를 갖고 있기 때문이다.

(3) 흥정의 관습이 남아 있고 소비자는 상품관련정보가 부족하기 때문에

① 또한, ⓐ 동서고금을 막론하고 오늘날에도 일반화된(백화점 · 대형마트 등 세외) 물건을 팔고 살 때의 흥정(bargain)이 관습과 ⓑ 흥정을 할 때는 제3자의 간섭이 필요없다는 사고방식이 소비자에게 불리하게 작용하기 때문이다.

② 소비자는 행상 · 회사판매원 · 기업(제조업체 · 대리점 · 소매점 등 유통업체)에 비하여 거래상품에 대한 구매원가 · 시장정보 · 기술적 지식 등 상품관련정보가 전연 없거나 부족하여, 흥정상 불리한 위치에 있기 때문

이다.

(4) "구매자는 알아차려서 주의하라"는 불문율이 존속되고 있기 때문에

① 기업-소비자 관계에서 소비자가 불리한 또 하나의 이유는, 상인이나 기업과 거래할 때 "구매자는 알아차려서 주의하라"(Let the buyer be aware.)는 것이, 어느 나라에서나 아직도 기업-소비자 관계의 불문율이기 때문이다.

물건을 살 때에 속는 소비자가 바보이지, 소비자를 속이는 "장사꾼"이 나쁜 사람이 아니라는 뜻이다.

② 우리나라에 그와 같이 무책임한 상인과 기업이 아직도 존재하는 한, 또한 상인과 기업은 계속 공격적인 위치에 있고 소비자는 수비적인 위치에서 벗어날 수 없는 한, 상인과 기업은 소비자를 기만하고 우롱할 가능성이 있고, 소비자는 속임수를 당하고 피해를 볼 가능성이 높다.

(5) 증가하는 소비자의 물질주의 경향

① 불요불급한 물건을 사들이고, 합리적인 구매행동보다는 열등의식 · 충동 · 변덕(whims) 등에 의한 구매빈도가 늘어나는 등, ② 소비자들이 물질주의(materialism)를 중요시하는 경향이 증가하고 있는 것도, 기업-소비자 관계에서 소비자를 불리하게 만든다.

(6) 기술발전에 따른 제품 · 서비스 구매의 복잡성 · 어려움 증가

① 급속한 기술발전으로 기술적으로 복잡성을 띤 신제품 · 개선된 제품 등이 소비자를 향해 범람함에 따라, 소비자는 안전 · 성능 · 내구성 · 활용 등을 기준으로 한 제품의 선정과 구매에 어려움을 겪게 되어, 기업의 광고 · 선전 및 판매원의 설득에 더욱 의존할 수밖에 없게 된다.

② 그런 상황하에서 '구매자는 알아차려서 주의' 하더라도, 기업과의 거래관계에서 소비자의 리스크 부담은 증가할 수밖에 없기 때문이다.

2) 우리나라기업이 보호해야 하는 소비자의 주권과 기본권리

(1) 소비자를 보호하는 방법들

우리나라소비자를 보호할 수 있는 방법에는 소비자의 입장에서는 아래의 몇 가지가 있다.

① 소비자들 스스로 강력한 소비자단체를 만들어 소비자주권(consumer rights)을 신장시키기 위한 강력한 운동을 전개하는 것.

② 객관적이고 중립적인 제3자의 입장에서 정부가 법률적 · 정책적으로 소비자를 보호하도록 하는 것.

③ 이기적 합리주의(selfish rationalism)에 입각하여, 비즈니스윤리를 준수하고 사회적 책임을 발휘하여, 그리고 관련법률을 준수하면서, 우리나라기업이 솔선하여 소비자보호를 해 주는 것.

나아지고는 있지만 불행히도 우리나라에서는 위의 셋 중 어느 하나도 아직 제대로 실현되지 않고 있다.

④ 그러니 소비자 각자는 스스로 자기의 권익을 보호하는 조치를 취해야 한다(예증 5-19 참조).

예증 5-19 *ILLUSTRATION*

소비의 90%를 여성이 결정하는 시대

현대경제연구원은 2008년 5월 "여성은 더이상 틈새시장이 아닌 다수 시장의 소비주체로 부상하고 있다"며 "여성의 마음을 얻기 위해서는 기업들이 네 가지 고정관념을 버려야 한다"고 지적했다. 여성의 마음을 얻는 기업만이 성장할 수 있다는 설명이다.

즉, "소비의 90%를 여성이 결정하는 시대"이며 "가정 내 그리고 사회 · 경제 · 정치적으로 확대된 여성의 힘과 역할에 대한 인식이 요구된다."

기업이 마케팅을 할 때 버려야 할 여성에 대한 고정관념이 있는데, 여성은 여전히 소수의 약자다, 아줌마는 여성이 아니다, 여성 상품과 남성 상품이 따로 있다, 모든 여성에게 적용할 수 있는 마케팅 전략이 있다는 등이다.

그래서 기업은 "여성을 하나의 그룹이 아닌 라이프 스타일이나 가치관 등 여러 기준에 따라 세분화해야 한다." 그리고서 "그에 따른 구매행동의 차이를 이해하고 차별화된 마케팅 전략을 수립해야 한다."

출처 : 중앙경제, 2008년 5월 22일, p. E3.

(2) 우리나라소비자가 확립하고 행사해야 하는 소비자주권과 소비자주권주의

① 소비자의 주권은 인권(human rights)의 중요한 일부이다.

② 그러므로 소비자가 소비자주권을 찾고 보호하려는 운동인 소비자주권주의(consumerism)의 궁극적인 목적을 우선 인식해야 한다.

그리고서 인적판매 · 광고 · 판촉 등을 통하여 기업이 창출해 내는 정보 · 선전 · 설득 등에 현혹되지 말고 소비자가 스스로 저항력을 기르고 발휘할 수 있게 함으로써, 각종 제품 · 서비스를 선택할 때에 소비자가 보다 자주적인 가치판단(autonomous value judgment)을 하도록 하여 소비자주권을 확립시켜야 한다.

③ 소비자주권을 확립하고 행사하려면, 우리나라소비자는 아래와 같은 구체적인 행동을 취함으로써 자기의 기본권리를 행사해야 한다.

ⓐ 소비자는 구입하려는 제품/서비스의 무게 · 부피 · 크기 · 수량 · 성분 · 가격 · 품질 · 안전도 · 효과 · 보증 · 애프터서비스 등에 대해 사전에 올바른 정보와 지식을 갖추어야 한다.

ⓑ 소비자 자신의 권익을 옹호하고 증진시키기 위한 단체를 조직하여 다수소비자의 공통된 의사 · 바람 · 주장 등을 제조업체와 유통업체 등에게 정확하게 반영시켜야 한다.

ⓒ 정부가 소비자권익을 최대한으로 신장시키고 보장하는 소비자행정을 펼치도록, 정부에 대해 청원권 · 영향력 · 압력 등을 행사해야 한다.

(3) 우리나라기업이 보호하고 존중해야 하는 우리나라소비자의 기본권리

우리나라기업이 보호하고 존중(protect and respect)해야 하는, 그리고 우리나라소비자 스스로도 보호하고 행사해야 하는, 모든 소비자의 기본권리는 무엇인가? 우리나라의 소비자보호법에 명시된 모든 소비자의 기본권리(the basic rights of all consumers)는 아래와 같다.

① "모든 물품 및 용역(서비스)으로 인한 생명 · 신체 및 재산상의 위해로부터 보호받을 권리"

안전의 권리를 말하는 이것은, 제품이나 서비스가 소비자에게 줄지도

모르는 정신적 · 물리적 · 신체적 위험과 피해로부터 보호받을 수 있는 소비자의 권리를 말한다.

② "물품 및 용역을 선택함에 있어서 필요한 지식 및 정보를 제공받을 권리"

이것은 소비자는 기업으로부터 양적 · 질적으로 정직한 정보를 받을 권리가 있다는 뜻이다.

③ "물품 및 용역을 사용 또는 이용함에 있어서 거래의 상대방 · 구입장소 · 가격 · 거래조건 등을 자유로이 선택할 권리"

모든 국민에게는 정치 · 경제적으로 행사할 수 있는 선택의 자유가 보장되어 있으므로, 그 일환으로서 소비자에게도 선택의 자유 및 권리가 보장되어야 한다는 뜻이다.

④ "소비생활에 영향을 주는 국가 및 지방자치단체의 정책과 사업자의 사업활동 등에 대하여 의견을 반영시킬 권리"

의사반영의 권리란(청원권이라고도 함), 소비자가 정부기관에 의사를 반영하고 정책에 영향력을 미칠 수 있으며, 또한 그렇게 요구할 수 있는 정당한 권리를 말한다.

⑤ "물품 및 용역의 사용 또는 이용으로 인하여 입은 피해에 대하여 신속 · 공정한 절차에 의하여 적절한 보상을 받을 권리"

개인과 집단은 정부기관 · 제조업체 · 중간상인 · 타인 등의 과실이나 계약불이행 등으로 인하여 피해(damage)를 입었을 때는, 당연히 피해보상(compensation for damage)을 받을 권리가 있다는 뜻이다.

⑥ "소비자 스스로의 권익을 옹호하기 위하여 단체를 조직하고 이를 통하여 활동할 수 있는 권리"

개인과 집단은 자기이익(self-interest)을 보호 · 증진키 위해 단체를 조직하고 조직적인 활동을 할 수 있는 결사의 자유가 보장되어 있다는 뜻이다.

3) 소비자주권주의 확산이 우리나라기업에게 주는 전략적 시사점

우리나라기업과 그 경영자는 ① 이기적 합리주의(궁극적으로는 "나"의 편익을 증진시키기 위해서 "남"에게 편익을 제공하는 신념: selfish rationalism)를 추구하고 실현하기 위해서도 소비자/시장지향적인 경영과 마케팅관리를 해야 하고, ② 윤리적인 행동을 하고 사회적 책임을 다 한다는 것을 소비대중에게 실증적으로 보여 주기 위해서도, ③ 소비자의 권리를 존중하고 또한 철저히 보호해야 한다.

(1) 소비자보호를 철저히 실행하는 기업일수록, 장기이익을 최대화할 수 있기 때문이다. 반대로 설명하면, 소비자를 "등쳐 먹는" 장사꾼 · 점포 · 기업 등은 오래 가지 못하고 단기간 내에 망해버리기 때문이다.

(2) 소비자권리의 보호 · 증진을 위한 소비자운동(consumer movement)이 우리나라에서도 소비자혁명(consumer revolution)으로까지 확산되고 있기 때문에, 그 파급효과가 기업의 미래 성공 여부에 막대한 영향을 미칠 것이기 때문이다.

(3) 더욱 중요한 이유는, 우리나라기업의 경제 · 사회적 존재가치는 소비자에게 향상된 생활수준을 제공함으로써 소비자를 서브하고 만족시키는 데(serve and satisfy consumers) 있다. 따라서 그것이 우리나라기업의 책임이기도 하기 때문이다.

(4) 만일에 우리나라기업이 소비자를 만족스럽게 서브해야 하는 책임을 다하지 못할 경우에는, 소비자가 정부 · 정당 · 노조 · 사회단체 등과 손잡고 우리나라기업에 대해 불매운동 · 고소고발 등 비호의적인 제도적 견제력을 행사할 수도 있기 때문이다.

제 2 부

기업의 경영관리 과정

제 6 장
계획 활동

제 2 부에서는 일반적 경영기능(general management functions)에 대하여 기술한다. 경영자(또는 관리자)라면 누구나 수행해야 하는 기능들인 계획(planning), 조직화(organizing), 지휘(leading), 통제(controlling)에 관하여 경영학을 공부하는 데 필요한 내용들을 중심으로 간략하게 소개하였다.

제 1 절 계획수립의 의의 및 중요성

1. 계획수립의 의의

오늘날 모든 조직은 불확실한 환경에서 경영활동이 운영된다. 조직이 성공하기 위해서는 이러한 변화와 불확실성에 잘 순응해야 한다. 계획화는 바로 환경의 변화에 순응하는 데 도움을 주는 활동이다. 만일 기업이 계획을 수립하지 않는다면 환경의 변화에 수동적인 반응을 보이게 되며 계획된 조치는 취할 수 없게 된다. 장기적 목표를 달성하기 위해서는 기업의 현재 압력에 단순히 반응하기보다는 계획을 수립하여 능동적인 자세를 취하는 것이 훨씬 현명한 일이라고 할 수 있다.

본장에서 설명하는 계획(planning)이란, 무엇을 할 것인가, 어떻게 그 것을 할 것인가, 언제 그것을 할 것인가, 그리고 누가 그것을 할 것인가를 사전에 결정하는 것을 말한다. 어떠한 개인이나 조직을 막론하고 모두 계획을 세운다. 계획이란 결코 조직에 특유한 현상은 아니며, 기업에서만 찾아볼 수 있는 현상은 더욱 아니다.

계획은 목표를 설정하고 그것을 달성시키기 위한 방법을 결정하는 기본적 과정이라 할 수 있으며, 기업의 목적을 행동으로 옮기도록 만든다. 계획을 수립하지 않으면 기업은 환경, 기술, 고객요구의 변화에 단순히 반응할 뿐이다. 그러나 계획이 수립되면 기업은 미래에 발생할 사건을 사전에 예측하고 이에 영향을 미칠 수 있게 된다.

계획수립은 경영의 가장 기본적인 기능이며, 계획기능이 적절히 수행되면 조직화 · 지휘 및 통제기능에 대한 방향을 제시한다. 결국 계획은 기업의 사명(mission)과 장 · 단기목표를 선택하여 목표달성을 위한 전략수립, 선택된 전략의 수행을 위하여 어떻게 자원을 배분할 것인가에 대한 기업의 공식적인 의사결정과정이라고 할 수 있다.

2. 계획수립의 중요성

효율적으로 수립된 계획은 여러 가지의 이점을 제공하여 우수한 경영성과를 창출해 낼 수 있다. 다음에서 계획수립의 중요성을 간략하게 살펴보고자 한다.

① 조직구성원들로 하여금 일관성 있는 행동을 합리적으로 조정하고 통합함으로써 시너지 효과를 창출할 수 있다.

② 불확실한 환경의 변화가 조직에 미칠 영향들을 미리 예측하고 이에 대응할 수 있는 적절한 반응을 개발하게 함으로써 불확실성을 감소시켜 주고 미래의 기회를 지향하게 한다.

③ 자원배분의 우선 순위를 확립하고, 조직 · 부서 · 프로그램 · 개인의 책무를 결정할 수 있게 함으로써 자원의 효율적인 이용을 가능하게 한다.

④ 계획수립에 의해 설정된 효과적인 목표는 통제의 과정에서 성과를 측정하고 비교하기 위한 객관적인 기준을 제공한다. 계획추진을 위한 각

단계마다 목표와 실제 성과를 비교하여 발견한 편차에 대해 수정행동을 취함으로써 환경으로부터의 정보를 조직에 투입할 수 있다.

⑤ 조직의 목표를 효과적으로 설정함으로써 경영자는 각 계층의 구성원들이 조직의 목표를 지향하면서 동시에 개인적인 목표도 성취할 수 있도록 동기를 유발시킨다.

그러나 지나치게 합리적이고 치밀한 경영계획 수립절차는 오히려 환경의 불확실성을 간과하게 되고 복잡한 절차는 스피드 결여에 의한 기회 손실로 연결된다. 따라서 21세기 경영계획은 기업이 높은 성과를 창출하기 위해서는 먼저 경영자가 계획에 참여함으로써 '무엇을' '언제' '어떻게' 할 것인가를 명확하게 설정하고, 계획수립 후 상황이 달라진다면 상황변화에 따라 계획을 다시 조정할 수 있는 유연성도 갖추어서 변화에 가장 효과적으로 반응하는 방법을 개발할 필요가 있다.

예증 6-1 *ILLUSTRATION*

한국, 무엇을 해야 할 것인가 … 기업 경쟁력 강화하려면

▶ 체질을 바꿔야 살아남는다

'이카루스 패러독스(ICARUS PARADOX)'

세계적 경영전략 학자인 캐나다의 대니 밀러 교수가 제시한 개념이다. 기업이 성공요인에 안주하다가 그것이 실패요인으로 반전되는 상황을 일컫는 말로 그리스 신화의 이카루스 이야기에서 따왔다(이카루스는 인조 날개로 하늘을 날다 태양에 너무 가까이 간 나머지 날개에 붙인 밀랍이 녹아버려 바다에 빠져 목숨을 잃었다).

전문가들은 "이런 글로벌 위기 상황에서 기업경쟁력을 가지려면 과거의 성공 경험에 매달리지 말라"고 입을 모은다. 김종년 삼성경제연구소 수석연구원은 "과거에는 1조 원 투자해서 10조 원을 벌 수

주요 국가별 포천지 선정(매출 기준) '글로벌 500대 기업' (단위: 개)

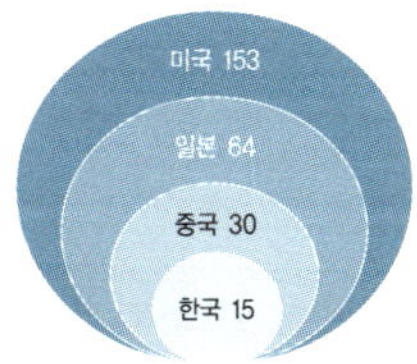

국내 제조업 분야 업종별 세계 최고(100) 대비 기술 수준
(단위: %, 2007년 기순)

업종	수준	업종	수준
제조업 전체	81.3	철강	83.7
전자	84.1	화학	80.5
반도체	82.2	전기기계	76.9
자동차	81.0	정밀기기	85.6
조선	78.2	섬유	73.4
기계 및 장비	81.3	비금속 광물	81.0

자료: 산업연구원

있었지만 지금은 10조, 100조 원을 투자해야 글로벌 무대에서 행사할 수 있을 정도로 리스크(위험)가 커졌다"며 "어느 때보다 전략적 마인드가 필요하다"고 말했다.

"한국 제조업의 경쟁력이 무엇인지, 그 뿌리부터 다시 생각해봐야 합니다." 남용 LG전자 부회장이 2008년 한 해 동안 공·사석에서 수차례 했던 말이다. 남 부회장은 2007년 하반기(7~12월) 중국 제조업 현장을 시찰한 뒤 '엄청난 충격'을 받았다고 한다. 규모뿐만 아니라 기술력조차도 한국 기업들을 압도할 날이 머지않았다는 느낌을 받았기 때문이다.

LG전자가 지난해 12월 B2B(기업 간 거래) 사업조직을 강화하고, 하드웨어 중심에서 솔루션 영역으로 사업을 확대하는 대대적 조직개편을 실시한 것은 '체질을 바꾸지 않으면 살아남을 수 없다'는 남 부회장의 판단에 따른 것이다.

조윤애 산업연구원 연구위원은 "기업들이 경기가 안 좋으면 가장 먼저 줄이는 것이 연구개발(R&D) 투자인데 그런 방식으로는 R&D 투자 기간이 수십 년에 달하는 선진 기업을 따라잡을 수 없다"고 강조했다.

▶ 뭉쳐야 죽지 않는다

한국은 메모리반도체 세계 1위다. 휴대전화는 톱 5 안에 삼성전자, LG전자가 포함돼 있다. 그러나 대한상공회의소 자료에 따르면 반도체의 핵심 부품 소재를 외국에서 수입해 오는 비중은 절반에 가까운 48.0%, 휴대전화의 경우는 무려 60.0%에 이른다.

산업계에서는 "부품 소재 관련 중소기업을 적극 육성해야 한다. 대기업과 중소기업의 상생 협력은 서로의 생존을 위해 필수적인 상황이 왔다"는 목소리가 커지고 있다.

포스코는 글로벌 경제위기로 자금난을 겪고 있는 중소기업을 지원하기 위해 이미 운용중인 4000억 원 규모의 '중소기업 지원 펀드' 외에 최근 추가로 600억 원을 조성키로 했다. 포스코와 포스텍(포항공대) 등에 근무하는 박사급 전문 인력 600여 명을 활용해 중소기업에 대한 기술 지원도 강화할 계획이다.

박상수 LG경제연구원 연구위원은 "글로벌 경쟁이 치열해지면서 대·중소기업간 수직적 협력 못지않게 대기업간의 수평적 협력도 중요해졌다"며 "'국내 시장의 경쟁자 죽이기 전략'에서 '새로운 가치를 창출하는 선의의 경쟁' 구도로 발전해야 한다"고 말했다.

▶ 위기를 딛고 성장해온 불굴의 한국 기업들

'키 높이의 위기 탈출 보고서'

과거 외환위기를 질적 도약의 계기로 탈바꿈시켰던 삼성그룹에서 글로벌 금융위기를 맞은 요즘 다시 회자되는 표현이다. 당시 그룹의 한 팀장(전무급)이 위기를 돌파하려면 조직문화를 어떻게 바꾸고, 사업체질은 어떻게 개선해야 하는지 등을 정리한 보고서가 A4 용지로 사람 키만큼 방대했던 일화 때문이다. 삼성 관계자들은 "그만큼 모든 시나리오에 대비한 철저한 대응전략을 세워야 위기를 기회로 만들 수 있다"고 말했다.

아모레퍼시픽(외환위기 당시 태평양)도 위기를 먹고 자란 기업 중 하나다. 프리미엄 방문판매라는 새로운 유통 채널을 개발해 1995년 21.6%였던 화장품 시장점유율을 2000년 29.3%로 끌어올렸다.

쿠쿠홈시스는 불황기에 공격적인 브랜드 마케팅으로 단숨에 시장 1위로 등극한 회사다. 외환위기 때 밥솥 부문에서는 유일하게 쿠쿠만 적극적 광고와 마케팅을 한 결과 '밥솥=쿠쿠'라는 등식을 소비자의 머릿속에 각인시켰다.

이장우 이메이션 글로벌브랜드 총괄대표는 "불황기에 허리띠를 졸라매는 기업이 많은데 생각과 상상의 머리띠마저 졸라매면 비극적 결과를 경험하게 될 것"이라고 말했다.

▶ 정부와 기업, 백짓장도 맞들라

"규제 개혁은 경제 살리기의 핵심 과제입니다"

이명박 대통령은 2일 신년 국정연설에서 이렇게 강조했다. 규제 개혁은 '별도의 추가 비용 없이 경제적 효과는 가장 큰' 수단으로 불린다. 지난해 3월 전국경제인연합회가 355개 회원사를 대상으로 '규제 개혁을 하면 국내에 언제쯤 투자하겠느냐'고 물은 결과 '1년 이내'는 20.4%, '2~3년 이내'는 41.5%였다. 그만큼 규제 개혁은 한국 기업들의 투자와 고용 창출 등을 위한 간절한 소망인 것이다.

조동성 서울대 경영학부 교수는 "한국은 공교롭게도 1, 2차 오일쇼크와 외환위기를 겪으면서 경제성장의 결정적 계기를 만들었다"며 "이번 위기를 정부와 기업, 국민이 함께 극복한다면 한국은 오래지 않아 주변 국가의 부러움을 받는 선진국이 될 것"이라고 말했다.

출처 : 동아일보, 2009년 1월 3일자.

제 2 절 계획수립의 단계

계획은 목표를 달성하기 위해 요구되는 활동내용과 그 방법 및 수단을 결정하는 계획수립과정의 결과로 나타난다. 이러한 계획의 수립단계를 간략하게 살펴보고자 한다.

1. 경영목표의 설정

경영계획을 수립하는 첫 번째 단계에서는 기업의 사명을 토대로 하여 경영의 목표를 설정한다. 즉, 기업 전체에 대한 목표를 수립하고 이를 달성하기 위한 각 부문별로 목표를 세운다. 경영목표는 기업이 무엇을 할 것이며, 어디에 중점을 둘 것인가와 함께 무엇이 달성되어야 할 것인가를 포함한다. 대체로 조직의 계층이 하부의 조직으로 내려갈수록 목표는 상세하게 규정된다.

최고경영자는 기업 전체의 목표를 수립하고, 중간경영자는 최고경영자가 수립한 기업목표를 이해하고 이를 토대로 운영목표를 설정하게 된다. 일선경영자는 기업 전체의 목표와 운영목표를 이해하고 이를 토대로 자기 부문의 직무목표를 수립하게 된다.

중간경영자는 최고경영자가 수립한 경영목표에 어긋나는 운영목표를 수립해서는 안 되며, 일선경영자도 최고경영자의 경영목표와 중간경영자의 운영목표에 벗어나는 직무목표를 설정해서는 안 될 것이다. 이와 같이 경영목표와 운영목표 및 직무목표는 전체적으로 일관된 체계하에서 수립되어야 한다.

2. 경영계획안의 개발

기업의 경영목표가 설정된 다음에 고려해야 할 문제가 목표를 달성하기 위한 여러 가지 경영계획안을 개발하는 것이다. 급격하게 변화하는 상황에 어떻게 대처할 것인가 하는 여러 가지 상황별 대안을 개발하는 것을 의미한다. 그래서 하나의 계획안만을 고려하는 것이 아니라 가능한 모든 상황에 대해서 계획안을 고려해야 하는 것이다.

경영계획안을 개발하는 방법을 보면, ① 브레인 스토밍(brain storming)으로서 참여자들에게 현실과 인습에 구애받지 말고 자발적으로 여러 계획안을 제안하도록 함으로써 문제를 해결하는 기법이다. 이 방법은 상위계층의 몇몇 최고경영자에 의해서도 이루어질 수 있지만 종업원이나 일선경영자에서부터 최고경영자까지의 모든 계층이 참석하여 이루어질 수도 있다.

② 벤치마킹(benchmarking)은 경쟁우위에 있는 기업의 경영활동을 비교·분석하여 경쟁우위를 이끌어내는 방법이 무엇인지를 발견하여 이를 적절하게 모방하여 개선할 수 있는 계획안을 개발하는 방법이다. 이때 단순히 그 기업의 경쟁우위 방법을 모방하는 것이 아니라 이를 벤치마킹하려는 기업의 자원이나 환경 등에 비추어 기업실정에 맞도록 개선하는 것이 필수적이다. 이렇게 하여 경쟁우위를 확보하고 있는 기업보다 더 나아질 수 있는 계획안을 개발하게 되는 것이다.

3. 경영계획안의 평가

계획안을 평가하는 기준은 상황이나 여건에 따라 여러 가지가 제시될 수 있다. 하지만 일반적으로 계획안은 현실성·충족도·적합성이라는 세 가지 기준을 가지고 평가하고 있다.

① 현실성(actualization)이 있는가를 분석하는 것이다. 아무리 좋은 계획안이라 하여도 기업의 인적·물적 자원이나 자본 및 정보 등이 계획안을 지원할 수 없다면 실행이 불가능하게 된다. 따라서 외형적으로 바람직한 계획안이라 하더라도 현실성이 낮은 경우에는 제외되어야 한다.

② 계획안의 충족도(satisfactoriness)를 평가하는 것이다. 충족도란 계획안이 의사결정의 상황을 만족시키는 정도를 말하는데, 의사결정의 상황에 따라 계획안의 충족도가 다를 수 있으므로 낮은 충족도를 가져오는 계획안은 제외되어야 한다.

③ 실행결과의 적합성(reasonability)을 분석하여야 한다. 어떤 계획안이 현실성이 있고 충족도가 높다고 평가되면 그 계획안을 실행했을 때 결과가 어떻게 될 것인가를 분석해야 한다. 즉, 어느 특정 계획안을 선택함으로써 조직의 다른 부문에는 어떤 영향이 있는가, 계획안을 실행하는 데는 비용이 얼마나 소요되는가 등을 분석하게 된다. 현실성과 충족도가 높은 계획안이라도 조직 전체에 너무 많은 비용 부담이나 악영향을 수반하게 되면 적합한 계획안이라고 할 수 없다.

4. 경영계획안의 선택

올바른 대안을 선정할 수 있는 능력은 모든 경영자들에게 중요하다. 한 개인이든 기업의 경영자이든 현재 처한 상황은 주어진 여건에서 지금까지 내린 수많은 의사결정의 결과라고 할 수 있다. 그러나 때로는 주어진 여건에서 비합리적으로 보이는 의사결정을 내리는 경우도 있다. 주로 직관이라든가 감정에 의존한 때문에 비합리적인 의사결정이 되기도 한다.

계획안을 선택할 때에는 누가 담당할 것인지, 어떻게 실행해 나갈 것인지, 실행 도중에 문제가 발생하면 어떻게 할 것인지 등도 미리 고려하여 선택하여야 한다. 이렇게 경영계획안을 선택하는 과정은 단순히 계획안을

그림 6-1 계획화의 단계

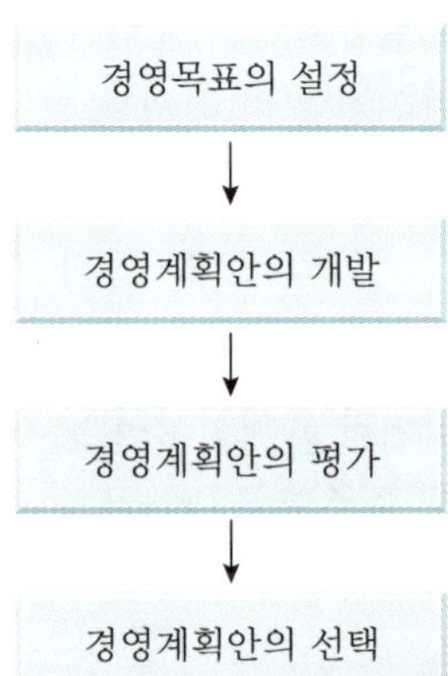

선택하는 단계에서 끝나는 것이 아니라 실행을 통한 결과까지도 면밀하게 검토해 보고 이루어져야 한다.

또한, 경영계획안이 선택되면 이를 실행한 후에 실행결과의 효과를 평가하고 피드백(feedback)하는 일도 반드시 거쳐야 한다. 이때에는 결과의 긍정적인 측면과 부정적인 측면을 동시에 고려해야 한다. 왜냐하면 피드백 과정이 체계적으로 이루어지는 기업일수록 경영계획안이 현실타당성을 가지면서 강력한 실행지침서 역할을 하게 될 것이기 때문이다.

예증 6-2 *ILLUSTRATION*

국내 기업 로고 중 최고는? 디자인 전문가 5인 선정

– 삼성, 결승전서 SK 누르고 챔피언 –

로고(logo)는 기업의 얼굴이다. 마치 부메랑이 날아가는 듯한 모양의 나이키 로고, 회사 영문 이름의 머리글자인 'M'을 활용해 단순미를 앞세운 맥도날드 로고는 언제 어디서나 자연스럽게 그 회사를 연상하게 만든다. 국내 기업들도 CI(회사이미지)의 중요성을 인식하고 있다. 로고는 예전보다 한층 세련돼졌다. 새롭게 CI를 바꾸는 기업도 늘고 있다.

그렇다면 국내 기업 로고 중 전문가들이 가장 우수하다고 평가하는 것은 무엇일까? Weekly BIZ는 5명의 디자인 전문가로 심사위원단을 구성해 16강 토너먼트 형식으로 국내 최고의 로고를 선정했다.

결과는 다소 '싱겁게도' 삼성의 우승. 삼성의 파란색 타원형 로고와 SK의 '행복날개' 로고가 맞붙은 결승전에서 삼성이 SK를 간발의 차이로 젖히고 챔피언 자리에 올랐다. 5명의 심사위원 가운데 3명이 삼성에게 표를 던졌다.

전문가들은 "삼성의 로고는 주목도와 심미성 측면에서 높은 점수를 받았으며, 오른쪽으로 올라간 타원형의 디자인에 '미래를 향한다'는 도형의 원리가 잘 적용돼 있다"고 말했다. SK 로고의 경우 현대적이고 감성적이며, 독창적이라는 평가를 받았다. 색상의 조화를 통해 SK만의 색을 찾았다는 지적도 있었다.

이번 토너먼트 진행 방식은 이렇다. 우선 각 심사위원으로부터 국내 주요 기업 로고 가운데 주목도, 독창성, 조형적 측면의 완성도, 회사 이미지 · 목표와의 부합성, 소비자 친밀도 등을 고려할 때 우수하다고 생각한 순서대로 추천을 받아 16강을 가

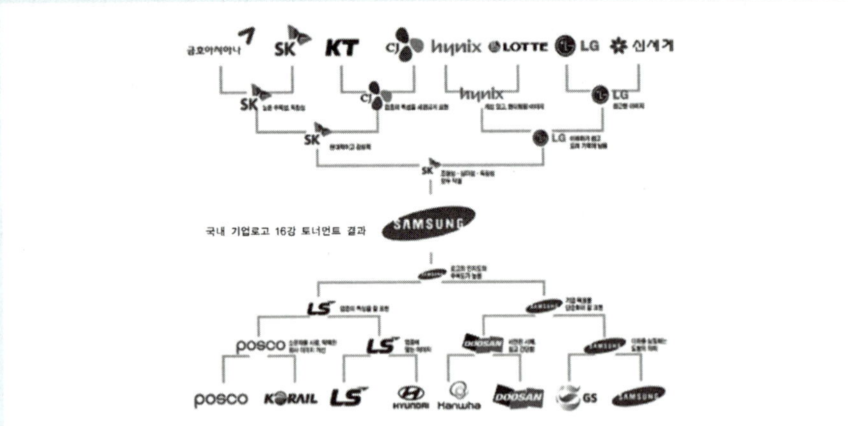

렸다. 그런 다음 무작위 추첨을 통해 조를 나눠 16강, 8강, 4강, 결승전을 차례로 벌였다. 5명의 심사위원이 매 경기마다 두 로고 중 어느 로고가 뛰어난지 의견을 밝혔으며, 득표 수가 많은 로고가 다음 경기로 진출하는 방식이었다.

LG와 LS 로고도 4강까지 오르며 선전했다. LG 로고는 친근한 이미지, LS는 업종(전선 제조)을 효과적으로 나타낸 이미지가 좋은 점수를 받았다. 이 밖에 8강에는 CJ, 하이닉스, 두산, 포스코가 선정됐다.

심사위원으로는 김광규 한국브랜드협회장, 김신 월간디자인 편집장, 박항기 메타브랜딩(브랜드 컨설팅사) 대표, 유제상 웰콤(광고회사) 부사장, 장동련 홍익대 시각디자인과 교수가 참여했다.

출처 : 조선일보, 2008년 5월 10일자.

제 3 절 계획의 유형

계획은 여러 가지 기준으로 구분될 수 있지만 여기서는 계획의 기간 및 성격의 두 가지 기준에 따라 구분하여 설명하기로 한다.

1. 계획 기간을 기준으로 분류한 유형

계획에는 그 기간에 따라 장기계획, 중기계획 및 단기계획의 세 가지로 구분할 수 있다. 장기계획(long-term planning)은 기업이 특정 사업을 신설하거나 포기함으로써 그 계획의 효과가 경영성과에 반영될 수 있는 충분한 시간을 허용하는 계획을 의미한다. 중기계획(mid-term planning)은 기업이 생산시설을 확장하거나 축소하여 그 효과가 영업성적에 나타날 수 있는 시간의 계획이며, 단기계획(short-term planning)은 기업의 생산시설을 확장하거나 축소할 수는 없고 단지 생산능력의 효율성, 즉, 생산시설의 가동률만을 변경하여 그 효과가 나타날 수 있는 정도의 계획이다.

장기계획은 최고경영층이 수립하는 조직 전체의 전략적 목적과 방향을 결정하는 계획이며, 중기계획은 중간관리층이 달성해야 할 전술적 목적을 포함한다. 또, 단기계획은 특정 부서나 개인이 달성해야 할 운영적 목적을 포함한다고 볼 수 있다.

장기와 단기의 구별은 일반적으로 1년을 기준으로 하여, 1년 이하의 것을 단기계획이라 하고, 1년 이상의 것을 장기계획이라 한다. 그러나 1년 이상 5년을 중기계획으로, 5년 이상을 장기계획으로 보는 견해도 있다. 그러나 기간에 따른 계획의 성격은 절대적인 시간의 길이에 의해서가 아니라 계획 자체의 성격에 의해서 규정되는 것이 바람직하다.

2. 계획 성격을 기준으로 분류한 유형

계획은 그 영역에 따라 전략계획, 운영계획 및 예산계획 등 세 가지로 구분할 수 있다.

(1) 전략계획

전략계획(strategic planning)이란 기업이 장기적으로 경쟁력을 강화하고 전반적인 경영성과를 증진하는 등의 기업목표 설정과 그의 달성을 위하여 최고경영자층이 수립하는 포괄적이고 일반적인 계획이다. 전략적 계획은 기업의 사명을 제시하고, 그 기업이 미래로 나아갈 일련의 목표를 설정한다.

전략적 계획은 변화하는 외부환경에 어떻게 대응할 것인가, 자원을 어떻게 배분할 것인가, 전략적 목적을 달성하기 위한 전사적 노력을 통합하기 위하여 어떤 조치가 필요한 것인가 등에 관한 문제를 취급한다. 그래서 이러한 계획을 수립하는 목적은 기업이 현재 있는 곳에서 가고자 하는 곳으로 움직이게 하여 기업이 속한 산업에서 지속적인 경쟁우위를 확보하려는 것이다.

(2) 운영계획

운영계획(operational planning)은 하부경영층이 수립하는 계획인데, 주로 제품이나 서비스의 생산활동에 관련된 생산계획, 여러 가지 운영에 필요한 자금을 조달하는 재무계획, 과업을 수행하는 데 필요한 시설이나 작업배치에 관련된 시설계획, 제품이나 서비스의 판매 및 유통과 관련된 마케팅계획, 작업자의 채용이나 배치를 취급하는 인적자원 계획 등을 포함한다.

(3) 예산계획

예산계획(budget planning)은 기업에 있어서의 자금운용을 위한 계획을 가리킨다. 예산이란 목표를 달성하기 위한 다양한 업무들이 수행될 수 있도록 자원할당을 화폐단위로 표시해 놓은 재무적 계획안으로 이익계획이라고도 말한다. 예산계획은 일반적으로 1년 정도의 부분별, 항목별 예상금액을 나타내는 단기계획 또는 운영계획이므로 주로 일선 경영자가 주관하게 된다. 이 계획은 해당 기간 동안의 모든 노력을 통합하기 위해서는 다른 계획들에 대한 조정을 이룰 수 있는 통제의 기본적인 수단이 됨과 동시에 경영상의 활동지침이 된다.

예증 6-3 *ILLUSTRATION*

"한국 하면 불고기보다 삼성 · LG가 떠올라요"

- 여론주도층 외국인 139명 설문 -

순 위	항 목	%
1	기업브랜드	48.5
2	북한문제	26.5
3	태 권 도	9.5
4	한국음식	5.5
4	한 류	5.5
6	기 타	3.5
7	한 글	1

외국인들은 한국음식이나 한류(韓流)보다는 삼성이나 LG같은 '기업 브랜드'를 한국의 대표적인 이미지로 생각하고 있는 것으로 나타났다. 한국 이미지커뮤니케이션 연구원(대표 최정화)이 지난 3일부터 19일까지 한국에 체류중이거나 방문한 경험이 있는 여론 주도층 외국인 139명을 대상으로 실시한 설문에서 "자국에 한국의 이미지로 가장 강하게 각인된 것이 무엇이라고 생각하는가"라는 질문에 48.5%가 '기업 브랜드'라고 대답했다.

2위는 '북한 문제'(26.5%)였으며, 태권도(9.5%), 한국음식(5.5%), 한류(5.5%)가 뒤를 이었다. 2003년 같은 조사에서는 '남북 분단'이 72%로 1위를 차지했었다. "한국의 강점 중 자국 국민들이 흥미를 느낄 만한 항목이 무엇이라고 생각하느냐"는 질문에는 IT(22.99%), 영화(17.62%), 한국음식(12.64%), 드라마(11.49%), 자연경관(9.2%), 쇼핑(6.13%) 등의 순으로 답했다.

하지만 "한국에 오기 전에 한국의 어떤 점이 제일 매력적일 것이라 생각했는가"라는 질문에는 44.51%가 '전통 문화'를 꼽았다. "한국인 자체가 매력적일 것으로 생각했다"는 응답이 27.75%로 2위에 올라 눈길을 끌었고, '첨단산업 IT'가 11.56%, '한류 대중문화'가 5.2%로 나타났다. 연구원측은 "한국인 자체를 매력적으로 생각한 것은 월드컵 응원에서 보여준 열정적인 모습과 한류 드라마 등을 통한 이미지 개선의 영향"이라고 분석했다.

'지역별 홍보 전략'은 차별화가 필요한 것으로 조사됐다. 외국인들은 "영화가 일본과 중국(40.89%), 유럽(36.62%) 지역에 한국을 알리는 데 가장 효과적일 것"이라고 답했다. "일본과 중국에서는 한류의 연속성을 살려야 하고, 유럽에서는 각종 영화제에서 호평을 받은 한국영화의 장점을 살려야 한다는 뜻"이라고 연구원은 분석했다.

한국음식은 동남아시아(33.33%), 오세아니아(35.07%)에서 한국을 알리는 데 효과적일 것으로 나타났다. 북미(55.06%), 중남미(38.46%), 아프리카(39.26%)에서는 'IT기술'이 1위를 차지했다.

출처 : 조선일보, 2008년 6월 23일자.

제 4 절 전략적 계획

1. 전략의 개념

전략이라는 용어는 아직도 군사조직에서 많이 사용되고 있지만, 기업과 다른 조직에서도 널리 사용되고 있다. 현재 전략이라는 용어는 장기적인 조직목표를 달성하기 위해 수립되는 광범위한 계획과 의사결정의 의미로 사용되는 것이 보통이다. 즉, '우리 회사가 경쟁에서 이기기 위해서는 어떤 제품을 생산할 것인가', '재무자원을 어떻게 조달하여 운용할 것인가' 그리고 '어떤 시장을 목표시장으로 삼을 것인가' 등의 문제들을 다루는 것이 곧 전략이다.

아무리 훌륭한 목표라 하더라도 이를 달성하기 위한 계획이 수립되지 않으면 별 효과가 없다. 전략은 목표를 가장 효과적으로 달성하기 위한 장기적 계획이 된다. 따라서 조직이 어느 목표를 효과적으로 달성하기 위해서는 이 목표를 뒷받침할 수 있는 적절한 전략을 수립하는 것이 바람직하다.

2. 전략의 특성

일반적으로 전략은 여러 가지 유형의 계획들과는 다른 몇 가지의 중요한 특성을 갖는다.

(1) 시간의 범위

전략이라는 용어는 일반적으로 장기에 걸쳐 수행되는 활동을 기술하는 데 사용된다. 여기서 장기라는 것은 관련활동을 수행하는 데 소요되는 시간은 물론이고, 그 활동의 성과가 나타나는 데 필요한 시간에도 적용되는 개념이다.

(2) 영 향 력

전략의 성과는 장기에 걸쳐 서서히 나타나는 것이 보통이나, 일정한 기간이 경과한 후 일시에 나타나는 경우도 있다. 어떠한 경우이든 그것이 조직 내 · 외에 미치는 영향력은 지대하다고 할 수 있다.

(3) 노력의 집중

효과적인 전략이 되기 위해서는 이 전략과 관련된 특정 범위의 활동에 조직 구성원들의 노력, 행동 및 관심을 집중시키는 것이 필요하다. 이와 같이 조직의 에너지를 특정의 활동에 집중시키기 때문에 전략은 자원할당의 엄격한 제약을 초래하게 된다.

(4) 일관된 의사결정

전략을 실행하기 위해서는 상당한 기간에 걸쳐 일관성 있는 의사결정을 내려야 한다. 즉, 상이한 시기에 관리자가 내리는 의사결정들 사이에 모순이 없어야 하며, 결정의 내용에 대하여 모든 구성원들의 지지가 뒤따라야 한다.

(5) 포 괄 성

전략은 자원할당에서 일상적인 업무에 이르기까지 광범위한 활동을 포함하는 것이 보통이다. 따라서 특정의 전략을 중심으로 이러한 활동들이 일관성 있게 수행되기 위해서는 모든 계층과 부문의 관리자들이 이 전략을 지원해야만 한다.

3. 전략의 차원(수준)

일반적으로 전략은 그것이 대상으로 하는 활동영역의 범위와 구체성 및 수행주체의 계층적 수준에 따라 세 가지로 구분된다.

(1) 기업전략

기업전략(corporate strategy)은 최고경영층에 의해 수립되는 전략으로서 둘 이상의 사업을 경영하고 있는 조직의 전반적 운영과 관련을 갖는다. 여기서는 주로 "기업이 어떠한 종류의 사업에 참여할 것인가?" 그리고 "이들 사업부문 사이에 어떻게 자원을 할당할 것인가?"에 관한 의사결정을 내린다. 보다 구체적으로 설명하면 기업전략은 다음과 같은 문제에 대한 해를 제공해 준다.

① 어떠한 사업에 참여하고 어떠한 사업을 그만두어야 하는가?

② 어떠한 고객을 목표로 해야 하는가?

③ 어떠한 신기술을 사용할 것인가?

④ 기업활동을 어떻게 통제하고, 자원을 어떻게 획득 및 배분해야 하는가?

따라서 기업전략은 전체 조직이 지향해야 할 기본방향을 설정함으로써 각 사업부의 역할과 활동을 조정하는 기능을 수행한다.

(2) 사업부전략

사업부전략(business strategy)은 특정한 사업부문의 유효성을 극대화시키기 위해 수립되는 전략이다. 여기서는 다음과 같은 문제들에 대한 의사결정을 내린다.

① 시장에서 경쟁회사와 어떻게 경쟁할 것인가?

② 어떠한 제품이나 서비스를 시장에 제공할 것인가?

③ 어떠한 고객을 목표로 할 것인가?

④ 사업목표를 달성하기 위해서는 생산, 마케팅, 재무, 인사 등의 부문적 기능을 어떻게 통제해야 하는가?

⑤ 자원을 여러 가지 활동에 어떻게 배분할 것인가?

기업에 따라서는 다양한 부문의 사업을 운영하는 경우가 많다. 이때 최고경영층은 복잡하고 다양한 활동들을 효과적으로 조직화(organizing)시켜야 한다는 어려운 문제에 직면한다. 이러한 문제를 해결하기 위한 하나의 방법이 전략사업단위(strategic business unit), 즉 SBU의 개발이다. SBU는 일정한 제품이나 서비스를 생산 · 판매하는 데 필요한 기업활동들을 하나의 사업단위로 묶어 놓음으로써 자원의 최적활용과 관리의 효율화를 기하고자 하는 개념이다. 실제로 각 SBU는 조직 내에 독립된 사업부로 편성되는 것이 보통이며, 성과에 대한 측정 및 평가 역시 독립적으로 실시된다. 여기서 각 SBU는 기업전략에 의해 제공된 기본적 지침에 따라 해당사업에 관한 전략을 수립한다.

(3) 기능별전략

기능별전략(functional strategy)은 생산, 마케팅, 재무, 인사 등의 각 부문기능의 관리에 관한 전략을 수립하여 이것이 상위의 사업부전략을 지원하도록 하는 데 목적이 있다. 따라서 기능별전략은 사업부전략과 일관성을 유지해야 한다. 예를 들면, 사업부전략이 신제품의 개발을 추진하는 것이라면 기능별전략에서는 어떻게 이 신제품을 개발, 생산 및 판매할 것이며, 그에 대한 필요한 자금과 인력은 어떻게 조달 및 운용할 것인가에 관한 기본지침을 마련하게 된다.

4. 전략적 계획의 의의 및 중요성

전략적 계획(strategic planning)은 1950년대 말경 불확실성하의 급변하는 기업환경에 효과적으로 대처하기 위해 미국의 기업들을 중심으로 창안된 경영기법이라고 할 수 있다.

전략적 계획은 조직의 목표설정과 그 목표달성을 위하여 요구되는 전반적인 계획체제이다. 구체적으로 목표설정의 과정 · 방침 및 실행계획, 이의 수행가능한 방법을 선택하는 것으로 일반적인 경영계획과는 다른 특징을 보인다. 전략적 계획이 지니고 있는 특성을 보면 여러 계획의 기본적인 틀을 제공하고, 장기계획이 성격을 띠며, 조직의 행동 및 의사결정에 대한 일관성을 유지시키고, 최고경영층에 의해 수립된다는 점이다.

전략적 계획이 환경변화에 적응해 가면서 기업의 여러 활동을 통합하기 위해서는 기업목적의 수립을 위시하여 경영전략의 형성 및 이의 효율적인 수행을 위한 실행계획이 포함되는 것이 바람직하다.

전략적 계획은 기업환경 변화에 따라 발생하게 될 불확실성에 대처하여 목표달성 및 경쟁전략에 도움이 되는 대체적 활동을 명확히 하는 수단으로서 외부환경에 가장 합리적으로 적응할 수 있도록 조직을 관리하려는 것이다. 아울러 전략적 계획의 수립을 통해서 구성원들에게 생산하는 제품과 서비스, 생산방식, 업무수행 능력에 대해 명백한 지침을 제공한다.

전략적 계획을 현실의 경영에 적용하기 위해서 기업은 자신의 특수상황을 충분히 고려하여 계획을 수립하는데 현실의 경영환경을 경영지침으로 삼아 전략적 계획을 이용하는 것이 중요하다. 따라서 이와 같은 전략적 계획은 장기계획의 성격을 띠면서 조직에 영향을 미치고 변화를 유발시킨다.

제 5 절 목표관리(MBO)

1. 목표관리의 의의

경영학의 발전사 가운데 가장 흥미있는 것 중의 하나는 목표 또는 결과에 의한 관리의 등장인데 그러한 목표에 의한 관리를 흔히 목표관리(Management By Objective : MBO)라고 한다.

MBO란 참여의 과정을 통하여 조직의 목표를 명확하고 체계 있게 설정하여 이용함으로써 관리의 효율화를 기하려는 관리방식을 말한다. MBO는 처음에 조직관리상의 업적평가 절차로서 드러커(Peter F. Drucker)에 의해 목표 및 실적위주로 관리자를 평가하려는 시스템을 개발하려는 관점에서 시작되었다.

MBO시스템의 기초는 경영자와 부하들이 서로 합의하여 목표를 설정하는 데 있다. MBO의 발전에 가장 큰 역할을 한 사람은 드러커와 맥그리거(D. McGregor)이다. 드러커는 기업의 계획형태를 개선하는 데 역점을 두고 MBO를 관리계획의 한 접근방법으로 소개했으며, 후에 맥그리거는 MBO를 경영관리상의 한 기법으로 발전시킨 바 있다. 그러나 오늘날에는 MBO가 계획의 수립, 업적평가는 물론 통제시스템 및 조직의 목표와 조직

구성원의 목표를 통합하려는 보다 광범위한 접근방법으로 발전하고 있다.

2. 목표관리의 구성요소

목표관리의 구성요소는 크게 세 가지로 나누어 볼 수 있다.

(1) 목표의 설정

목표란 주로 측정가능한 비교적 단기적인 목표를 말한다. 그러나 이것은 조직의 장기적 · 일반적 목표와 관련되어 설정되어야 하기 때문에 MBO가 조직의 일반적 목표와 무관할 수는 없다.

누구도 애매한 목표를 달성할 수는 없다. 사람들은 그들의 목표가 무엇이고, 목표를 달성하기 위해서는 어떠한 행동을 취해야 할 것이며, 또 언제 목표를 설정해야 할 것인가를 알아야만 한다. 따라서 목표의 명확한 설정은 MBO의 중요한 구성요소가 되는 것이다.

(2) 참 여

MBO는 참여(participation)를 통한 목표설정을 강조한다. 부하가 수행할 목표를, 상사와 부하가 협의를 거쳐서 설정하게 되면, 그 목표는 보다 현실성이 있게 되고 또 목표설정에 참여한 사람은 그와 같은 목표를 보다 쉽게 수용하게 된다. 또한 그의 직무만족도와 생산성은 향상될 것이다.

(3) 피 드 백

목표추구의 과정과 목표의 달성도는 측정 · 평가 · 피드백(feedback)되어야 한다. 특히 평가와 피드백은 목표에 비추어서 이루어져야 한다. MBO에서 피드백을 중요한 요소로 보는 이유는 피드백이 명확하게 이루어질 때 비로소 집단의 문제해결 능력은 증진되고 개인의 직무수행 능력이 향상된다고 보기 때문이다.

3. 목표관리의 절차(과정)

MBO의 과정에 대해서는 학자에 따라 다르나 폴 말리(Paul Mali)의 견해를 중심으로 살펴보면, MBO의 과정은 목표의 발견, 목표의 설정, 목표의 확인, 목표의 실행, 그리고 평가의 다섯 단계로 나뉜다.

(1) 목표의 발견

이 단계는 조직의 생존 · 성장 · 개선을 위하여 조직 스스로가 바라는 상태 및 결과를 신중하고 체계적으로 확인하는 단계이다. 즉, 이 단계에서는 조직의 현황을 분석할 뿐만 아니라 성취하고자 하는 장래의 희망을 검토하는 것이다.

(2) 목표의 설정

이 단계는 조직이 실제로 성취하고자 하는 미래의 상태를 확립하는 단계이다. 즉, 특정인 또는 특정 조직단위의 활동영역과 구체적인 성취수준을 밝히는 것이다. 설정된 목표는 부하의 업적을 평가 · 피드백시키는 기준이 될 뿐만 아니라, 개인별 · 조직단위별 활동을 조직 전체의 계획에 통합시킬 때의 기준이 된다. 또 이것은 개인별 · 조직단위별 활동의 조정에도 기여한다.

(3) 목표의 확인

제2단계에서 설정된 목표는 확인과정을 거쳐야 한다. 이 단계를 거침으로써 장래의 목표수행에 관련된 개인 및 조직단위의 목표가 정해진 시간 내에 달성될 수 있다고 하는 확신을 가질 수 있게 된다. 그리고 계획실행상의 결점이나 실패요인의 존재 여부를 발견하기 위해 위험성 · 가정 및 변동사항 등을 검토 · 분석한다.

(4) 목표의 실행

이 단계는 설정된 목표를 달성하기 위한 구체적인 실행전략을 수립하는 단계이며, 이와 더불어 실제의 구체적인 행동으로 옮겨진다.

(5) 평 가

이 단계는 목표가 계획대로 진행되었는가의 여부를 측정 · 평가하고, 계획과의 차질이 발생한 경우에는 그것을 시정하고 통제하기 위한 보고를 하는 단계이다. 즉, 이 단계는 목표추구의 과정과 목표의 성취도를 측정 ·

평가 · 피드백하는 단계이다. 이와 같은 활동을 포함하는 평가과정은 중간평가와 최종평가로 나누어볼 수 있다.

4. 목표관리의 이점 및 한계

(1) 목표관리(MBO)의 이점

① MBO는 효과적인 계획을 촉진함으로써 보다 나은 관리를 돕는다.

② MBO는 조직의 역할과 구조를 명확히 하도록 강요하는 경향이 있다.

③ MBO는 성과에 대한 공헌을 유도한다.

④ MBO는 통제기준으로서의 목표를 명확히 제시함으로써 효과적인 통제를 발전시키는 데 도움을 준다.

(2) 목표관리(MBO)의 한계

① 목표의 달성수단에 대한 무조건적 정당화

MBO에서는 원칙적으로 최종적인 결과를 중시한다. 따라서 자칫하면 목표달성에 도움이 되는 한 어떠한 수단이라도 허용될 수 있다는 태도를 구성원들에게 조장하기 쉽다.

② 과다한 시간의 소모

MBO 프로그램을 효과적으로 수행하기 위해서는 구성원들이 이 프로그램에 많은 시간을 투입해야 한다. 기본적으로 MBO의 개념 자체는 비교적 단순하지만 그 수행절차는 복잡하고도 정교하기 때문에 많은 시간이 소모될 수밖에 없는 것이다.

③ 단기적 목표에의 편향

MBO에 있어 또 하나의 문제는 관리자와 구성원들이 소속부서와 개인의 목표에 지나치게 집착하는 경향을 보이기 쉽다는 점이다. 대부분의 MBO 프로그램에서는 1년 이내의 기간을 상대로 목표가 설정되기 때문에 구성원들에게 조직 전체의 장기적 성과는 일차적 관심요인이 되지 못한다.

5. 목표관리의 성공요건

MBO는 특수한 기법이 아니라 총체적인 관리시스템이므로 성공적인 채택 · 실시를 위하여는 조직 전반에 걸쳐 다음과 같은 필요한 요건이 갖추어져야 한다.

① MBO의 채택은 조직 전반에 미치는 영향이 크기 때문에 최고경영층이 MBO의 실시를 지지하고 솔선수범해야 한다.

② 조직의 구조와 과정이 MBO를 실시할 수 있도록 분권화 및 자율적 통제절차가 마련되어야 한다.

③ MBO는 목표를 설정하고 그에 따라 결과만 평가하면 되는 고립적인 기법이 아니라 총체적인 시스템이다. 따라서 MBO와 그 밖의 다른 관리활동들, 예를 들면 예산, 인원배치, 훈련, 보수, 근무성적평정, 조사연구 활동 등은 상호지지적인 통합을 형성해야 한다.

④ 개인과 개인, 조직단위와 조직단위, 그리고 조직과 환경 사이에 의사소통과 피드백의 과정이 형성되어 있어야 한다.

⑤ 미래의 상황을 적정하게 예측할 수 있도록 조직내외의 여건이 안정되어야 한다.

제 7 장
조직화 활동

제 1 절 조직화의 기본 개념

1. 조직화의 의의

조직화의 개념을 정의하기 전에 먼저 조직(organization)의 의의를 살펴보자. 조직이란 공동의 목적을 달성하기 위해 필요한 여러 가지 활동을 분담하고, 상호간에 협조하여 수행하는 사람들의 집합체를 말한다. 조직은 사람들의 집합체, 분업, 공동작업 및 공동목적의 네 가지 요소를 지닌다.

조직은 특수한 기능이나 역할을 수행하기 위하여 체계적으로 형성된 것이며, 공동의 목적을 달성하기 위한 인간의 협동체이다. 우리가 주위에서 흔히 발견하는 병원, 학교, 교회, 구청 및 시청, 기업들이 바로 특정목적을 추구하는 사회적 단위로서의 조직이며 하나의 실체인 것이다.

본장에서 설명하는 조직화(organizing)란 직무수행에 따른 여러 가지 활동에 대해 이를 수행하기 위한 인적요인과 물적요인 간의 관계를 조직의 여러 원칙에 따라 설정하는 것을 말한다. 다시 말하면 조직화란 목표달성에 필요한 제 활동을 분류하고 감독권한을 지닌 경영자에게 그와 같이 분류된 각 활동을 할당한 후 수평적 · 수직적인 조정방안을 마련하는 과정이다.

또한, 조직화란 각 구성원들이 주어진 현실적 조건하에서 조직목표를 달성함과 동시에 보다 능률적으로 일함으로써 개인적 만족을 얻을 수 있도록 그들간의 효과적인 행동적 관계를 설정하는 과정이라 할 수 있다.

조직화 활동에 있어서 첫 단계로 이루어지는 것이 바로 조직설계(organization design)이다. 조직설계는 조직화하는 과정에서 조직의 틀을 어떻게 구성할 것인가를 결정하는 것을 의미한다. 경영자는 새로운 조직을 만들거나 환경이 변화하여 조직을 변경할 필요가 있을 때 조직설계를 하게 된다. 이러한 조직설계의 결과로서 모양과 특색을 갖춘 짜임새 있는 조직으로써 조직의 틀을 나타내는 것을 조직구조(organization design)라고 한다.

2. 조직화의 과정

일반적으로 조직화의 과정은 네 단계로 분류할 수 있으며 다음과 같이 설명할 수 있다.

(1) 업무 구분

조직화에서 첫 번째 단계는 기업이 설정한 목표를 달성하기 위해 해야 할 업무를 구체적으로 확정하는 활동이다. 구성원들이 해야 할 업무를 어떻게 구분하는가가 중요한 문제가 된다.

아담 스미스(A. Smith)는 조직의 기본원칙은 첫째로 업무를 가능한 한 세분하여 단순화시키는 분업(division of labor)의 원칙과 둘째로 작업자들을 단순화된 업무에 대하여 전문화시키는 전문화(specialization)의 원칙이야말로 기업의 높은 생산성을 이룰 수 있다고 주장하였다.

따라서 조직화의 첫 번째 단계에서는 업무를 구분하여 확정하는 단계에서 세부적으로 분업이 이루어질 수 있도록 하며, 전문화의 원칙이 적용될 수 있도록 해야 한다고 아담 스미스는 설명하고 있다.

고도의 전문화는 대부분의 구성원들에게 불만족의 근원이 될 수 있다는 것이다. 이에 단조롭고 일상적인 직무를 보다 보상적인 것으로 만들려는 데에 사람들의 관심이 집중되게 되었는데, 그 결과 등장한 개념이 직무확대와 직무충실화 기법이다.

(2) 부서(부문)의 결정

조직구성원이 해야 할 업무를 세부적으로 분류가 되면 이제는 확정된 업무를 수행할 부서를 정하는 활동에 들어가야 한다. 수행할 업무를 집단화, 단위화하는 활동을 부문화 또는 부서화(departmentation)라고 한다.

일반적으로 기업의 규모가 커지면서 많은 일들을 여러 구성원들이 나누어서 일을 하게 되면 이를 효과적으로 관리할 필요가 있다. 이를 위해서 서로 유사하거나 관련이 있는 업무나 작업활동이 함께 이루어질 수 있도록 그 담당자들을 부서별로 묶게 된다. 이러한 부문화에는 기능별 부문화, 지역별 부문화, 제품별 부문화, 고객별 부문화, 그리고 매트릭스 부문화 등의 방식이 있다.

(3) 책임과 권한 부여

기업목표를 달성하기 위해 해야 할 업무를 확정하고 이를 담당할 부서를 결정하면, 부서 또는 부서 구성원들에게 업무수행과 관련된 책임(responsibility)을 부여하게 된다. 책임을 부여하게 되면 그에 따른 권한(authority)도 부여하여야 한다.

권한은 기업이 개인에게 합법적으로 부여한 의사결정권을 의미한다. 기업의 규모가 작을 때에는 최고경영자에게 대부분의 권한이 주어지게 되지만 기업의 규모가 커지게 되면 최고경영자가 갖는 권한은 줄어들게 된다. 그러므로 각 계층별 구성원들이 자신들의 업무를 효율적으로 수행하는 데 필요한 의사결정을 내릴 수 있도록 권한을 적절히 나누어주어야 한다. 권한을 배분할 때에는 몇 가지의 일반적인 원칙이 있다.

선택된 조직구조를 실제적으로 잘 운영하기 위한 중요한 결정사항은 누가 누구에게 명령과 지시권한을 행사하고 보고의 책임을 갖느냐의 관계를 공식화하는 것이다. 효율적인 명령-보고체계를 구성하는 데, 세 가지의 원칙을 살펴보면 다음과 같다.

① 명령단일화 원칙(unity of command principle)이다. 이 원칙은 종업원이 한 명의 상사에게 보고하도록 하고 구성원으로 하여금 누구에게 명

령과 지시를 받아야 하는지에 대해 공식화함으로써 중복된 명령-보고 관계에서 유발되는 갈등의 소지를 없애고자 하는 것이다.

② 명령체계 원칙(scalar principle)이다. 이 원칙은 부하와 상급자를 연결하는 명령체계를 분명히 함으로써 하위종업원으로부터 최고경영층 사이의 모든 종업원들의 명령의 상하관계를 체계화하는 것이다. 이렇게 권한의 상하관계를 분명히 하면 업무에 대한 책임소재를 명확히 할 수 있다.

③ 통제범위 원칙(principle of span of command)이다. 이 원칙은 한 사람이 적정 숫자의 부하를 관리하도록 해야 효과적으로 조직을 운영할 수 있다는 것이다. 즉 경영자가 자기에게 보고하는 부하의 숫자가 과도하면 통제와 조정이 어렵다는 것이다. 따라서 조직구성시 해당 부서의 업무가 요구하는 적정수의 인원과 경영자가 효과적으로 관리할 수 있는 부하의 수를 면밀히 조사할 필요가 있다.

(4) 업무와 부서의 조정

조정(coordination)이란 전문화되어 분업화된 개인이나 집단의 작업활동을 상호 연결시키는 활동을 말한다. 조정활동을 위해서는 적절한 의사소통이 이루어져야 하고, 서로간의 활동을 이해해야 하며, 작업의 흐름 속에서 협동이 이루어지도록 해야 한다. 따라서 경영자는 각 부서의 주력분야나 업무의 중요성 등을 잘 조절하여 기업 전체의 목표달성에 기여할 수 있도록 각 부서활동을 조정하고 통합해야 할 것이다.

예증 7-1 *ILLUSTRATION*

직원이 웃어야 좋은 회사 … 내부고객 '氣'를 살려라

"회사 구성원도 고객이다. 외부 고객만족에 앞서 내부 고객인 종업원을 먼저 만족시켜라"

전자저울로 국내시장을 석권하고 세계시장에서도 'Made in Korea'의 기치를 높이고 있는 토종 계측기기 업체 ㈜카스의 경영 모토다.

총성 없는 서비스 전쟁의 격전장이 된 지구촌 영업일선에서 고객보다 직원이 우선이란 이념을 내세우고 있다. 일반적인 기업관으로는 선뜻 이해되지 않지만 카스는 글로벌 전자저울 기업들과의 경쟁에서 저력을 발휘하고 있다.

2006년 3000만불 수출을 달성하며 'CAS'란 브랜드를 세계시장에 각인시켰다. 저력의 비결은 '일할 맛 나는 회사'란 풍토를 조성했기 때문이다. 내부고객인 종업원을 만족시켜야 진정한 고객만족 성과를 기대할 수 있다는 판단에 따른 것이다.

이 회사 CEO인 김동진 사장은 "동종업계에서 가장 일하기 좋은 기업을 만들 것"이라고 단언한다. 그는 사내 인트라넷을 구축해 직원들의 경조사를 일일이 챙기고, 고객 불만 못지않게 내부 고객의 불만사항도 세심하게 체크해 경영과 복리후생에 반영한다.

회사에서 가장 넓은 사무실에 은거(?)해 얼굴 한번 보기 어려운 '근엄한 사장님'의 권위의식을 내던지고 직원들 속으로 다가서고 있는 것이다. 직원들의 기를 살려주기 위해서라면 '계급장'을 떼고 같이 동화되는 것도 마다하지 않는다.

가족처럼 직원을 끌어안는 카스의 스킨십 경영은 고객에 대한 봉사와 매출 신장으로 이어졌다. 이 회사는 작년부터 'Happy CAS Day'를 지정, 1년에 2번씩 전 임직원이 대형시장과 할인마트 등에 찾아가 저울세척, 부품교체 등의 서비스를 무료로 제공한다.

임직원들이 현장과 접할 기회가 많아지다보니 매출도 상승기류를 타고 있다. 아주 멀리 있는 것 같지만 항상 곁에서 같은 꿈을 꾸고 있는 CEO의 스킨십 경영은 활기차고 유연한 조직을 만드는 결정적인 요소다.

신뢰받는 기업문화 속에는 윤리경영, 원칙 준수, 사람과 사회에 대한 존중이란 가치들이 공통적으로 담겨 있다. 또 그 가치들을 직원과 경영자, 주주가 공유하고 24시간 365일 실천한다. 직원들은 자신의 가치관이 기업 가치관과 일치돼 실천되는 것을 큰 자부심으로 느끼게 된다. 이는 회사에 대한 애사심으로 이어져 생산성도 높아진다.

그동안 기업을 평가할 때 주로 수익성과 안정성을 따졌지만 무한경쟁 시대에 접어들면서 '한솥밥 경영 · 노사 신뢰경영'이 중요한 지표로 떠오르고 있다. 중소기업 경영자들이 가장 큰 애로사항으로 꼽는 것은 직원들의 잦은 퇴사다. 이들 근로자들을 잡아두는 방법은 인간적 대우를 통해 마음을 사는 것이다.

직원들이 한 인간으로서 존중받고 대접받으며 회사로부터 진심으로 보살핌을 받고 있다는 느낌이 들게 해야 한다. 현장으로 나가 직원들의 소리에 귀 기울이는 것, 직원의 인격과 인권을 존중해주는 것은 중소기업의 새로운 경쟁 변수다. 스킨십 경영은 형편이 좋은 대기업의 전유물이 아니다.

최근에는 중소기업 CEO들도 정기 조찬이나 만찬모임, 점심시간 도시락 간담회 등을 통해 직원들과 만나 애로사항을 듣고 경영비전을 제시한다. 또 이메일을 통해 커뮤니케이션을 활성화하며 권위의 벽을 무너뜨리고 있다. 기업은 어느 한 사람의 스타에 의해 좌지우지되는 단독 콘서트가 아니다. 모든 구성원들이 각자의 자리에서 맡겨진 소임을 잘해야 성공적인 결과를 얻는 오케스트라다. 요즘 젊은이들 사이에서 인기를 얻고 있는 비보이 퍼포먼스도 언뜻 보면 화려한 개인기만 보이지만 그 속에는 음악과 어울리는 하모니와 팀워크가 있다. 구호에 그치는 상생이 아니라 직원, 협력업체가 진짜 필요로 하는 게 뭔지 귀 기울이는 '스킨십 경영'이 21세기 새 경영 아이콘으로 떠오르고 있다.

출처 : 한국경제, 2008년 3일 26일자.

제 2 절 조직구조의 유형

1. 공식조직과 비공식조직

조직은 조직의 목표달성을 위해 의도되고 계획된 측면뿐만 아니라 의도되지 않은 측면이 공존하는데, 양자 모두가 구성원의 행동 및 경영성과에 매우 큰 영향을 미치고 있다. 주로 전자와 관련된 경영조직의 성격을 공식조직으로, 그리고 주로 후자와 관련된 경영조직의 성격을 비공식조직으로 설명하는 것이 일반적이다. 이처럼 경영조직은 공식적 측면과 비공식적 측면의 양면성을 보이게 된다.

(1) 공식조직

공식조직(formal organization)이란 조직이 명시적으로 표방하고 있는 목표를 달성하는 데 필요로 하는 업무기능을 명확히 한 것을 지칭한다. 이러한 공식조직에서는 미리 계획된 것으로서 목표달성을 위해 필요한 일,

조직내의 권한 및 책임관계, 구성원들간의 의사전달방식, 정보가 흐르는 통로, 조직의 구성원들이 행하여야 할 일들을 잘 분류해서 명확하게 제시하며, 여러 가지 관리체계를 질서 있게 만들어 놓고 통제한다.

공식조직은 조직목표 달성에 필요한 일을 해내기 위해 형성된 조직이라고 볼 수 있다. 공식조직의 한 유형인 일상적 기능별조직은 조직목표 달성을 위해 일상적으로 수행되어야 할 업무를 맡아 처리하기 위해 만들어져 거의 영구적으로 존속되는 조직이다.

예를 들면, 제조업체의 생산부 또는 A작업반, 대학의 학생처 그리고 병원의 내과 등이 일상적으로 기능별조직이다. 이들 모두 그 집단이 속해 있는 조직의 목표를 달성하기 위해 공식적으로 구성되어 운영된다. 생산부가 없는 제조업체나 학생처가 없는 대학교를 생각할 수 없는 것처럼 일상적 기능별조직은 조직을 구성하는 기본단위라고 할 수 있다.

(2) 비공식조직

비공식조직(informal organization)이란 조직이 달성하고자 하는 명시적인 목표와 일치할 수도 상충할 수도 있는 어떤 비공식적인 목적을 지향하면서 몇몇 특정 구성원들에 의해 자발적으로 형성된 조직을 말한다. 비공식조직은 유동적이고 조직 자체가 잘 규정되어 있지 않으며, 구성원들간의 관계나 조직의 목표가 공식적으로 잘 나타나지 않는 특성을 가지고 있다.

조직 내에는 몇몇 구성원들의 개인적 목적을 위한 조직들이 있는데, 등산회, 낚시회, 볼링회, 향우회 및 동문회 등 구성원들의 취미와 기호 및 친목도모를 위해 비공식조직이 형성된다.

비공식조직은 우호집단(friendship group)과 이해자집단(interest group)으로 구분할 수 있다. 우호집단은 구성원들간의 친밀한 관계와 서로 함께 지냄으로써 얻을 수 있는 즐거움 때문에 만들어져 비교적 오랫동안 유지된다. 반면에 이해자집단은 단체활동이나 공동 관심사 때문에 구성원들에 의해 형성되어 특정 목적이 달성되거나 관심이 변하면 자연스럽게 해체되거나 우호집단으로 발전하는 특성을 갖고 있다. 이 같은 유형의 비공식조직들은 조직목표와는 관계없이 형성되지만 때로는 조직의 효율적 운영과

성과에 중대한 영향을 미치기도 한다.

(3) 공식조직과 비공식조직의 차이

비공식조직도 공식조직 못지않게 중요하다. 공식조직에서 보고하지 않은 사항도 비공식조직에서 보고되기도 하고 비공식조직에서 인정받으면 공식조직에서 발탁되기도 한다. 공식조직은 능률과 규정에 의해 움직여지지만 비공식조직은 감정과 인간적 관계가 더 중요하다. 공식조직과 비공식조직의 차이점을 비교해 보면 〈표 7-1〉과 같다.

표 7-1 공식조직과 비공식조직의 비교

구 분	공식조직	비공식조직
가입동기	지명, 선발	자연발생적, 자의적
조직구조	안정적, 불변	가변
지도자	투표, 공식지명	자연적 지도자 탄생
과 업	미리 정해져 있음	다양함, 변함
존속기간	미리 정해짐	구성원들 의도대로
행동기준	능률, 효율	감정, 인간

자료: 임창희, 「경영학」(서울 : 학현사, 2003), p. 163.

2. 부문화의 형태

부문화(departmentation)란 서로 관계가 있는 작업활동들을 관리가능한 단위들로 집단화하는 과정이다. 부문화의 목적은 조직의 자원들을 더욱 효과적이고 능률적으로 사용하는 데에 기여하는 것이다.

일반적으로 상호 관련된 기능들을 수행하는 작업자들은 공통적인 업무분야를 소유하기 마련이므로, 이들을 하나의 업무단위로 결합시키는 것이 효율적이다. 여기서 업무흐름의 효율은 조직 내의 다양한 업무단위들을 어떻게 성공적으로 통합시키느냐에 달려 있다. 작업의 적절한 세분화와 과업의 논리적 결합을 통하여 구체적인 업무부서와 하부단위의 조직구조가 합리적으로 도출되어야만 한다.

(1) 기능별 부문화

생산, 재무, 인사, 마케팅 등 기본적인 기업기능에 기초를 두고 제반 활동을 집단화하는 것을 말한다. 그래서 기능별 부문화는 가장 일반적이며, 특히 신설기업인 경우에 흔히 채택되는 조직구조인데 〈그림 7-1〉과 같다.

그림 7-1 기능별 부문화

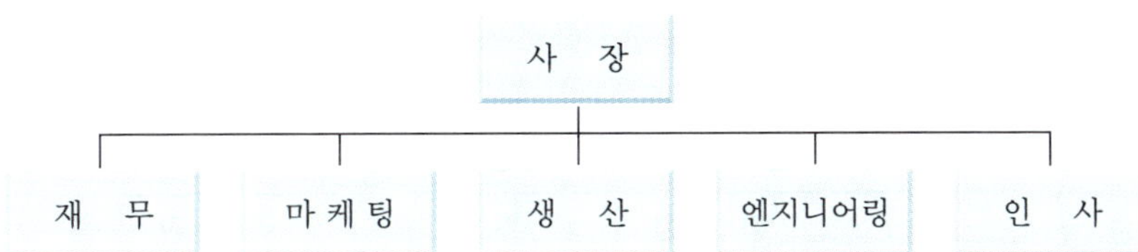

기능별 부문화의 장점과 단점을 살펴보면 〈표 7-2〉와 같다.

표 7-2 기능별 부문화의 장 · 단점

장 점	단 점
• 각 기능을 논리적으로 반영 • 전문화의 원칙을 따름 • 주요기능의 권력과 권한 유지 • 교육, 훈련의 단순화 • 최고위층에서의 엄격한 통제를 위한 수단 강구	• 이익에 대한 책임은 최고위층에만 주어짐 • 요원들의 시야를 지나치게 전문화시키고 편협화시킴 • 총괄경영자의 개발 저해 • 각 기능간의 조정을 어렵게 함 • 조직전체의 경제적 성장을 곤란하게 함 • 특정 제품 · 고객 · 시장 · 지역에 대한 집중적인 관심이 약화

(2) 지역별 부문화

지역에 따른 조직설계는 흔히 대규모의 조직이나 지리적으로 광범위한 지역에 걸쳐 활동하고 있는 조직에서 채택된다. 또한, 유사한 활동이 각기 상이한 지역에서 수행되고 있다거나 은행 · 우체국 · 세무서와 같이 전국적으로 동일한 서비스를 동시적으로 제공하려 할 때 유리한 조직형태이기도 하다(그림 7-2 참조).

그림 7-2 지역별 부문화

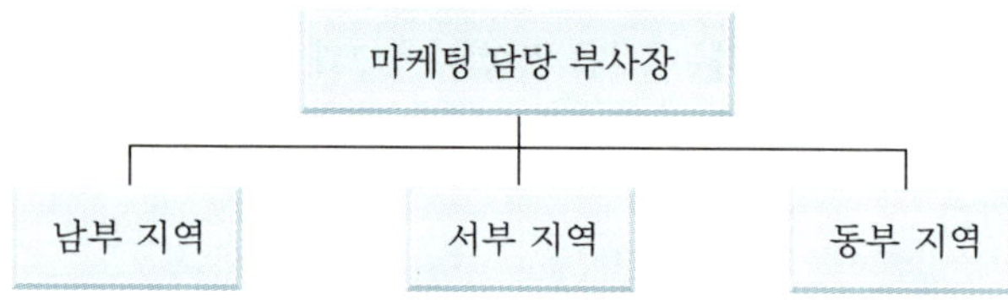

지역별 부문화의 장 · 단점을 살펴보면 〈표 7-3〉과 같다.

표 7-3 지역별 부문화의 장 · 단점

장 점	단 점
• 책임을 하위층으로 이전 • 지역적 시장과 문제에 역점 • 지역내에서의 조정이 개선 • 지역적 활동의 이점 최대한 활용 • 지역이익집단과의 대면 커뮤니케이션 원활 • 전반경영자의 훈련이 용이	• 전반적 능력 지닌 경영자들을 보다 많이 필요 • 각 지역별로 참모서비스를 필요 (인적자원 낭비) • 최고경영층에서의 통제 곤란

(3) 제품별 부문화

제품 또는 제품사업부별 부문화에서는 각 부문의 장이 하나의 제품 혹은 제품군의 생산 · 판매에 대한 포괄적인 책임을 지게 된다. 〈그림 7-3〉은 제품별 부문화를 나타내는 것이다.

그림 7-3 제품별 부문화

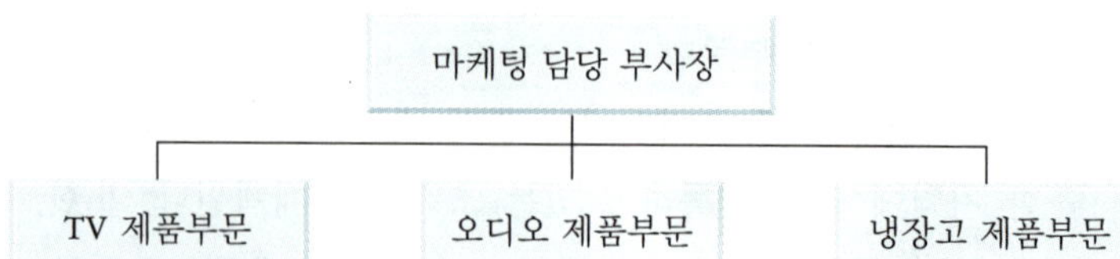

표 7-4 제품별 부문화의 장·단점

장 점	단 점
• 특정제품에 노력과 주의를 집중 • 이익에 대한 책임을 부여, 성과노력을 배가시킴 • 각 기능활동간의 조정 용이 • 전반경영자의 훈련 용이 • 제품 및 서비스의 성장과 다각화 가능	• 전반적 경영능력을 지닌 경영자 필요 • 본부참모의 활용 곤란 • 최고경영층에서의 통제 곤란

제품별 부문화의 장 · 단점을 살펴보면 〈표 7-4〉와 같다.

(4) 고객별 부문화

이 유형은 특히 기업이 여러 고객층을 상대로 하고 있으며, 각 고객층의 욕구가 상이할 때 채택되는 조직구조이다. 예를 들어, 전자제품회사가 조직을 소비자 사업부와 산업사용자 사업부로 나누어 경영한다든가, 은행이 전체 고객을 회사, 가계, 기관, 농업, 부동산 등의 고객층으로 분류하여 조직을 구성하는 것이 그 예이다. 따라서 이 형태의 부문화는 어떻게 보면 고객지향적이라 할 수 있으나 실제로는 제품별부문화와 구별하기 곤란한 경우도 흔히 있다.

그림 7-4 고객별 부문화

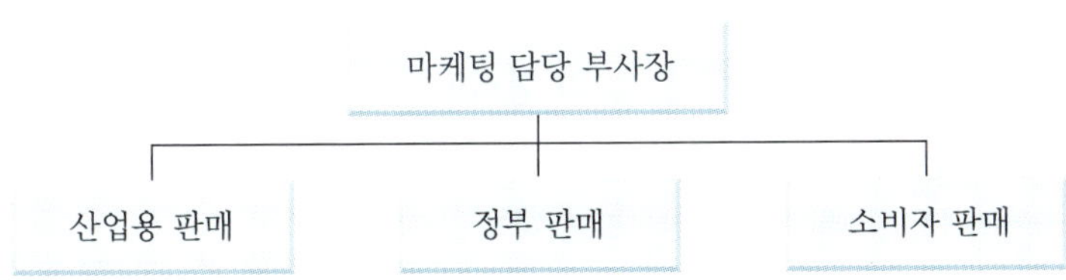

고객별 부문화의 장 · 단점을 살펴보면 〈표 7-5〉와 같다.

표 7-5 고객별 부문화의 장 · 단점

장 점	단 점
• 경영자는 특정 고객집단에만 전념 가능 (고객욕구파악 용이) • 고객집단별로 전문가 양성 가능 • 고객 입장에서 충성도가 높아짐	• 상이한 고객집단의 요청 조정 곤란 • 각 고객집단별 전문가 필요 • 때로는 고객들을 엄격히 집단화하기 곤란한 경우가 생김

(5) 매트릭스 부문화

1960년대를 거쳐 1970년대에 들어오면서 점차 기업을 둘러싼 환경변화가 심화되자 기존의 기능별 조직, 제품별 사업부 조직은 이러한 환경변화에 대처할 수 있는 유연성이 부족하다는 단점을 나타냈다. 따라서 소비자중심의 시장상황과 급변하는 환경변화에 적응하기 위해서는 이전의 조직유형과는 근본적으로 다른 조직을 설계할 필요성이 제기되어 제품별 조직과 기능별 조직을 결합하여 이중의 명령체계와 책임, 평가 및 보상체계를 갖춘 매트릭스 조직(matrix organization)이 등장하였다.

매트릭스 조직의 가장 두드러진 특징은 프로그램위주의 조직라인과 기능위주의 조직라인이 겹쳐서 매트릭스를 형성하기 때문에 기능위주의 경영자와 프로그램위주의 경영자는 조직에 소속된 개인 및 소수의 그룹에 대한 명령 및 통제 권한을 공유하게 된다는 점이다. 따라서 구성원들은 프로그램위주의 업무와 기능위주의 업무를 동시에 담당하게 된다.

매트릭스 조직은 기존조직의 장점을 모두 받아들인 조직으로 각광받고 있는데, 특히 다각적인 협력이 필요하고 전략적 가치가 높은 업무 중심인 기업이나 고도로 전문화된 재화나 용역을 개발하여 판매하는 기업에 적용될 때 그 장점이 크게 나타날 수 있다.

그러나 이러한 조직형태는 이중 명령구조로 인해 기능부문과 프로그램부문 사이의 갈등이 발생할 가능성이 높다. 또한, 매트릭스 조직은 진보적인 조직형태인 만큼 제대로 이해되고 정착되기까지 많은 시간이 걸리기 마련이다. 그러므로 매트릭스 조직을 적용할 때 이와 같은 문제를 일으키지 않으면서 제대로 기능을 발휘하도록 하기 위해서는 여러 조건들이 충족되어야 한다.

그림 7-5 매트릭스 부문화

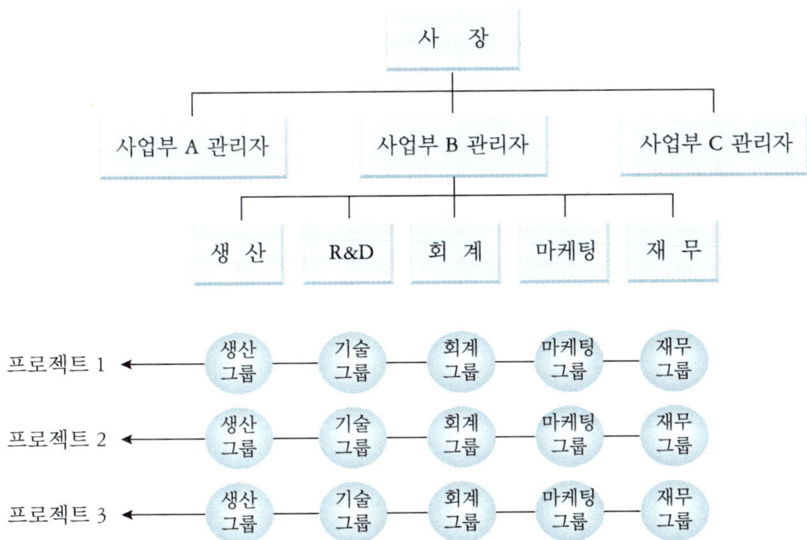

자료: 고동희 등, 「경영학원론」(서울 : 명경사, 2002), p. 121.

매트릭스 조직에서는 기능적 부문과 태스크 포스(task force)부문을 서로 결합시킴으로써 단일사업 각 구성부분의 동시성을 높이고, 규모의 경제를 촉진하며, 주어진 사업의 효과적 성취를 기하려 하고 있는데 그러한 조직의 예는 〈그림 7-5〉와 같다.

따라서 흔히 태스크 포스 조직이니 프로젝트 관리제라고 하는 것은 매트릭스의 한 형태로 볼 수 있다. 즉, 주어진 프로젝트는 각 기능부서로부터 차출된 전문가로 구성된 팀에 의해 성취되며, 그 프로젝트가 완료되면 그 팀은 곧 해체되고 팀의 각 멤버들은 본래의 기능부서로 복귀하게 되는 것이다.

매트릭스 부문화의 장 · 단점을 살펴보면 〈표 7-6〉과 같다.

표 7-6 매트릭스 부문화의 장 · 단점

장 점	단 점
• 조직에 신축성 부여 • 상이한 분야간의 협동을 자극 • 구성원들에게 몰입감 · 도전감 부여 • 종업원들의 기술개발 • 최고경영자의 계획부담 경감	• 무정부상태 야기 위험 • 권력투쟁 유발 • 행동보다는 토론에만 치중 • 고도의 대인적 기술 요함 • 실행하는 데 많은 비용소모 • 프로젝트 팀에 의한 노력의 중복

3. 현대적 조직유형

(1) 팀(team) 조직

팀이란 상호보완적인 기술 혹은 지식을 가진 둘 이상의 조직원이 서로 신뢰하고 협조하며 헌신함으로써 공동의 목적을 달성하기 위하여 자율권을 가지는 조직단위라고 말할 수 있다. 팀은 작업활동을 조직화하는 하나의 수단으로서 부서간 장벽을 허물고 의사결정을 팀 자체적으로 결정하는 권한을 가진다. 즉, 업무를 팀 내에서 완성되도록 하고 이에 따른 책임을 전적으로 팀이 지는 체계이다.

팀은 신속성, 유연성, 창의성을 추구하고자 하는 조직단위이므로 고객중심, 빠른 변화, 다양화되어가는 최근의 기업환경에 부응하고 있다고 볼 수 있다.

팀제가 가져다 주는 긍정적인 면으로는 권한의 위임에 따라 기업의 의사결정 기간이 단축되었으며, 상황대처 능력이 강화되었고, 팀평가보상이 도입됨에 따라 팀장들의 경영자적 의식과 감각이 높아졌으며, 팀원들간에는 경제적 마인드가 확립되는 장점들을 보이고 있다.

최근 기업 내에는 팀원들이 팀을 스스로 운영하는 경우가 증가하고 있다. 즉, 팀제의 취지와 부합하게 팀원들이 스스로 목표를 설정하는 데 참여하고, 팀원들의 의사를 반영하여 역할을 설정하고 또한 결과에 대해서도 자율적으로 피드백을 구하는 자율팀으로 발전해 가는 추세를 보이고 있다.

(2) 가상조직

앞으로의 조직, 특히 기업의 활동은 인터넷에 의하여 가상공간에서 형태도 없이 이루어지는 추세로 발전하고 있기 때문에 전통적인 조직관이나 직접대면의 조직에는 상당한 변화가 따를 것이다.

큰 조직들이 가상의 구조를 사용할 때 제조를 아웃소싱(outsourcing)하는 데 많이 사용하곤 한다. 예를 들어, 델(Dell) 컴퓨터회사는 공장도 소유하지 않고 있으며 단순히 아웃소싱한 부품들을 조립만 한다. 가상조직의 가장 큰 장점은 유연성이다. 이 구조의 가장 큰 약점은 사업의 주요 부문을 아웃소싱할 경우 통제권이 약화된다는 점이다. 가상조직은 〈그림 7-6〉에서와 같다.

그림 7-6 가상조직

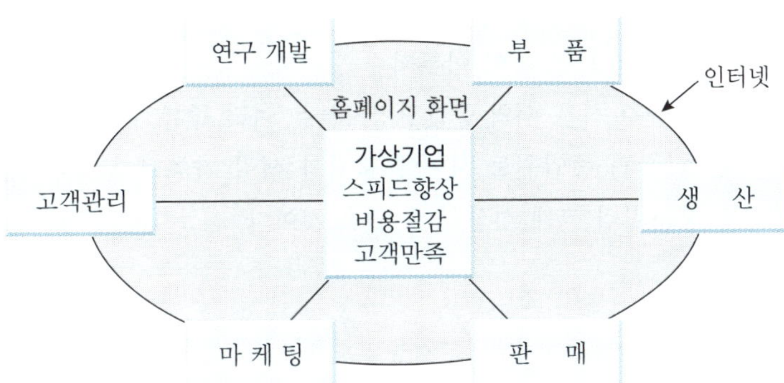

(3) 모래시계형 조직

모래시계와 같이 조직의 중간부분이 홀쭉하게 줄어든 모양의 조직이다(그림 7-7 참조). 이런 모양을 갖출 수 있는 이유는 정보기술의 발전이다. 경영정보시스템(Management Information System : MIS)의 발전을 통해 소수의 최고경영자들이 많은 종업원들의 업무활동을 지휘 · 통제하고, 효과적인 통합을 이끌어 내는 것이 가능해짐에 따라 중간경영자들이 대폭적으로 줄어든 조직이 탄생하게 된다.

전통적인 조직에서 각종 정보의 집결지 역할을 담당했던 중간경영자

그림 7-7 꽃송이 조직과 모래시계 조직

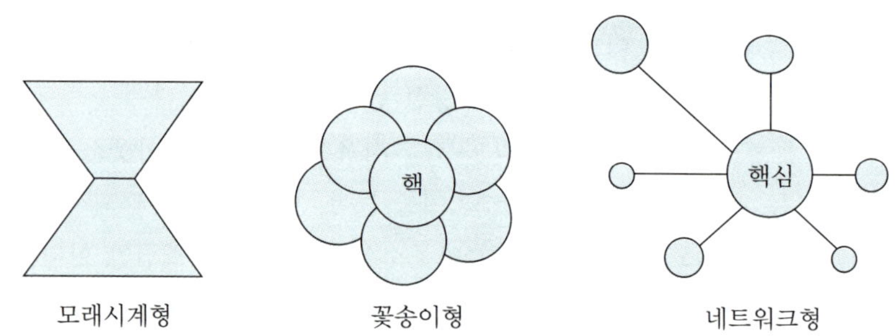

계층이 불필요해진다. 조직 중상위계층의 폭이 줄어듦으로써 구성원들간의 승진 경쟁은 매우 치열해질 것이며, 수평적 이동이 보다 폭넓게 활용될 것이다. 줄어든 승진기회 대신 직무순환(job rotation), 기능훈련 그리고 성과에 따른 보상 등이 이루어질 것이다.

아주 적은 수의 중간경영자들은 여러 종류의 업무기술을 보유하고 있는 다수의 종업원들 사이에 불화가 생길 가능성이 매우 높아지며 따라서 노동조합이 크게 성장할 수 있을 것이다.

(4) 꽃송이 조직

생산팀, 판매팀 등 기능별로 나뉘던 전통적 조직이 이제는 여러 가지 기능을 갖춘 개별 구성원들이 여러 팀을 넘나들며 다양한 업무에 참여할 수 있어야 한다. 이를 위해 여러 기능팀들이 서로 겹치도록 짜여져야 하며, 이러한 조직의 구조를 교차다기능(cross-functional) 조직이라고 할 수 있다. 모양이 꽃송이 형태를 띠고 있다고 하여 붙여진 이름이다.

업무기술과 함께 팀워크 향상을 위한 훈련이 다른 어떤 훈련보다 우선될 것이다. 여러 가지 기능을 갖춘 종업원들은 여러 팀을 옮겨 다니며 다양한 프로젝트에 참여하게 된다. 그와 같은 변화는 대인간의 갈등이나 개인의 스트레스를 야기시킬 수 있으며, 성과에 따른 임금보다는 기능보유에 따른 임금체계가 적극적으로 활용될 것이다.

(5) 오케스트라 조직

교향악단의 조직과 운영형태가 비슷하여 붙여진 이름이다. 음악을 연주하는 교향악단의 지휘자는 각기 다른 소리를 내는 여러 단원들에게 자율적으로 연주하도록 권한을 주고 비전이나 경영방침에 비유되는 악보형태의 가이드라인만 나누어주고 지휘를 하면 각 구성원들은 제각기 맡은 자리에서 자율적으로 행동하는 것이 전체적으로 조화를 이루어 하나의 곡을 멋있게 연주할 수 있다는 의미이다. 즉 오케스트라 조직의 특성은 분권화가 잘 되어 있고 관리자가 적고 실무자가 많은 낮은 계층의 조직, 그리고 고도의 네트워크를 가진 조직이라고 할 수 있다.

(6) 네트워크형 조직

서로 독립적인 몇 개 조직이 유동적으로 결합하여 나타나는 조직형태이다. 고용된 내부인력에 의해 수행되던 제품설계, 생산, 인적자원 관리, 훈련, 회계, 자료처리, 포장, 보관 및 배달 등과 같은 업무들이 용역계약을 맺은 외부조직에 의해 수행될 것이다.

네트워크의 중심에는 기업가 개인이나 팀과 소수의 사무직원들로 구성된 가상적 기업(virtual corporation)이 존재한다. 그 안에서는 자본을 갖고 있는 기업가 집단과 그렇지 못한 사무직원들 간의 갈등이 발생하며, 비교적 낮은 임금을 받는 사무직원들의 이직이 높게 나타난다.

전화, 팩스, 컴퓨터 네트워크, 빠른 배달 서비스 그리고 계약담당 변호사들이 가상기업을 중심으로 하는 네트워크형 조직을 형성하는 데 중요한 역할을 할 것이다. 독립적인 용역회사는 서로 다른 여러 개의 네트워크에 속해 있으며, 한 네트워크에 얼마나 오래 참여하는지는 자신의 업적에 달려 있다. 소규모 용역회사의 근로조건은 정보화시대의 노동자 착취업소(information-age sweatshop) 수준을 벗어나지 못하며, 계약에 따라 유지되는 용역회사에서 근로자들의 고용안정성을 기대하기도 어려울 것이다. 용역회사의 임금수준은 매우 다양할 것이며, 새로운 사업기회가 많이 생기게 된다.

예증 7-2 *ILLUSTRATION*

"실패했다고? 그래 잘했어" 이런 기업이 성공한다

기업이 끊임없이 배우며 발전하는 학습조직으로 변화하기 위해서는 무엇보다 심리적 안정감을 심어줘야 한다. 다시 말해 뭔가 도움을 청하거나, 실패를 인정할 경우에도 처벌받지 않는 것을 보장하는 것이다.

심리적으로 안정된 직원들은 업무를 새로운 것을 배울 수 있는 기회로 받아들인다. 실패를 하게 되면 그 업무를 아직 완전히 이해하지 못했기 때문이라고 생각한다. 나쁜 성적표를 받아 든 어린이가 지능이 낮아서 그렇거니 하면서 포기할 것이 아니라, 아직 더 배워야 할 것이 많다고 생각해야 하는 것과 마찬가지다.

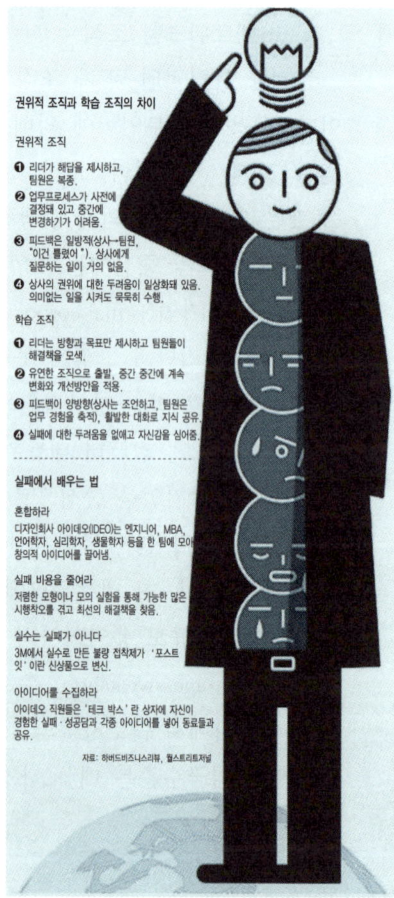

반면 실패를 두려워하고 결과만 중시하는 직원은 쉬운 작업에만 매달리게 된다. 단순히 실패를 할 가능성이 낮다는 이유 때문이다. 이런 생각을 가진 관리자는 성과가 향상되는 속도가 매우 더디고, 팀원들이 위험을 무릅쓰고 질문과 새로운 시도를 하는 것조차 회피하게 만든다.

건강한 조직은 높은 목표를 세우고 끊임없이 학습한다. 현재 가진 지식의 한계를 인식하고 야심 찬 목표를 향해 나아간다. 그러나 심리적 안정 없이 높은 책임감만 강조할 경우에는 여러 형태로 조직이 역기능을 일으킨다.

오스틴 교수는 실패를 두려워하지 않는 학습조직으로 가기 위한 몇 가지

방안을 제시했다.

첫째, 서로 다른 생각이 교환하고 맞부딪치는 기업 문화를 만들라는 것이다. 아이데오의 경우 창의적인 아이디어를 얻기 위해 디자이너 외에 엔지니어, 언어학자, MBA, 인류학자, 심리학자 등 다양한 배경을 가진 사람들을 채용해 브레인 스토밍을 시킨다.

둘째, 어떤 일에 부닥칠 때 여러 가지 해결책을 동시에 모색하는 것이다. 어떤 항공회사는 문제를 논의할 때 팀원들에게 적어도 7가지 이상의 방법을 제시하도록 한다. 누구나 2~3가지 대책은 생각하기 쉽다. 하지만 그 이상을 내놓으려면 자신의 일상적 경험의 한계치를 벗어나야 한다. 때로는 실패할 것이 뻔하고 말도 안 되는 황당한 의견이 나오기도 하지만, 그런 과정에서 창의력이 길러진다고 이 회사는 믿는다.

셋째, 시행착오의 비용을 낮추는 것이다. 테스트 비용이 너무 높다면 실패 가능성이 있는 시도를 하기 힘들다. 자동차의 성능을 테스트하려고 처음부터 값비싼 실물크기의 모형을 제작하는 것은 무모한 짓이다. 초기 아이디어는 스티로폼이나 마분지를 이용해 모형을 만드는 것으로 충분하다. 컴퓨터 시뮬레이션이나 실제와 비슷한 모형을 만들어주는 3차원 프린터도 좋은 도구다. 이런 도구를 이용하면 훨씬 저렴한 비용으로 다양한 아이디어를 테스트할 수 있다.

한편 에드먼슨 교수는 직원들이 실시간으로 협력할 수 있는 도구를 제공하는 방안을 조언했다. 종합식품회사 다농(Danone) 그룹은 일선 관리자들이 새로운 업무나 제품에 대한 지식을 공유할 수 있는 '온라인 지식 장터'를 운영한다. 직원들은 자유롭게 의견을 내고 동료들과 조언을 주고받는다.

출처 : 조선일보, 2008년 7월 12일자.

제 3 절 직무설계

전체 조직의 구조를 선택하는 것 외에 직무를 어떻게 설계하여 종업원 개개인에게 동기부여를 할 것인가도 조직화의 중요한 부분이다. 즉, 실무부서 차원에서 종업원에게 어떠한 업무를 어떻게 부여하면 종업원이 자신의 역량을 보다 충분히 발휘하고 직무에 대해 만족감과 성취감을 느끼며 보람있게 업무에 임할 수 있는지에 관심을 가져야 하는데, 이를 위한 작업을 직무설계(job design)라고 한다.

직무의 내용은 다양성, 자율성, 복잡성, 일상성, 난이성 또는 전체 직무에서의 위치 등과 같은 직무의 일반적 성격을 말한다. 직무의 기능은 직무에 대한 책임과 권한, 정보의 흐름, 작업방법 등과 같이 직무를 수행하기 위한 필요요건과 방법 등이다. 그리고 직무간의 관계는 다른 성원들과의 상호작용의 필요성 정도, 친밀하게 사귈 수 있는 기회, 팀워크가 요구되는 정도 등과 같은 개별직무의 대안적 요소이다.

직무설계의 방법으로는 직무확대, 직무순환, 직무충실화 등 세 가지가 있으며 다음과 같이 설명할 수 있다.

1. 직무순환

직무순환(job rotation) 방법은 직무내용에는 변화가 없이 단지 직무수행자를 바꾸는 방법이다. 즉, 직무수행자를 한 직무로부터 완전히 다른 직무로 이동하게 하는 것이다. 그래서 조직 전체적인 관점에서 업무를 파악할 수 있는 일반관리자를 양성할 수 있다.

또한, 다른 업무를 배우고 개발할 수 있는 기회를 제공함으로써 반복으로 인한 지루함과 단조로움에서 벗어나게 할 수 있고, 일에 대한 도전감과 성취동기를 부여하여 전문화로 인한 부작용을 방지할 수 있다.

그러나 직무순환의 단점은 빈번한 이동으로 인한 비용을 발생시키고, 직무순환 과정에서 일정기간 동안은 새로운 직무에 숙달하지 못하고 있기 때문에 생산성이 저하될 수 있다는 것이다. 직무순환은 본질적으로 직무 자체를 바꾸는 것이 아니고, 단지 직무와 직무수행자간의 결합을 바꾸는 것이기 때문에 여러 가지 직무를 바꾸어가며 수행한다고 해서 근본적으로 전문화의 문제점을 극복할 수는 없다는 것이다. 직무순환이란 단지 단조롭고 지루한 직무를 변경해서 수행하는 것이기 때문에 단기적인 해결방법밖에 되지 않는다는 것이다.

2. 직무확대

전통적인 직무설계는 진문화 원리에 비탕을 두어 왔다. 즉, 효율성에 기초를 둔 것으로 가능한 직무를 세분화함으로써 짧은 훈련기간, 짧은 작업주기, 작업자의 신속한 대체가능성 등을 통해 조직의 목표를 달성하려는 것이다. 그러나 전문화와 분업, 직무의 세분화는 효율성의 증대나 비용의 감소는 가져다 주었는지 모르지만, 직무의 단조로움과 반복으로 인하여 작업자가 싫증을 느끼게 되어 잠재적인 능력이 제대로 발휘되지 못하는 결과를 초래하였다.

따라서 직무불만족과 생산성 하락을 가져오고 결국은 이직률과 결근율의 증가와 같은 부작용을 유발하게 되었다. 이러한 문제점을 개선하기 위하여 나온 직무설계 방법이 직무의 범위를 넓힌 직무확대(job enlargement)이다.

이 기법은 한 사람이 수행하는 기본적인 작업의 수를 증가시킴으로써 지루한 단순반복적 직무에 변화를 가져오거나 세분화된 몇 개의 작업을 통합하여 하나의 작업이 되도록 직무내용을 재편성하는 것이다.

직무확대는 전문화에 근거한 전통적인 직무설계와는 달리 조직구성원들에게 직무의 단조로움을 줄여 줌으로써 직무만족을 높여 주고 이직률과 결근율을 감소시켰다는 많은 연구결과들이 있었지만, 한편으로는 전혀 변화가 없었거나 오히려 부정적인 결과를 가져왔다는 연구결과도 있다.

직무확대에 대한 비판자들은 직무확대가 직무가 요구하는 기술과 작업의 수를 늘림으로써 직무의 단순성과 지루함을 극복하여 높은 수준의 직무만족을 가져올 것으로 기대하고 있지만 직무확대란 경영층이 생산성을 증대시키고 노동력을 감소시키기 위한 하나의 도구에 불과하다고 비판하고 있다. 즉, 직무의 본질적인 성격은 그대로 있고 단지 일거리만 늘었다는 것이다.

3. 직무충실화

직무순환이나 직무확대 방법은 직무의 단조로움으로 인하여 나타나는 문제점을 해결할 수 있었지만 구성원들을 적극적으로 동기부여시켜서 높은 성과를 달성하도록 하는 데는 미흡하였다. 이러한 약점을 보완하기 위한 직무설계 방법이 직무충실화(job enrichment)이다.

이 기법은 조직구성원들이 동기부여되어 적극적으로 일하게 함으로써 직무만족과 성과를 높이기 위해 단순히 직무의 수를 늘리는 것만이 아니라 직무의 내용을 더욱 다양하게 하고, 자신의 직무를 계획 · 지시 · 통제하는 데 대한 자율성과 책임을 더 많이 부여하며, 개인적인 성장과 일 자체에서 의미있는 경험을 할 수 있는 기회를 제공해 주도록 직무를 설계하는 것이다.

직무확대가 수평적으로 직무의 부담을 늘리는 것임에 비해 직무충실화는 수직적인 직무의 부담, 즉 직무의 깊이를 깊게 하는 것이다. 이렇게 함으로써 일이 더욱 도전적이 되고 직무수행자의 책임이 증가하게 되어 동기부여도 증대된다.

직무충실화는 특히 근로생활의 질을 향상시킴으로써 품질향상과 사기앙양, 그리고 이직률 및 사고율의 감소 등 많은 성과를 거두고 있다. 그러나 직무내용의 개선은 과업 자체의 성격에 따라서 직무충실화의 적용성이 큰 제한을 받게 되며, 조직구성원의 특성에 따라서 영향을 받게 된다.

예증 7-3 *ILLUSTRATION*

리더의 긍정적 생각, 조직을 춤추게 한다

– 로널드 레이건, 윈스턴 처칠, 넬슨 만델라, 콜린 파월, 마이클 조던, 정주영… –

이들이 가진 공통점은 무엇일까? 그리 비슷한 점이 없어 보이지만, 중요한 공통점은 긍정적 사고를 바탕으로 주위 사람들에게 꿈과 희망을 주었던 리더란 사실이다.

로널드 레이건(Reagan)이 대통령으로 재임했던 1980년부터 1988년 사이 미국에는 유난히 많은 일이 일어났다. 2차 오일쇼크와 연 12%에 달했던 인플레이션, 러시아와의 냉전, 레바논 사태 등 이루 헤아릴 수 없을 만큼 심각하고 복잡한 문제들이 그를 둘러싸고 있었다.

레이건의 경제 정책은 정부 지출 삭감과 감세(減稅)로 대변되는 '작은 정부'와 규제 완화, 그리고 안정적인 금융정책으로 요약된다. 그러나 이 '레이거노믹스'도 그의 첫 번째 임기가 끝날 무렵인 1984년까지 미국 경제를 부흥시키기에는 역부족이란 평가를 받고 있었다.

하지만 그는 재선(再選)에 도전해 미국 50개 주(州) 가운데 49곳에서 대승을 거둔다. 미국 대통령 선거 사상 가장 일방적인 승리였다. 그 비결은 바로 그의 긍정적 사고방식과 유머에 있었다.

그는 취임한 지 몇 달 만에 저격을 당했고, 심장에서 불과 1인치 떨어진 곳을 관통한 총알은 폐를 손상시켰다. 그는 병원으로 긴급 후송되는 동안 줄곧 피를 토하며 심각한 호흡곤란을 일으켰다. 하지만 수술대에 누운 레이건은 집도를 맡은 의사들에게 "당신들 모두 공화당원이길 바래요!"라며 조크를 했다. 수술이 끝난 후에 그를 찾아온 부인 낸시 레이건에게도 "여보 미안해. 총알이 날아왔을 때 머리 숙이는 걸 잊어버렸어!"라며 주위를 웃음바다로 만들었다. 이러한 레이건의 긍정적 사고방식은 당시 경제적으로 힘들었던 미국 국민들에게 희망과 꿈을 불어넣어 주었다. 그에 대한 지지율도 70%를 훨씬 웃돌게 만들었다.

흑인 최초로 미 국무장관을 역임한 콜린 파월(Powell) 역시 "리더십의 본질은 불가능하다고 생각되는 것들을 달성하는 데 있다"라며 긍정적 사고방식을 강조했다. 남아프리카공화국에 혁명적인 변화를 가져온 넬슨 만델라(Mandela) 전 대통령은 27년간 감옥에 갇혀 있으면서 인종 차별이 없는 나라를 만들겠다는 긍정적인 사고로 온갖 고초를 극복했다.

미국의 전설적인 농구 선수인 마이클 조던(Jordan)은 매 게임 시작 전에 경기에서 이기는 상상을 함으로써 스스로에게 긍정적인 기운을 불어넣고자 노력했다. 고(故) 정주영 회장은 조선소도 짓지 않은 상태에서 '할 수 있다'는 신념 하나로 선박을 수주하러 그리스로 갔다.

상황이 악화될수록 기업과 사회의 리더는 한층 더 긍정적인 사고(思考)를 하고, 이를 통해 조직의 구성원들에게 희망을 심어주어야 한다. 리더의 가장 중요한 역할 중 하나는 자신의 렌즈를 통해 현실을 해석하는 일이다. 힘든 상황이 닥쳐도 리더는 긍정적인 시각으로 이를 바라보고 대처해 나가야만 한다. 동시에 리더는 자신의 긍정적인 시각을 구성원 전체와 공유할 수 있도록 의사소통에 적극 힘써야 한다.

리더의 긍정적 사고방식은 조직 구성원에게 자신감을 심어준다. 이를 심리학에서는 피그말리온 효과(Pygmalion Effect)라고 한다. 리더가 주위 사람들에게 긍정적인 이야기를 통해 그들에 대한 높은 기대감을 지속적으로 표현하면 사람들은 리더가 기대하는 대로 행동하고 좋은 결과를 낼 수 있다는 이론이다.

1968년 하버드 대학의 사회심리학자인 로젠탈(Rosenthal) 교수는 초등학교의 한 반에서 20% 정도의 학생을 무작위로 뽑았다. 그리고 교사에게 학생들 명단을 주면서 이들이 지적 능력과 학업 성취가 뛰어난 학생이라고 이야기했다. 8개월 후 이 학생들은 같은 시험을 본 다른 학생들보다 평균 점수가 월등히 높게 나왔다.

필자는 지난 수년간 한국의 많은 CEO를 만났고 이들이 가진 공통점 중 하나가 바로 긍정적인 사고방식이란 것을 깨달았다. 성공한 리더들은 어려운 상황에서 무모하리만큼 긍정적 사고를 하며, 이들의 긍정적인 자세는 위기를 극복하기 위해 반드시 필요한 조직 구성원들의 헌신(commitment)을 이끌어낸다.

긍정적 사고를 지닌 리더들은 위기가 와도 이를 순간적이고 지엽적이며 극복 가능한 일로 생각한다. 반면 비관적 사고를 가진 리더는 이를 영속적이고 광범위하며 자신의 능력으로 해결하기 힘든 일로 받아들인다. 동일한 현실이지만 이에 대한 반응이 결국 결과를 좌우한다.

밤잠을 설치는 대한민국의 많은 리더들이여, 오늘은 한번쯤 여유를 가지고 긍정적인 시각으로 주변을 둘러보는 게 어떨까? 힘든 현실에 초점을 맞추고 괴로워하기보다는 이 위기를 효과적으로 극복한 후의 행복한 장면을 상상해 보라. 마이클 조던이 그랬던 것처럼…. 그리고 새롭게 발견한 꿈과 희망을 구성원들과 적극적으로 공유해 보라. 그들에게 지금의 위기를 극복할 수 있는 능력이 충분하다는 높은 기대감을 표현해보자.

지금 우리에게 가장 필요한 것은 효과적인 전략이나 충분한 자금보다 리더의 긍정적인 사고와 조직 구성원에 대한 신뢰와 기대이다. 현실에 바탕을 둔 냉철한 판단도 중요하지만 지금 우리에게 무엇보다 필요한 것은 꿈과 희망을 줄 수 있는 리더이다. 다음주 월요일 아침 회의는 직원들에게 용기와 신뢰를 심어주는 이야기로 시작해 보는 것이 어떨까?

출처 : 조선일보, 2008년 11월 1일자.

제 8 장
지휘 활동

기업이 목표를 세워서 세부적인 추진계획을 완성하고 이를 수행하기 위하여 업무를 조직화하면, 이를 효과적으로 수행할 수 있는 지휘활동이 요구된다. 본장에서 설명하는 지휘활동(leading)이란 기업의 목표를 달성하기 위하여 또는 조직의 전략을 효과적으로 수행하기 위하여 조직구성원을 동기유발시키고 실제의 성과를 달성하도록 하는 활동을 말한다.

아무리 계획을 짜임새 있게 수립하고 효과적으로 업무를 조직화하였더라도 지휘활동을 통해 윤활유 같은 촉진제 기능을 발휘하지 못하면, 그 기업은 높은 성과를 달성할 수 없을 것이다. 이 점이 바로 경영활동의 과정상에서 지휘활동이 중요시되는 이유이다.

본 장에서는 지휘기능을 원활하게 발휘하기 위하여 경영자들이 꼭 알고 있어야 할 동기유발(motivation)이론, 리더십(leadership)이론, 그리고 의사소통(communication) 등으로 나누어서 살펴보고자 한다.

제 1 절 동기유발이론

1. 동기유발의 의의

기업의 목표를 달성하기 위해서는 효과적인 지휘활동이 이루어져야 하는데, 이러한 지휘활동은 리더십을 통해서도 이루어질 수 있지만 동기유발을 통해서도 이루어질 수 있다. 동기유발 또는 동기부여(motivation)란 말은 "움직이게 하다"라는 라틴어 "movere"에서 유래된 말로서 개인으로 하여금 구체적인 목표를 지향하는 행동을 유발하는 심리적 과정이라고 표현할 수 있다.

특정한 과업에 대한 동기유발이 강하면 개인은 이러한 과업수행에 대한 높은 노력을 경주할 것이며, 따라서 과업성과도 높아질 것이다. 리더가 효과적인 동기유발기능을 수행하기 위해서는 동기유발에 관한 주요 이론을 이해하고 실무에 적용할 수 있는 능력을 배양해야 한다.

동기유발에 관한 이론을 연구초점에 따라 내용이론(motivation content theory)과 과정이론(motivation process theory)의 두 가지로 나누어 살펴보고자 한다.

2. 동기유발의 내용이론

사람들은 욕구를 충족시키기 위하여 동기를 유발하며, 욕구가 충족되지 않으면 긴장상태가 발생하고 이러한 긴장상태는 목표지향적인 충동을 유발한다. 사람들의 동기를 이해하기 위해서는 먼저 사람들이 가지고 있는 욕구와 이러한 욕구를 어떻게 충족시키는가에 대한 이해가 필요하다. 내용이론은 '무엇이' 행동에 대한 동기를 유발하는가에 관심을 둔 이론이다.

대표적인 이론으로는 매슬로우(Maslow)의 욕구계층이론과 허쯔버그(Herzberg)의 2요인이론, 맥그리거(McGregor)의 X · Y이론 등을 들 수 있다.

(1) 욕구계층이론

1943년 심리학자 매슬로우(A. Maslow)가 발표한 욕구계층이론(need hierarchy theory)에 따르면 인간은 모두 다섯 가지 종류의 욕구계층을 갖고 있으며, 충족되지 않은 욕구를 만족시키기 위하여 동기유발이 된다고 주장하였다. 이러한 다섯 가지 욕구는 〈그림 8-1〉과 같이 계층적으로 구성되어 있다.

그림 8-1 매슬로우의 욕구계층이론

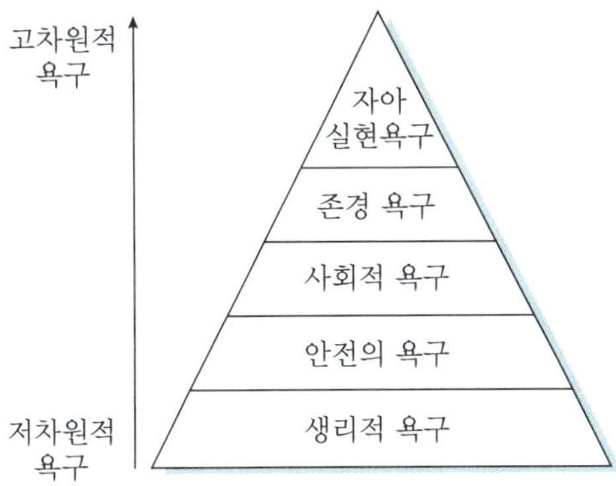

- 제 1 단계(생리적 욕구/basic needs)
  의식주와 같이 삶 그 자체를 유지하기 위한 욕구
- 제 2 단계(안전의 욕구/safety needs)
  물질적 안정과 타인의 위협, 재해로부터의 안전 욕구
- 제 3 단계(사회적 욕구/social needs)
  타인과 사회적인 교류를 하거나 일정 집단에 소속되고 싶어하는 욕구
- 제 4 단계(존경의 욕구/esteem needs)
  타인으로부터 평가와 인정을 받고자 하는 욕구
- 제 5 단계(자아실현 욕구/self actualization needs)
  자기발전을 위해 자신의 잠재능력을 극대화하려는 욕구

매슬로우는 어느 한 단계의 욕구가 충족되면 그 다음 단계의 욕구를

충족하기 위해 노력한다고 주장한다. 일단 충족된 욕구로는 더 이상 동기유발이 되지 못하며, 점진적으로 높은 단계의 욕구들을 충족해간다. 또한, 낮은 단계의 욕구를 충족했을 때만 더 높은 단계의 욕구를 충족하고자 한다는 것이다.

경영자는 종업원이 현재 만족시키고자 하는 욕구를 파악하여 이를 충족시킴으로써 성공적으로 동기유발을 시킬 수 있다. 그러나 종업원들이 개별적으로 충족시키려는 욕구를 정확히 파악하기 위해서는 개인, 연령, 직급, 직업 등에 따른 욕구의 종류에 대한 깊은 이해를 필요로 한다.

최근에 이루어진 한 조사연구에 의하면, 사람들이 월급수준보다는 자신의 일에 대해 더 많은 관심을 가지며 흥미있는 직업을 선호한다고 말하고 있다. 우리나라 20대 직장인들은 직장만족에 영향을 미치는 주요 요인으로 전문지식 배양(37%), 성취감(36%), 기업의 비전(7%), 상사와의 관계(6%), 급여(6%) 등의 순으로 꼽았다. 따라서 경영자는 종업원들의 효과적인 동기유발을 위하여 다음과 같은 방법을 고려해야 할 필요가 있다.

① 조직내에서 종업원의 성장을 촉진하기 위하여 의미있는 직위와 책임을 부여하는 것 또는 연수기회를 제공한다.

② 성취한 일을 높이 평가해 주어야 한다.

③ 종업원에게 참여의식을 고양시킨다.

④ 종업원을 인격적으로 존중한다.

⑤ 개인적 관계를 돈독히 한다.

(2) 2요인이론

2요인이론은 심리학자인 허쯔버그(F. Herzberg)가 200여명의 전문직 종사자를 대상으로 직무와 관련하여 가장 즐거웠고 만족했던 상황과 가장 불만스러웠던 상황을 설명해 달라고 요청하는 설문조사를 통해서 개발되었다. 그 결과 월급이 적어서 불만인 사람은 많았지만 월급이 많아서 만족했다는 사람은 별로 없었으며, 자신의 실력을 인정해 주는 칭찬을 듣고 만족한 사람은 많았지만 그러한 칭찬이 없어서 불만인 사람은 적었다.

허쯔버그는 이 조사에서 직무에 대한 불만족과 만족이 각각 다른 요인에 의해 발생한다는 것을 알아내고, 모든 욕구 요인을 불만족요인(위생

그림 8-2 허쯔버그의 2요인이론

		100% 충족 못시킴	충족 시킴 100%
동기 요인	성취감 성장감 인정, 칭찬 자율 책임부여	동기없음 ◀——	——▶ 동기부여
위생 요인	작업조건 임금 상사와의 관계 신분안전 제도, 규정	불만많음 ◀——	——▶ 불만없음

자료: 임창희, 「조직행동」(서울: 학현사, 1998), p. 163을 재수정.

요인 : hygiene factors)과 만족요인(동기요인 : motivator)으로 분류하여 2요인(two factor)으로 설명하고 있다(그림 8-2 참조).

이 이론에 의하면 사람들은 위생요인이 모두 갖추어져도 더 이상 노력하려고 하지 않으며, 동기요인에 대해서는 이를 채우려고 온갖 정력을 쏟아 그 곳까지 도달하고 나아가서 초월까지 하려고 노력한다. 그러므로 동기유발을 위해서는 위생요인에 신경 쓰는 것보다 동기요인에 중점을 둔 관리가 필요하다고 주장한다.

예를 들면, 높은 임금을 지불하고 작업조건 향상을 위해 위생요인의 수준을 높이는 것은 불만족을 해소하기 위해 필요한 것이지만 반드시 근로의욕을 고취시키는 것은 아니다. 또한, 만족감이 높은 근로자가 반드시 더 생산적이거나 더 열심히 일하도록 더 크게 동기가 부여되는 것은 아니다. 반면에 생산성을 증대시키기 위해서는 작업의 내적 가치를 높이고, 종업원의 성취감과 책임의식을 유도하고 업적을 인정해 줄 필요가 있다는 것이다.

(3) X · Y이론

맥그리거(D. McGregor)는 모든 인간 행동에 관한 두 가지 상반된 가정

표 8-1 X이론과 Y이론의 가정

X이론의 가정	Y이론의 가정
• 사람은 일을 싫어하기 때문에 가능한 한 일을 조금만 하려고 한다.	• 노동이란 일정한 여건만 갖추어지면, 극히 자연스러운 것이며, 놀이와 휴식과도 같이 생각한다.
• 인간이란 책임지기를 싫어하기 때문에 가능한 한 회피하고 야망이 없기 때문에 그저 시키는 일만 한다.	• 사람은 강제나 처벌이 없어도 자기관리를 한다.
• 많은 사람들은 기업의 문제를 해결할 창의성이 없다.	• 사람은 모두 문제해결을 위한 창조성을 갖고 있다.

을 하고 이를 토대로 경영을 해야 한다고 주장하였다. X이론이란 인간은 작업을 통해서는 본질적인 만족을 느낄 수 없고, 가능한 작업을 피하려고 하며 야망이나 독창성이 거의 없다고 보는 이론이다. 따라서 X이론에서는 기업목표를 달성하기 위해서 강제로 명령을 내리거나 처벌하는 등의 적극적인 지도가 필요하다는 것이다.

한편, Y이론은 X이론과 반대로 사람을 긍정적으로 파악하여 사람은 일을 즐기고 조건 여하에 따라서 자기만족의 근원이 된다고 보는 이론이다. 따라서 Y이론에서 사람은 일을 할 때 작업조건에 따라 고통스럽게 느낄 수도 있지만 기쁨을 가져올 수도 있으므로 강제적인 분위기보다는 협력적인 분위기가 필요하다는 것이다.

3. 동기유발의 과정이론

과정이론(process theory)은 개인이 어떠한 과정을 통해 동기유발되는가를 설명하는 이론이다. 내용이론은 개인을 동기유발하는 요인이 무엇인가에 초점을 맞추고 있는 반면 과정이론은 인지적 과정에 초점을 두고 개인의 행동이 어떻게 유발되는지 그 과정을 설명하고 있다. 과정이론은 개인의 행동을 보다 풍부하게 설명하고 예측 가능하게 한다는 점에서 실제 조직에서도 광범위하게 활용되고 있는 이론이다.

대표적인 과정이론으로는 브룸(Vroom)의 기대이론과 아담스(Adams)

의 형평성이론 등을 들 수 있다.

(1) 기대이론

기대이론(expectancy theory)은 많은 옹호자들이 있는데 톨만(E. C. Tolman)에서 레인(C. Lewin), 아트킨슨(J. W. Atkinson), 로터(J. B. Rotter)에 이르기까지 그리고 최근의 대표적인 학자인 브롬(V. Vroom)과 포터-롤러(L. W. Porter & E. E. Lawler)에 의해서도 실험되었으며 현재까지 적용되고 있는 이론이다.

이 이론의 주요 요점은 동기유발, 성과, 직무만족은 일정한 작업에 노력을 경주하면 바라는 보상을 획득할 수 있다는 믿음의 정도에 의해 결정된다는 것이다. 인간은 일정한 과업에 임할 때 기대하는 보상을 받을 가능성을 점검하게 되며, 이러한 것은 다음과 같은 단계를 거치고 각 단계의 정도가 높을수록 개인의 동기유발 강도는 높아진다는 것이다.

- 제 1 단계(보상의 가치/valence)
  자신이 기대하는 보상이 무엇이고 이것이 얼마나 자신에게 중요한지를 결정
- 제 2 단계(기대감/expectancy)
  자신의 능력을 발휘하여 노력하면 바람직한 업적을 낼 수 있을 것인가에 대한 기대
- 제 3 단계(수단성/instrumentality)
  성공적으로 과업을 완수하면 그 대가로 받게 되는 보상의 수단이 무엇이며, 제대로 보상받을 수 있는가를 나타내는 것

이러한 세 가지 문제를 고려하여 기대이론에서는 종업원의 동기유발을 다음과 같이 표현하고 있다.

동기유발의 강도 = 기대 × 보상의 가치 × 수단성

- 기대: 노력하면 업무성과를 달성할 수 있다는 계산된 확률
- 보상의 가치: 성공적인 업무성과 달성 후 기대하는 보상의 중요도

- 수단성: 성공적인 업무성과 달성이 기대하는 보상을 가져다 줄 확률

만일 기업에서 아무리 큰 보상을 준다고 해도 업적을 달성해 낼 시간이나 자원이 충분히 확보되지 않는다면, 종업원은 보상에 대한 기대를 별로 하지 않게 되므로 동기유발이 낮아진다. 또한, 과거에 보상을 제대로 하지 않았다면 수단성이 낮아져서 전체적으로 동기유발을 저하시킨다. 따라서 기대이론에 의하면 경영자가 종업원의 동기를 유발하고자 할 때는 세 가지 요인, 즉, 기대감 · 수단성 · 보상의 가치 등을 모두 극대화시켜야 할 것이다.

기대이론을 실무에 응용하기 위한 세 가지 원칙을 살펴보면 다음과 같다.

① 종업원의 노력이 업무성과로 이어지도록 해야 한다. 리더는 종업원이 직무수행시 필요한 지원과 지도를 제공함으로써 종업원들에게 자신이 노력하면 성공적으로 직무를 수행할 수 있다고 인식하도록 도와주어야 한다.

② 업무성과와 보상을 연결시켜야 한다. 경영자는 성공적인 업무완수의 결과로 어떤 보상이 주어질 수 있는지 종업원에게 알려주고, 어떤 방법으로 업무성과를 평가할 것인지에 대해 사전에 종업원에게 알려준다.

③ 종업원이 원하는 보상의 종류와 중요성을 이해하여야 한다. 경영자는 종업원이 개인적으로 원하는 보상의 종류와 중요성을 이해해야 효과적인 동기유발을 시킬 수 있다. 따라서 개별 면담이나 집단의 설문조사를 통하여 이를 파악할 필요가 있다.

(2) 형평성이론

아담스(J. S. Adams)가 개발한 형평성이론(equity theory)은 직무에 대한 동기유발은 개인이 받는 보상이 얼마나 공정하게 배분되는가 하는 평가에 달려 있다고 보는 이론이다. 이 이론에 의하면 사람들은 자신의 업적에 따라 주어지는 보상이 공정하다고 느끼면 동기가 유발된다는 것이다.

아담스는 각 개인은 상대방으로부터 자신의 공헌에 대한 정당하고 공평한 대가를 받아야 한다고 보고 있다. 그 정당성의 여부는 자기의 공헌-

보상만 보고 판단하는 것이 아니라 남들의 것과 비교한 후에 판단하여 불공정하다고 판단되면 화를 내거나 죄책감을 느끼고 이 불공정함을 줄이려고 노력한다는 것이다. 그러나 불공정여부의 판단은 매우 주관적이라서 사람마다 다르며 불공정성을 느낀 다음 나타나는 반응과 행동양식도 각양각색이라고 하였다.

종업원들은 자신의 직무를 수행하기 위한 시간, 노력, 경험, 기업에 대한 충성심 등을 투입하게 되며, 그 결과 월급, 승진, 인정, 동료나 상사와의 원만한 관계, 성취감 등과 같은 것을 얻게 된다. 따라서 개인의 입장에서 작업상의 투입과 산출 사이의 비율을 다른 사람과 비교함으로써 공정하게 대우받고 있는지를 판단하게 되는 것이다.

따라서 경영자가 종업원들에 대한 보상을 할 때는 항상 형평성의 원칙에 어긋나지 않도록 주의를 기울여야 한다. 비록 많은 보상이 주어진다 해도 그것이 공정하게 배분되지 않으면, 종업원들의 동기를 유발시키기는 어렵게 된다. 이렇게 종업원들의 노력이나 성과에 따라 공정한 보상이 이루어질 수 있도록 노력해야 동기유발이 이루어진다는 것이 형평성이론이다.

예증 8-1 ILLUSTRATION

리더여, 마음을 열어라

쇠고기 협상과 대운하 문제로 나라 전체가 시끄러웠다. 왜 이러한 사태가 일어났을까? 많은 사람들이 쇠고기 문제는 한국 정부의 협상 실패이고, 대운하는 경제적 · 환경적 파급 효과를 명확히 이해하지 못했기 때문이라 분석한다.

하지만 두 가지 이슈의 가장 근본적인 원인이자 공통점은 리더십의 실패에 있지 않을까? 국가 중대사를 결정하고 추진하는 과정에서 리더들이 다양한 의견을 열린 마음으로 듣지 못한 것이다.

▶ **파리 디즈니랜드 실패의 교훈**

기업 경영의 실패 사례를 자세히 살펴보면 공통점을 발견할 수 있다. CEO가 기업의 사활이 걸린 결정을 하는 과정에서 자신의 의견만을 고집하고, 다양한 목소리 특히 자신의 의사와 상반된 목소리를 경청하지 않았다는 사실이다.

대표적인 사례가 바로 디즈니(Disney)의 전임 CEO였던 마이클 아이스너(Eisner)이다. 그는 카리스마 넘치는 탁월한 리더였다. 그의 리더십에 힘입어 1984년부터 1997년까지 디즈니의 주가는 26배 뛰었고, 라이온 킹을 비롯한 수많은 히트 작품을 내며 제 2 의 전성기를 맞게 됐다. 미국 3대 방송 중 하나인 ABC와 스포츠 전문 방송인 ESPN을 흡수하고 미국 플로리다에 여러 개의 테마파크를 건설했다.

그러나 성공에 도취된 아이스너는 독단에 빠져든다. 대표적인 예가 유로 디즈니(Euro Disney) 설립이다. 80년대 중반 디즈니는 도쿄 디즈니의 성공을 발판으로 글로벌화를 확대하기 위해 유로 디즈니를 구상했다. 최종 후보지로 스페인과 파리가 대두되었다.

당시 날씨나 부지 규모, 세금 혜택, 인건비 등 여러 가지 면에서 스페인이 더 합리적인 선택으로 여겨졌다. 더욱이 프랑스 사람들은 미키마우스로 대변되는 미국 문화를 천시하는 경향이 있던 반면, 스페인 사람들에게 미국 문화는 동경의 대상이었던 점도 간과할 수 없는 점이었다.

그럼에도 불구하고 아이스너는 프랑스를 고집했고, 결국 주위의 반대를 무릅쓰고 프랑스로 결정했다. 당시 아이스너는 프랑스 문화와 와인에 흠뻑 빠져 있었다.

1992년 4월 12일 드디어 오프닝 데이가 다가왔지만 입장객 수는 기대에 훨씬 못 미쳤고, 주차장은 '미키 마우스, 이건 미친 짓입니다'(Mickey! It's madness)란 피켓을 높이 든 시위자들로 북적거렸다. 유로 디즈니는 이듬해까지 무려 10억 달러가 넘는 적자를 기록하게 된다. 결국 임기를 1년 남겨둔 2005년 3월 아이스너는 쫓겨나다시피 CEO 자리에서 사임하게 된다.

▶ 상반된 아이디어를 늘 접할 수 있는 시스템을 만들라

균형 잡힌 판단을 내리기 위해 리더는 어떻게 해야 할까?

첫째, 불편하더라도 다양한 의견을 들을 수 있는 마음 자세를 유지해야 한다.

둘째, 다양한 시각을 접할 수 있는 자신만의 시스템을 만들어 이를 자신이 원하건 원하지 않건 강제적으로 활용해야 한다.

리더가 자신의 시간 대부분을 자신의 의견과 일치하는 '듣고 싶은 이야기'만 듣는 데 할애한다면 그건 시간 낭비다. 그보다는 상반된 아이디어를 다양하게 접하고 이를 통해 자신의 생각을 재조명하는 데 보다 많은 시간을 할애해야 한다. 그런데 이게 쉽지 않기 때문에 강제적인 시스템이 필요한 것이다.

인텔의 전설적인 CEO였던 앤디 그로브(Grove)는 이를 가리켜 '구원의 카산드라'(그리스 신화에 나오는 여자 예언자)라고 표현했다. 지금 내게도 구원의 카산드라가 적어도 3명쯤은 있는지, 그래서 이들이 내게 여과되지 않은 의견을 애성을 가시고 직언해주고 있는지 확인해 보라.

현재 미국에서 가장 잘 나가는 전자제품 유통업체를 꼽으라면 베스트바이(Best Buy)를 빠뜨릴 수 없다. 1999년 10조원이었던 매출이 올해 40조원으로 늘었다.

성공 비결은 바로 이 회사의 CEO인 브래드 앤더슨(Anderson)의 탁월한 리더십에 있다. 그는 가정 형편이 넉넉하지 못했고, 평균 이하의 성적 때문에 대학에 바로 진학하지 못하고 2년제 커뮤니티 칼리지를 졸업했다.

1960년대 후반 청년 앤더슨의 칼리지 시절, 학기 첫날 역사학 교수로부터 이해할 수 없는 과제를 받았다. 미국 남북전쟁 중 벌어진 어떤 전투를 기술한 두 권의 책을 읽고 학기말까지 감상문을 써오는 것이었다. 왜 동일한 전투를 이해하기 위해 왜 두 권의 책을 읽으라는 것일까? 앤더슨은 학기 내내 두 권의 책과 씨름하면서 같은 사건을 이렇게 다른 관점에서 해석하고 평가를 내릴 수 있다는 사실에 큰 깨달음을 얻었고, 이 교훈은 그가 인생을 살면서 가장 중요한 철학 중의 하나가 되었다.

하나의 사건을 다양한 시각에서 관찰하려는 그의 노력은 그가 회사의 CEO가 된 후 여러 가지 어려운 결정을 내리는 데 중요한 역할을 하였다. '평균 이하'였던 앤더슨을 성공한 리더로 탈바꿈시킨 비결도 여기에 있었다.

한국 리더들의 단점 중 하나가 바로 열린 마음으로 다양한 시각을 받아들이지 못한다는 것이다. 특히 자신보다 연령, 경험 또는 사회적 위치가 높지 않다고 생각되는 사람으로부터 의견을 수렴하기를 꺼리는 경향이 있다. 그러나 편협한 판단에서 오는 큰 피해를 막으려면 다양한 의견을 의사결정에 반영할 수 있는 제도와 시스템을 반드시 정착시켜야 한다.

출처 : 조선일보, 2008년 6월 21일자.

제 2 절 리더십이론

1. 리더십의 정의

우리는 일상생활에서 리더십이란 용어를 많이 사용하고 있으며, 이러한 리더십은 구성원들에게 미치는 영향력이라고 이해되어 일상적으로 사용되고 있다. 그러나 리더십(leadership)에 대한 정의는 매우 다양해서 리더십을 연구하는 사람마다 각자의 독특한 정의를 가지고 있다.

쿤츠(Koontz)는 리더십이란 공통의 목표달성에 이르도록 사람들에게 영향력을 주는 것이라고 정의하였으며, 테리(Terry)는 리더십이란 모든 사람들이 집단목표를 위해 자진해서 노력하도록 사람들에게 영향력을 주는 활동이라고 말하고 있다. 또한, 베니스(Bennis)는 리더십이란 조직으로 하여금 자기의 비전을 갖게 하고 자기의 능력을 모두 쏟아 그 비전을 실현하게 하는 것이라고 정의를 하고, 결국 구성원들로 하여금 맡은 일을 열성적으로 실현하도록 이끄는 기술이라고 하였다.

지금까지 학자들의 리더십에 대한 여러 정의를 요약하면, 리더십이란 집단의 목표달성을 촉진하도록 구성원의 행동에 영향을 주는 리더의 행동이라고 할 수 있다.

2. 리더십과 권력

다른 사람에게 영향력을 행사하는 리더십의 정의에서와 같이 리더십과 권력의 관계는 매우 밀접하다. 권력(power)은 바로 타인에 대한 영향력의 원천이기 때문에 권력이 존재하지 않는 리더십은 생각하기가 어렵다.

리더는 자신의 공식적 지위에 부여된 권력(position power)과 공식적으로 주어진 것은 아니지만 리더 개인이 지니고 있는 여러 가지 특성 때문에 생기는 권력(personal power)을 가질 수 있다. 따라서 어떠한 유형의 권력을 어떻게 사용하느냐의 문제가 리더에게 중요한 문제가 되며, 이러한 유형을 분류하면 다음과 같다.

(1) 지위에 부여된 권력

① **보상적 권력**(reward power)

부하가 필요로 하는 경제적 보상이나 부하의 행동을 유인할 수 있는 승진, 인정 등의 간접적 보상을 통하여 부하를 움직일 수 있는 힘을 뜻한다.

② **강압적 권력**(coercive power)

부하에게 벌을 주거나 감봉, 강등의 조치를 취할 수 있는 능력을 말하며, 우리가 흔히 처벌이라고 할 수 있는 것들이다. 자신보다 낮은 직위에 있는 구성원들에게 권력을 갖게 된다.

③ **합법적 권력**(legitimate power)

어떤 사람이 차지하고 있는 권한계층의 지위 때문에 생기는 권력이다. 즉, 지위에 부여된 공식적인 권한(formal authority)을 의미하는 것으로 자신이 책임지고 있는 구체적인 업무영역에 대해 하급자에게 지휘, 명령할 수 있는 권력이다.

(2) 개인적 특성 때문에 갖게 되는 권력

① **전문적 권력**(expert power)

자신이 갖고 있는 전문적 지식이나 능력 때문에 생기는 권력으로 특정부문의 전문적 기술이나 지식을 보유함으로써 조직구성원들에게 영향력을 행사할 수 있는 힘을 의미한다.

② **준거적 권력**(referent power)

부하가 존경심을 갖거나 또는 매력을 느끼게 되는 리더의 개인적 특성에 의해서 생기는 권력으로 준거적 힘을 지닌 리더는 부하의 동일화(identification) 행동의 대상이 되기도 한다.

3. 리더십의 주요 이론

20세기 들어서 다양한 기업의 조직들이 탄생하고 경영을 체계적으로 연구하려는 움직임이 시작되면서 리더십에 관한 연구도 활발히 진행되었

그림 8-3 리더십 연구의 발전단계별 흐름

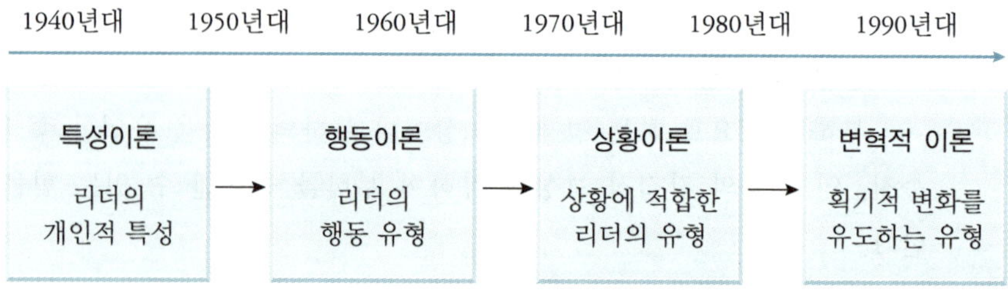

다. 그동안의 수많은 연구에도 불구하고 리더십에 관한 명확한 답은 아직 없다. 다만 여러 연구의 관점을 중심으로 리더십에 관한 이론은 특성이론(trait theory), 행동이론(behavioral theory), 상황이론(contingency theory) 및 변혁적 이론(transformational theory) 등으로 구분할 수 있다.

(1) 특성이론(자질론)

리더십 연구 초기의 사람들은 리더는 태어나는 것이지 만들어지는 것이 아니라고 믿었다. 그래서 리더와 리더가 아닌 사람을 구별할 수 있는 특징이나 특성이 있다고 가정을 하고 그 특성이 무엇인가에 초점을 맞추고 있다.

특성이론(trait theory)은 유능한 리더의 자질, 즉 그들의 개인적 특성이 무엇인지를 규명하는 것을 강조해 왔다. 즉 리더의 개인적 자질에 의해 리더십의 성공이 좌우된다는 전제하에 유능한 리더와 그렇지 않은 리더를 구분하는 리더의 개인적 특성이 존재한다고 보는 입장이 특성이론의 관점이다.

즉, 이순신 장군이나 마하트마 간디와 같은 출중한 개인이 있어 리더십을 발휘한다는 것이다. 초기의 리더십이론들은 바람직한 리더의 특성을 찾고자 하는 연구였다. 리더의 특성으로 매우 다양한 내용이 제시되었으나, 〈표 8-2〉에서와 같은 것들이 연구대상으로 지적되었다.

리더의 개인적 특성으로 리더십을 설명하고자 한 시도는 일관된 연구결과를 얻지 못하였다. 따라서 리더십에 대한 연구는 점차 몇 가지 스타일을 찾게 되었고, 어떠한 상황에서 어떠한 스타일이 성공적인가를 연구하

표 8-2 리더십 특성이론의 연구대상

연구차원	연구대상
신체적 특성	연령, 신장, 체중, 용모 등
성격 특성	독립성, 자신감, 지배욕구, 공격성 등
사회적 배경	교육수준, 신분, 사교성, 거주지 · 출신지
지 능	판단력, 결단성, 표현력 등
인간관계능력	관리력, 협조성, 사교력, 청렴성 등
업무능력	성취욕구, 솔선수범, 책임감, 목표지향성 등

게 되었다.

리더가 갖추어야 할 자질이나 능력을 밝히려는 특성이론의 노력은 한계점을 지니고 있다. 신체적 특성을 비롯한 여러 가지 특성이 실제 리더십의 효과성과 밀접한 관계를 갖지 못한다는 사실이 여러 연구를 통해서 밝혀졌다. 이러한 주장의 배경에는 리더의 능력이 선천적인 경우도 있지만, 후천적인 학습 · 경험을 통해서 개발되어지는 경우도 있을 수 있기 때문이다.

(2) 행동이론

리더의 개인적 특성에 대한 일치된 견해가 없고, 리더가 반드시 태어나는 것이 아니라 만들어질 수도 있다는 생각을 갖게 되면서 리더에게 필요한 행동이 무엇인가에 대한 관심을 갖기 시작했다. 그래서 리더가 자신의 역할을 수행하기 위해 조직구성원들에게 어떠한 행동을 보여주느냐에 따라 리더십이 얼마나 효과가 있는지 결정된다는 이론을 제시하였는데, 이것이 바로 행동이론(behavior theory)이다.

리더십의 영향은 리더의 행동이 결정적인 요소라고 보고 이에 대한 연구가 활발하게 이루어졌는데, 이러한 리더의 행동에 초점을 둔 리더십 이론 연구는 크게 세 가지로 발전되어 왔다. 첫째는 오하이오 주립대학(Ohio State Univ.)의 연구, 둘째는 미시건 대학(Univ. of Michigan)의 연구, 셋째는 블레이크와 무튼(Blake & Mouton)의 관리격자 모형 등으로 각각의 연구 이론들을 살펴보면 다음과 같다.

① 오하이오 주립대학의 리더십 연구

오하이오 주립대학의 연구진들에 의하면 리더십은 목표달성을 향하도록 집단을 지휘할 때 나타나는 개인의 행동이라고 정의를 내리고, 리더의 행동유형을 결정하는 것은 업무중심형(initiating structure)과 종업원 배려형(consideration)으로 분류하여 각각의 고저에 따라서 네 가지 형태의 리더십 유형을 제시하였다.

업무중심형 리더는 목표설정과 작업추진의 결과를 중시하는 사람으로 직무가 수행되는 방법과 절차를 정확히 지시하는 성향을 가진다. 한편, 종업원 배려형 리더는 리더와 부하간의 우의 · 상호신뢰 · 존중 · 관계를 중시하며 공개적인 대화와 참여를 적극 지지하는 유형이라고 하였다.

업무중심형과 종업원 배려형의 유형을 상호 결합하면 〈그림 8-4〉와 같다.

오하이오 주립대학의 리더십모형은 몇 가지의 한계점을 지니고 있다. 먼저 모형이 지나치게 단순하고 일반화시키기 어려우며, 또한 리더십의 유효성을 결정하는 데 중요한 역할을 하는 환경변수나 상황적 요소가 무

그림 8-4 오하이오 주립대학의 리더십 연구

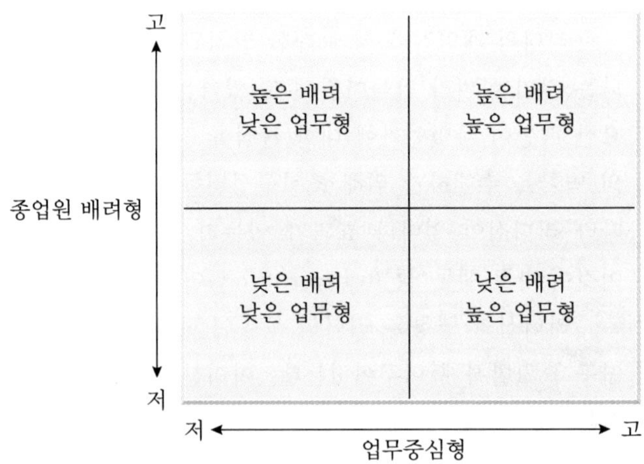

자료: A. G. Jago, "Leadership : Perspectives in Theory and Research," *Management Science*, Vol. 28-3(1982), pp. 315-336.

시되는 약점이 있다.

② **관리격자모형**

블레이크와 무튼(Blake & Mouton)의 연구에서는 오하이오 주립대학 연구를 바탕으로 리더의 행동을 인간에 대한 관심(concern of people)과 생산에 대한 관심(concern for production) 두 축으로 하여 1에서 9까지 등급을 매긴 바둑판 모형의 좌표를 만들고, 〈그림 8-5〉와 같이 다섯 가지 형태의 리더십 유형으로 구분하였다.

가. 소극형(1.1형)

사람과 업무에 대한 관심이 모두 최소인 소극형이다. 이 유형은 리더가 리더십을 거의 행사하지 않기 때문에 자유방임형, 무기력형이라고도 한다.

나. 과업중심형(9.1형)

혼자서 다 계획하고 통제하는 명령일변도이며, 부하를 생산도구로 여겨 업적달성에만 관심이 있고 부하에게는 따라오라는 식으로 권한복종형이라고도 한다.

그림 8-5 관리격자이론에 의한 리더십 유형

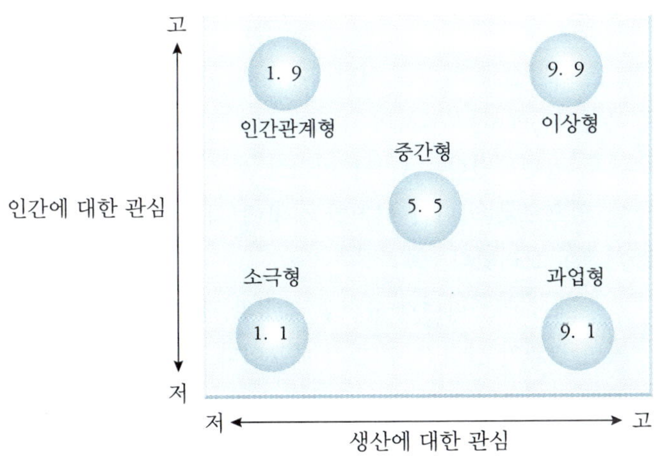

자료 : R. R. Black and J. S. Mouton, *The Managerial Grid* (Houston, Texas : Gulf Publishing Company, 1964), p. 10.

다. 인간관계형(1.9형)

인간관계를 만족스럽게 유지하기 위해 사려깊은 주의를 기울이면 친근한 조직분위기가 조성되어 과업은 잘 수행될 것이라고 생각하는 리더십의 유형이다.

라. 중간형(5.5형)

리더의 행동이 인간과 과업의 양쪽에 모두 관심을 갖는 리더십유형으로서, 일정양의 성과만 있으면 그것으로 만족하면서 더 재촉하지 않는 리더이다.

마. 이상형(9.9형)

가장 이상적인 리더로서 업무계획과 추진에 부하들의 참여와 단결을 호소하고 열심히 노력하는 분위기를 만들어 갈등 없이 적극적으로 목표달성을 추구하도록 하는 이상적 리더를 말한다.

관리격자이론은 기업에서 경영자의 실제 리더십개발에 많이 적용하고 있으며, 격자개념에 의해 경영자의 리더십유형을 측정하고, 가장 이상적인 (9.9)형에 접근할 수 있도록 해야 한다. (9.9)형이 되면 경영자 개인의 개발은 물론이고 기업의 발전에도 가장 효과적으로 기여할 수 있게 된다는 것이다.

(3) 상황이론

리더십의 이론은 리더에게 어떤 특성이 있는가를 밝히려는 리더십의 특성이론에서 시작하여 성공한 리더의 행동유형을 규명하려는 행동이론으로 발전하였다. 그러나 이러한 이론들은 리더 자체에만 초점이 맞추어져 있으므로 리더가 어떠한 상황에 처해 있는가를 고려하지 않았다는 한계점이 드러났다.

왜냐하면 리더가 유사한 특징과 자질을 지니고 있더라도 상황이 달라지면 결과가 달라질 수 있기 때문이다. 따라서 상황에 맞는 리더십을 발휘해야 한다는 상황이론이 개발되어 발전하게 되었다.

상황이론(contingency theory)이란 모든 상황이나 조건에 적합한 최적의 리더십 특성이나 행동유형은 존재하지 않으며, 처해진 상황에 가장 적합한 리더십 유형을 찾으려고 하는 것을 말한다. 이러한 노력은 피들러

(Fiedler)의 상황적합이론, 허쉬와 블렌차드(Hersey & Blenchard)의 수명주기이론, 하우스와 에반스(House & Evans)의 경로목표이론, 브룸(Vroom)의 수정적 규범이론 등에 의해 연구가 이루어져 왔다. 상황이론의 여러 이론중에서 피들러의 이론에 대해 간략하게 설명하면 다음과 같다.

피들러는 리더십이란 리더십스타일과 상황과의 조화에 따라 결정된다고 생각했다. 따라서 그는 어떤 종류의 리더십스타일을 가지고 있는 리더를 그것과 가장 맞는다고 생각하는 상황에서 그러한 리더십스타일을 발휘할 수 있도록 만들어 주는 것이 성공적인 리더십의 열쇠라고 생각하였다.

〈그림 8-6〉은 피들러의 상황모델로서 여기에는 세 가지 변수가 사용되었다. 첫 번째 변수는 리더와 종업원들간의 관계이며, 두 번째 변수는 과업의 구조, 세 번째 변수는 리더의 지위권력이다. 이 그림을 보면 과업중심의 리더도 인간관계 중심의 리더도 항상 효과적인 리더십스타일인 것은 아니라는 것이다. 대신에 각 스타일은 적합한 상황에서 가장 좋은 성과

그림 8-6 피들러의 상황이론

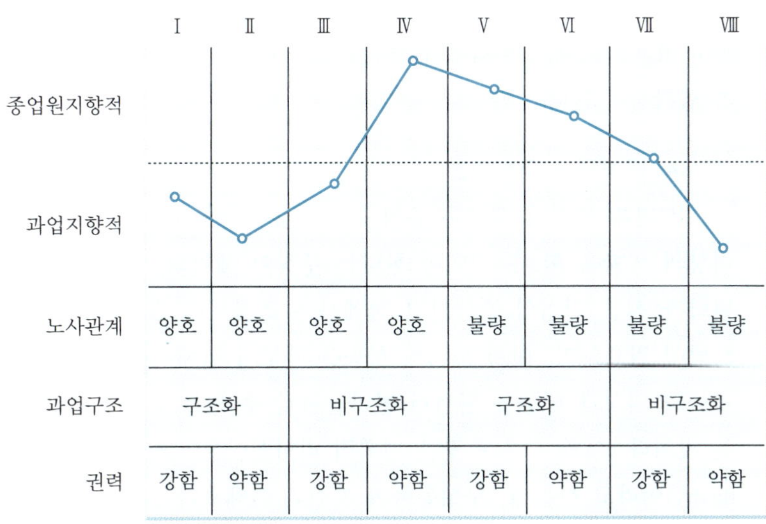

노사관계	양호	양호	양호	양호	불량	불량	불량	불량
과업구조	구조화		비구조화		구조화		비구조화	
권력	강함	약함	강함	약함	강함	약함	강함	약함

자료: Plunkett, W. R. & Attner, R. F., *Introduction to Management,* International Thomson Publishing, 1994.

를 나타내는 것이다.

중요한 리더의 특성을 평가하기 위하여 피들러는 리더가 싫어하는 사람에 대한 관점을 이해함으로써 리더십 스타일을 파악할 수 있다는 가정하에 LPC(least preferred co-worker) 설문을 개발하였다. LPC설문지는 모두 18개 항목으로 이루어져 있으며, 이들 항목에 대한 응답의 점수를 측정하여 가장 같이 일하고 싶지 않은 동료에게 주는 점수가 높으면 인간관계 지향적 리더십, 낮으면 과업지향적 리더십으로 구분하였다.

LPC점수가 높은 인간관계 지향적 리더는 동료를 존경할 정도는 아닐지라도 어느 정도 받아들일 만한 특성을 가지고 있을 수 있는 사람으로 과업수행의 요건으로 먼저 밀접한 대인관계가 필요하다고 생각한다. 반면에 LPC점수가 낮은 과업지향적 리더는 함께 일할 수 없는 동료들에 대하여 부정적인 정서적 반응을 강하게 보인다. 이 유형의 리더는 어쩔 수 없이 선택을 해야 하는 경우라면 과업에 대한 것을 먼저 선택하고 인간관계는 나중에 걱정하는 스타일이다.

피들러에 의하면 과업지향적인 리더(낮은 LPC점수)는 관계지향적인 리더(높은 LPC점수)에 비하여 매우 호의적이거나 매우 비호의적인 상황에서 보다 효과적이다. 관계지향적인 리더는 반면에 호의성이 중간 정도일 때 보다 효과적이다. LPC점수가 중간인 리더는 어떤 상황에서 가장 적합한가가 명확하지 않다.

(4) 변혁적 리더십이론

80년대 들어서 새로운 유형의 리더십이 거론되고 있는데, 리더는 그 이상의 역할을 할 수 있어야 한다는 주장이 제기되고 있다. 지금과 같이 변화가 심한 기업의 경영환경 하에서는 조직이나 집단의 끊임없는 변화노력이 필요하며, 이런 노력이 성공을 거두기 위해서는 리더가 부하 구성원들의 의식과 행동을 완전히 탈바꿈시킬 수 있는 능력을 갖추어야 한다는 것이다. 이와 같은 주장을 변혁적 리더십이론(transformational leadership theory)이라고 하는데, 구성원들이 자신의 이해보다는 조직목표 달성을 위해 행동하도록 커다란 변혁을 이끌어 낼 수 있는 능력을 강조하고 있다.

변혁적 리더십은 새로운 비전을 제시하고 구성원들이 그 비전을 향한

혼신의 노력을 쏟도록 커다란 변화를 창조해 내는 영향력을 말하며, 흔히 카리스마적 리더십(charismatic leadership)이라고 부르기도 한다.

변혁적 리더는 구성원들과의 관계에서 다음과 같은 네 가지의 자질을 갖추어야 한다.

① 비전을 통한 단결능력이다. 구성원들에게 미래의 비전을 제시하며 주도권을 쥐고 부하들을 자극하는 능력이 있어야 한다. 미래의 분명한 목표인 비전을 제시함으로써 현재와 미래를 연결해주는 구성원의 사기와 가치관을 자극시켜 조직내에 꿈과 용기를 불어넣는다.

② 높은 성과목표를 설정한다. 변혁적 리더는 목표가 갖는 동기유발능력을 충분히 인식하고 있다. 따라서 전체 구성원들과의 성과에 대해 높은 수준의 목표를 제시하고, 그것을 기필코 달성하겠다는 구성원들의 의욕을 끊임없이 고무시킬 수 있는 능력을 갖고 있어야 한다.

③ 구성원들의 능력에 대한 강한 믿음을 보여야 한다. 목표는 그것을 이룰 수 있다는 강한 믿음이 있을 때 비로소 달성될 수 있다. 변혁적 리더는 구성원들의 능력에 대해 높은 신뢰를 표시함으로써 구성원들 스스로가 해낼 수 있다는 강한 믿음을 갖게 한다.

④ 솔선수범해야 한다. 변혁적 리더는 스스로가 좋은 본보기 역할을 한다. 비전을 실현하는 데 필요한 행동을 남보다 앞서 실천한다. 그리고 비전에서 제시된 가치와 강한 신념을 몸소 보여 줌으로써 구성원들이 조직의 가치를 적극적으로 수용하고 건전한 신념을 가질 수 있도록 본보기 역할을 하여야 한다.

예증 8-2 ILLUSTRATION

회사 내 루머, 회사에 긍정적 영향 미칠 수도

회사 내에서 비공식 의사 소통 채널을 통한 루머가 회사에 긍정적인 영향을 미치는 통로가 될 수도 있다고 영국 일간 텔레그래프 온라인판이 5일 보도했다. 연구팀은 호주 시드니에 위치하고 있는 한 인재 채용 에이전시 회사를 상대로 연구를 진행했다.

이 회사의 사장은 모든 직원들의 업무 수행 능력에 부응하는 임금 인상 제도를 실시하지 못하고 있었으며 이로 인한 직원들의 사기 저하를 우려하고 있었다. 이에 이 회사의 사장은 회사 내 믿을 만한 직원에게 "더 많은 일을 하고 열심히 일하는 직원들을 상대로 그에 부응하는 임금 인상 및 상여금 수여 계획을 갖고 있다"는 루머를 흘렸다.

이 루머는 순식간에 회사 내에 퍼졌고 직원들은 이 말을 계기로 종전보다 훨씬 더 열심히 일해 실질적으로 능력에 따른 임금 인상 제도와 상여금 수여 계획이 회사 내 정책으로 자리잡게끔 했다.

이번 연구를 이끌고 직장 내 루머에 관한 책을 쓰기도 한 프랑스 낭트 경영대학의 그랑트 미셸선은 "경영진은 근거 없는 소문이 돌 때 이를 무시하려고만 하지 말고 이를 이용해 직원들의 사기를 복돋울 수 있는 방법이 무엇인지를 생각할 줄도 알아야 한다"고 전했다.

그러나 그는 루머를 퍼트리는 것에 있어 가장 중요한 것은 믿을 만한 인물을 통해 회사 내에 소문을 퍼트리는 것이라고 지적했다. 미셸선은 "일어날 것 같지 않은 사건을 퍼트리려고 할 때는 더욱더 믿을 만한 인물을 선정해 이를 직원들에게 퍼트리도록 해야 한다"고 전했다. 그는 "최초에 루머를 퍼트리는 인물은 사회적 활동을 통해 주변에서 신뢰를 얻은 인물이어야 한다"고 덧붙였다.

그러나 영국 공인인력개발연구소(CIPD)의 마이크 에못트는 "적절치 못한 시기에 해고나 부서 이동 등에 관한 루머를 퍼트리는 것은 오히려 직원들에게 역효과를 낼 수 있다"면서 경영진은 적절한 시기에 믿을 만한 소스를 통해 루머를 퍼트려야 함을 시사했다. 에못트는 "무엇보다 경영진은 정직하고 믿음이 가게 회사를 운영하는 것이 중요하다"고 덧붙였다.

출처 : newsis, 2009년 1월 6일자.

제 3 절 의사소통

1. 의사소통의 의의

경영의 모든 과정에는 직 · 간접적으로 의사소통이 개입된다. 계획을 수립하거나 조직을 구성할 때, 지시를 하거나 통제를 할 때 기본이 되는 것이 의사소통이다. 의사결정이나 정책을 발표할 때 핵심정보가 바르게 전달되지 않는다면, 그 내용이 아무리 훌륭하다 할지라도 생명력을 잃고 말 것이다. 이처럼 효과적인 의사소통은 경영관리 활동의 기본이 된다.

의사소통(communication)이란 두 사람 이상의 사람들 사이에 언어, 비언어 등의 수단을 통하여 자기들이 가지고 있는 의견(opinion), 감정(sensitiment), 정보(information)를 전달하고 피드백을 받으면서 상호작용하는 과정이라고 정의를 내릴 수 있다. 또한, 의사소통은 서로 통하여 공동의 장에 도달하게 하는 순환과정으로 볼 수도 있다. 한쪽에서 송신을 했다고 해서 의사소통이라고 말할 수 없고, 상대방이 수신하는 것도 포함한다. 따라서 일방적 설명, 지시, 전달 등은 완전한 의사소통이라고 할 수 없다.

조직에서 이루어지는 대부분의 활동은 의사소통과 관련된다. 특히 경영자들의 일상적인 활동은 여러 가지 서류결재, 업무와 관련된 편지를 읽는 일, 회의 참석 그리고 전화통화 등 대부분의 모든 활동들이 의사소통과 관련된 것이다. 민쯔버그(H. Meitzberg) 연구결과에 따르면, 관리자들은 하루 업무시간 중 75% 이상을 의사소통을 위해 보내고 있다는 조사도 있다.

기업에서 경영자들이 해야 하는 여러 가지 활동 즉 계획, 조직화, 지휘 그리고 통제 등의 기능들은 원활한 의사소통이 이루어지지 않으면 잘 수행될 수 없다. 경영자가 뛰어난 의사소통 능력을 갖추고 있을 때 구성원들에게 영향력을 행사하고 그들의 의욕을 북돋아 조직을 활력이 넘치는 곳으로 만들 수 있다.

의사소통이 기업의 조직에서 담당하는 기능을 보면, 다음의 몇 가지로 살펴볼 수 있다.

① 의사소통은 조직구성원의 행동을 통제하는 기능을 한다. 구성원들은 자신의 업무상 문제가 발생하면 직속상관에게 먼저 알려야 하고, 또한 자신에게 할당된 직무를 수행해야 하며 조직에서 시행하는 방침에 따라야 한다는 것을 알고 있다.

② 구성원들의 동기유발을 촉진시키는 작용을 한다. 구성원들에게 구체적이고 명료한 목표를 설정해주고, 그러한 목표달성의 진척상황을 피드백해주면서 바람직한 행동을 계속적으로 강화시키는 역할을 하고 있다.

③ 구성원들이 감정을 표현하고 사회적인 욕구를 충족시키는 역할을 한다. 즉, 의사소통을 통하여 자신의 고충이나 기쁨, 만족감 등의 감정을 표출하고 다른 사람들과의 교류를 넓혀 나가는 것이다.

④ 개인과 집단에 정보를 전달해주는 기능을 함으로써 의사결정에 촉매제 역할을 한다. 그리고 선택의 가치가 있는 여러 대안을 파악하고 평가하는 데 필요한 자료를 제공해 줌으로써 의사결정이 원활히 이루어지게 해준다.

2. 의사소통의 과정

효과적인 의사소통은 의사전달자와 수신자가 전달되는 정보에 대해 일치된 의미를 가질 수 있을 때 이루어진다. 그런데 사람들 사이에 이루어지는 의사소통은 몇 개의 단계를 거치게 되며, 각 단계마다 정보의 정확한 전달을 방해하는 다양한 요인들이 있다. 의사소통이 이루어지는 과정을 살펴보면 〈그림 8-7〉과 같이 일곱 단계로 구성되어 있다.

(1) 발신자(senders)

전달하고자 하는 아이디어나 정보를 전달할 목적을 갖고 있는 사람으로서 이를 부호화하여 메시지를 창출하는 사람을 말한다. 발신자의 기술, 태도, 신뢰감, 지식 등과 같은 특성에 따라 무엇을 어떻게 전달할 것인가에 영향을 미친다.

그림 8-7 의사소통의 과정

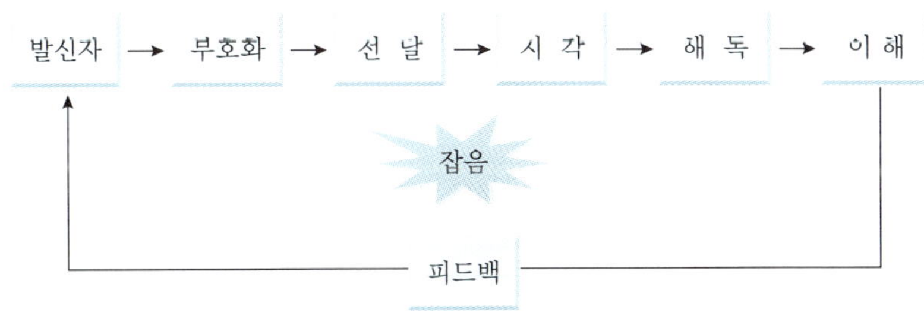

자료: C. Shannon & W. Weaver, *The Mathematical Theory of Communication*, Urbana : University of Illinois Press : W. Schramm, 1953, pp. 3-26.

(2) 부호화(encoding)

발신자가 전달하고자 하는 아이디어, 정보, 언어, 몸짓, 기호 등 특정 형태로 체계화된 메시지로 변환시키는 과정을 말한다. 부호화의 기본적 기능은 발신자가 갖고 있는 생각이나 정보를 수신자가 전달받아 이해할 수 있도록 메시지 형태로 탈바꿈시키는 것이다.

(3) 전달(sending)

부호화된 정보나 의사는 어떤 경로를 통해 수신자에게 전달되어야 한다. 기업의 조직 안에서 의사소통은 직접대화, 전화통화, 회의, 문서, 컴퓨터 통신, 그리고 기타 여러 가지를 통해 이루어진다.

(4) 지각(perception)

부호화되어 전달된 정보는 일단 수신자에 의해 지각되어야 한다. 지각은 사람이 갖고 있는 다섯 가지의 감각기관을 통해 이루어지는데, 전달된 메모를 읽거나 전화내용을 들음으로써 정보를 지각하기도 하고 상대방의 얼굴표정이나 몸짓을 살펴보면서 느낄 수 있다.

(5) 해독(decoding)

수신자가 자신에게 전달된 메시지를 어떠한 개념이나 생각, 감정 등 자신에게 주는 의미로 변환시키는 사고과정을 말한다. 이때 메시지의 해석은 수신자의 과거 경험이나 현재의 상황 등을 고려하여 전달된 정보가 갖는 의미를 해석해야 한다.

(6) 이해(understanding)

부호화되어 전달된 정보를 해석하고 나면 수신자는 그 정보가 갖는 의미를 이해하게 된다. 말을 듣거나 글을 읽고 나서 그것이 뜻하는 바를 이해하거나 얼굴표정이나 몸짓을 보고 상대방의 마음을 읽어내는 것이 바로 이해의 과정이라고 할 수 있다.

(7) 피드백(feedback)

수신자가 자신에게 전달된 정보를 이해하고 나면 이어서 보통 피드백 과정이 이루어진다. 일방적 의사소통에서는 수신자로부터 피드백이 허용되기 어렵지만, 쌍방적 의사소통에서는 여러 가지 방법을 통해 피드백이 이루어진다. 의사전달자는 수신자로부터의 피드백을 통하여 정보가 자신이 의도한 대로 전달되었는지를 알게 된다.

(8) 잡음(noise)

의사소통 과정상에서 메시지가 의도하는 바를 왜곡시킬 수 있는 요인 모두를 잡음이라고 한다. 발신자가 갖고 있는 태도가 바람직하지 못한 영향을 줄 수 있으며, 수신자가 지니고 있는 태도에 의해서도 해독과정을 왜곡시킬 수 있다. 또한, 매체에 잡음이 생겨날 수 있는데 주위환경이 시끄럽다든지 하는 장애요소가 있으면 의사소통이 효과적으로 이루어지지 못한다.

3. 의사소통의 유형

의사소통을 통한 정보의 교환은 기업의 경영자들에게 경영활동을 효율적으로 수행하는 데 결정적인 영향을 미친다. 이러한 의사소통의 유형은 말을 사용한 의사소통, 글을 사용한 의사소통, 비언어적 의사소통, 무의식적 의사소통, 그리고 전자 커뮤니케이션 등으로 나누어 살펴볼 수 있다.

(1) 말을 사용한 의사소통

말을 사용한 의사소통은 직접대화, 전화통화 또는 집단토의에서 말을 사용하여 정보를 교환하는 것이다. 실제 경영자들의 일상업무에서는 다른 어느 수단보다 쉽고 간편하기 때문에 대부분 말을 사용하여 의사소통하고 있다. 그러나 의사를 전달하는 사람이 부정확한 용어를 사용하면 효과적인 의사소통이 어렵게 된다. 뿐만 아니라 의사소통 내용에 관한 기록이 남겨지지 않는 경우가 많아 나중에 문제가 생기는 경우도 종종 생길 수 있다.

(2) 글을 사용한 의사소통

간단한 메모로부터 복잡한 문서에 이르기까지 다양한 형태로 정보가 전달된다. 이와 같은 방법은 정확하게 의사가 전달될 수 있으며, 의사소통 내용에 관해 영구적인 기록을 남길 수 있다는 장점을 갖고 있다. 그러나 단점은 시간이 많이 걸린다는 것이다. 의사전달자가 자신이 갖고 있는 생각이나 정보를 정확하게 글로 표현하는 데 많은 시간이 걸리게 되며, 만약 전달된 메모나 문서내용 중 의사수신자가 잘 이해하지 못하는 부분이 있는 경우 더욱 많은 시간이 소요된다.

(3) 비언어적 의사소통

일상 대화의 약 70% 이상이 언어보다는 비언어적(non verbal) 의사소통에 의해서 행해진다는 연구결과가 있다. 고개를 끄덕이는 것에서부터 앉아있는 자세에 이르기까지 비언어적 매체의 종류는 무한하다고 볼 수 있다.

비언어적 의사소통이라고 해서 정확성이 떨어지는 것은 아니다. 오히려 말 한마디보다도 상대편의 눈빛과 억양으로 수신한 내용이 더 정확할 수도 있다. 심지어는 아무런 매체가 없이도 의사소통은 가능하다.

비언어적 의사소통에서 제스처는 어떤 사람의 신체 움직임이나 자세를 단순히 관찰하는 것만으로도 그 사람이 생각하고 있는 바를 어느 정도 알아낼 수 있으며, 이를 신체언어(body language)라고도 부른다. 또한, 얼굴표정은 말보다 더 정확한 표현수단이 될 수도 있으며, 전체적으로 풍기는 자세와 이미지 역시 의사소통의 수단이 된다. 그리고 의사전달은 귀에 대고 하느냐 좀 거리를 두고 하느냐에 따라서 전달효과가 다르다.

(4) 무의식적 의사소통

의사소통의 시작은 송신자가 주도권을 쥐고 있기 때문에 송신자의 송신 의도가 있어야 한다. 그러나 송신자 자신에게도 이런 의도가 있는지 없는지 불분명할 때가 있다. 무의식 속에는 여러 가지 의도가 잠재해 있으나 오직 하나의 의도만 있는 것처럼 여기고 실행에 옮기기가 어렵기 때문이다. 송신자가 어떤 의견을 표현할 때에는 그 의견뿐 아니라 자기 자신의 다른 것도 자동적으로 송신된다. 즉, 자신의 사투리와 성격 등을 표현하게 되는 셈이다. 그가 원하든 원하지 않든 간에 그의 의도와는 무관하게 정서적 메시지가 함께 가는 것이다.

(5) 전자 커뮤니케이션

오늘날에는 이동전화, 팩스, E-mail, 전자결재, 화상회의, 전자게시판 등 각종 전자 커뮤니케이션(electronic communication)으로 인하여 직접대면, 대화, 서류보고, 지시전달 형태가 빠른 속도로 바뀌고 있다. 이젠 자리에 없어도, 휴가를 떠나서도, 회의 중에나 고객방문을 위한 외출 중에도 커뮤니케이션이 가능하다.

전자 커뮤니케이션은 비언어적 표현이나 억양, 제스처 전달이 불가능하며, 감정과 뉘앙스 전달도 불가능하다. 그리고 실제 회의에서는 악수도 하고 잡담도 할 수 있지만, 전자화상회의는 삭막하고 공식적이 되어 효율적인 커뮤니케이션이 안 될 수도 있다.

4. 의사소통 네트워크의 유형

기업의 규모가 커지게 되면 모든 구성원들이 필요할 때마다 필요한 사람과 직접 의사소통하는 것이 어려워지고 비효율적일 수 있다. 또한, 의사전달자와 수신자 사이에 직접적으로 의사소통을 할 수 없는 경우도 생긴다. 이럴 때 구성원들간의 의사소통은 여러 개의 의사소통 네트워크를 통해서 이루어지게 된다.

의사소통 네트워크(communication network)란 의사소통에 있어서 누가 누구와 의사소통을 할 수 있는가를 나타내는 것으로, 기업마다 다르며 각각의 조직구조에 의해서 크게 영향을 받는다. 그 형태는 크게 집단의 의사소통 네트워크와 기업 전체의 의사소통 네트워크로 구분할 수 있다.

(1) 집단의 의사소통 네트워크

집단에서의 의사소통 네트워크는 조직마다 다르며, 조직구조에 의해서 영향을 받는다. 그 종류는 〈그림 8-8〉에서와 같이 연쇄형, Y자형, X자형, 원형, 완전연결형 등 다섯 가지로 살펴볼 수 있다.

① **연쇄형**(chain) **네트워크**

집단에서 서열이나 직위의 차이에 따라서 의사소통 경로가 엄격하게 정해져 있는 경우를 말한다. 구성원들은 자신의 직속 상급자와 직속 하급자에게만 의사를 전달하게 된다. 관료적 조직이나 공식화가 진행된 조직에서 이러한 형태를 쉽게 발견할 수 있으며, 사슬이 길수록 정보왜곡의 가

그림 8-8 의사소통 네트워크 유형

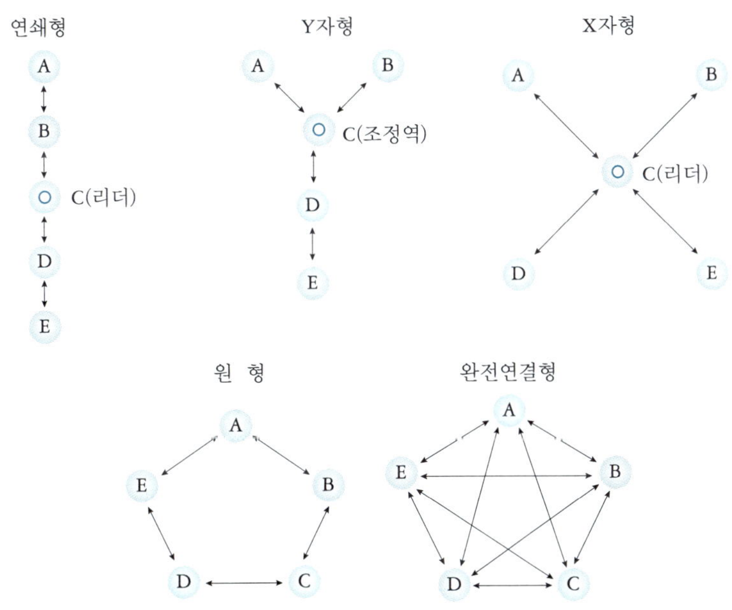

자료: Robert E. Callahan and C. Patrick Fleemor, *Managing Human Relations* (Columbus, Ohio : Merill Publishing Co., 1988), p. 141.

능성은 커진다. 오늘날에는 이러한 유형의 네트워크가 갖는 비효율을 타파하기 위하여 팀제 등이 많이 사용된다.

② **Y자형 네트워크**

집단 내에 강력한 리더가 있는 것은 아니지만 어느 정도 대표적인 구성원을 통해서 팀 구성원들간에 의사소통이 이루어지는 경우를 말한다. 〈그림 8-8〉에서와 같이 조정역할을 하는 사람을 통해야만 전체 의사소통이 이루어지게 된다. 즉, 서로 다른 집단에 속한 사람들간의 의사소통에 있어 조정역할을 필요로 할 때 사용될 수 있다.

③ **X자형 네트워크(수레바퀴형)**

집단 내에 강력한 리더가 있어 의사소통이 그 사람에게 집중되는 경우를 말한다. 강력한 리더에 의해서 모든 정보의 전달이 이루어지기 때문에 정보가 특정 리더에게 집중되는 현상을 보인다. 공장의 작업원들이 한 감독자에게 보고를 하고 그에게 기술을 전수받는 형태가 이에 속한다. 이 유형은 힘이 한 곳에 집중되어 구성원들간의 정보공유가 안 된다는 단점을 갖고 있다.

④ **원형(circle) 네트워크**

집단 구성원들의 서열이나 지위가 비슷하여 서로 동등한 입장에서 의사소통이 이루어지는 경우를 말한다. 위원회나 태스크 포스(task force) 집단에서와 같이 권력의 집중도 없고, 지위의 위 · 아래도 없이 특정 문제해결을 위해서 구성된 조직에서 발생한다. 이 유형에서는 문제해결 과정이 상당히 민주적이라고 할 수는 있지만, 집단사고의 문제점이나 차선의 결정을 내릴 위험은 남아 있다.

⑤ **완전연결형(all channel) 네트워크**

집단 구성원들이 다른 모든 구성원들과 자유롭게 의사소통을 할 수 있는 경우인데, 구성원 전체가 서로의 의견이나 정보를 자유의지에 따라 교환하는 형태이다. 이 유형은 오늘날의 조직에서 많이 시도되고 있는 것으로 일정한 규칙 없이 자유롭게 의견교환이 이루어지다 보면 창의적이고 참신한 아이디어 산출이 가능해진다.

(2) 기업 전체의 의사소통 네트워크

기업 전체에서 이루어지는 의사소통으로 집단 내에서의 의사소통 네트워크보다 많은 사람들이 참여하고 있는 형태를 말한다. 이러한 유형에는 공식적인 의사소통과 비공식적인 의사소통으로 나누어 살펴볼 수 있다.

① 공식적인 의사소통(formal communication)

공식적인 의사소통은 조직이 미리 정해 놓은 경로와 방법, 그리고 절차에 따라 정보나 의사전달이 이루어진다. 마치 여러 사람들이 모여 회의를 할 때 무질서와 혼란을 막기 위해 일정한 규칙이나 절차를 따르듯이 조직에서도 구성원들 간에 의사소통이 체계적으로 이루어질 수 있도록 여러 가지 규칙이나 절차를 마련하게 된다.

이러한 의사소통의 방법은 다음의 세 가지로 나누어 살펴볼 수 있다.

첫째, 하향적 의사소통(상의하달식)방법으로 상위자로부터 하위자에게 명령을 내리는 것으로서, 이는 명료성 · 적합성 · 일관성 및 적시성이 요구된다. 그 경로 또는 수단으로는 명령계통, 포스터나 게시판, 사내회보, 종업원과의 서신, 종업원 편람(팜플렛), 사내방송, 노동조합 등이 있다.

둘째, 상향적 의사소통(하의상달식)방법으로 하위자로부터 상위자에게 전달되는 것으로서 의견 혹은 불만, 불평 등 인간적 욕구를 충족시키며, 특히 그들의 참여의식(participation)을 고취시키기 위한 것이다. 이러한 수단으로는 관리적 보고(managerial reporting), 불만처리절차, 제안제도, 인사상담제도, 의욕 또는 사기조사 등이 필요하다.

셋째, 수평적(horizontal) 의사소통은 같은 계층 안에서 동료들이나 부서들간에 업무의 중복이나 불필요한 갈등을 줄이고 서로 협조하기 위해서 필요한 정보를 교환하여 공유하는 의사소통을 말한다. 그 수단으로는 주로 부서간의 심의, 토의, 회의, 레크리에이션, 회람 등의 형식을 들 수 있다.

② 비공식적 의사소통(informal communication)

조직에서는 항상 공식적인 절차와 경로를 통해서만 의사소통이 이루어지는 것은 아니다. 조직에는 공식적 의사소통 경로와는 달리 동기회, 향우회, 취미서클 등 자연스럽게 생겨난 비공식적 의사소통 경로가 형성된다. 실제로 기업 안에서 이루어지는 정보와 의사교환 중 많은 부분이 비공식적 조직을 통해서 이루어지고 있다. 종업원들은 비공식적 의사소통을 통하여 자신의 감정이나 느낌을 자연스럽게 표현하게 되므로 기업에서의 중요성은 상당히 크다고 할 수 있다. 이런 유형에는 그레이프바인과 배회관리 형태로 구분된다.

그레이프바인(grapevine)이란 기업 전체에 퍼져 있는 비공식적 의사소통 네트워크를 말한다. 이 용어는 미국 남북전쟁 당시 전선체계들이 마치 포도덩굴처럼 복잡하게 얽혀져 정보가 정확하게 전달되지 못한 경우가 많았다는 데에서 유래된 것이다. 오늘날에는 모든 비공식적 의사소통을 지칭하는 의미로 사용된다. 인사이동이 임박해서 발생하는 여러 가지 소문들, 회장의 행동에 관한 비밀스런 이야기들, 동료나 상사에 대한 입바른 평가나 불평 등은 모두 그레이프바인의 예에 속한다.

그레이프바인은 정확성이 떨어지기는 하지만, 조직변화의 필요성에 대하여 경고를 해주고, 조직문화 창조에 매개역할을 하며, 집단응집력을 높이는 역할을 할 뿐만 아니라 구성원들간에 아이디어 전달의 경로가 되기도 한다.

오늘날과 같이 조직 내외의 변화가 심하고 처리해야 할 정보의 양이 많아지면서 그레이프바인이 공적적 기능을 담당할 수 있다는 사실을 깨닫기 시작했다. 따라서 경영자는 그레이프바인을 없애려고 노력하기보다는 그 결함을 극복하고 나아가 적절히 활용할 수 있어야 한다.

배회관리(management by walking around)란 경영자가 조직의 이곳저곳을 돌아다니다 종업원들이나 고객들과 대화를 하면서 필요한 정보나 의사를 주고 받는 것을 말한다. 공식적 의사소통이 정해진 경로와 방법에 따라 이루어지기 때문에 그것에만 의존할 경우 효과적 경영에 충분한 정보수집과 전달이 어려울 수도 있다. 이런 어려움을 극복하고자 경영자가 직접 종업원이나 고객을 찾아가 그들의 의견을 듣고 필요한 정보를 전달해 주게 되므로 조직에 활력을 불어넣는 역할을 한다.

5. 효율적 의사소통의 방안

기업 내에 의사소통과 관련하여 생기는 장애요인을 먼저 알아보고, 그러한 장애요인을 극복할 수 있는 방법들을 살펴보고자 한다.

(1) 의사소통의 장애요인

의사소통의 장애요인을 몇 가지로 살펴보면 다음과 같다.

① 매체에 의한 장애이다. 물리적 요인에 의한 장애는 메시지를 전달하는 매체상의 결함이나 한계 때문에 장애가 발생하는 것이다. 여기에는 부적절한 매체의 선택이나 통신, 장비의 결합 등이 있다.

② 송신자에 의한 장애(sender barriers)이다. 의사소통과정에 송신자에 의해서 잡음이 개입되어 나타나는 장애현상을 말한다. 여기에는 송신자의 의사소통 목표의 결여, 특수용어 또는 집단언어 사용, 상호모순된 표현, 대인감수성 결여 등이 해당된다.

③ 수신자에 의한 장애이다. 송신자가 보내는 정보의 내용을 수신자가 왜곡하여 발생하는 현상이다. 수신자에 의한 장애로는 신뢰도 결여, 선택적 경청, 현혹효과, 투사, 반응피드백 결여 등이 있다.

④ 상황에 의한 장애이다. 의사소통 상황 혹은 여건에 의하여 장애가 유발되는 경우이다. 상황에 의한 장애요인으로는 어의상의 문제, 지위의 차이, 준거체계의 차이, 시간부족, 정보과중, 메시지 내용의 복잡성, 메시지의 경쟁, 조직분위기, 의사소통 구조상의 한계 등이 있다.

(2) 장애의 극복방안

의사소통의 장애는 조직구성원간의 원활한 상호작용을 어렵게 하고 조직분위기는 물론 조직성과를 저해할 수 있다. 따라서 의사소통의 장애를 어떻게 극복할 것인가는 송신자와 수신자의 관계뿐만 아니라 조직 전체의 유효성을 결정짓는 중요한 문제이다. 의사소통의 장애를 극복하기 위한 방안을 살펴보면 다음과 같다.

① 송신자의 노력

송신자가 자신의 의도와 정보를 수신자에게 명확하게 전달하고자 할 때는 감정이입적 의사소통, 적절한 언어사용, 사후검토와 피드백 이용,

중복성, 효과적 시기의 선택 등을 고려하여 왜곡이나 누락현상을 줄여야 한다.

② 수신자의 노력

수신자는 송신자의 의도와 동기를 고려하고 송신자의 입장에서 메시지를 수용하고 정확하게 이해하도록 노력하는 자세가 필요하다. 수신자는 평가적 판단을 피하고 전체적인 의미를 경청하려고 노력하며 송신자에게 반응 피드백을 주는 등의 경청태도를 보임으로써 장애를 극복할 수 있다.

③ 조직분위기 개선과 제도의 보안

조직 내에서 송신자나 수신자의 노력만으로 의사소통에서 발생되는 장애를 극복하는 데는 한계가 있다. 따라서 조직차원에서 의사소통이 원활하도록 신뢰분위기를 조성하고 정보흐름의 조정 및 정보처리능력의 향상이 필요하다. 아울러 의사소통 제도의 보완, 문호개방 정책, 참여기법 활용 등의 조직차원의 보완이 필요하다.

④ 피드백의 활용

의사소통과정에서 발생하는 문제 중의 하나가 오해와 부정확성이 원인이 되는 경우가 많다. 이 경우에는 피드백을 통해 오해나 부정확성에서 오는 문제를 해결할 수 있다.

제 9 장
통제 활동

제 1 절 통제의 의의 및 중요성

1. 통제의 의의

본장에서 설명하는 통제(control)란 경영자가 여러 가지 일들이 계획된 대로 혹은 바람직한 방향으로 이루어지고 있는지를 확인하고 필요할 때 시정조치를 취하는 과정을 말한다. 즉, 기업은 성과표준을 설정하고 성과표준 대비 현재성과를 측정한 다음 성과가 목표에 미달하면 개선조치를 취하고, 성과가 표준치에 도달하였거나 이를 초과했을 때 필요하면 성과표준을 상향조정할 수 있다.

통제라는 단어는 부정적인 의미를 포함하고 있다고 보통 생각하기 쉽다. 그러나 통제의 근본적인 의미는 기업이 종업원들과 더불어 경영효과의 향상을 목적으로 한다는 것이다. 그 이유는 효과적인 통제수단을 이용하여 경영계획에 의해 조직적인 경영을 할 수 있기 때문이다.

통제와 계획은 서로 밀접한 연관성을 가지고 있으며, 간략하게 살펴보면 다음과 같다.

① 계획에는 경영상의 여러 가지 목표, 성과, 업무수행 기간을 포함

하며, 통제는 경영상태와 그 결과가 계획상에 비하여 차질이 없는지 확인하는 측정수단이다.

② 계획이란 효과적인 경영상태나 결과를 설정한 것이고, 통제는 그러한 경영상태나 결과를 계획과 비교하여 개선조치를 취하도록 도와주는 것이다.

③ 계획은 통제과정의 목표를 제공하므로 경영자는 계획이 없이 효과적인 통제기능을 수행할 수 없다. 따라서 계획과 통제는 상호보완적인 관계에 있다고 볼 수 있다.

2. 통제의 중요성

경영의 과정, 즉 계획 · 조직화 · 지휘 그리고 통제기능은 서로 불가분의 관계에 있다는 것을 우리는 알고 있다. 그 중에서도 통제는 계획기능과 아주 밀접한 관계를 갖고 있다고 볼 수 있다. 왜냐하면 계획에서 제시되는 목표가 통제를 위한 기준이 되기 때문이다. 현대 기업의 경영활동에 통제가 갖는 그 중요한 요인들을 살펴보기로 한다.

(1) 환경변화에 대한 적응

급변하는 현대 사회에서는 어떤 경영환경에도 환경의 변화는 불가피한 것이다. 통제기능을 통해서 기업에 영향을 주는 환경변화를 감지할 수 있다. 그러므로 경영자는 환경변화에 의해서 발생하는 위협이나 기회요인에 더 쉽게 대응할 수 있다. 보다 동태적으로 환경변화에 대응하기 위하여 통제활동은 그 중요성을 더해가고 있다.

(2) 기업규모의 증대

오늘날 기업의 규모가 점차로 거대화되고 다양해짐에 따라 기업의 구조는 더욱더 복잡하게 되었다. 이러한 복잡한 구조 내에서 발생하는 다양한 행동을 조정하여 통합하기 위해서는 적절한 통제가 필요하다.

(3) 권한위양과 분권화

효과적인 통제시스템을 통하여 경영자는 어떤 업무에 대한 권한을 위양할 수 있다. 통제시스템이 없다면 경영자는 위양된 업무의 진척정도를 점검할 수 없다. 최근에는 하위부서 권한을 강화하는 경향이 있다. 일선 현장의 의견을 존중하고 재량권을 확대해 줌으로써 고객요구나 환경변화에 보다 민첩하게 대응하기 위해서이다. 그러나 분권화가 이루어지는 만큼 보다 효과적인 통제시스템이 가동되어야 할 것이다.

(4) 목표의 효과적인 달성

효과적인 통제시스템은 조직의 목적을 달성하기 위한 방향대로 행위가 이루어지고 있는지를 확신시켜 준다. 따라서 통제시스템의 유효성을 결정하는 기준은 통제시스템이 얼마나 목적달성을 용이하게 하느냐에 있다.

(5) 실행과의 연결

경영자는 목표 및 전략을 포함한 경영계획을 수립할 수도 있고, 이를 실행할 조직도 설계할 수 있으며, 종업원들을 동기부여시켜 목표달성을 할 수도 있다. 그러나 실질적으로 목표가 달성되고 있는지는 오직 통제기능을 통해서만 확인가능하다.

예증 9-1 *ILLUSTRATION*

"남은 예산 다 쓰자" 쓸모없는 장비 구입에 펑펑

– 정부부처, 연말에 몰아 쓰고도 작년 예산 4조 4000억 남아 –

조달청은 작년 12월 쓰고 남은 예산 1억1746만원으로 상품권을 구입, 본청 직원 497명에게는 1인당 18만원어치씩, 지방청 직원 560명에게는 1인당 5만원어치씩을 나눠줬다. 연말까지 예산을 다 쓰지 않을 경우 국고에 반납해야 하기 때문에 법령에 근거가 없는 지출을 한 것이다.

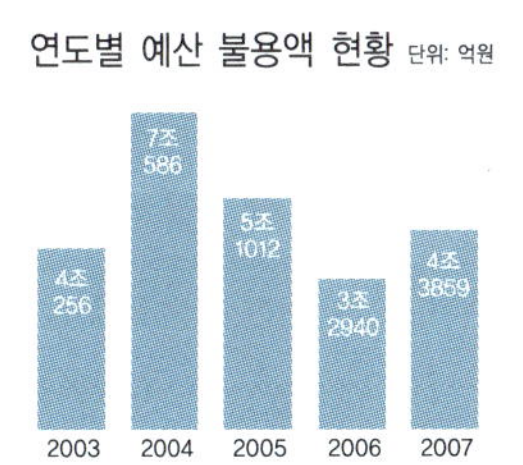

대법원은 작년 12월 27일 쓰지 못한 예산 6억원이 남게 되자 당장은 쓸 곳이 없는 전자장비를 구입해 창고에 보관하고 있다가 감사원에 적발됐다.

2일 국회 예산정책처에 따르면, 각 정부 부처 및 공공기관이 이런 식으로 연말에 '예산 밀어내기'를 하고도 다 쓰지 못해 남은 돈, 즉 예산 불용액(不用額)이 지난해 4조4000억원이나 되는 것으로 나타났다. 지방자치단체들이 매년 연말이면 멀쩡한 보도블록을 갈아 끼우고 나무를 옮겨 심는 일 등을 하면서 예산을 마구 집행하고도 이렇게 많은 돈을 못쓰고 남기고 있다는 것이다.

▶ 연말 '예산 밀어내기' 왜?

예산 밀어내기는 사업에 대한 준비나 계획이 부족해 생기는 경우가 적지 않다. 보건복지부는 작년 11~12월 각 시 · 도에 장애수당 및 장애아동 부양수당 보조금으로 505억원을 내려보냈다. 이 돈은 그러나 실제로는 대부분 쓰이지 못했다. 복지부가 돈 받을 사람(수급대상자) 숫자를 사전에 제대로 파악하지 못해 현장에서 이 돈을 집행하는 지방자치단체가 돈 줄 사람을 찾지 못했기 때문이었다.

당시 지방에서는 이보다 장애인을 위한 의료사업비가 부족(91억원)하다고 하소연했지만, 복지부는 돈을 이쪽으로 돌려쓰지도 못하게 했다. 예산을 전용(轉用)할 경우 다음 해에 해당 항목 예산이 줄어들기 때문이다. 감사원은 "불용이 예상되는 보조금을 교부해 예산이 비효율적으로 집행되는 일이 없도록 하라"며 보건복지부 장관에게 '주의' 조치를 내렸다.

전북 완주군은 2005년 소양농공단지 조성사업을 시작하면서 국비 및 도비 보조금 12억5000만원을 받았다. 완주군은 이 해에는 사업부지조차 확보하지 못했고, 예산은 다음 연도로 이월됐다. 완주군은 2006년에도 사업이 지지부진해 예산 대부분을 국고에 반납해야 할 상황이 되자 12월 8일 한국농촌공사와 토지보상업무 위탁계약을 맺어 예산 잔액(12억원)을 소진했다. 감사원은 이 사안에 대해 "보조금을 국고에 반납하지 않기 위해 군에서 수행 가능한 업무를 위탁하는 계약을 체결했다"며 완주군에 '주의' 조치를 내렸다.

관행적으로 몰아쓰기를 하는 경우도 있다. 조달청처럼 해마다 연말에 쓰고 남은 예산으로 백화점 상품권을 구입, 직원들에게 나눠주거나 대법원처럼 시급하지 않은 사무용 도구를 연말에 구입한 경우가 적지 않았다.

▶ 밀어내고도 남은 돈이 수조 원

이렇게 예산 '밀어내기'를 하고도 남는 돈(예산 불용액)이 해마다 수조원씩이었다. 2007년 4조4000억원, 2006년 3조3000억원, 2005년 5조1000억원 등 불용액은 줄어들지 않고 있다. 부처별 불용액도 천차만별이다. 작년의 경우 정부 예산을 짜고 예비비를 관리했던 기획예산처가 1조2265억원으로 가장 많은 불용액을 남긴 반면,

환경부는 불용 예산이 한 푼도 없었다.

기획재정부 관계자는 "집행되지 않은 예비비가 불용액의 상당부분을 차지하고, 예산은 잡혀 있었지만 사업 시행 도중 민원이나 천재시변이 생겨 집행하지 못한 경우도 있다"고 했다. 국회 예산결산특별위원회 이한구 위원장은 "국회의원들이 예산 심의 과정에서 지역 선심성 예산을 집어넣고, 부처는 이렇게 받은 돈을 지키기 위해 밀어내기식 집행을 하는 악순환이 계속되고 있다"며 "올해에는 이런 일이 없도록 최선을 다하겠다"고 했다.

▶ 감사원 감사 착수

감사원도 '예산 밀어내기' 감사에 착수했다. 감사원은 이달 8일부터 19일까지 100여개 기초자치단체 및 40여개 중앙행정기관을 대상으로 실태조사를 벌일 예정이다. 김황식 감사원장은 "올 연말만큼이라도 예산 밀어내기를 막기 위해 특별히 사전에 감사를 예고했다"고 했다.

출처 : 조선일보, 2008년 12월 3일자.

제 2 절 통제의 유형

통제활동은 통제의 시기나 통제의 내용에 따라 몇 가지의 형태로 나누어 볼 수 있다. 먼저, 언제 통제하느냐의 시기에 따라서 사전통제, 동시통제, 사후통제 등으로 분류되며, 통제내용에 따라서도 구분되는데 물적자원의 생산활동을 통제하는 생산통제, 인적자원이나 정보자원 등을 통제하는 자원통제, 자본의 조달이나 운용을 통제하는 재무통제, 판매실적 · 사원별 실적 등을 통제하는 마케팅 통제 등으로 나눌 수 있다. 다음에 통제시기에 따른 사전통제, 동시통제, 사후통제에 대하여 간략하게 살펴보기로 한다(그림 9-1 참조).

그림 9-1 시기별 통제활동의 유형

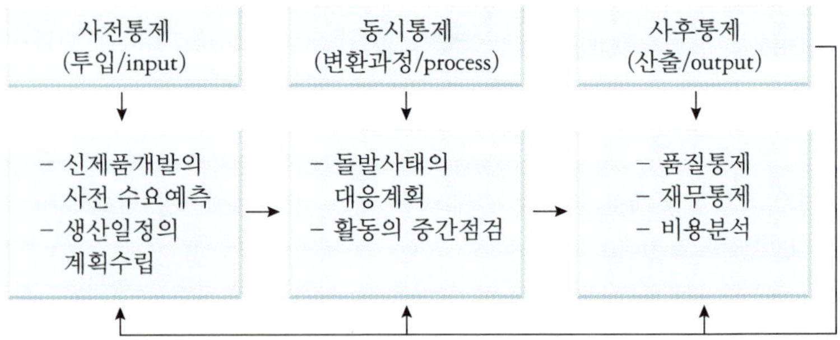

1. 사전통제

사전통제(feedforward controlling)란 투입 통제활동이라고도 하는데 한 활동이 이루어지기 전이나 문제가 발생하기 전에 실시되는 통제활동을 의미한다. 이 활동은 적절한 방향이 설정되어 있는지, 목표달성을 위해 적절한 자원이 활용가능한지 등을 어떤 일이 시작되기 전에 검토하여 수정될 수 있도록 하는 활동이다.

그런데 사전통제가 이루어지려면 시기에 맞는 정보가 필요하다. 언제 어떤 일이 요구되는지를 모르고서는 대비를 할 수 없기 때문이다. 그래서 대부분의 경우에는 동시 혹은 사후통제에 의존하게 되는 경우가 많다.

2. 동시통제

동시통제(concurrent controlling)란 어떤 활동이 진행중일 때 이루어지는 통제활동을 말한다. 이때의 통제활동은 하던 일을 계속 진행시키거나 수정행동을 취하거나 활동을 중지시키게 된다. 통제활동 중에서 가장 효과적이면서 현대의 경영에서 요구되는 활동이 바로 동시통제이다. 왜냐하면, 사전통제는 현재의 시점에서 미래를 예측하기 때문에 오류를 발생시킬 수 있으며, 사후통제는 수정내용을 다음 기회에 반영시켜야 하므로 현재 추진중인 업무를 통제하는 효과가 크지 않기 때문이다. 따라서 비용도 적게 들면서 업무 개선효과도 큰 동시통제가 통제활동의 중요한 부분이 되고 있다.

3. 사후통제

사후통제(feedback controlling)란 산출통제라고도 하는데 어떤 활동이 완료된 후에 결과를 측정하고 평가하여 수정조치를 취하는 통제활동을 말한다. 이러한 사후통제는 계획이 합리적이었는지 여부를 확인하여 실적과 계획간에 차이가 있으면 그 원인을 분석하고 다음 계획을 수립할 때 기초 자료로 이용하게 된다.

사후통제는 사전통제와 동시통제에 비해 다음 두 가지의 장점이 있다. ① 피드백을 통해 경영자들은 자신들의 계획이 얼마나 효과적이었는지에 대한 정보를 입수하게 된다. 만약 결과와 계획에 있어서 큰 편차가 없었다면 이는 계획을 적절히 수립한 것이라고 할 수 있다. ② 피드백 통제는 종업원들에게 동기를 부여할 수 있다. 종업원들은 자신들이 얼마나 과업을 잘 수행했는지 알고 싶어한다. 이러한 정보를 통제시스템이 제공해 주는 것이다.

예증 9-2 *ILLUSTRATION*

'물 샐 틈'을 막아라 기업들 '철통' 수비

윤리의식 고취시키며 주요 공정 관리자 동향 면밀히 점검

지난 한 해 기업의 영업 기밀이 유출되어 입은 피해는 무려 89조5천억원. 천문학적인 피해규모뿐 아니라 기업의 기밀 유출 사건이 해마다 늘어나고 있다는 점도 큰 문제다. 이 때문에 기업들은 임직원 교육부터 첨단 보안 시스템 도입에 이르기까지 기술과 비밀 유출을 막기 위해 다양한 방법을 동원하고 있다.

특히 2003년부터 2007년까지 기업 기밀 유출 사건 중 86%에 해당하는 92건이

임직원이나 퇴직자들에 의한 사건이었다는 점에서 기업들은 내부 단속부터 철저히 한다는 데 주안점을 두고 있다. 2003년 반도체 핵심 기술 유출 사고, 2006년 와이브로 기술 유출 사고, 2007년 중공업 기술 유출 사고 등 굵직굵직한 사건은 모두 전·현직 직원들이 저장 장치나 인터넷을 통해 정보를 유출하려고 한 사건들이다.

▶ 정보 유출, 디지털과 인터넷이 일등공신

기업이 취하는 기밀 보호 활동은 크게 두 가지로 나뉜다. 운영적 측면에서는 영업비밀 유형 파악, 통제 활동 제보 및 보고 시스템 운영 모니터링 활동 등을 펼치고 있으며, 경영진 실천 의지 확립, 전담 조직 설립, 임직원 훈련 등 구조적인 측면의 활동을 동시에 병행하고 있다. 아무리 철통 같은 보안 시스템을 갖춘다고 해도 기밀을 속속들이 알고 있는 내부 직원들의 윤리 의식을 고취시키지 않으면 소용없는 일이기 때문이다. 최근 대다수의 기업들이 기밀 보호를 위한 활동 중 가장 첫 번째로 꼽는 것이 바로 의식에 대한 부분이다. 임직원의 윤리 의식은 유출 사고를 막는 최고의 예방책이다.

윤리 교육을 했다고 해서 보안을 자율에 맡길 수는 없다. 기업이 갖고 있는 기밀 자료는 95%가 디지털 정보이며, 이는 저장 매체와 인터넷을 통해 유출되기 때문에 외부로 나가는 e메일을 모니터링하고 회사 출입구에서 전산 저장 장치 반입을 통제하는 활동들을 펼친다. 또한 외부 침입 차단 시스템이나 방화벽 등을 설치해 해커들이 인터넷을 통해 정보를 빼내는 것도 막도록 하고 있다.

10명도 안 되는 직원으로 이루어진 보안팀을 운영했던 ㅍ사는 내부 정보 유출의 위험 수위가 높아짐에 따라 팀을 실로 격상하고 실장에게는 임원에 해당하는 지위를 부여했다. 이를 통해 직원 교육 프로그램을 강화하도록 하고 전산 보안 시스템 운영과 정보 통제 활동을 총 지휘할 수 있도록 했다.

기술 유출 위협에 시달리는 국내 주요 반도체 기업들도 철통 같은 보안 시스템을 운영하고 있다. 외부 직원은 물론 내부 직원들도 USB 등의 별도의 저장 매체를 소지하고 회사에 들어가는 것을 철저히 막고 있다. 특히 중국에 공장을 운영하고 있는 하이닉스는 기본적인 통제 시스템을 갖춘 것은 물론 PC와 노트북에도 지문 인식 시스템을 도입해 정보 접근을 통제하고 있다. 게다가 직무관리제 운영을 통해 핵심 공정 및 공정 관리나 수율 분석 등 주요 업무는 5백여 명에 달하는 본사 주재원 파견자가 직접 담당하도록 하고 현지 채용인은 라인의 관리와 유지 업무만을 맡겼다.

하이닉스 박현 과장은 "물리적인 보안과 기술적인 보안 시스템을 갖추는 것은 기본이고, 핵심 인재와 주요 공정 관리자 동향을 지속적으로 파악하고 있다. 기밀 유출이 발생하면 그 피해가 막심하기 때문에 단 한 건의 사고도 발생하지 않도록 임직원이나 외부 출입자는 물론 퇴직자 관리까지 소홀히 할 수 없다"라고 말했다.

출처 : 시사저널(976호), 2008년 7월 8일자.

제 3 절 통제활동의 과정

통제활동은 통제방법에 따라 과정이 달라질 수 있지만, 〈그림 9-2〉에서와 같이 일반적으로 표준의 설정, 업무성과의 측정, 업무성과와 표준의 비교 및 원인분석 및 피드백활동 등 네 단계를 통해서 이루어진다.

1. 표준의 설정

통제활동이 원활하게 이루어지기 위해서는 우선 통제활동의 대상부서와 부문을 결정해야 한다. 왜냐하면 모든 활동이 통제를 받게 되면 구성원들은 불쾌감을 느껴서 오히려 역효과를 가져올 수 있으며, 비용이 너무

그림 9-2 통제활동의 과정

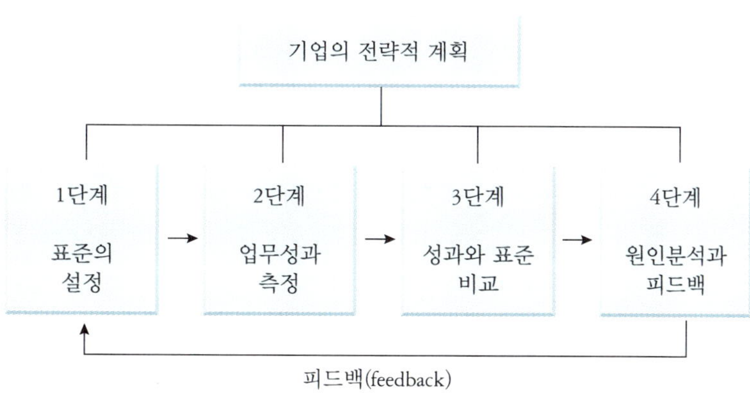

많이 들기 때문이다.

따라서 통제활동의 대상이 결정되면 그 활동의 표준이 되는 내용을 적절한 수준에서 결정하여야 한다. 달성해야 할 표준이 설정되지 않으면 경영활동을 정확하게 측정하여 평가할 수 없기 때문에 표준을 설정하는 것은 평가활동의 첫 단계이면서 매우 중요한 역할을 한다.

경영자가 알고 있어야 할 표준은 크게 산출표준과 투입표준으로 구분된다. ① 산출표준(output standard)은 양, 질, 비용 및 시간측면에서 산출결과인 성과를 측정하는 것이다. 예를 들면, 오차율, 목표달성도, 예산초과액, 단위기간내 생산량 등은 산출결과를 측정하는 표준이 될 수 있다.

② 투입표준(input standard)은 성과를 달성하기 위해 투입된 자원의 이용정도를 나타내는 것이다. 즉, 투입된 인적 · 물적 자원의 이용효율을 측정하게 된다. 예를 들면, 1인당 교육훈련 시간, 인력투입물, 연구개발비 비중 등은 투입결과를 측정하는 기준이 된다.

2. 업무성과의 측정

통제대상이 되는 부문의 표준이 설정되면, 다음 단계는 업무성과를 측정하게 된다. 경영자는 성과측정에 앞서 어떻게 성과를 측정할 것이며, 얼마나 자주 측정할 것인가를 결정해야 한다.

업무성과를 측정하는 경우에는 적절하고 타당성이 있는 성과측정지표를 개발하는 것이 중요한 관건이다. 경영자의 입장에서 가능한 한 계량적 측정이 바람직하지만, 실제로 계량화하기 어려운 부분에 대해서는 계량적 측정과 비계량적 측정이 조화롭게 유지되도록 하면서 측정을 시도해야 할 것이다.

만일 성과측정지표를 계량화할 수 없다면 관리자는 새로운 측정지표를 탐색해야 하고 자신만의 주관적인 지표를 개발해야 한다. 관리자의 주관적인 성과측정지표는 당연히 한계점을 가지게 된다. 그러나 성과를 측정하지 않고 무시하는 것보다는 훨씬 나은 것은 분명하다.

3. 업무성과와 표준의 비교

업무성과를 측정한 다음에는 설정된 표준과 업무측정 결과를 비교하여야 한다. 이때 성과가 표준보다 높은 경우에는 현재의 시스템을 유지하도록 해야 하며, 성과가 표준보다 낮은 경우에는 수정조치를 통해 설정된 표준에 이르도록 해야 할 것이다.

만약에 성과와 표준간에 너무 차이가 많은 경우에는 반드시 그 원인분석을 해야 한다. 이것은 표준이 잘못 설정되었거나 아니면 성과가 미달된 경우도 있을 수 있으며, 업무수행 중에 급격한 환경변화가 발생하여 표준과 성과에 모두 큰 영향을 주게 된 경우도 있을 수 있기 때문이다.

업무성과와 표준은 세부적으로 비교하는 것이 바람직하겠지만, 지나치게 세분화하여 비교하게 되면 많은 비용이 소요될 수 있으므로 이를 잘 검토하여 실시해야 할 것이다.

4. 원인분석과 피드백 활동

통제과정의 마지막 단계는 결과에 대한 평가에 결론을 내리고 필요한 수정활동이나 조정을 실시하는 것이다. 이 단계의 목적은 경영자의 통제하에서 미래의 조직활동이 예상된 결과로 계속되는지 또는 재조정되어야 하는지를 검토하는 데 있다.

① 결과가 표준과 일치하는 곳에서는 현상유지를 해야 한다. 이러한 조건은 조직활동이 올바르게 진행되고 있으며 변화가 필요하지 않다는 것을 말해준다. 이때 경영자가 관심을 두어야 할 점은 종업원들이 그들의 노력이 중요하고 자신이 관찰되고 있다는 점을 명확히 인식할 수 있도록 결과가 목표와 일치했다는 인식, 즉 긍정적인 피드백을 제공하여야 한다는 점이다.

② 결과가 표준에 미달되었을 경우에는 경영활동의 내용과 방법에 대한 조정이 필요하다. 이러한 조치에는 전략을 수정하거나 보상제도를 바꾸거나, 교육을 강화하거나 조직의 짜임새를 변경하고 담당인원을 바꾸는 등 다양한 방법들을 시도해 볼 수 있다.

③ 표준이 너무 높게 설정되었다면 종업원이 아무리 열심히 일을 하였다고 해도 성과를 달성하기 어려울 것이다. 따라서 필요한 경우에는 표준이 합리적으로 설정되었는가를 검토해 보아야 한다.

설정된 표준과 업무성과와의 비교를 통해 차이점의 원인을 찾아 수정하는 과정이 끝나면 반드시 피드백이 이루어져야 합리적인 통제활동이라고 할 수 있다.

제 4 절 통제의 응용

경영활동의 규모가 커지고 복잡해짐에 따라 경영통제의 방법 또는 수단도 많은 변화를 하게 되었다. 통제의 기법을 예산에 의한 통제 방법과 비예산통제 방법으로 나누어 살펴보고, 효율적인 통제시스템을 관리하기 위한 방법 등을 간략하게 설명하고자 한다.

1. 통제의 기법

(1) 예산에 의한 통제방법

예산통제(budgetary control)란 기업이 미래의 일정기간에 대해 예산을 편성하고, 이 예산에 의하여 기업의 전체 및 각 부문의 활동을 지휘, 조정하고 예산과 실제성과의 차이를 파악하고 분석함으로써 경영관리를 효율적으로 수행하고자 하는 제도를 말한다. 즉 기업의 전체적인 관점에서 예산이라는 이름의 계수적인 계획을 편성해서 예산과 경영활동의 결과로서의 실적을 비교 · 측정함으로써 그 편차를 시정하는 통제수단이 바로 예산이며, 그 시스템이 예산통제제도이다.

이익계획과 관련된 종합적 통제방식으로서의 예산통제는 ① 예산의 편성, ② 예산의 집행, ③ 예산차이의 분석 등 세 단계로 나누어 살펴볼 수 있다.

① 예산의 편성

예산의 통제에 있어서 예산의 편성은 제1단계로서, 기업의 각 부문활동이 항상 기업 전체의 통일성을 유지해야 하며, 여러 가지 부문예산이 기업 전체로서의 경영활동에 통일적인 질서에 따라 종합적인 체계로서 편성되어야 한다. 이를 위해서는 올바른 예산체계가 필요하며, 이 체계는 기업의 업종 또는 규모에 따라 달라진다.

② 예산의 집행

예산은 기간이 시작됨과 동시에 집행되는데, 이 경우 경영자는 그의 업무활동이 예산대로 집행되는가에 주의하여야 한다. 따라서 예산의 집행 상황을 회계적 방법으로 명확히 기록하고, 상급경영자에게 정기적으로 보고할 필요가 있다.

③ 예산차이분석

예산차이분석이란 예산과 그 집행결과를 비교·검토하여 차이의 발생 장소, 발생원인 및 차이에 대한 책임의 소재를 명확히 하는 것을 말한다. 예산이란 경영활동에 대한 미래의 견적수치이므로, 경영활동의 실적이 꼭 예산과 일치할 수는 없는 것이다. 이때 그 차이를 분석하고 원인을 밝혀서 만일 그것이 시정될 수 있다면 즉각 대책을 강구해야 하는데 이것이 바로 예산차이분석이다.

④ 합리적인 예산통제를 위한 조건

합리적인 예산통제의 실시를 위해 그 전제로서 다음과 같은 조건들이 충족되어야 한다. 첫째, 구성원들의 모두가 예산통제에 관한 이해를 충분히 하고 또 적극적으로 지지해야 한다. 둘째, 예산통제를 실시하기 위한 예산수립기구, 예산통제부문 등을 명확히 조직해야 할 것이며, 예산통제의 결과에 대한 책임이 명확해지도록 예산통제를 위한 조직이 확립되어 있어야 한다. 셋째, 예산통제제도는 계수적 통제방식이므로 적절한 회계예산조직이 확립되어 있어야 한다. 넷째, 예산기간은 제조기간의 장단, 회계기간의 장단, 계절적 요소, 장기예측의 필요 유무 등에 따라 다르지만, 내부통제방식으로서 계속적으로 행하기 위해서는 회계연도와 같아지는 것이 바람직하다.

(2) 비예산 통제방법

통제방법 중에는 예산과 관계가 없는 비예산 통제방법이 있는데, 이에는 통계적 자료, 특수보고서의 분석, 손익분기점 분석, 업무감사 및 개인적 관찰 등과 같은 것들을 들 수 있다.

① 통계자료

기업운영의 무수한 측면을 통계적으로 분석하고, 역사적인 것이든 예측의 성격을 지녔든 간에 통계자료를 명확히 제시하는 것이 통제에 매우 중요하다. 대부분의 관리자들은 추세와 관계를 보다 쉽게 알 수 있다는 점에서 통계자료를 차트나 도표형태로 나타날 때 가장 잘 이해한다고 볼 수 있다.

또한, 관리자는 지나간 일에 대해서는 어떻게 할 수 없으므로, 통계보고서는 보는 사람으로 하여금 일이 어떻게 되어 가고 있는지를 알 수 있도록 추세를 보여주는 것이 필수적이다.

② 특수보고서의 분석

통계목적으로 특별보고서와 특별 분석이 특정문제 분야에 도움이 된다. 일상적인 회계보고서나 통계보고서가 필요한 정보의 대부분을 제공해 주지만 이들이 부적절한 분야가 종종 있다.

③ 업무감사

업무감사는 내부감사(internal audit)라고도 하는데, 이 방법은 기업 내의 내부감사인 회계, 재무 및 기타의 기업활동을 정기적이고 독립적으로 평가하는 것이다. 예전에는 이 방법이 회계분야에만 국한되어 계획된 성과에 비추어 실제성과를 평가하였으나, 오늘날에는 그 범위가 확대되어 회계감사뿐만 아니라, 경영정책, 절차, 권한의 행사, 관리의 자질, 방법의 효과성, 기업의 특정한 문제 및 기타 활동분야 등도 감사하는 방향으로 확대되어 실시되고 있다. 이 방법의 가장 효과적인 것은 기업의 경영전반을 평가하고, 실현된 결과를 계획된 목표와 비교한다는 데서 그 의의를 찾을 수 있다.

④ 손익분기점 분석에 의한 방법

손익분기법(break-even method)은 손익분기도표에 따라서 기업의 매출액(판매량)과 이익과의 관계를 분석 · 검토하게 되는 기법을 말한다. 즉,

손익분기도표는 판매량과 경비지출의 관계에서 어느 매출액수준에서 수입이 경비를 정확하게 보상할 수 있는가를 나타내 준다.

이와 같은 손익분기점 분석이 경영통제에 있어서 특히 유용한 점은 그것이 한계개념을 강조하기 때문이다. 이처럼 추가적인 경비나 매출액증가의 영향을 강조함으로써, 경영자로 하여금 자기의 의사결정이 가져올 한계적 성과나 관심을 가지게 한다는 점에서 효율적인 통제기법이라 할 수 있다.

⑤ 개인적 관찰

경영자들은 기업의 목표가 종업원들에 의해서 달성되고 있음을 알아야 한다. 비록 계획된 것을 종업원들이 제대로 수행하도록 하기 위하여 여러 가지 과학적 수단을 활용하고 있기는 하지만 종업원, 즉 인간의 행동을 완전히 이해하고 측정할 수는 없는 것이다. 따라서 유능한 기업의 경영자는 개인적 관찰로부터 중요한 정보를 얻어낼 수 있어야 한다.

2. 효율적인 통제시스템

통제시스템은 각 개별적인 상황의 제약요인에 적합하게 설계되어야 하며, 조직의 상황과 목표달성을 위한 수단 모두를 고려해야 한다. 효율적인 통제시스템이 되기 위해서는 다음과 같은 기본적인 특성들을 가지고 있어야 한다.

(1) 이해가능성

조직의 모든 관리자는 통제의 방법을 이해하여야 하며, 달성하려고 하는 표준을 충분히 인식하여야 한다. 통제시스템이 너무 어려우면 효과가 떨어지며, 간단한 통제방식이 복잡한 방법보다 더 좋다.

(2) 경 제 성

효율적인 통제시스템은 경제적이어야 하며, 그 효익이 최소한 통제의 비용을 상회하는 것이어야 한다. 통제의 비용은 통제기능을 수행하는 데 사용된 자원으로서 통제시스템의 성과 향상에 공헌하는 가장 중요한 요인이기 때문이다.

(3) 유 연 성

상황이 바뀌면 통제시스템도 변할 수 있게 유연성을 가져야 한다. 한번 정해진 규칙이라고 해서 무조건 지키도록 요구한다면 곤란하다. 계획이 수정될 수 있듯이 통제도 상황을 감안할 수 있어야 한다.

(4) 전략적 · 결과지향적

통제는 조직의 전략적 계획을 실행하기 위하여 이루어지는 것이므로, 목표에 따른 결과지향적인 것이어야 하며 성과측정 그 자체에 치중해서는 안 된다.

(5) 실 제 성

통제시스템은 현재조직에 적합해야 한다. 통제시스템이 제공하는 자료는 권한소유자가 의사결정을 하려 할 때 필요한 정보가 되므로 현재 조직구조와 일치하는 방향으로 설계되어야 한다.

제3부

기업의 주요 기능/운영 분야

- 제10장 생산운영관리
- 제11장 마케팅관리
- 제12장 재무관리
- 제13장 인적자원관리

제10장
생산운영관리

제 3 부에서는 기업의 주요 기능-운영 분야(major functional operations fields)인 생산운영관리, 마케팅관리, 재무관리, 인적자원관리의 본질에 관하여 개략적으로 설명을 하고자 한다.

이들 주요 기능-운영 분야는 전사차원의 경영관리와 함께 실용적 학문으로서 경영학을 구성하는 주요 세부 전공분야이다. 그래서 저자는 의식적으로 경영학의 전체 윤곽을 소개하고 이해하도록 하는 것은 물론, 경영학이라는 학문을 처음 접하는 독자들이 관심을 가지고 연구하고자 하는 분야를 결정하는 데 도움이 될 수 있도록 내용을 구성하였다.

제 1 절 생산운영관리의 기본 개념

1. 생산의 의의 및 목적

기업이 이용 가능한 자원, 즉 인간 · 원자재 · 기계설비 · 에너지 · 정보 등을 유용하게 활용하여 제품이나 서비스로 변환하여 가는 과정을 생산활동이라고 한다. 이와 같은 생산활동은 공장 · 농장 · 광산 · 사무실 ·

병원 · 백화점 · 은행 · 운송기관 · 식당 · 컴퓨터센터 등 여러 곳에서 볼 수 있다. 많은 경제학자들이 생산을 유형 · 무형의 경제재를 창출하는 활동, 즉 경제적 생산으로 이해하면서 그의 기본을 효용 창출에 두고 있다.

생산(production/operation)이란 생산요소(투입물)를 유형 · 무형의 경제재(산출물)로 변환시킴으로써 효용을 창출하는 과정을 말하며, 과정(공정)은 기업이 이용가능한 생산자원인 인간 · 원자재 · 에너지 · 정보 · 기계설비를 유효하게 활용하여 제품이나 서비스로 바꾸는 변환과정이다(그림 10-1 참조).

기업의 생산활동을 전제로 할 때 생산의 목적은 고객의 만족과 경제적 생산이라 할 수 있다. 고객의 만족과 생산자의 이익은 경제적 생산에 의한 산출물의 효용창출을 통해서 이루어질 수 있기 때문이다.

전통적인 생산론자들은 생산의 목적을 생산요소 결합의 경제적 최적화, 즉 생산원가 내지 투입비용의 최소화에 두어 왔다. 그러나 기업에서 산출된 재화나 서비스는 고객의 요구나 욕구를 충족시켜서 잘 판매되는 제품이어야 한다. 왜냐하면 기업이 존속 · 발전하기 위해서는 생산된 제품이나 서비스는 시장에서 수요가 있어야 하고 이로부터 기업은 이윤을 얻을 수 있기 때문이다.

생산기업이 이윤을 얻기 위해서는 경제적 생산을 통한 효용가치의 창출, 특히 투입요소의 비용감소와 함께 산출물의 가치증대, 즉 부가가치가

그림 10-1 생산의 기본적 의의

투입		변환과정		산출	
생산요소		공정/과정		경제재	효용
원자재		가공, 조립		제품	형태
노동력		제조			기능
기계, 장치	⇨	운영	⇨	서비스	소유
에너지		운반, 운송			기간
데이터		저장		정보	장소
정보					

자료: 이순룡, 「생산관리론」(서울 : 법문사, 2002).

필요한 것으로 이 경우 산출물의 시장평가 가치는 투입된 비용보다 커야 한다. 그러므로 생산기업에서는 최소한의 투입비용으로 산출가치액이 최대가 되도록 생산활동을 해야 한다.

2. 생산운영관리의 의의 및 중요성

생산활동을 하는 생산시스템의 관리인 생산운영관리의 중요성은 사람, 자본 및 자재들의 성공적인 관리를 통해서만이 목적을 달성할 수 있기 때문에 어떤 유형의 조직에나 절대적이다. 생산관리를 더욱 잘 이해하기 위해 시스템적 관점에서 살펴보고자 한다.

생산시스템이란 투입물을 원하는 산출물로 변환시키는 생산활동을 하는 조직이다. 생산활동은 효용이 있는, 그리고 부가가치의 증대를 가져오는 제품/서비스를 창출하는 조직화된 활동이다. 생산시스템은 '투입→변환 → 산출' 이라는 과정으로 진행된다.

① 투입은 사람, 자재, 자금, 기계, 방법, 기술, 시장 등을 구성된다.

② 변환은 이들 투입물을 효과적 · 능률적으로 결합하여 효용(부가가치)이 있는 산출물(제품/서비스)을 가져오는 과정을 말한다. 그러나 변환과정은 실체적 공정에만 한정되지는 않는다. 변환에는 '제조업에서의 실체적 변환', '운송업에서의 장소적 변환', '창고업에서의 시간적 변환', '도소매업의 거래적 변환', '정부기관, 교회, 교육기관, 금융기관, 정보 · 통신기관, 숙박업체, 법률기관, 위락시설 등에 나타나는 상태의 변환' 등이 있다.

③ 산출은 유형 또는 무형의 재화나 서비스, 정보 등을 말한다. 이는 소비자의 욕구를 충족시켜 줄 수 있는 힘, 즉 효용이 있어야 하고 부가가치의 증대를 가져와야만 한다. 부가가치도 화폐적 가치만을 의미하는 것이 아니라 인간적 · 비물질적 가치도 포함된다. 산출의 유형은 변환과정의 유형에 따라 다음과 같이 나눌 수 있다. 즉 제조업은 실체적 변환을 통하여 형태효용을, 운송업은 장소적 변환을 통하여 장소효용을, 창고업은 시간적 변환을 통하여 시간효용을, 도소매업은 거래적 변환으로 소유효용을, 기타 서비스업들은 상태의 변환으로 상태효용을 창출하고 있다. 따라

서 오늘날의 모든 유형의 조직은 생산시스템임을 알 수 있다.

이상과 같은 견해를 바탕으로 하여 생산관리의 개념을 정리하면, 생산관리(POM : Production & Operations Management)란 생산시스템의 생산효과를 높이기 위해 제품생산 및 서비스 운영활동을 계획하고 조직하여 운영 및 통제하는 포괄적인 관리활동을 말한다.

이러한 개념을 바탕으로 생산시스템에서 고객이 요구하는 좋은 품질의 산출물을 적시(time), 적량(quantity), 적질(quality), 적소(place), 적가(price)로 공급하기 위해서는 가용자원을 효율적으로 활용하기 위해 원가(cost), 품질(quality), 납기(delivery), 유연성(flexibility) 등 네 가지의 생산관리 목표를 설정할 수 있다.

예증 10-1 *ILLUSTRATION*

제조업을 더 강하게 만들자

제조업은 여전히 산업의 중심이다. 아무리 세계적으로 산업의 서비스화, 정보화가 빠르게 진행된다 해도 산업 활력을 창출하는 근간으로서 제조업의 중요성은 결코 등한시할 수 없다.

우리나라는 40여 년 동안 제조업을 중심으로 압축성장을 실현했으며, 그 결과 주요 산업에서 세계 상위 생산 규모를 갖기에 이르렀다. 외환위기 후 무역흑자 기조가 정착되고 특히 지난해 수출과 무역흑자가 각각 2847억 달러, 235억 달러의 양호한 수치를 기록한 것도 제조업의 높은 수출경쟁력 덕분이다.

앞으로도 제조업은 우리의 근간 산업으로서 지속적으로 발전시켜 나가야 한다. 그 목표는 '제조업 강국' 의 꽃을 피우는 것이다. 그러나 우리가 처한 상황을 보면 이를 달성하기가 결코 쉽지 않다. 무엇보다 제조업 경시 풍조다.

제조업보다는 금융이나 서비스업 취업을 선호하는 경향이 젊은층에 확산돼서는 제조업의 지속적 발전을 기대하기 힘들다. 더구나 국내에서 사업을 포기하고 외국으로 공장을 옮기는 기업이 속출하며 국내로 유턴하는 기업도 별로 없어 제조업 공동화가 심화되고 있는 것도 걱정이다.

제조업에서의 넛크래커 현상도 문제다. 품질에서는 일본에, 가격에서는 중국에 밀리는 현실을 타개할 수 있는 확실한 전략을 수립하지 않는 한 제조업 강국으로 도약하는 것은 어렵다. 고가, 고품질 제품을 많이 만들 때 한국 무역의 아킬레스건인 교역조건 악화도 시정될 수 있을 것이다.

부품 · 소재, 자본재의 국산화 미흡도 빼놓을 수 없다. 디지털 제품의 핵심 부품을 여전히 수입에 크게 의존하고, 수입 자본재에 의한 설비투자 비중이 갈수록 높아지는 현실에서 벗어나지 않는 한 명실상부한 제조업 강국이 될 수 없다.

연구개발의 절대적 열세도 문제다. 디지털 시대의 기술발전은 연속적이기보다는 와해적이다. 따라서 미래형 자동차와 선박, 디스플레이 등에 대한 집중적인 연구개발과 투자를 미리 해놓지 않으면 산업 선두 대열에서 언제든지 밀릴 수 있는 것이다.

새해엔 정부와 정치권, 국민 모두가 제조업 강국의 기반을 다지기 위한 의지를 새로이 가다듬자. 반기업정서를 청산하고 대신 기업에 어려움이 있다면 이를 앞장서 해결해 주는 쪽으로 방향을 선회하자. 실종된 기업가정신을 적극 발휘할 수 있는 분위기를 만들어 주자.

출처 : 매일경제, 2006년 1월 2일자.

3. 서비스의 생산활동

(1) 서비스의 개념과 특성

생산활동은 제조활동과 서비스활동으로 분류된다. 제조활동에 의해 냉장고 · 자동차 · 시계 · 의류 등과 같은 유형적인 제품이 생산되는 데 반하여 서비스활동으로는 의사의 진료, 자동차 수리 · 교육서비스 등과 같이 무형적인 서비스가 제공된다. 서비스란 고객의 편익과 만족을 위해서 서비스 제공자 자신 내지 다른 서비스자원을 이용하는 과정 · 노력 · 행동의 수행이다.

기업의 입장에서 보면 서비스는 고객의 요구에 정성껏 부응하기 위해서 대가를 받고 고객에 제공되는 물리적 기능과 정서적 기능의 조합이라 할 수 있는데 이들 기능은 서비스의 창출 및 제공활동을 통해서 실현된다.

제품과 구별되는 서비스의 주요 특성들을 살펴보면 다음과 같다.

① 형태의 무형성을 들 수 있다. 서비스는 실체가 보이지 않고 만져지지 않는다. 그래서 서비스는 재고로 저장할 수 없으며 서비스활동을 측

정 · 평가 · 관리하기가 힘들다. 이는 물리적 속성 내지 제품속성으로 측정할 수 없으며, 서비스는 어떤 구조를 갖고 있는 것이 아니라 기능이기 때문이다.

② 내용의 이질성이다. 서비스는 무형성으로 인해 표준을 정하기가 어렵기 때문에 제공되는 서비스의 내용이 제공자나 제공장소, 시기에 따라 다를 수 있다. 서비스는 인식하기 어렵고 생산활동의 측정이 곤란하여 관리자의 주관이나 제공자의 융통성이 되기 쉽다. 또한 고객의 이질성으로 인해 요구되는 서비스의 내용 또한 다양하므로 서비스과정의 표준화가 중요하다.

③ 서비스의 소멸성이다. 제품은 수명기간 동안 존재하지만 서비스는 제공 후 소멸된다. 서비스는 무형성 내지 비저장성으로 인해 판매되지 않아도 소멸된다. 연극공연, 열차 및 항공기의 운행시각 등에서 볼 수 있는 것처럼 많은 서비스의 수요는 시한성이 있다.

④ 생산과 소비의 동시성/비분리성이다. 제품과 달리 서비스의 생산과 소비 내지 판매는 동시에 이루어진다. 서비스의 경우 대부분 고객이 생산과정에 직접 참여하므로 서비스 제공자와 고객과의 긴밀한 접촉이 필요하다. 생산과 소비의 동시성은 서비스 품질관리의 장애요인이 되기도 한다.

(2) 제조활동과 서비스활동의 차이점

제조활동과 서비스활동은 많은 경우에 재화와 서비스를 혼합해서 생산하고 있어서 이들의 명확한 구분은 쉽지 않다. 순수재화를 생산하는 제조활동과 순수서비스를 산출하는 서비스활동 간의 차이점을 정리해 보면 〈표 10-1〉과 같다.

이들 제조활동과 서비스활동 간의 차이점은 제조업과 서비스업을 운영 · 관리하는 데 중요한 전략변수가 된다. 즉 제품과 같은 재화는 형태가 있어서 물리적 변환, 즉 가공 · 생산 · 저장 · 운송 등이 가능하지만, 형태가 없는 서비스는 이와 같은 물리적 변환이 어렵기 때문에 제조업에서 행하는 재고관리나 운반관리 등은 별로 중요하지 않다. 그 대신 고객과의 긴밀한 접촉을 위해 양질의 인적자원을 개발하고, 고객이 접근하기 쉬운 곳

표 10-1 제조활동과 서비스활동의 차이

특 성	제조활동	서비스활동
산출물의 형태	유형의 제품	무형의 서비스
제품/서비스의 저장	재고로 저장	저장할 수 없다
생산/운영 시설규모	대규모	소규모
생산/운영 사업장 수	적다	많다
생산자원의 집약	자본집약적	노동집약적
생산과 소비	별도로 행해진다	동시에 행해진다
고객과의 접촉빈도	낮다	높다
고객의 역할정도	낮다	높다
고객요구 반응시간	길다	짧다
품질/생산성 측정	용이하다	어렵다

에 서비스 시설을 분산 · 운영하며 생산기능과 마케팅기능을 통합 · 운영하는 것이 중요하다.

제조업의 경우 수요변동에 재고를 활용할 수 있어 한 곳에서 집중적으로 생산하여 규모의 경제를 추구할 수 있지만 서비스업에서는 시한적인 서비스 수요로 인하여 수요에 대응한 분산된 생산을 도모하는 경우가 대부분이다. 서비스의 수요가 한시성을 띠고 있지만 고객 수요를 확률적으로 예측하거나 사전에 예약을 받음으로써 불확실한 수요에 어느 정도 대비할 수 있다.

대부분 서비스의 경우 생산과 동시에 소비되기 때문에 제품처럼 유통경로를 통해서 고객에 제공되기는 힘들다. 고객이 서비스사업장으로 가거나 아니면 서비스제공자가 고객에 접근하여 고객과 서비스생산자가 접촉한다. 고객접근을 용이하도록 하는 방법의 하나는 서비스시스템을 교통이 편리한 곳이나 고객이 접근하기 쉬운 곳에 분산 · 운영하는 것으로 햄버거체인이나 시중은행의 현금자동인출기의 경우를 예로 들 수 있다.

제 2 절 수요예측 및 제품설계

1. 수요예측

미래의 제품/서비스의 크기를 추정하는 수요예측은 정성적 예측기법과 정량적 예측기법의 두 가지가 있다.

(1) 정성적 예측기법

장래의 기술예측이나 신규로 개발된 신제품시장 및 수요 등의 예측은 관련 자료가 부족하거나 장기예측적인 성격을 띠고 있어 전문가의 주관적인 의견이나 추정을 토대로 하게 된다. 과거의 관련자료나 장래의 사태변화와 관련된 자료를 제대로 얻을 수 없을 때 흔히 이 접근방법이 이용된다. 정성적(주관적) 수요예측 방법은 직관력에 의한 예측, 의견조사에 의한 예측, 유추에 의한 예측 등으로 분류된다.

① 직관력에 의한 예측

전문가 내지 구성원의 주관적인 의견이나 판단에 의존하는 예측방법으로 델파이법, 위원회합의법, 판매원 의견종합법, 경영자 판단 등이 있다.

첫째, 델파이법(Delphi method)은 인간의 직관력을 이용하여 장래를 예측하는 방법으로 Rand사의 헬머(O. Helmer)에 의해 개발되었다. 원래 기술예측용으로 개발되었지만 최근에는 관련자료가 불충분한 중 · 장기예측, 신제품개발, 신시장 개척, 전략결정 등에 이용되고 있다. 이 기법의 특징은 전문가를 한자리에 모으지 않고 일련의 미래사항에 대한 의견을 질문서에 각자 밝히도록 하여 전체 의견을 평균치와 사분위값으로 나타내는 데 있다. 전문가들을 한자리에 모으지 않는 이유는 다수의견이나 유력자의 발언 등에 의한 심리적 영향을 배제하기 위함이다. 그 대신 전문가들의 의견을 종합하여 그에 대한 의견을 재차 묻는 것과 같은 피드백과정을 거듭하여 의견을 좁혀 나가게 된다.

둘째, 판매원 의견종합법(composite of sales force opinion)은 특정 시장

에 정통한 판매사원이나 거래처의 의견을 종합하여 수요를 예측하는 방법이다. 영업사원은 고객과의 접촉이 많아서 고객의 요구와 취향을 잘 알고 있으므로 좋은 시장정보원이 될 수 있다. 비교적 단기간에 양질의 시장정보를 입수할 수 있다는 이점이 있지만 영업사원의 입장에서 소비자의 희망과 실제 구매의사를 구분하기는 쉽지 않으며 자신의 경험에 치우쳐 예측하는 경향이 많다.

셋째, 경영자 판단(executive opinions)은 예측과 관련 있는 상위 경영자의 의견을 모아 예측하는 방법으로 장기계획 및 제품개발에 이용되기도 한다. 이 방법은 주로 경영자의 의견이나 판단에 의존하므로 그들의 능력에 따라 차이가 많으며 정확도가 높지 않다.

② 의견조사에 의한 예측

다수의 의견을 수렴한다는 점에서 정성적 예측방법 중 가장 객관화된 예측방법이다. 이 기법은 궁극적으로 수요를 결정하는 것은 소비자이므로 제품이나 서비스를 새로 출시하기에 앞서 소비자의 의견조사 내지 시장조사를 행하여 수요예측을 하는 방법이다. 단기 · 중기 · 장기예측에 적용할 수 있는데, 단기에서는 예측의 정확도가 높지만, 장기예측의 경우는 매우 낮다. 조사방법으로는 전화, 면담조사, 설문지조사 등이 있다.

③ 유추에 의한 예측

새로운 사업이나 제품을 개발할 경우 과거의 경험이나 자료가 없는 경우가 대부분이다. 새로운 것이라고 하지만 기능면에서 비슷한 기존제품에 관한 자료나 경험에 비추어 예측할 수 있다. 이러한 방법에는 라이프사이클 유추법과 자료유추법 등이 있다.

첫째, 라이프사이클 유추법(life cycle analogy)은 전문가의 도움이나 경영자의 경험으로 제품의 라이프사이클을 판단하여 수요를 예측하는 방법이다. 여러 차례의 제품개발을 경험한 경영자들은 라이프사이클을 노대로 하여 미래의 수요를 판단하거나 예측한다. 이 경우 경험에 주로 의존하므로 그릇된 판단이 나올 수 있다.

둘째, 자료유추법(historical analogy)은 신제품을 개발할 때 그와 유사한 기존제품의 과거 자료를 기초로 하여 예측하는 방법으로 과거 수년간의 수요량 · 수요자 동태 · 라이프사이클 등에 관한 자료로부터 유추하는 것이다.

(2) 정량적 예측기법

① 시계열분석

시계열분석(time series analysis)이란 시계열(년, 월, 주, 일 등)을 따라 제시된 과거자료로부터 그 추세나 경향을 파악하여 장래의 수요를 예측하는 것이다. 이 경우 과거의 자료를 미래예측의 길잡이로 이용하는데 시간이 독립변수가 되며 수요량은 종속변수가 된다. 따라서 시계열분석의 초점은 과거에 발생된 수요와 관련된 시계열성에 있다고 볼 수 있다. 과거의 수요 자료를 시계열에 따라 그래프로 그리면 일정한 패턴, 즉 시계열적 변동이 나타난다. 이 변동은 추세변동, 순환변동, 계절변동, 불규칙변동으로 구분되며, 이들은 시계열 자료의 주요 구성요소를 이룬다.

② 최소자승법에 의한 예측

최소자승법(least square method)은 관찰치와 추세치와의 편차자승의 총 합계가 최소가 되도록 동적 평균선을 그리는 방법이다. 이 방법으로 시계열의 추세변동을 계산할 때는 우선 원계열의 변동추세에 알맞은 추세선의 유형을 선정하여야 한다. 최소자승법은 주기변동, 계절변동, 불규칙변동을 고려함이 없이 장래의 수요변동을 추세변동만으로 예측하려는 방법이다.

③ 이동평균법에 의한 예측

이동평균법(moving average method)은 과거 일정 기간의 실적을 평균해서 예측하는 방법이다. 이동평균법에는 과거 여러 기간의 실적치에 동일한 가중치를 부여하는 단순이동평균법과 최근의 실적치에는 가장 높은 실적치를 부여하는 가중이동평균법이 있다.

④ 지수평활법에 의한 예측

최소자승법이나 이동평균법에서는 장기간의 과거실적을 필요로 하지만, 지수평활법(exponential smoothing method)은 최근의 데이터만으로 예측이 가능하다는 장점이 있다. 이동평균법에서는 최근의 데이터가 부가되면 면 과거의 데이터는 밀려 나가게 되어 있다. 즉 과거로 거슬러 올라갈수록 데이터의 중요성은 감소한다는 가정이 타당하다고 보면 지수평활법이야말로 가장 논리적이고 사용하기 쉬운 방법이라고 할 수 있다. 그래서 전체 예측기법 중에서 단기예측법으로 가장 많이 사용되고 있는데 도 · 소매상의 재고관리에도 널리 이용되고 있다.

2. 제품설계

(1) 제품의 연구개발 및 제품의 설계

기업이 성장 · 발전하기 위해서는 고객이 만족할 만한 제품(서비스)을 제공함에 있어서 경쟁기업에 뒤져서는 안 된다. 한 마디로 창조적이며 지속적인 제품개발이 필요한 것이다. 제품개발(product development)이란 기존제품의 개량 및 신제품의 개발을 말한다. 제품개발은 경쟁우위를 확보하고 새로운 수요창출과 수요변화에 대한 대응, 그리고 생산능력을 최대한 이용하기 위해서 필요하다.

기술수준이 높은 선진국과 경쟁하기 위해서는 이에 대처할 수 있는 기술력의 배양, 즉 연구개발(Research and Development : R&D)이 절실히 필요하다. 산업기술의 혁신은 아이디어 창출로부터 시작해서 기초-응용-개발 연구를 거쳐 생산 · 판매단계에서 비로소 결실을 맺는다. 때문에 연구개발 내지 신제품개발에는 많은 시간과 자금이 소요될 뿐만 아니라 위험이 따른다.

제품개발이나 생산전략을 수립할 때 고려해야 되는 제품수명주기(product life cycle)의 단계는 도입기 · 성장기 · 성숙기 · 쇠퇴기로 구분된다. 제품수명주기는 제품에 따라 차이가 크며, 제품수명이 성숙기에 이르면 제품개량을 통한 수명연장이나 신제품의 개발이 요구되는데 이 경우 수명주기의 감사나 관리가 필요하다.

제품설계의 과정은 〈그림 10-2〉와 같이 고객 내지 시상의 요구를 개략적인 기술시방으로 옮기는 예비설계와 기술시방(technical specification)을 구체화하는 최종설계로 나눌 수 있다. 최종설계는 다시 기능설계 · 형태설계 · 생산설계로 구분된다.

① **기능설계**(functional design)

고객의 요구 내지 연구결과를 개략적인 시방으로 옮긴 기술시방을 다

그림 10-2 제품설계의 진행과정

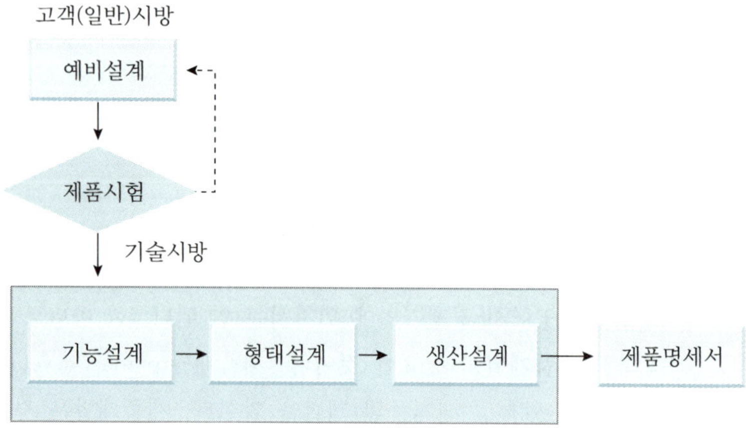

시 제품시방(제품명세서)으로 바꾸는 첫 번째 과정이라 할 수 있는 기능설계는 제품의 작용, 즉 기능 내지 성능을 구체화시키는 과정이다.

② **형태설계**(form design)

형태설계란 제품의 선, 모양 및 색채를 결합한 제품외관에 대한 설계로서 일명 스타일 설계라고도 불린다. 제품의 외관은 시각적 소구를 통하여 판매를 촉진하는 효과를 가지고 있으므로 제품의 형태를 기능과 유기적으로 결합하여 제품설계를 할 필요가 있다.

③ **생산설계**(production design)

생산코스트 절감이 가능한 동시에 기능과 제품 스타일에 영향을 주지 않는 설계변경의 여부를 검토해야 한다. 생산설계의 목적은 기능설계나 형태설계에 의하여 주어진 범위내에서 가급적 경제성이 높은 생산방식을 정하는 것이다. 이를 위해 제품의 재료 · 구조 · 형상 등의 설계, 생산방법, 생산설비 등을 경제적인 면에서 결정한다.

④ **제품명세서**(product specification)

제품설계의 결과는 제품시방서 내지 명세서로 제시되는데 이는 제품의 구성 · 기능 · 형태 등을 비롯하여 제조과정에 관한 기술적인 시방으로 표현된다. 이것은 정밀한 계수적인 설명서에서부터 문장으로 된 지침에 이르기까지 다양한 형식으로 되어 있는데 보통은 청사진이나 제작설계도로 생각할 수 있다.

(2) 혁신적 제품설계기법 및 가치공학기법

제품설계는 제품의 기능적 요건들을 충족시킬 수 있는 범위 내에서 경제적으로 생산할 수 있도록 설계되어야 하는데 제품의 사용기능과 코스트를 함께 고려한 설계가 '가치공학에 의한 가치개선 설계'이다. 가치분석 내지 가치공학기법은 선진제국을 비롯한 여러 나라에서 원가절감과 가치개선을 목적으로 도입되고 있는 기법으로 불필요한 코스트를 식별하고 제거하기 위한 하나의 문제해결 시스템으로 소비자가 요구하는 다양한 기능들을 효과적으로 설계에 반영할 수 있다.

가치분석(value analysis)은 1947년에 미국 GE사의 구매과장 마일즈(L. D. Miles)에 의해서 비롯되었다. 최저의 코스트로 필요한 기능을 달성하기 위해서 제품 내지 서비스의 기능분석에 기울이는 조직적인 노력이 바로 가치분석(VA) 내지 가치공학(value engineering : VE)이다.

VA/VE는 제품 · 자재 · 공정 · 작업 · 서비스 등 모든 분야에 적용할 수 있다. 예를 들어 제작도면과 시방서의 변경, 설계서의 변경, 제조방법의 능률화, 제조공정의 개선, 공법의 변경, 구매자재의 변경, 운반수단 및 방법의 개선, 사무절차의 개선, 품질 및 서비스의 개선, 원가절감 등 여러 분야에 적용된다.

예증 10-2 *ILLUSTRATION*

중국 베이징 현대차 가보니…

노조 협조와 자유로운 전환배치 덕에… 시간당 68대 생산 … 아산은 63대

중국 최대 허브공항인 베이징 수도국제공항에 내려 시원스레 뚫린 공항고속도로를 10분 정도(약10㎞) 달리면 순이(順義)구 임하공업개발구가 나온다. 이곳 20만평 부지에 현대차와 중국 베이징기차의 합작공장(50 대 50)인 베이징현대차가 자리잡고 있다.

베이징현대차는 중국인들이 '현대속도' 라고 부르는 신화를 창조한 곳이다. 2002년 10월 법인이 설립되자마자 3개월 뒤부터 자동차를 생산했다. 원래 트럭공장이었지만 현대가 인수하면서 한 쪽에선 차를 만들고, 바로 옆에서는 새로운 라인을 설치하는 작업을 동시에 진행했기 때문이다. 지금은 중국 내 최고 생산성을 자랑하는 공장이 됐다.

이 공장에서는 쏘나타(EF, NF), 엘란트라(아반떼), 투싼, 엑센트(베르나) 등 다섯 종류의 완성차를 조립한다. 시간당 생산량은 68대. 한국에서 최고인 현대차 아산공장(63대)보다 생산성이 높다. 평균 53초 꼴로 1대의 완성차를 만들어 내며, 주야 작업을 통해 하루 1200~1250대를 생산한다. 높은 생산성의 비밀은 혼류생산과 전환배치에 있다.

20대의 젊은 숙련공들이 쏘나타, 엘란트라 등을 53초에 1대씩 생산, 국내 아산공장보다 높은 생산성을 보이고 있는 베이징현대차 생산라인. 한국에서는 기껏해야 1개 라인에서 3개 차종을 만들어 내는 게 최고지만, 베이징현대는 라인 한 곳에서 최고 6개 차종을 뽑아내는 혼류생산 시스템을 갖추고 있다.

의장라인에 들어서자 근로자들이 쉴 틈 없이 손을 놀린다. 공장을 가동한 지 오래되지 않아 근로자들이 대부분 20대다. 엑센트, 투싼, 엘란트라 등 각기 다른 차종이 라인을 타고 옮겨지는 데도 능숙하게 작업을 해낸다. 안내를 맡은 직원이 "혼류생산 시스템은 작업자가 숙련돼 있지 않으면 오류가 발생하기 쉽다"고 설명한다.

인근 회사에 비해 급여가 20%가량 높다는 이곳 생산직 근로자들의 한 달 임금은 잔업과 특근까지 포함해도 평균 2800~2900위안(33만6000~34만8000원). 국민소득 수준을 감안하더라도 한국 근로자들에 비해 크게 낮은 수준이다.

한국에서는 노조 때문에 까다로운 인력 전환배치나 신차투입도 이곳에서는 자유롭다. 베이징현대차의 김현수 차장(경영지원부)은 "근로자 전환배치나 신차종 투입, 시간당 생산량 변동 등은 회사의 계획에 따라 자유롭게 실시하는 고유한 경영활동"이라며 "한국의 노동조합 성격을 지닌 궁후이(工會)와 협의할 사안이 아니다"고 말했다. 생산성이 높아질 수밖에 없는 이유다.

파업걱정이 없는 것도 베이징현대를 한국 공장과 차별화시키는 강점. 중국 내 다른 공장도 마찬가지지만 중국에서는 파업이 법으로 금지돼 있다. 의장라인에서 일하는 왕춘(王春 · 25) 씨는 "특근을 하면 임금을 두 배로 받기 때문에 모두들 특근을 하고 싶어한다"며 "궁후이가 생산라인을 스톱시키는 일은 상상하기조차 어렵다"고 말했다.

이렇다보니 궁후이는 회사 측과 대립각을 세우기보다는 상생의 협력관계를 맺는 사례가 많다. 실제 베이징현대의 궁후이는 회사 발전에 많은 기여를 해왔다.

김 차장은 "공장설립 초기 2.5t 트럭 제조공장의 설비를 뜯어내 연산 5만대 규모의 승용차 생산라인을 깔고 다른 쪽을 뜯어내는 공사를 했다"며 "혹독한 추위의 한 겨울에 근로자들이 난방도 안 되는 천막에 기거하면서 일할 수 있었던 것은 궁후이가 적극적으로 나서 격려한 덕분"이라고 설명했다. 궁후이의 활약은 여기서 그치지 않는다.

지난해 처음으로 회사 체육대회를 궁후이의 예산으로 치렀고, 행사 도중 가진 토론회 내용 중 상당 부분이 베이징현대의 발전을 위한 것이었다. 2003년 4월 사스(SARS · 중증 급성호흡기증후군)가 확산됐을 때는 궁후이가 나서 조합원들을 독려, 당시 중국의 합작 공장 가운데 유일하게 쉬지 않고 일해 주문 대수를 맞췄다.

출처 : 한국경제, 2007년 7월 21일자.

제 3 절 공정설계 및 생산능력 결정

1. 공정설계

(1) 공정의 개념과 유형

자원을 소비하여 가치를 창출하는 하나의 변환과정인 process를 생산관리에서는 생산공정으로 표현하는데, 이는 제조공정에 국한된 개념은 아니며 서비스과정에도 똑같이 적용된다. 모든 프로세스에는 투입과 결과가 있어 프로세스를 행동지향적 구조로 이해할 수 있다. 특히 업무나 서비스와 같은 소프트웨어 프로세스는 시간과 장소 전반에 걸친 작업행위의 순서라 할 수 있다. 그래서 프로세스의 개선이나 혁신의 일차적 목표로서 시간단축을 꼽지만 중요한 것은 프로세스의 결과에 고객이 만족해야 한다는 점이다. 이는 곧 공정이나 프로세스에서 가치창출 내지 부가가치가 이룩되어야 함을 의미한다.

생산공정이란 원자재에서 제품에 이르는 시간 · 공간과 더불어 변하는 과정, 즉 투입요소가 산출물로 바뀌는 과정이다. 전반적인 생산시스템의 입장에서 생산공정을 프로젝트 공정, 개별공정, 로트/뱃치 공정, 라인/대량 공정, 흐름/연속 공정으로 분류한다.

제품의 변환과정을 중심으로 제조공정을 채취(추출), 화학적 변화, 조리, 가공 · 성형, 조립으로 분류할 수도 있다.

(2) 공정의 설계

공정의 설계란 투입요소, 생산 및 서비스활동, 물자와 정보의 흐름, 업무 내지 작업의 순서, 제품 및 서비스의 생산장비와 방법 등을 선택하는 장기적 의사결정이다. 투입요소의 선택에는 기업의 생산전략 및 자원의 획득능력과 부합하도록 인간의 기능과 원자재 · 장비 · 정보 등을 배합하는 결정이 포함된다. 공정설계의 대상으로 사무 · 업무 · 서비스의 과정이나 제조공정 등을 꼽을 수 있다. 공정을 설계할 때에는 다음의 네 가지를 고려요인으로 설명할 수 있다.

① **자본집약도**(capital intensity)

신규 공정의 설계나 기존공정의 재설계에서 중요한 고려사항으로 자본집약도를 들 수 있다. 자본집약도란 공정에 투입되는 장비와 인간의 숙련기술 간의 구성비를 말하는 것으로 보편적으로 장비에 투입되는 비용이 클수록 자본집약도가 높다.

② **자원유연성**(resource flexibility)

생산설비나 종업원 등 생산자원에 대한 경영의사결정으로 이들 자원의 유연성 정도가 결정된다. 예를 들어 짧은 수명주기나 높은 고객화가 요구되는 신제품이라면 생산설비는 범용이어야 하며, 종업원들은 다양한 업무를 수행할 수 있어야 한다.

③ **수직적 통합**(vertical integration)

공정을 설계할 때에는 원자재의 획득에서부터 최종 제품의 납품에 이르기까지 전체 공급망을 살펴보아야 한다. 공급망을 관리하는 과정이 많을수록 수직적 통합의 정도가 높다. 광범위한 수직적 통합은 일반적으로 생산량이 많고 과업의 전문화 및 높은 반복도에 의해 생산효율이 높아질 때 매력적이다.

④ **고객참여도**(customer involvement)

고객이 생산공정이나 서비스과정에 참여하거나 작용하는 고객참여도는 서비스과정의 설계시 중요한 고려사항이 된다. 고객참여의 범위는 카페테리아 식당의 셀프서비스에서부터 고객이 제품의 색상 · 모양 · 성능 등의 시방을 지정하는 제품선택이나 서비스의 내용 · 시간 · 장소 등을 고객이 정하는 맞춤에 이르기까지 다양하다. 고객의 참여도가 높은 공정은 덜 자본집약적이고 자원유연성은 보다 높은 경향이 있다.

2. 생산능력의 결정

(1) 생산능력의 개념과 측정

생산규모는 주로 생산설비에 의해서 결정되는 것으로 설비의 능력적 관점에서 볼 때 설비의 생산능력으로 좁혀서 표현할 수 있다. 생산능력(capacity)이란 생산요소인 인적 및 물적 요소의 능력을 말하는 것으로 작업능력과 설비능력으로 구분되지만 설비나 시설의 능력으로 나타내는 것이 보통이다. 또한 생산능력을 생산시스템(공정)이 정상적인 상태에서 일정기간에 달성할 수 있는 부가가치활동의 최대수준으로 말하기도 한다.

생산능력을 측정하거나 판단할 때 사용되는 능력척도는 다음의 세 가지로 요약할 수 있다. ① 설계능력(design capacity)으로 설계상에 표시된 성능 내지 용량으로서 생산시스템의 내 · 외 여건에 관계없이 생산설비나 시설에서 일정기간 중 생산가능한 최대산출량이다.

② 유효능력(effective capacity)으로 주어진 여건에서 일정기간 중에 생산가능한 산출량으로 시스템능력이라고도 부른다. ③ 실제능력(actual capacity) 또는 실제 생산량은 현재의 생산자원으로 실제로 달성한 산출율이나 산출량이다. 돌연한 기계고장이나 불량발생 또는 재료부족 등으로 유효능력에 미치지 못하는 것이 보통이다.

이들 세 가지 능력척도들은 시스템의 유효성(effectiveness) 측정에 있어 중요한 척도가 되는데 특히 시스템 능력의 효율과 이용률 측정에 중요하다.

(2) 생산능력의 결정

생산시스템을 신설하거나 확장할 때 생산능력의 결정은 매우 중요한 일이다. 능력의 결정문제는 장기적 수요변화에 대한 설계능력의 결정과 경기변동 및 시장 수요변동 등에 따른 수요변화에 대한 유효능력의 결정이 중심을 이루는데 이들은 장기적 내지 전략적 능력결정 문제이다.

생산능력의 결정은 경영자가 수행해야 하는 모든 생산 의사결정 중에서도 가장 기본이 되는 사항이다. 능력결정이 중요한 이유를 살펴보면 다음과 같다.

① 생산능력은 제품 및 서비스에 대한 장래의 수요에 대처하는 조직의 잠재적인 영향력과 직접적인 관련이 있다.

② 능력과 수요요건이 서로 부합되면 생산비를 최소화할 수 있다.

③ 능력은 생산원가의 중요한 결정인자이다.

④ 능력결정 결과는 생산과업수행이나 생산성과에 장기간 영향을 미친다.

생산능력의 결정은 장기이익을 최대화하기 위한 목적으로 기업의 자원을 사용하도록 추구되어야 한다. 이 경우 생산능력 부족으로 야기된 기회손실과 초과능력으로 발생하는 비용간의 이해 득실을 따져보아 능력을 결정해야 한다.

제 4 절 시설입지 및 설비배치

1. 시설입지

(1) 입지요인

입지요인(location factor)이란 특정한 시스템이 유리하게 경영활동을 전개할 수 있는 장소적 적합성이다. 따라서 시설 및 공장입지를 정할 때는 반드시 이들 입지요인의 검토 및 분석 · 평가가 선행되어야 한다. 시설 및 공장입지 요인들은 그의 성질에 따라 경제적 · 자연적 · 사회적 입지요인으로 분류된다.

① 경제적 입지요인은 교통편리 및 운송비용, 노동력의 양과 질, 임금수준, 시장의 수요와 근접성, 외주업체의 이용 가능성, 기술의 획득, 유틸리티시설의 이용, 토지가격 등을 들 수 있다.

② 자연적 입지요인으로는 기후의 적합성, 공업용수의 이용가능성, 원자재의 근접성, 배수의 용이성 등을 들 수 있다.

③ 사회적 입지요인은 지역사회의 풍토와 관습, 그 지역의 삶의 질, 법규와 제도, 세제, 지원제도, 국토계획 등을 들 수 있다.

(2) 입지결정기법

기업이 최대이윤을 올릴 수 있는 장소적 적합성이라 할 수 있는 입지요인에는 비용으로 계측할 수 있는 양적 요인과 거의 계측할 수 없는 질적 요인이 있다. 양적 요인은 구체적인 비용으로 파악될 수 있지만 질적 요인은 추상적인 비용으로 파악된다. 그래서 비용을 중심으로 전개되는 입지결정의 분석에서는 양적 요인의 분석이 주류를 이루고 있지만 질적 요인을 간과해서는 안 된다. 다음에서는 이러한 기법들을 간략하게 살펴보고자 한다.

① 양적 요인의 분석

가. 총비용비교법 : 입지결정과 관련되는 구체적 비용은 물론 추상적 비용과 기회비용을 모두 포함하며, 추상적 비용이나 기회비용은 현실적으로 파악하기 어려우므로 대개는 재료비, 수송비, 노무비 등의 구체적 비용만으로 입지결정을 행한다.

나. 손익분기도법 : 입지비용을 고정비와 변동비로 구분하여 생산량의 변동에 따라 이들 비용의 변화를 나타내는 손익분기도를 이용하여 입지결정을 하는 방법이다.

다. 수송계획법 : 입지문제에 주요 목표는 주어진 물량을 각 시설의 요구를 충족시켜 주면서 총수송비가 최소가 되도록 각 시설 간에 배분하는 경우가 많다. 이럴 경우 여러 입지 운송망과 최적화라는 관점에서 문제에 접근하여야 하며, 수송계획법(transportation method)이 유용한 도구가 된다. 수송계획법에 의한 최적입지의 선정은 고려대상 입지 하나씩에 대하여 수송계획법에 의한 최적수송계획을 수립하고 총수송비를 구한다. 각 후보입지들 중 총수송비가 최소인 입지를 선정하는 것이다.

② 질적 요인의 분석

가. 요인평정법 : 고려되는 입지요인별로 가중치가 부여된 요인평정표에 요인별로 평점하여 산정한 요인별 점수의 합계가 가장 큰 대안을 선정하는 방식이다.

나. 브라운-깁슨 모델 : 입지결정에서 양적 요인과 질적 요인을 함께 고려할 수 있는 복수공장의 입지분석 모델로 입지에 영향을 주는 요인들을 중심으로 필수적 기준, 객관적 기준, 주관적 기준 등 세 가지의 기준이 제시되었다.

2. 설비배치

(1) 제품별 배치

특정의 제품(서비스)을 생산하는 데 필요한 설비와 작업자를 제품의 생산과정 순으로 배치하는 방식이다. TV나 자동차 조립공장 · 음료수 및 식품가공 공장과 같이 물류의 흐름이 일정하게 연속되는 소품종 다량생산 공장과 카페테리아 식당이나 항공기 탑승수속 등에서 볼 수 있는 배치유형이다. 이 배치방식에서는 특정 제품생산에 적합한 전용설비를 사용하기 때문에 다양한 제품을 생산하는 주문생산에는 부적합하다.

(2) 공정별 배치

이 방식은 기계공장에서 흔히 볼 수 있는 배치형태로서 기능별 배치(function layout)라고도 한다. 즉 기계설비를 기능별로 배치하는 형태로서 가령 연삭작업은 그라인딩 부서에서 행하고, 용접은 용접부서에서 행하도록 배치하는 것을 말한다. 이 배치는 제품의 종류는 많고 생산량이 적은 다품종 소량생산에 알맞도록 범용설비를 기능별, 즉 기계종류별로 배치하는 것이 특징이다. 서비스업에서는 특정기능이 수행되는 작업장소별로 시설배치를 하는 경우를 예를 들 수 있다. 이 경우 작업별 배치라고도 한다.

(3) 고정형 배치

대형 항공기와 같이 제품이 매우 크고 복잡한 경우에는 제품을 움직이는 대신 제품생산에 필요한 원자재, 기계설비, 작업자 등을 제품의 생산장소에 근접시키는 것이 유리하다. 대형 선박이나 토목건축 공사장에서 볼 수 있는 배치유형으로 제품이나 공사구조물은 한 장소에 고정되고, 그 대신 자재와 기계설비를 현장에 옮겨서 생산가공하는 것이 특징이다.

제 5 절 재고관리

1. 재고관리의 의의

재고관리(inventory control)란 수요에 신속히, 그리고 경제적으로 적응할 수 있도록 재고를 최적상태로 관리하는 절차라고 할 수 있다. 시장의 제품수요 동향에 신속히 적응할 수 있는 생산체제를 갖추고 아울러 제품, 공정품, 부분품, 원재료 등의 재고량을 경제적 관점에서 가능한 한 최저로 유지하는 것이 바람직한 재고관리이다. 즉 고객의 서비스 수준을 충족시켜주면서 품절로 인한 손실과 재고유지비용 및 구매비용을 최적화하여 총재고비용을 최소로 하는 것이 재고관리의 기본목표이다.

생산 · 판매시스템의 재고관리 문제들은 다음 세 가지의 것이 대부분이다. ① 1회 주문량을 얼마로 하여야 하는가?(경제적 발주량) ② 언제 주문하여야 하는가?(발주점) ③ 어느 정도의 재고수준을 유지해야 하는가?(안전재고 수준) 등이다.

2. 재고관리 시스템

재고관리 시스템에는 두 가지의 일반적인 유형이 있다. 이들 유형은 고정주문량 시스템과 고정주문간격 시스템이다. 고정주문량 시스템은 경제적 주문량 시스템 혹은 Q시스템이라고도 하며 고정주문간격 시스템을 정기주문 시스템 혹은 P시스템이라고도 한다.

(1) 고정주문량 시스템

EOQ모형은 얼마나 주문해야 하는지에 대해서는 답할 수 있으나 언제 주문해야 하는지에 대하여는 답할 수 없는 특징이 있다. 언제 주문할 것인가는 재주문점(ROP)에 의하여 결정된다. 재주문점은 조달기간 동안의 기대수요를 포함하는 것이 일반적이다.

만약 수요와 조달기간이 모두 일정하다면 재주문점은 다음 식과 같이 단순하게 계산할 수 있다.

$$ROP = d \times LT$$

단 d: 일일수요량

LT: 조달기간

수요와 조달기간이 다양하다면 실제수요가 평균수요를 초과할 가능성도 있다. 결과적으로 조달기간 동안 재고부족의 위험을 감소시키기 위하여 안전재고라고 불려지는 추가적인 재고가 필요하게 되며, 이 안전재고량에 의해서 재주문점은 증가하게 된다.

즉 재주문점(ROP) = 조달기간 동안의 평균수요 + 안전재고

(2) 고정주문간격 시스템

고정주문간격 시스템에서 주문의 크기는 다음 계산에 의해 결정된다.

주문량 = 검토기간 동안의 평균수요 + 안전재고 − 재주문시 남은 재고

$$= d(OI + LT) + Z(OI + LT) - A$$

단, OI : 주문간격
A : 재주문시 남은 재고
LT : 리드타임

위의 모형에서 검토기간 동안의 수요는 정규분포라고 가정한다.

제 6 절 전사적 품질경영

1. TQM의 의의 및 특성

(1) TQM의 의의

① 코헨과 브랜드(Cohen & Brand)의 정의

"TQM이란 업무의 모든 국면에서(total) 고객의 요구를 충족시키고도 남도록(quality) 조직의 역량을 개발하고 유지하는(management) 것이다." 여기서 종합적(total)이라는 말은 조직의 모든 기능과 계층에 속하는 모든 종업원이 품질을 추구해야 함을 의미하고 품질(quality)이란 조직의 모든 측면에서의 우수성을 의미하며, 경영(management)이란 품질경영과정을 통한 품질결과의 추구를 의미한다.

② 베커, 골롬스키 및 로리(Becker, Golomski & Lory)의 정의

"TQM은 경영철학이자 그러한 철학을 실천하기 위한 도구 및 전략들의 집합이다." 김연성 등도 전사적 품질경영(TQM)이란 조직의 모든 기능에 있어서 품질을 향상시키기 위한 개념과 도구들의 총체라고 하였다. 오늘날 더 많은 진보적인 기업들은 TQM을 경영철학으로 삼고 있다. 피터 드러커(Peter F. Drucker)는 경영의 탁월성을 무결점경영(Zero Defect Management)이라 명명했는데 TQM을 경영철학으로 삼고 있는 기업에서는 TQM과 무결점경영은 동일한 것으로 간주하고 있다.

③ 로스(Ross)의 정의

"TQM은 제품 및 서비스품질의 지속적인 개선을 달성하기 위해서 한

조직내의 모든 기능들과 과정들을 통합하는 것이다. 그 목적은 바로 고객만족(CS)이다." 쥬란(Juran) 박사는 TQM이란 단순히 품질변동의 원인을 파악하고 개선하는 데 있는 것이 아니라 고객의 욕구를 만족시키는 데 있다고 하였다. 크로스비(Crosby) 박사는 TQM은 결함예방의 모든 경영조치를 집중시키고 고객과 공급업자, 그리고 종업원을 만족시키는 데 그 목적이 있다고 하였다. 또 TQM은 전종업원의 참여를 전제로 하기 때문에 현장 근로자를 중심으로 하는 과거의 품질관리와는 다르다고 하였다.

④ 김기영(1999) 등의 정의

"최고경영자의 리더십 아래 품질을 최우선과제로 하고 고객만족을 통한 기업의 장기적인 성공은 물론 기업과 사회전체의 이익에 기여하기 위해 경영활동 전반에 걸쳐 모든 구성원의 참여와 총체적 수단을 활용하는 전략적 경영방식이다."

결국 TQM은 질(quality) 위주의 조직문화를 창출함으로써 조직구성원의 의식을 개혁하고 궁극적으로 경쟁력을 제고하려는 경영시스템이다. TQM은 고객위주의 경영철학이자 전체 조직구성원이 참여하며 특히 최고경영자가 중심이 되는 관리시스템이다. TQM을 시행하는 조직은 품질과 고객만족을 중히 여기며, 이를 위해 팀워크와 유연성을 강조한다.

(2) TQM의 특성

TQM은 베리(Berry)가 지적한 바와 같이 수익성 및 경쟁력의 제고, 조직유효성의 향상, 그리고 고객만족(CS) 또는 고객환희(customer delight)를 실현할 수 있으며, 〈표 10-2〉에서와 같이 전통적 경영과 차이점을 보이고 있다.

한편, 안영진(1999)은 TQM의 특성으로서 다음과 같은 일곱 가지를 들고 있다.

① 품질의 전략성

② 고객우선주의

③ 종업원의 참여

④ 최고경영자의 적극적인 참여

⑤ 지속적인 개선

표 10-2 TQM과 전통적 경영의 차이점

TQM	전통적 경영
• 고객에 초점 • 품질우선 • 복수의 품질차원 • 경영자/종업원의 헌신노력 • 공정(process) 지향적	• 경영(관리)에 초점 • 이익우선 • 단일의 품질차원 • 종업원의 헌신노력 없음 • 결과(results) 지향적

⑥ 교육과 훈련

⑦ 공급업자와의 관계

(3) TQM의 핵심적 가치

고객이 원하는 초점에 맞추는 TQM활동은 다음과 같은 열 가지의 핵심적인 개념에 기초하고 있다(김기영, 1999).

① 이윤창출을 위한 품질

기업이 생산하는 제품이나 서비스, 경영과정 및 인적자원의 질을 높임으로써 기업은 많은 이윤을 얻을 수 있다. 제품과 서비스 및 경영과정에서 발생할 수 있는 비용은 기업이 아무런 행동을 취하지 않으면 기업에게는 비용으로 작용하여 결국 이윤을 잠식하는 결과가 된다. 인적자원에 관련된 비용을 절감하는 것도 기업의 이윤창출과 증가에 중요한 요소이다. 따라서 세계적인 우수기업들은 전사적 차원의 품질향상 프로그램을 실시

표 10-3 품질향상 프로그램

기 업	프로그램
Xerox	품질을 통한 리더십
Texas Instruments	종합적 품질문화
Ford	종합적 품질우수성 추구
IBM	경영과정에서의 품질집중
National Semiconductors	품질향상전략
ICL	ICL방식의 품질
NarWest	품질서비스 프로그램

자료 : 김기영 외 공저, 『품질경영』(서울 : 박영사, 1999), p. 165.

하고 있는데, 그 예를 보면 〈표 10-3〉과 같다.

② 적시의 무결점활동

TQM에서는 결함 없는 작업이 가능하다는 전제를 갖고 있다. 이것은 작업과정에 있어서 완전함을 추구하는 것인데, 목표점에 일치한다는 사실보다는 '완벽한 업무를 달성하기 위한 마음자세'가 더 중요하다. 적시에 적합한 일을 하여 무결점을 추구하는 것은 사전예방에 대한 강조와 함께 측정 및 업무과정통제, 자료에 기초한 낭비와 실수제거 등의 지속적인 활동을 통해 이루어질 수 있다.

'무결점'은 지속적인 향상을 달성하기 위한 목표가 되며, 우수한 품질을 확보하기 위하여 기업은 사후조치가 아니라 예방에 초점을 맞추게 된다. 이는 어느 정도의 불량품을 허용하는 전통적인 품질개념으로부터 벗어날 수 있는 사고전환을 요구하는 것이다. 즉, TQM에서는 비용과 결점이 동시에 감소할 수 있다는 것으로 전제하여 무결점상태에 도달할 수 있다고 본다. 지속적인 향상과 예방은 바로 이와 같은 사고에 기초하고 있는 것이다.

③ 품질비용

품질비용이라는 것은 양질의 제품이나 서비스를 생산함에 있어서 발생하는 모든 경영상의 비용을 의미하는데, 예방비용, 평가비용, 내부 실패비용, 외부 실패비용 등이 있으며, 고객의 요구수준을 초과한 비용과 기회비용 등이 포함된다.

④ 경쟁적 벤치마킹

시장에서의 기업성과는 항상 경쟁적인 관점에서 파악되어야 한다. 기업이 경쟁력을 지니기 위한 전략의 수립과 시행, 그리고 경쟁력의 근원으로 작용할 수 있는 기술 및 품질능력의 확보 등은 모두가 고객을 근원으로 하여 경쟁적인 상황에서 이루어지는 것이다. 이러한 측면에서 경쟁적 벤치마킹은 기업의 지속적 성과향상에 기초가 되는데, 기업이 경쟁사와 자신에 대한 평가를 하여 시장에서의 우위성 확보를 위해 활용할 수 있게 하는 지속적인 경영과정을 의미한다.

⑤ 전 구성원의 참여

제품이나 부품의 어느 부분에서 결함이 발생하게 되면 어느 특정한 사람이나 공정에 문제가 있는 것으로 생각하기 쉬우며, 이러한 요인으로 개선할 수 있는 많은 문제들을 경시해 버리게 된다. 조직구성원 모두가 제품의 결함을 발생시킬 수 있으며, 모든 사람들이 양질의 제품을 생산하고 품질비용을 절감해야 하는 책임이 있다.

⑥ 팀 활동에 의한 시너지 효과

시너지의 의미는 부분의 합보다 전체가 더 큰 효과를 내는 것을 의미하는데, TQM에서도 협력과 합의, 창조적 갈등과 팀 전체의 성공을 진작시키기 위해서 사용된다.

⑦ 주인의식과 자율경영

TQM 프로그램은 어떤 문제에 처했을 때 그 문제를 자신의 것이라고 인식하고, 자료조사와 해결책을 강구하여 궁극적으로 바라는 성과를 내는 것이다. TQM은 심리적인 면에서의 소유의식을 강조함으로써 조직구성원에 대한 전통적인 관리·통제보다는 조직개발관점에서의 자율경영을 전략적으로 이용하고 있다.

⑧ 역할모델로서의 관리자

TQM은 최고경영층으로부터 이끌어져야 하며, 모든 계층의 경영자들은 그들 자신이 역할모델이라고 할 수 있다. TQM 프로그램은 경영피드백시스템에서 형성됨으로써 경영자들이 품질을 위한 역할모델로서 어떻게 행동해야 하는가를 생각할 수 있도록 해야 한다.

⑨ 인정과 보상

적절한 인정과 보상시스템은 TQM 프로그램에 중요하며, 특히 품질개선과정이 이루어지는 일상적인 작업집단에게는 더욱 중요한 의미를 갖는다. 인정이란 개인이나 집단의 실적을 칭찬함으로써 격려하는 것을 의미한다. 보상이란 성과와 관련하여 재정적인 혜택을 주고 인정해 주는 것을 말한다. 실적을 증가시키고 참여적인 문제해결에 의한 지속적인 성과향상을 위해서는 인정과 보상을 통한 적극적인 동기부여가 중요하다.

⑩ 품질전달체계

품질전달체계를 명확하게 정의함으로써 모든 구성원들에 자신의 일들이 중요한 작업활동이라는 확신을 심어줄 수 있으며, 팀워크를 통해 구성원들의 복합된 기술, 사고와 경험 등을 이용할 수 있다.

2. TQM의 구성요소 및 시행전략

(1) TQM의 구성요소

콜라릭(Kolarik)은 TQM의 기능적 구성요소들을 〈그림 10-3〉에서와 같이 세 가지로 구분한다. 즉 고객중심(내부고객/외부고객/고객만족), 지속적 개선(교육/실행) 및 총체적 관여(고객/공급자/납품업체) 등이 그것이다. 이것들은 TQM이 활성화되기 위해서 존재해야 하는 것이다.

미국 연방정부 내의 기관들이 TQM을 배우고 추진하는 것을 돕기 위해 설립된 연방품질원(Federal Quality Institute)의 로고(그림 10-4 참조)에도 TQM의 구조와 내용이 잘 묘사되어 있다. 모든 TQM이 성공하기 위해서는 갖추어야 할 세 개의 기본적 요소가 있다. 즉 고객만족, 전원참여, 지속적 개선의 세 방축 안에 일곱 가지의 TQM활동들을 엮어 놓았다. 각각의 요소들을 간략하게 살펴보면 다음과 같다.

① **고객만족**(customer satisfaction)

고객이 품질을 평가하는 주체라는 사용자중심의 인식이 퍼짐에 따라 품질의 현대적 정의는 고객기대의 충족 내지는 초과만족에 모아지고 있다. 데밍, 쥬란, 파이겐바움 등과 같은 품질의 선구자들은 이러한 고객중

그림 10-3 TQM의 기능적 요소

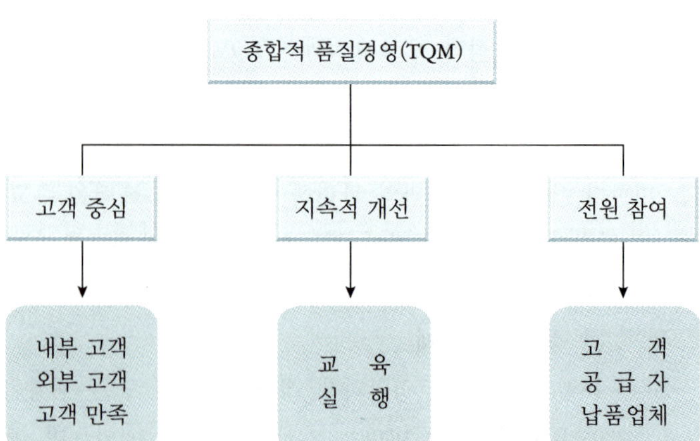

그림 10-4 FQI의 TQM로고

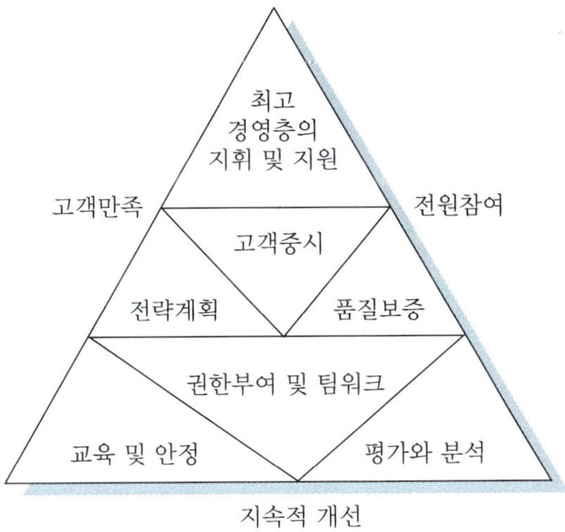

심을 강조하고 있으며, 발드리지 상 같은 품질관련 상에서도 고객만족에 큰 비중을 두고 있다.

고객이 제품을 구입할 때 가격, 품질 등을 고려한 가치를 기초로 구매결정을 하므로, 고객을 만족시키기 위해서는 단순히 규격을 지키고, 불평을 줄이는 것을 넘어 고객의 기대에 부응한 제품을 설계하고 변화하는 고객과 시장의 요구에 민첩하게 대응할 태세를 갖추어야 한다. 즉, 고객의 요구에 부응하는 설계품질이 이루어져야 하고 다음에 이 설계규격에 일치하는 품질을 보증하도록 해야 한다. 고객의 요구와 가치를 파악하고 이해하는 수단으로 고객의 의견조사나 표적집단조사(FGI) 등이 있다.

② **지속적 개선**(continuous improvement)

지속적 개선은 고객의 요구 및 기대와 공정 산출물의 차이를 끊임없이 개선하려는 노력이자 경영철학이라고 할 수 있다. 특히 지속적 개선은 기계, 자재, 생산방법 등에 있어서의 끊임없는 개선을 추구한다.

지속적 개선은 생산의 모든 분야와 계층의 활동에서 공정결과와 고객의 기대수준 사이의 차이를 줄여 나가는 체계적인 접근법이지만 좁게는 공정의 개선을 의미하기도 한다.

③ **전원참여**(total participation)

조직의 모든 계층 및 부문의 참여는 TQM을 성공적으로 실행하는 데 필요한 중요한 요소이다. 모든 조직구성원들이 적극적으로 참여함으로써 작업자, 관리자, 납품업자의 노력이 통합되어진다. 전원참여는 품질관리 분임조와 작업자팀과 같이 참가하는 것만을 의미하지는 않는다. 모든 계층과 부문의 종업원이 문제해결과 품질개선에 창의적 노력을 기울이는 것을 말한다.

전원참여에 있어서 중요한 요소는 각 작업자가 자기가 수행하는 작업의 품질을 검사할 책임을 갖는다는 것이다. 불량이 발생하면 생산현장에서 담당작업자가 바로 시정하는 원천적 품질관리가 일상화되어야 한다. 이러한 철학은 작업자를 넘어 모든 계층, 모든 부서, 납품업자에게까지 적용된다.

⑵ TQM의 성공요인

TQM의 성공요인에 관한 사라프 등(Saraph et al.)의 연구, 포터와 파커(Porter & Parker)의 연구, 그리고 미국 맬콤 볼드리지 상(Malcolm Baldridge National Quality Award)의 기준 등 세 가지 분류를 종합하여 TQM의 성공요인을 정리하면 다음과 같다.

① 최고경영자의 의지와 리더십에 의한 품질방침의 수립 및 경영자 진단

② 수립된 방침의 추진과 관리

③ 조직구성원의 조직적 참여

④ 교육과 훈련에 의한 인적자원의 능력개발

⑤ 공정(process)의 관리와 품질관리기법의 활용

⑶ TQM의 시행전략

① 1단계 : **품질이 무엇인가를 결정한다.**

TQM의 성공적인 시행을 위해서는 품질에 대한 인식을 뚜렷이 하는 것이 선행되어야 하지만, 더 중요한 것은 품질목표를 구체적으로 설정하는 것이다. TQM에서 품질은 고객의 기대를 만족시키거나 능가하는 데에 있으며, 모토롤라사의 6시그마(six sigma) 품질목표는 하나의 좋은 예이다.

② 2단계 : 조직이 TQM을 받아들일 수 있도록 준비한다.

최고경영진의 TQM전략을 기업내에 확산시키고, TQM의 지지를 얻기 위해 종업원의 팀웍을 강화해야 하는 단계이다. 준비해야 할 사항은 다음과 같은 것들이다.

- 모든 조직구성원에게 품질은 조직전체의 책임임을 인식시킨다.
- TQM전략을 수용할 인사정책을 수립한다.
- TQM의 전략시행에 중추적인 역할을 할 인물의 선정한다.

③ 3단계 : 종업원을 교육시키고 권한을 부여한다.

일반적으로 TQM의 성공을 위해서는 두 가지의 필수적인 교육이 요구된다. 즉, 하나는 성과를 측정하고, 문제를 분석하며, 문제의 원인을 제거하기 위해 실시되는 통계적 기법의 교육이며, 다른 하나는 계량적인 방법으로 처리될 수 없는 문제를 해결하는 데에 초점을 둔 교육이다.

④ 4단계 : 성과를 측정하여 피드백을 주고 필요한 조치를 취한다.

품질관련 문제는 그 원인이 알려져 해결책이 제시되기 전에 발견해야만 의미가 있다. 이렇게 하기 위해서는 제품 및 서비스를 생산하는 매 단계마다 품질관련 정보를 알 수 있도록 피드백 시스템이 설치되어야 한다.

또한, TQM을 시행하는 제조업체는 재공품의 품질을 관리하기 위해 생산공정의 각 단계마다 품질의 적합성에 대한 검사를 실시한다.

⑤ 5단계 : 지속적인 개선에 주력한다.

이 단계는 TQM의 시행에서 오는 어려움 때문에 또는 더 이상의 변화가 필요 없다고 나름대로 판단해서 TQM의 시행을 중단해서는 진정한 시행효과를 거둘 수 없다는 것을 말해준다.

이상에서 언급한 TQM 시행전략의 다섯 단계는 조직(기업)들이 TQM 프로그램을 단계적으로 시행하는 데에 필요하다.

예증 10-3 *ILLUSTRATION*

사회 곳곳으로 품질 마인드가 스며들 때

최성용

근자에 '경영 마인드' 라는 용어가 장안에 자주 회자되고 있다. 기업경영에서만 주로 언급되던 이 말은 어느새 기업 외에 정부기관, 병원 및 대학 등의 비영리조직체에서도 그 사용이 보편화되어 가고 있는 듯하다.

기업을 포함한 모든 분야나 조직체에서 경영 마인드를 가지고 매력적인 경영을 해 나갈 때 더욱 발전할 수 있다. 또 어떤 조직체의 책임자가 능력을 갖고 있느냐 그렇지 못하느냐를 평가할 때 주로 경영 마인드를 기준으로 삼는다.

경영 마인드는 행정부, 기업, 심지어 가정에 이르기까지 모든 구성원들에게 해당되는 문제이며, 우리의 일상생활과 따로 떼어놓기 어려운 필수요소가 되었다. 또한, 경영 마인드는 일상생활에서 꼭 필요한 만큼 언제 어디서나 고려해야 하는 문제로 반드시 생활화해야 하는 것이다.

경영 마인드는 관리자가 조직의 목표를 달성하기 위해 유효성 및 효율성을 가진 여러 가지 아이디어나 지혜를 적용하는 것을 의미한다. 간략히 표현하면, 유효성과 효율성을 추구하는 마인드를 뜻한다. 조직이 유효성을 높이려면 추구하는 목표의 설정 및 달성을 위한 모든 노력을 경주해야 하고, 또 효율성을 높이기 위해서는 최소의 비용으로 최대의 효과를 추구해야 한다.

다음에는 '품질 마인드' 를 정의해 보기로 하자. 품질 마인드는 경쟁에서 승리하는 품질경쟁력을 확보하기 위해 품질의 목표를 설정하고 이를 최소의 비용으로 최대의 성과를 얻는 마인드를 뜻한다고 말할 수 있다. 환언하면, 최상의 품질 수준을 달성코자 조직의 구성원 한 사람 한 사람이 노력을 기울이고 헌신하는 태도 및 마음가짐이 바로 품질 마인드인 것이다.

이제 우리들은 작금의 내외의 경제상황을 고려해 볼 때에 이러한 품질 마인드의 확산 및 보급이 왜 절실한 것인지를 여러 측면에서 깊이 통찰해 보아야 할 것이다.

글로벌 경쟁이 치열해져 가는 오늘날의 화두는 당연히 품질이다. 품질의 선구자 조셉 쥬란 박사는 '21세기는 품질의 시대' 라고 갈파하였다. 수년 전 미국의 여론조사에서 CEO의 98%가 현대경영에서 가장 중요한 성공요인으로 품질을 꼽은 바 있다. 대체로 품질은 제품 · 서비스에 국한시켜 사용되고 있는 것 같이 보이지만, 사실은 품질이란 용어는 상당히 폭넓게 쓰인다. 오늘날에는 품질이란 말이 유형재 및 무형재의 산출은 말할 것도 없고, 의료, 국방, 행정, 교육 등의 다양한 부문에서도 더불어 쓰이고 있다.

영영사전에도 "품질(quality)이란 다른 사물이나 사람과 구별되는 그 어떤 것"이라고 정의되어 있다. 이처럼 오늘날의 품질개념은 물적 및 인적 대상물을 다같이 객관적으로나 주관적으로 우열을 평가하거나 측정하는 잣대로 이용된다.

품질은 협의로만 쓰이는 것이 아니라 광의로도 쓰이기 때문에 우리는 품질의 중요성에 대한 인식을 새롭게 해야 한다. 정치 · 경제 면에서 정치도의나 시장경제원리에 벗어난다든지, 사회 · 문화 면에서 사회적 규범 · 윤리 또는 국민정서에 반한다든지, 환경 면에서 비친화적이라든지, 교육 면에서 정도를 이탈한다든지, 가정에서의 해체현상이라든지 또는 개인의 비인격성이라든지 하는 것들이 모두다 사용어휘의 차이가 있을 뿐 결국은 품질이라는 척도로써 평가할 수 있다.

글로벌 경제체제의 무한경쟁시대에는 오직 한 개의 일등 상품만이 살아남기에 기업은 가격전략 외에 품질전략에 최우선 순위를 둔다. 미국 필립 크로스비 품질경영 컨설팅사 부설 품질대학(Quality College)학장인 L.T. 스민스키는 21세기에도 살아남는 기업이 되기 위해서 요구되는 것이 바로 품질이며, 이것은 새로운 시장진입 및 확보의 전제조건이 되고 미래시장의 이러한 요구에 기민하게 대처하지 못하는 기업은 존속할 수 없을 것이라고 하였다.

이처럼 품질의 중요성이 강조되고 효율적인 품질관리를 위한 많은 기법들이 개발되었음에도 불구하고 품질개선이 손쉽게 이루어지지 않는 이유는 무엇인가? 이는 무엇보다도 품질의 개념이 제대로 정립되어 있지 않기 때문이라고 보는 견해가 있다. 품질개선은 수익성을 증대시키는 요인이 되기에 기업의 지대한 관심이 요구됨은 당연하다.

현실적으로, CEO를 비롯해서 경영진에 있는 많은 사람들이 '품질'에 대한 잘못된 인식을 갖고 있는데, 이중 대표적인 것을 두 가지만 들면, 첫째 모든 품질문제는 종업원, 특히 제조부문 작업자의 탓이며, 둘째 품질부문에서 품질이 만들어지고 있다는 생각이다. 품질은 제조부문에만 국한되는 것이 아니며, 또한 품질부문만의 책임으로 끝나는 것이 아니라는 생각을 갖는 것이 중요하다.

품질에 관련된 모든 부문의 사람들, 외부공급업자, 시장 및 고객들 모두와 관련이 있다는 사실을 인식함이 바람직하다. 품질에 대한 이해가 제각기 다를 때에 그로 인해 생기는 문제가 심각하므로 품질에 대한 상이한 인식은 해소되어야 한다. 품질에 대한 올바른 이해야말로 품질의 관리나 경영 등의 활동을 제대로 수행하게 한다.

21세기에 세계시장에서 기업들이 생존하기 위한 선행조건 중의 하나는 다름아닌 제품 및 서비스의 품질이다. 오늘날 엄청난 돈이 매년 품질에 관한 초점의 부재로 인해 낭비되고 있음은 결코 놀랄 일이 아니다. 그러므로 공기업, 사기업 또는 제조기업 및 서비스기업에 관계없이 글로벌 시장하에서 경쟁하는 모든 조직은 제품 및 서비스의 품질경영에서 성공해야 한다.

기업경영의 궁극적 목표는 고객만족에 있으며, 기업의 모든 활동은 고객이 원하는 제품 및 서비스를 만드는 데에 초점이 모아져야 한다. 앞으로의 무한경쟁 속에서 기업이 살아남기 위해서는 고객을 만족시키는 제품 및 서비스를 제공함으로써 품질보증 능력에 대해 고객이 신뢰감을 갖도록 해야 한다. 만약 고객의 욕구를 만족시키지 못하는 제품 및 서비스를 제공하는 기업은 가차없이 시장에서 도태될 수밖에 없다.

시대는 변화해 가고 있으며, 고객들은 품질, 다양성, 편의성, 고객화 및 품질 추적조사 서비스 등을 요구하고 있다. 오늘날 세계시장의 중요한 특징 중 하나는 제품을 생산하는 국가나 기업을 차별화하지 않는 소비자 또는 고객 취향의 급격한 변화라고 볼 수 있다. 즉 세계 어디서나 소비자, 고객 또는 시장의 개념이 점차 동질화되어 가고 있는 것이다.

더욱이 최근에는 국내외 기업환경 변화에 따라 국가간 및 기업간의 가격 및 비가격경쟁이 날로 치열해지고 제품의 품질보증, 신뢰성 및 제품책임(P.L.) 등에 관한 문제가 더욱 중요해지면서 이제 품질문제는 기업의 주요 전략과제로 등장했으며, 우리 기업들은 품질경쟁시대에 있어서의 대응전략을 강구하는 데에 경영의 초점을 두어야 한다. 이는 앞으로 우리기업이 치열한 국제경쟁에서 우위를 차지하기 위하여는 생산성과 더불어 품질을 주요한 경쟁전략 변수로 삼아야 함을 의미한다.

요즘 급변하는 기업환경에 따라 기업들은 과거보다도 더욱 빨리 신제품을 도입하고, 폭넓은 제품계열을 제공하며, 품질을 향상시킴으로써 변화하는 기술적 기회 및 시장기회에 반응하고 있다. 이러한 변화에 재빨리 대응하여, 향후 영리조직체이든 비영리조직체이든, 제조업이든, 서비스업이든, 심지어 개인에 이르기까지 곳곳에 품질 마인드가 스며들게 함으로써 우리의 경쟁력을 한층 더 강화시키고 나름대로의 핵심역량을 키워나가야 할 것이다.

자료 : 『품질경영』, 2000년 11월호(제35권 제11호).

제11장

마케팅관리

제1절 마케팅의 기초 개념

1. 마케팅의 의의

마케팅에 대한 개념 정의는 시대의 변천과 사회 및 기업의 발전 정도에 따라 많이 변화하여 왔다. 각 시대마다 마케팅을 보는 관점에 있어서 차이가 두드러지게 나타났으며, 오늘날 하루가 다르게 마케팅의 개념이 역동적으로 변화하고 있는 것을 알 수 있다.

마케팅에 대한 공식적인 정의는 1960년 미국 마케팅협회(American Marketing Association)에 의해 처음으로 제시되었다. 이때의 마케팅에 대한 정의는 "마케팅이란 생산자로부터 소비자 또는 사용자에게로의 재화나 서비스의 흐름이 원활히 이루어지도록 관리하는 기업활동의 수행"으로 설명하고 있다. 그러므로 이 당시에는 마케팅을 주로 유통기능적 측면에서 취급하고 있고, 경제적 활동을 하는 기업들만이 마케팅의 주체가 될 수 있다는 사고가 지배적이었음을 알 수 있다.

미국 마케팅협회(AMA)에 의한 마케팅의 정의를 살펴보면, "마케팅이란 개인과 조직의 목적을 충족시키는 교환을 창조하기 위하여 아이디어,

재화 그리고 서비스의 개발, 가격결정, 판매촉진, 유통 등을 계획하고 수행하는 과정"이라고 설명하고 있다.

따라서 마케팅은 시장(market)을 향해 기업의 모든 자원 활용 노력을 집중시킨다는 의미를 갖고 있다고 볼 수 있다. 또한, 마케팅은 현대 기업에 있어서 기업 내 관리기능 중의 하나라는 단순한 의미를 넘어 기업이 생존 · 성장이라는 목표달성을 위해 행하는 모든 경영활동의 기본을 이루는 의미를 지니게 된다. 마케팅 개념을 구성하고 있는 요소들의 특징을 간략하게 살펴보면 〈그림 11-1〉과 같다.

(1) 필요와 욕구

마케팅은 인간의 필요와 욕구에서 시작된다고 해도 과언이 아니다. 필요(need)란 사람이 살아가는 데 필요한 음식, 옷, 집, 안전, 소속감 등과 같은 기본적인 것들이 부족한 상태를 말하며, 이러한 것들이 결핍되었다고 느낄 때— 그 사람은 필요를 가지고 있다고 볼 수 있다. 욕구(want)란 그러한 필요를 충족시킬 수 있는 어떤 구체적인 수단을 원하는 것을 말한다. 인간의 필요는 기본적인 만족의 결핍을 느끼고 있는 상태이다. 인간은 생존을 위해 의 · 식 · 주, 안전, 소속감, 존경 등을 필수적으로 갖추어야 하는데, 이 같은 것들이 결핍되었다고 느낄 때 그 사람은 필요를 가지고 있다고 볼 수 있다. 이 같은 필요들은 사회나 마케팅에 의해 만들어지는 것이 아니라 인간이 생리적으로 갖고 있거나 인간의 조건 그 자체에 의해

그림 11-1 마케팅의 개념

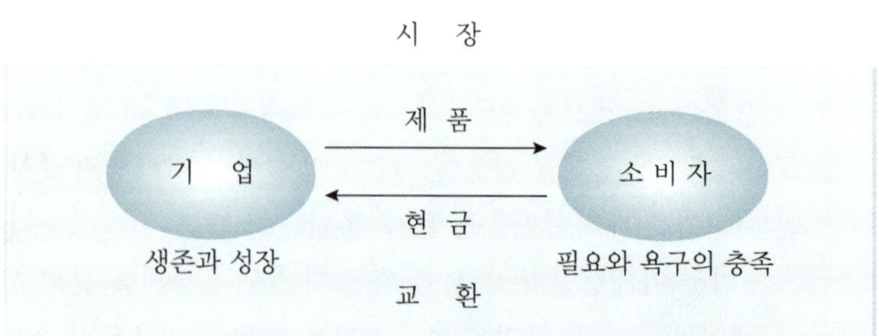

자료원 : 채서일, 『마케팅』(서울 : 학현사, 1999), p. 9.

생겨난다.

소비자가 갖고 있는 필요들을 만족시킬 수 있는 구체적인 제품이나 서비스에 대한 바램인 욕구는 문화, 사회에 따라 다르며, 학교, 기업, 가족 등의 사회적 제도나 힘에 의해 형성되고 끊임없이 변형되어 간다. 소비자가 무엇을 원하는지를 이해하는 것이 마케팅의 출발점이라고 할 때, 마케팅의 대상은 대개 필요가 아니라 욕구라는 것을 알 수 있다.

(2) 생존과 성장

오늘날 기업은 어떤 제품을 생산할 것인가를 결정하는 과정에서부터 제품판매 후 각종 서비스를 제공하는 과정에 이르기까지 소비자 지향적인 활동을 해야 한다. 그렇지 않으면 경쟁적 우위를 확보하는 것은 물론 기업의 존속까지도 위협을 받을 수 있는 그런 시장상황 하에 놓여 있다고 볼 수 있다.

소비자는 필요와 욕구를 충족시켜 줄 것으로 기대되는 제품들 중 가장 많은 만족을 제공하는 제품을 선택하게 되므로, 기업이 생존과 성장(growth)을 위해서는 소비자들의 만족을 극대화시켜 줄 수 있는 소비자 중심의 마케팅활동을 하지 않으면 안 된다. 그래서 소비자로부터 만족을 주게 되는 기업은 생존하게 되고, 그렇지 않은 기업은 도태하게 되는 것이다.

오늘날 기업은 어떤 제품을 생산할 것인가를 결정하는 과정에서부터 제품판매 후 각종 서비스를 제공하는 과정에 이르기까지 소비자지향적인 활동을 해야만 경쟁적 우위를 확보할 수 있다. 따라서 소비자들의 지원을 얻기 위해서는 그들의 만족을 극대화시켜 줄 수 있는 소비자 중심의 마케팅활동을 하지 않으면 안 된다. 그리고 기업이 고객지향적인 마케팅활동을 효율적으로 수행하기 위해서는 개별 소비자의 욕구와 요구, 그리고 행동에 대한 깊은 이해가 필요하다.

(3) 교　　환

어떤 제품이나 서비스가 소비자의 필요나 욕구를 충족시키고 소비자에게 만족과 가치를 제공한다고 할지라도 그 제품이나 서비스를 제공하는 기업에게도 무엇인가 이득이 있지 않으면 교환은 일어나지 않는다.

교환(exchange)이란 가치 있는 제품이나 서비스의 대가를 제공하고 획득하는 행위를 말한다. 기업은 양질의 제품과 서비스를 소비자에게 제공하고, 소비자는 그 대가로 현금의 교환을 통해서 각각의 목적을 달성하고자 한다. 그래서 기업은 생존 · 유지가 되고, 소비자는 본인의 필요에 의해 욕구충족을 달성하게 된다.

교환이 실제로 일어나는가의 여부는 교환과 관련된 당사자들이 교환의 조건에 동의하느냐 하지 않느냐에 달려 있다. 교환이 일어나기 위해서는 교환의 조건이 당사자들로 하여금 교환 이전보다 더 나은 상태로 만들어 줄 수 있어야 한다. 그런 의미에서 교환은 가치를 창조하는 과정이라고 할 수 있다.

(4) 시 장

기업과 소비자의 상호관계는 하나의 교환과정으로 볼 수 있으며, 이와 같은 교환이 이루어지는 곳이 시장(market)이다. 옛날에는 시장이라는 개념이 동대문, 남대문 시장처럼 물건을 파는 사람과 사는 사람이 만나 교환이 이루어지는 곳으로서 장소적인 의미를 갖는 것으로 인식되었다. 그러나 최근에는 시장이 반드시 어떤 특정 장소를 지칭하는 개념보다는 어떤 제품이나 서비스의 실제 또는 잠재적 구매자들의 집합을 의미하는 뜻으로 쓰이고 있다.

특히 교통과 통신의 발달에 따라 제품이나 서비스를 판매하는 기업은 TV에 광고를 통해 소비자들에게 정보를 전달할 수 있고, 전화나 인터넷을 활용하여 가상공간에서도 소비자들로부터 주문을 받을 수도 있다. 또한 제품은 우편을 통해 소비자에게 전달될 수도 있으며, 판매자와 구매자간에 전혀 물리적인 만남이 없이도 교환이 일어날 수 있다.

지금까지 마케팅의 이해를 위한 기초 개념들을 간략하게 살펴보았다. 마케팅이란 시장과 관련하여 발생하는 인간활동을 말하여, 이것은 곧 인간의 필요와 욕구를 충족시킬 것을 목적으로 하는 가능한 교환을 실현하려고 하는 것을 뜻한다. 교환과정에서는 판매자뿐만 아니라 구매자의 활동도 포함된다. 판매자는 구매자를 찾아 그들의 욕구를 파악하여 이에 적합한 제품을 개발하고, 촉진활동, 유통, 가격결정 그리고 기타의 서비스 활동을 수행하고 있다.

2. 마케팅개념의 발전 단계

기업의 경영철학, 사회분위기, 그리고 경제적 환경은 마케팅이 무엇인지 그리고 어떻게 해야 그것을 가장 잘 실행할 수 있는지에 대한 마케팅의 개념을 변화시킨다. 이처럼 각 시대에 걸쳐 나타난 마케팅의 지배적인 사고형태는 생산지향적, 제품지향적, 판매지향적, 고객지향적 및 사회지향적 마케팅의 개념 등으로 발전되어 왔다.

(1) 생산개념

20세기 미국에서 나타난 가장 초기의 생산개념(production concept)은 제품 및 서비스의 생산과 유통을 강조하여, 그 효율성을 개선시키는 데에 주안점을 두고 있다. 다시 말하면, 생산지향적 기업은 제품생산의 효율성을 높여서 소비자들에게 낮은 가격으로 제품을 제공하고자 한다. 또한, 제품에 대한 유통망을 확장하는 데 노력을 집중하여 소비자가 쉽게 제품을 구입할 수 있도록 한다. 이러한 생산지향적 개념은 수요가 공급을 초과하는, 만들기만 하면 팔려나가는 상품이거나 제품의 원가가 높아서 생산성의 향상을 통해 원가를 낮춰야 팔려나가는 상품을 생산하는 기업에서 흔히 볼 수 있는 경영철학이다.

(2) 제품개념

제품개념(product concept)이란 소비자들은 가장 우수한 품질이나 효용, 성능을 제공하는 제품을 선호한다는 개념이다. 그래서 제품지향적인 기업은 다른 어떤 요인보다도 더 나은 제품을 생산하고 계속 개선하려는

그림 11-2 마케팅개념의 발전단계

데에 노력을 집중하게 된다. 제품지향적 개념에 입각한 기업은 기본적으로 잘 만들어진 우수한 제품은 소비자들이 절대로 외면하지 않으며, 그 품질과 성능에 만족할 것이라는 가정하에 이루어진다.

⑶ 판매개념

판매개념(selling marketing concept)은 기업이 소비자들로 하여금 경쟁회사의 제품보다 자사제품을 보다 많이 구매하도록 설득해야 하며, 이를 위해서는 이용가능한 모든 효과적인 판매활동과 촉진도구를 활용해야 한다고 보는 개념이다. 따라서 판매지향적인 기업의 활동은 적극적인 판매와 대 소비자 촉진과 홍보에 총력을 다하는 데에 집중한다고 볼 수 있다.

이 개념에 의하면 소비자는 제품에 대한 관심을 불러일으키려는 노력이 없는 한 제품을 구매하지 않으며, 구매하더라도 충분한 양을 구매하지 않을 것이라는 가정을 하고 있다.

⑷ 마케팅개념

마케팅개념(marketing concept)은 기업의 목표달성여부는 시장에 있는 소비자의 욕구를 파악하고, 소비자에게 최선의 만족을 전달해 주는 활동을 얼마나 경쟁자보다 효율적으로 수행할 수 있느냐에 달려 있다고 본다. 고객지향적 개념에 입각한 기업은 제품의 생산, 전달 및 최종적인 소비자 관련된 전반적인 활동을 통해서 소비자의 필요와 욕구를 만족시키는 데 초점을 둔다는 것이다.

즉, 고객을 발견하여 그를 이해하고 고객에게 적절한 제품이나 서비스를 제공할 수 있다면 특별한 판매활동이 없이도 자연적으로 제품이나 서비스가 판매될 것이다. 고객 없는 기업은 없으며, 기업의 가치 창출의 근원이 바로 고객이기 때문에 고객지향의 기업경영은 이런 관점에서 큰 의의와 장점이 있다고 할 수 있다.

⑸ 사회적 마케팅개념

최근 기업을 둘러싸고 있는 산업, 경제, 정치, 사회적 환경들은 급속도로 변화하고 있다. 특히 자원의 부족, 과잉인구, 교통문제, 환경오염, 소비자피해 등은 경제사회 전반에 걸친 주요 관심사로 부각되고 있는 실정이다. 이러한 상황들은 기업으로 하여금 사회와 기업의 관계에 대한 고려라는 변화를 요구하고 있다.

따라서 기업은 마케팅활동에 따른 의사결정시에 사회의 관심사를 함께 고려해야 할 필요가 있다. 이러한 배경 하에서 등장한 새로운 마케팅의 개념이 사회지향적 마케팅개념(societal marketing concept)이다. 자연환경 문제를 고려해서 공해를 줄이는 제품생산과 기업의 공해방지시설 설치 등을 강조하는 그린마케팅(green marketing)도 사회지향적 마케팅 개념의 예라고 볼 수 있다.

사회지향적 마케팅개념에 입각한 기업은 기업의 이익추구, 소비자 만족 및 사회전체의 복지향상을 조화롭게 고려하여 의사결정에 반영하여야 한다.

예증 11-1 *ILLUSTRATION*

기업들 "이젠 그린마케팅이다"

주요 기업의 그린마케팅 및 투자 움직임

기업	내용
월마트	불량쓰레기 제로화, 에너지효율 점포 확대
GE	화석연료 사용자제 및 온실가스 감축 선언 및 촉구 '엔론풍력' 등 대체에너지 개발회사 인수
알코아 BP 듀폰 캐터필라	온실가스 배출 총량제 도입 건의
소니 나이키 IBM	2010년까지 이산화탄소 1000만t 감축 결의
유니레버 P&G 펩시콜라	에너지친화형 세제 및 용기 개발
버진그룹	바이오에탄올 생산 및 판매에 30억달러 투자
골드만삭스 모건스탠리	대체에너지 개발 업체 투자확대

월마트, 제너럴일렉트릭(GE) 등 세계적 기업들의 '그린(green) 마케팅'이 속력을 내고 있다. 적극적으로는 그린이미지를 선점하고 소극적으로는 온실가스 배출과다 등으로 각종 소송에 휘말리는 것을 방지하기 위해서다. 특히 유엔 기후변화에 관한 정부 간 협의체(IPCC)가 지구온난화에 대해 강력한 경고를 보내고 나선 상태라 기업

들의 그린마케팅은 새로운 화두로 등장할 전망이다.

그린마케팅에 가장 발빠른 행보를 보이는 기업은 세계 최대의 소매업체인 월마트. 월마트는 IPCC가 보고서를 발표하기 바로 전날인 지난 1일 런던에서 '지속 360' 이란 환경계획을 발표했다.

그 첫 번째 목표로 '불량 쓰레기 제로계획'을 선보였다. 납품업체와 고객, 종업원들이 재생가능한 재료와 에너지만을 사용함으로써 지구에 해를 끼치는 썩지 않는 쓰레기 등의 배출을 억제하겠다는 계획이다. 이와 함께 절전형 전구를 올해 말까지 1억개 판매하는 등 에너지절약형 상품 판매에도 적극 나서기로 했다.

월마트는 이에 앞서 지난달 19일 캔자스시티에 '그린 점포' 1호점을 열었다. 이 점포는 에너지 사용을 20% 절감하는 에너지효율형 점포다. 월마트의 최고경영자(CEO)인 리 스콧은 "온실가스 감축을 위해 매년 5억달러를 투자할 계획"이라고 밝혔다.

'미국경제의 자존심'으로 불리는 GE도 그린이미지 구축에 발벗고 나서고 있다. 제프리 이멜트 GE 회장은 지난달 22일 10개기업 대표와 '미국기후 행동 파트너십'을 구축하고 부시 대통령에게 온실가스 배출 총량제를 실시하라고 건의했다. 이 모임에는 알코아, BP, 듀폰, 캐터필라, 듀크에너지 등 온실가스를 많이 배출하는 것으로 알려진 대표적 기업이 참여했다.

또 소니, 나이키, IBM 등 12개 기업은 2010년까지 1000만t의 이산화탄소 배출을 줄이겠다고 선언했다. 만일 1300개 기업이 동참할 경우 교토의정서에 적시한 온실가스 감축목표의 2배를 줄일 수 있다고 이들은 설명했다.

이들 외에 유니레버는 적은 양으로도 효과를 내는 그린형 세제를 만들고 있다. P&G와 펩시콜라도 절약형 용기를 만드는 데 심혈을 기울이고 있다. 물론 기업들의 이런 움직임에 회의적인 시각도 상당하다.

당장 각국 학자들에게 IPCC 보고서의 단점을 지적하는 의견서를 내주면 1만달러를 주겠다고 제안해 파문을 일으킨 미국기업연구소(AEI)를 지원하는 기업은 최대 정유사인 엑슨모빌로 나타났다. 그런 만큼 기업들의 선언이 단순한 '선언'으로 그치거나 얄팍한 상술에 불과할 것이란 의구심은 여전히 존재한다.

한편 기업들은 미래의 수익원인 대체에너지 개발 투자에도 적극 나서고 있다. GE는 지난달 대체에너지 개발회사인 에로라그룹의 지분 20%를 인수했다. 이에 앞서 엔론사의 자회사인 엔론풍력을 2억달러에 매입했다.

항공사와 휴대폰업체 등을 거느린 영국의 버진그룹은 바이오에탄올의 생산 · 판매에 30억달러를 투자하겠다고 밝힌 상태다. 그런가 하면 골드만삭스와 모건스탠리 등 금융회사도 대체에너지 사업에 대한 투자를 확대하고 있다. 이러다보니 작년 대체에너지개발에 투자된 돈은 71억달러로 전년의 2.6배에 달했다.

출처 : 한국경제, 2007년 2월 6일자.

3. 마케팅관리

마케팅믹스(Marketing Mix)는 표적시장에서 마케팅목표를 달성하기 위해 기업이 활용하는 마케팅도구들의 집합을 말한다. 일반적으로 마케팅믹스는 4P's를 가리키는 말이라고 할 수 있는데, 마케팅믹스와 관련된 의사결정들을 설명하면 다음과 같다.

① 제품계획(product planning)은 제품, 제품구색, 제품이미지, 상표, 포장 등의 개발과 관련된 의사결정들을 말한다.

② 가격계획(price planning)은 상품가격의 수준과 범위, 가격결정기법, 판매조건 등을 결정하는 것을 말한다.

③ 유통계획(place planning)은 유통경로를 설계하고 물류 및 재고관리, 도매상 및 소매상의 관리를 위한 계획을 세우는 것을 말한다.

④ 촉진계획(promotion planning)은 광고, 인적판매, PR, 판매촉진 등을 통해 고객이나 일반대중들에게 의사를 전달하는 일에 관한 의사결정을 말한다.

제 2 절 STP전략

마케팅전략과 계획을 수립함에 있어 소비자행동에 대한 이해에 근거하여 시장을 세분화(segmentation)하고 표적시장을 선정하며(targeting) 표적시장에 적절하게 제품을 포지셔닝(positioning)하는 일은 가장 기본적이면서도 중요한 일이다. 이 세 가지 단어의 머리글자를 따서 STP 마케팅이라고도 부르는 이 과정은 현대적 마케팅의 핵심이라고 할 수 있는데, 본 장에서는 이 과정에 대해서 살펴보고자 한다.

1. 시장세분화(Market Segmentation)

(1) 시장세분화의 의의

시장은 서로 다른 특성을 지닌 소비자들로 구성되어 있다. 소득, 나이, 직업 등의 개인적 특성뿐만 아니라 제품을 구매할 때 고려하는 속성, 구매행동에 있어서도 각기 다른 모습을 보인다. 그러나 기업이 이렇게 서로 다른 소비자 개개인에게 완전히 개인화된 마케팅믹스를 가지고 각기 다른 방식으로 접근하는 것은 그에 따르는 비용의 증가 때문에 대개의 경우 불가능한 일이다.

또한 소비자 개개인의 특성간 차이를 전혀 무시하고 오직 하나의 마케팅전략을 가지고 시장을 공략하는 것 또한 매우 위험한 일이다. 따라서 이러한 문제를 해결하기 위하여 소비자들을 일정한 기준에 따라 크게 몇 개의 세분시장으로 나누어 각각의 시장에 차별적인 마케팅전략을 구사하는 방법이 바로 세분화마케팅이다.

즉 소비자들을 집단 내에서는 제품에 대한 욕구와 구매행동이 서로 유사하고 집단간에는 상이하도록 몇 개의 소비자 집단으로 소비자들을 군집화하는 방법이 바로 시장세분화인 것이다.

(2) 시장세분화의 기준

① **지리적 변수**(geographic variables)

국가, 지방, 도시 등의 지역에 따라 소비자를 세분화할 수 있는데 어떤 기업은 자사제품의 판매가 유리한 하나 또는 몇 개의 지역에 대해서만 마케팅활동을 할 수도 있고 또 다른 기업은 전 지역을 자사 제품에 대한 시장으로 고려하고 각 지역마다 다른 소비자의 욕구를 파악하여 각 지역의 소비자 욕구에 맞는 마케팅전략을 구사하기도 한다.

지리적 세분화는 다른 세분화방법보다 시장을 구분하는 것이 용이하다는 이점이 있으며, 각 지역마다 소비자들간의 뚜렷한 차이를 보이는 경우에는 매우 효과적인 세분화가 될 수 있다. 그러나 일반적으로 지리적 변수 하나만을 가지고 시장을 구분하는 데에는 위험이 따르게 된다. 그 이유는 비록 지역적으로 떨어져 있더라도 기후환경이나 생활, 문화가 그다지 차이를 보이지 않는 경우에는 지리적 변수만 가지고 소비자 구매행동의 차이를 규명하기는 어려운 일이기 때문이다.

② **인구통계적 변수**(demographics variables)

시장은 나이, 성별, 가족구성원의 수, 가족 생애주기, 소득, 직업, 교육수준, 사회적 계층, 종교, 인종 그리고 국적 등의 인구통계적 변수에 따라 세분화가 가능하다. 일반적으로 이 변수는 소비자들을 세분화하는 데 가장 널리 사용된다.

첫째로 나이와 생애주기이다. 소비자들의 욕구와 구매행태는 나이에 따라 다르게 나타날 수 있으며 또한 결혼 여부 등의 생애주기의 단계에 따라서도 다르게 나타난다. 따라서 기업은 소비자들의 나이나 생애주기에 따라 변화하는 욕구를 파악하여 각각의 연령대에 맞는 제품을 생산하는 등의 차별적 마케팅활동을 수행하여야 한다.

둘째로 성별을 들 수 있다. 성별에 따른 세분화는 화장품, 헤어 디자인, 의류상품 그리고 잡지 등의 산업에서 많이 사용되어 왔다. 이러한 성별에 따른 차이가 갖는 마케팅적인 의미는 사회의 변화에 따라 많이 달라져 왔으며 그에 따라 소비자들의 구매행동에도 많은 변화가 있다.

셋째는 소득이다. 소득은 곧 구매력을 나타낼 수 있기 때문에 소비자들 간 소득차이는 확실한 세분화 변수가 될 수 있다. 특히 소득은 고가품에 대해서는 기업에 있어서 시장성의 유무를 확실하게 판단할 수 있는 척도로서 작용한다.

③ **심리적 변수**(psychographics variables)

소비자를 차별적인 시장으로 세분화할 수 있는 심리적 변수에는 라이프스타일, 개성, 사회계층 등이 있다.

첫째로 라이프스타일을 들 수 있다. 마케팅관리자들은 소비자들의 라이프스타일에 따른 세분화를 점차적으로 많이 사용하고 있다. 특히 오래된 기업들은 제품의 정체성과 오래된 이미지를 탈피하기 위한 하나의 방법으로 라이프스타일 분석을 통하여 자사제품을 성공적으로 재포지셔닝 하려고 노력한다. 라이프스타일을 통한 세분화는 일반적으로 광고를 통하여 특정 라이프스타일 집단에 속한 사람의 생활을 묘사하여 같은 라이프스타일에 속하거나 속하고 싶어하는 소비자들로 하여금 동질성을 느끼게 하여 제품 구매를 유도하는 방식을 사용한다.

둘째는 개성이다. 소비자들 개성의 차이를 인식하고 그 차이에 따라 시장을 세분화하기도 한다. 특히 의류상품, 담배, 화장품, 보험 또는 주류제품과 같은 상품들은 소비자들을 그들이 가지고 있는 독특한 개성에 따라 시장을 세분화하여 표적고객들의 성격에 부합하는 상품으로 성공한 경우가 많다.

셋째는 사회계층이다. 일반적으로 사회적 계층에 따라 자동차, 의류, 가구, 레저활동, 독서습관 등에 대한 선호에 큰 차이를 보인다. 그러나 사회적 계층은 어떤 하나의 변수에 의하여 형성되어진 것이 아니라 교육수준, 직업 등의 여러 변수들이 복합적으로 관련되어 있기 때문에 사회적 계층을 명확히 구분하는 것은 쉽지 않은 일이다.

④ **행동적 변수**(behavioral variables)

첫째, 구매 또는 사용상황이다. 소비자들은 언제 그들이 제품 구매에 대한 생각을 떠올리게 되며, 언제 구매를 하게 되며, 언제 구입한 제품을 사용하게 되는지에 따라 나누어질 수 있다. 사용상황에 따른 세분화는 기업들로 하여금 제품사용 상황을 개발하거나 확장시키는 데 도움을 줄 수 있다.

둘째, 추구하는 편익이다. 같은 품목의 제품이라 하더라도 모든 소비자들이 동일한 편익을 얻고자 제품을 구매하지 않는다. 또한 동일한 편익을 추구하는 소비자들이라 하더라도 제품의 각 편익들에 대하여 중요하게 생각하는 정도에 있어서는 많은 차이를 보인다. 따라서 편익세분화는 소비자들이 제품을 구입할 때 고려하는 주요 편익의 차이에 따라서 소비자들을 몇 개의 차별적 집단으로 나누는 방법이다.

셋째, 제품사용경험이다. 소비자들은 제품사용경험에 따라 사용경험이 전혀 없는 소비자들, 과거에 사용한 경험이 있지만 지금은 사용하지 않는 소비자들, 향후에 잠재적으로 사용할 가능성이 있는 소비자들, 처음으로 구매하여 사용하고 있는 소비자들 그리고 정기적으로 사용하고 있는 소비자 등으로 나누어볼 수 있다.

넷째, 사용률이다. 소비자들은 제품의 사용정도에 따라 소량, 중량, 다량사용자 등으로 나누어질 수 있다. 다량사용자들의 경우에 일반적으로 시장의 작은 부분만을 차지하고 있을 뿐이지만 전체 매출에 있어서는 매우 높은 비율을 차지한다.

다섯째, 충성도이다. 기업들이 상표충성도를 세분화 변수로 사용할 때는 매우 조심스럽게 접근할 필요가 있다. 왜냐하면 상표충성도가 높은 경우의 구매행동 패턴은 습관적인 행동일 수도 있고, 경우에 따라서는 상표간 차이가 없다는 소비자의 판단에 기인할 수도 있으며, 낮은 가격 때문일 수도 있다.

2. 표적시장 선정 전략

(1) 비차별적 마케팅전략(undifferentiated marketing strategy)

비차별적 마케팅전략은 세분시장간의 차이를 무시하고 하나의 제품으로 전체시장을 공략하는 전략이다. 이 전략을 구사하는 기업은 소비자들간의 차이보다는 공통점에 대하여 중점을 두게 되며 다수의 구매자에게 소구하기 위해서 기업은 하나의 상품과 하나의 마케팅프로그램으로 시장을 공략한다. 따라서 기업은 대량유통과 대량광고 방식을 채택하는데 이는 소비자들의 마음속에 우수한 자사제품의 이미지를 심어주기 위해 수행된다.

(2) 차별적 마케팅전략(differentiated marketing strategy)

차별적 마케팅선략은 기업이 여러 개의 표적시장을 선정하고 각각의 표적시장에 적합한 마케팅전략을 개발해야 한다. 다수의 현대적인 기업들은 차별적 마케팅전략을 구사하고 있다. 그 중요한 이유는 차별적 마케팅은 일반적으로 비차별적 마케팅전략보다 높은 매출과 이익을 올리는 것을 가능하게 해주기 때문이다. 그러나 차별적 마케팅은 각각의 세분시장에 적합한 차별적 마케팅전략을 구사하기 위해서 조사와 개발, 기술 등에 많은 비용을 사용하기 때문에 일반적으로 비용의 증가를 가져온다.

각 세분시장별로 적합한 마케팅계획을 수립하기 위해서는 각 세분시장별로 조사, 예측, 촉진계획 그리고 유통관리 등이 이루어져야 하며 경우에 따라서는 각각의 세분시장에 차별적 광고를 제작하기도 하기 때문에 비용이 상당히 많이 들 수밖에 없다. 따라서 기업은 차별적 마케팅전략을 구사하기 위해서는 증가된 비용을 고려한 예상수익을 무엇보다 먼저 생각해야 할 것이다.

(3) 집중 마케팅전략(concentrated marketing strategy)

집중 마케팅전략은 기업의 자원이 제한되어 있을 경우에 주로 사용되는 방법으로서 큰 시장에서의 작은 시장점유율을 누리기보다는 하나 또는 소수의 적은 시장에서 높은 시장점유율을 누리기 위한 전략이다. 이 전략을 통하여 기업은 자사가 공략하고 있는 특정한 시장에 속한 소비자의 욕구를 매우 잘 알고 있기 때문에 그 시장 안에서 강력한 위치를 얻을 수 있다. 그 외에도 기업은 생산, 유통, 그리고 촉진의 특화를 통하여 운영의 경제성을 누릴 수도 있다. 그러나 경우에 따라서는 보다 큰 경쟁자가 동일한 시장에 진입할 수도 있기 때문에 높은 위험을 감수하지 않으면 안 된다. 따라서 이러한 이유 때문에 다수의 기업들은 하나의 시장을 선택하여 집중 마케팅전략을 구사하기보다는 복수의 세분시장에 접근하는 것을 보다 선호하게 된다.

3. 포지셔닝 전략

일단 기업이 어떤 세분시장에 진입할 것인가를 결정하고 나면 기업은 그 세분시장에서 자사의 제품을 어떠한 자리에 위치시킬 것인가의 문제에 대한 해결이 필요하다. 그것이 포지셔닝의 문제인 것이다.

제품의 포지션은 소비자들의 인식 속에 자사의 제품이 경쟁제품에 대비하여 차지하고 있는 상대적 위치를 말한다. 소비자들은 제품과 서비스에 대한 많은 정보에 노출되어 있다. 따라서 소비자들은 그들이 구매의사결정을 내릴 때마다 제품을 재평가할 수 없기 때문에 구매의사결정을 단순화하기 위해서 소비자들은 제품들을 몇 개의 카테고리로 묶는 경향이 있다. 즉 소비자들은 제품, 서비스와 제조회사들을 그들의 마음속에 특정 위치에 지장한다. 기업은 선택한 표적시장의 소비자들 마음속에서 경쟁사에 대비하여 최대한의 경쟁적 우위를 누리기 위하여 포지셔닝 전략을 기획하고 마케팅믹스를 개발한다.

예증 11-2 *ILLUSTRATION*

'블루슈머'를 잡으면 사업성공길 열린다

▶ 통계청 선정 유망산업 6가지

'20대 중에 아침을 거르는 사람이 많다고 했지? 그런데 요즘 "웰빙"(well-being) 시대라고 해서 아침 식사가 영양학적으로 중요하다고들 하잖아? 그렇다면 20대도 잘만 설득하면 아침 식사를 먹게 할 수 있다는 이야기인데…. 간편하고 칼로리 낮은 웰빙 아침 식사를 배달하면 어떨까?'

당신의 머리가 이렇게 돌아간다면 당신은 이미 사업가로서의 자질을 충분히 갖춘 셈이다.

• 아침식사 대용식　　식사 배달업체인 스넥박스의 심효섭 사장도 이처럼 시대 흐름을 빨리 읽은 케이스다. 2005년에 설립된 이 회사는 매일 300명에게 아침 식사를 배달하는데, 메뉴는 과일 도시락과 샐러드이다. 그는 "고객 수와 매출액이 1년 전에 비해 300% 늘었다"고 밝혔다. 즉석 죽이나 컵 수프, 떡 전문점의 아침 메뉴 등도 비슷한 시장을 겨냥한 상품이다.

통계청은 이처럼 각종 사회 및 인구 통계를 분석, 새롭게 부상할 가능성이 높은 유망 산업 6가지를 23일 제안했다. 경쟁자가 적은 새로운 시장이란 측면에서 이른바 '블루오션' (Blue Ocean) 시장에 해당한다. 또 이 시장의 소비자는 블루오션을 창출하는 소비자라는 점에서 '블루슈머' (블루오션과 소비자(consumer)의 합싱어)리고 통계청은 이름 붙였다. 나머지 다섯 가지 블루오션은 어떤 산업일까?

• 이동형 엔터테인먼트 상품　　통계청 조사 결과, 2004년도 10세 이상 국민의 하루 평균 이동 시간은 1시간40분으로 1999년보다 5분 증가했다. 또 건강 관리를 위한 걷기 시간도 5분 늘어났다.

이에 따라 이동 중에도 즐길 수 있는 엔터테인먼트 상품이 각광 받는 것은 당연한 이치다. DMB(이동멀티미디어방송) TV, PMP(휴대용 멀티미디어 플레이어), 휴대용 게임기, 무선헤드폰 등이 그것이다.

실제 지난해 인터넷 쇼핑업체인 G마켓에서는 DMB등 복합적인 기능이 내장된 20만원대 중·후반 가격의 PMP가 월 평균 7000여대씩 팔렸다. 이 밖에 휴대용 게임기, 무선 헤드폰 등이 유망하다.

• 방범·보안 상품·서비스 강간·살인사건 등 강력 범죄가 날로 늘고 있다. 이 때문에 우리나라 15세 이상 여성 중 범죄 피해에 대한 두려움을 느끼는 여성이 67.8%에 이른다. 특히 우리나라 전체 가구 수의 11%에 이르는 혼자 사는 여성의 경우 두려움이 클 것이다.

통계청은 이에 따라 혼자 사는 여성을 안심시키는 방범·보안용품 시장이 뜰 것으로 내다봤다.

인터넷 경매업체인 옥션의 경우 전기 충격기, 자극성 스프레이 등 방범·보안용품 판매가 지난해 9만2000건에 달해 3년 전에 비해 6배로 늘어났다. 옥션 관계자는 "'발바리 사건' 등 살인·강간 사건이 보도되는 달에는 여성들의 구매 건수가 전달보다 1.5~2배 이상 급증한다"고 말했다. 이 밖에 무인 경비 서비스, 디지털 도어록, 휴대폰 호신 서비스 등이 유망하다.

• '피곤한 직장인' 스트레스 확~ 직장인들의 스트레스 강도가 높아지면서 '피곤한 직장인'을 타깃으로 한 차(茶)전문점, 마사지숍, 스파, 요가 등도 요즘 젊은층 사이에 인기다.

G마켓에서는 엉덩이에 펜을 꽂는 모양으로 된 5900원짜리 '김부장 똥침 볼펜꽂이'가 최근 한 달간 900여건 판매됐다. 볼펜 꽂을 때의 통쾌함이 스트레스 해소와 함께 웃음을 가져온다는 것이 인기 비결이다.

제일기획 브랜드마케팅연구소 박재항 소장은 "향후 직장인들의 노동시간은 줄어도 정신적 피로도는 증가할 것"이라며 "육체적 피로와 정신적 스트레스를 동시에 해소할 수 있는 새로운 산업이 각광 받게 될 것"이라고 전망했다.

• 3050 워킹맘 대행 서비스 30~50대 워킹맘(일하는 엄마)이 최근 6년 사이 16.8%나 증가하면서 '역할 대행 서비스' 시장도 블루오션으로 꼽혔다.

만 3세 이상의 아이들을 돌봐주면서 교육하는 에듀시터(edu-sitter), 아이들을 돌봐주고 놀아주는 플레이튜터(play tutor) 시장 등 육아·자녀 교육 대행 서비스가 급성장하고 있다. 또 로봇청소기, 건조기능이 추가된 세탁기 등 '지능형 가전'이 인기를 끌고 있다.

• 저칼로리 웰빙식품 인기 트랜스지방에 대한 경각심과 웰빙 열풍 등으로 저

(低)칼로리 · 지방 식품도 베트스셀러 상품으로 떠올랐다. 우리나라 국민 1인당 지방질 섭취량은 2005년 88.6g으로 2000년보다 10.6%나 증가했다.

이마트 관계자는 "녹차, 온압사 등의 폭발적인 인기에 힘입어 작년 차(茶) 음료 매출액이 전년 대비 40% 이상 급증했다"고 밝혔다. 저칼로리 면, 무지방 우유도 뜨고 있다.

출처 : 조선일보, 2007년 1월 24일자.

제 3 절 마케팅믹스 전략

1. 제품전략

오늘날 많은 기업들이 복수의 제품을 생산, 판매한다. 중소기업도 단일품목만을 취급하는 경우는 드물고 대기업은 수천 가지 품목을 생산하는 경우도 있다. 제품전략에서는 제품수명주기, 신제품개발, 상표 등으로 나누어서 살펴보고자 한다.

(1) 제품수명주기

제품수명주기(Product Life Cycle)는 한 제품이 신제품으로 시장에 도입되어 사라져가기까지 거치는 매출액과 이익의 변동패턴을 말한다. 전형적 제품수명주기는 도입기, 성장기, 성숙기, 쇠퇴기의 네 단계로 구성되어 있다.

① 도입기 단계는 제품이 처음으로 시장에 출시되면서 시작되는 단계로 비교적 오랫동안 지속된다. 매출액 성장이 매우 느리며, 매출이 낮은 반면 유통비용과 촉진비용이 많이 소요되어 보통 손실이 발생하거나 이익이 나도 매우 낮다. 이 단계에서의 주요 과제는 잠재구매자들에게 신제품을 알리고 시험구매에 나서도록 하는데 광고를 포함하여 많은 촉진비용이 요구된다.

② 성장기 단계는 제품을 구매하는 사람들이 늘어나면서 매출이 급속

하게 증가하는 단계이다. 제품의 단위당 제조비용이 감소되고 촉진비용이 많은 수량으로 분산됨에 따라 이익은 증가한다. 매력적인 이익기회를 잡기 위하여 경쟁사들이 진입하고, 새로운 제품속성들을 추가적으로 제공하여야 한다. 이 단계에서의 주요 과제는 시장확대에 노력하면서 동시에 경쟁우위 확보에 나서야 한다.

③ 성숙기 단계는 매출의 성장이 빠르게 오른 다음 어느 시점에 이르면 이 성장률이 누그러지게 되는데 이러한 시기를 성숙기라고 한다. 경쟁기업이 다수 들어와 있어서 어느 때보다도 경쟁이 치열해지는 시기이다.

④ 쇠퇴기 단계는 제품의 매출이 떨어지는 시기를 말한다. 쇠퇴기에 있어서 가장 중요한 것은 적절한 철수시기를 선택하는 것이다.

(2) 신제품 개발

오늘날은 소비자들의 기호와 기술 그리고 경쟁양상이 급격하게 변화하기 때문에 기업들이 기존제품에만 의존해서는 존속하고 성장을 기할 수 없다. 우리나라에서도 매년 자동차의 신형모델이 나오고 냉장고나 TV 같은 가전제품은 새로운 모델이 나올 때마다 더욱 편리한 속성이 추가되거나 기능이 향상되고 있다.

신제품의 성공률을 높이기 위해서는 제품개발과정을 효과적으로 관리해야 한다. 보통 제품개발은 아이디어 창출, 아이디어 평가, 제품개념 개발, 사업성 분석, 제품개발, 시험마케팅 및 상업화의 7단계로 이루어져 있다.

(3) 상　　표

상표(brand)란 상품에 붙여진 이름을 말한다. 보다 공식적인 정의는 특정판매자의 제품이나 서비스를 경쟁자의 것과 식별하기 위해 주어진 명칭, 상징, 도안 또는 이것들의 조합을 말한다. 상표를 개발 · 유지하는 데는 장기적 관점에서 많은 투자가 요구된다. 소비자들이 발음하기 좋고 기억하기 쉬운 상표명을 찾아내야 하고, 이 상표에 대한 인지도와 선호도를 높이기 위하여 지속적으로 광고를 해야 하며, 경쟁상표와 잘 구분되는 포장을 사용해야 한다.

강력한 상표는 강한 소비자애호도를 유발한다. 많은 소비자들이 이러한 상표의 제품을 구매하고, 경쟁제품이 더 낮은 가격에 판매되더라도 전환하지 않는 것이다. 또한 소비자들이 선호하는 상표를 보유한 기업은 경쟁자의 많은 광고에서 흔들리지 않는다. 따라서 많은 기업들이 자사상표에 대한 인지도와 선호도를 높이기 위하여 막대한 투자를 아끼지 않는다.

상표전략에는 개발상표전략, 공동상표전략, 무상표전략 등이 있다.

2. 가격전략

(1) 가격의 중요성

소비자들은 원하는 제품이나 서비스를 사용하기 위해서는 그에 대한 적절한 대가를 지불해야 한다. 기업들이 생산하여 제공하는 제품과 서비스는 물론이며 정부나 대학 등의 비영리조직의 서비스를 이용하는 데에도 직·간접적으로 대가를 지불하고 있다.

이와 같이 시장에서 판매자나 소비자들에게 제품이나 서비스의 가치를 나타내는 기준이 가격(price)이다. 예를 들면, 수업료, 전기료, 이자, 집세, 봉급, 택시요금 등은 모두 가격에 해당된다.

보통 가격을 결정한다고 할 때, 가격은 두 가지 의미로 해석될 수 있다. 제조회사의 관점에서 가격은 출고가격을 의미한다. 즉, 제조회사가 상품을 도매업자나 소매업자에게 판매하는 가격을 말한다. 소매업자의 관점에서 가격은 소매가격을 의미하는데, 최종 구매자가 상품을 사는 가격을 가리킨다.

제조회사가 유통업자들보다 우월한 위치에 서 있었던 시대에는 제조회사가 출고가격은 물론 소매가격까지 결정하는 것이 일반적이었다. 그러나 최근 유통업자들의 힘이 강해지면서 소매가격의 결정 권한은 급속히 소매업자에게 넘어가고 있다. 뿐만 아니라, 제조업자가 소매업자에게 가격을 정해주고 이를 강요하는 것은 대개 불법으로 간주되기도 한다.

(2) 가격결정 방법

가격결정 방법에는 여러 가지가 있지만, 그 중에서 가장 기본적인 방법인 원가 가산법, 목표수익률 기준법, 경쟁기준법, 지각된 가치기준법 등을 살펴보고자 한다.

① 원가가산 가격결정법

가장 기초적인 방법으로서 원가가산 가격결정법(cost-plus pricing)은 상품의 원가에 일정 비율의 이익을 더하여 가격을 결정하는 방법이다. 이 방법은 주로 유통업자들이 가격을 결정하는 데 이용되며, 군수산업이나 건설산업에서도 종종 이용된다.

아직까지도 원가가산법이 가장 널리 사용되고 있는데, 그 이유는 다음과 같다. 첫째, 판매자는 수요를 예상하는 것보다는 원가에 대해 확실성을 더 많이 가지고 있다. 가격기준을 원가로 함으로써 판매자는 가격결정 작업을 단순화할 수 있다. 둘째, 동종 산업 내의 모든 기업들이 이러한 방법을 쓴다면 결국 가격은 비슷해질 것이다. 셋째, 원가 가산법은 구매자에게나 판매자에게 모두 공정한 방법이라 생각할 수 있다.

② 목표수익률 가격결정법

목표수익률 가격결정법(target-return pricing)이란 목표로 하고 있는 투자수익률(return on investment : ROI)을 달성할 수 있도록 가격을 결정하는 방법이다. 이 방법은 General Motors사가 사용해 왔는데, 이 회사가 15%에서 20%의 투자수익률을 달성할 수 있도록 자동차 가격을 정해 왔다. 이 가격결정 방법은 공공시설에 대해서도 사용되는데, 적정 투자수익률로서 가격을 제한하기 위해서이다. 이 방법은 시장 내에서 독점적인 지위를 갖고 있고, 투자자들에게 적절한 이익을 제공해야 하는 의무를 안고 있는 정부투자기관이나 공기업들에 의하여 많이 사용된다.

③ 경쟁사 기준 가격결정법

경쟁사 기준 가격결정법(going-rate pricing)은 경쟁자의 가격을 기준으로 동일한 수준이나 아니면 조금 높거나 낮도록 가격을 결정하는 방법이다. 예를 들어, 소수의 대기업들이 시장을 지배하고 있는 철강, 정유, 제지, 비료 등의 시장에서는 모든 기업들이 동일한 가격을 책정하고 있는 것이 보통이다. 중소기업은 선도기업의 가격을 따르게 되며, 자사의 수요나 원가의 변화보다는 선도기업의 가격변화에 따라 자사의 가격을 변경한다.

경쟁사를 모방하여 가격을 결정하는 것은 매우 흔히 사용되는 방법이다. 즉 원가측정이 어려운 경우, 또는 경쟁사의 반응이 불확실한 경우, 기업들은 경쟁사의 현행 가격을 따르는 것이 좋은 해결방법이라고 생각하기 때문이다.

④ 지각적 가치 가격결정법

점차 많은 기업들이 제품에 대한 고객들의 지각적 가치를 기준으로 자사의 제품가격을 결정하고 있다. 기업은 가격결정에서 중요한 것은 기업의 원가가 아니라, 구매자가 지각하는 가치(perceived value)라고 생각한다. 따라서 구매자의 마음 속에 지각적 가치를 높이기 위해서는 광고, 판매원과 같은 마케팅 믹스에서 비가격 변수를 많이 이용한다.

지각적 가치 가격결정법(perceived value pricing)에 있어서 중요한 것은 제조업자의 제품에 대한 가치를 시장이 어떻게 지각하고 있는가를 명확하게 결정하는 것이다. 제품의 가치를 높게 평가하는 판매업자는 제품가격을 높게 책정할 것이다. 또 지각적 가치를 낮게 평가한다면, 낮은 가격을 책정하게 된다.

따라서 기업은 소비자가 평가한 상품의 지각가치(perceived value)에 입각하여 가격을 결정한다. 이를 위하여 먼저 표적고객의 수용가능한 가격을 알기 위한 소비자조사가 선행되어야 한다. 즉, 소비자들의 구매의도(수요량), 가격의 변화에 대한 민감도(가격탄력성), 표적시장의 특성 등에 대한 정보를 소비자조사를 통해 획득하여 이를 가격결정의 기초로 삼아야 하는 것이다.

예증 11-3 *ILLUSTRATION*

매장 음악은 '지능범'

업종 · 날씨 · 시간대 따라 교묘한 선곡 … 소비자 지갑 열어

매장 음악이 새 음원 유통서비스로 각광받고 있다. 매장 등을 운영하는 기업들이 매출 증대에 기여한다는 판단에 따라 새 마케팅기법으로 활용하고 있기 때문이다. 관련업체들도 속속 등장하고 있다. 지난해 초 블루코드테크놀로지가 GS25편의점에 음악을 제공하면서 개척한 이 시장에 KT 등이 가세하면서 급성장하고 있다.

올해 시장 규모는 1000억원대에 이를 것으로 보인다. 이 시장이 이처럼 급성장한 것은 업종 매장분위기, 날씨, 시간대 등에 따라 치밀하게 계산된 선곡을 통해 고객들의 구매 의욕을 자극, 매출 증대로 연결되도록 유도하기 때문이다.

업종별 매장음악 특징

업종	선곡기준	대표곡
카지노	보컬 없고 익숙하지 않은 고급스러운 라운지곡	Everything But the Girl의 'Almost Blue'
할인마트	밝고 빠른 템포, 귀에 익숙하면서도 흘러간 국내가요	왁스의 '오빠'
제과점	빵냄새를 연상시키는 생동감있고 달콤한 재즈연주곡	Strollin'의 'Horance Silver'
금융업	심리적 안정과 쾌적함 주는 중간 템포의 연주곡	라흐마니노프의 '보컬리제'
항공사	각 나라별 유명한 가수 위주, 기내소음 때문에 저음 배제	박미경 '이유같지 않은 이유'

전국 3500여개 매장에 음악서비스를 제공하는 블루코드가 자체 분석한 자료에 따르면 카지노, 유통업, 금융업 등 업종에 따라 틀어주는 매장 음악이 달라진다.

카지노 음악은 고객들이 도박에 집중할 수 있도록 선곡된다. 따라서 귀에 거슬리지 않아야 하지만 잘 알려진 노래는 피한다. 고객들이 무의식적으로 흥얼거리며 따라 하기 때문에 주의가 산만해질 수 있어서다. 단 카지노 객장 분위기에 맞게 고급스러워야 한다. 그래서 보컬이 없는 프랑스 라운지 음악을 선호한다. 그랜드코리아레저가 운영하는 세븐럭카지노 강남점의 김기천 대리는 "카지노에 사람이 가장 많이 몰리는 밤 8시부터 새벽 2시까지를 블루칩 시간대로 규정해 분위기를 돋울 수 있는 퓨전 재즈를 튼다"고 말했다. 고객이 몰리는 시간대별로 선곡한다는 얘기다.

유통업체의 경우 다양한 연령대가 모이기 때문에 국내 가요가 인기다. 또 고객의 상주 시간을 늘려야 하기 때문에 축축 처지는 슬픈 발라드는 제외한다. 왁스의 '오빠', 백지영의 '선택', 자두의 '으악새' 등이 꾸준히 사랑받고 있다.

얼마 전 이마트는 주류 매출을 올리기 위해 스포츠 경기 관련 음악을 특별히 선곡했다. 또 이마트는 명절 때마다 자체 음악방송을 하고 있다. 젊은 여성들이 찾는 드러그스토어 GS왓슨스는 뮤직비디오를 함께 틀어준다.

롯데슈퍼는 회사의 CM송을 반복적으로 내보내 브랜드 효과를 강화한다. 레스토랑의 선곡은 메뉴를 따라간다. 프랑스 레스토랑에선 샹송이 흘러나오는 식이다. 패스트푸드점 맥도날드는 중고생이 많이 몰리는 점심, 오후 시간대는 최신곡만 튼다. 크라운베이커리는 빵 냄새가 진동하는 인상을 주기 위해 생동감 있고 달콤한 재즈 연주곡을 선호한다.

돈과 밀접한 관련이 있는 금융업체의 선곡 기준은 딱 하나, 고객의 심리적 안정이다. 직원과 상담할 때 고객이 신경쓰이지 않도록 뉴에이지 음악이나 클래식, 연주곡 위주로 틀어준다. 요즘엔 라흐마니노프가 인기다.

그러나 점심시간에는 대중가요와 드라마 삽입곡을 적절히 섞어 활기 넘치는 분위기를 연출한다. 비행기 내 음악은 승객의 국적과 성별, 연령을 분석해 여러 국가의 음악을 골고루 섞는다.

비행기 내 소음이 심하기 때문에 저음 노래는 제외한다. 팝송은 존 레논의 노래가 꾸준히 사랑받으며 가요는 박미경의 '이유같지 않은 이유'가, 클래식은 모차르트의 피아노곡이 인기다.

출처 : 한국경제, 2007년 2월 27일자.

3. 유통전략

(1) 유통경로의 중요성

유통은 제품, 서비스를 고객에게 전달하는 것이며, 유통경로(channels distribution)란 제품과 서비스가 제조업자로부터 소비자 및 최종사용자에게 이전되는 과정에 참여하는 모든 개인 및 기업을 의미한다고 볼 수 있다. 유통경로는 원유의 파이프라인과 비교될 수 있는데, 유통경로를 통한 상품이동과정에 참여하는 경로구성원에는 제조업자, 중간상, 그리고 구매자들이 포함된다.

중간상의 역할은 도매상이나 소매상에 의해 수행될 수 있다. 도매상(wholesalers)은 최종소비자에게 판매하지 않고, 주로 소매상이나 다른 도매상, 기업고객들에게 판매하는 중간상을 말한다. 소매상(retailers)은 주로 최종소비자들에게 상품을 판매하는 중간상을 말한다.

흔히 "중간상은 쓸데없이 가격만 올리고 중간에서 마진만 취하는 불필요한 존재이다"라는 인식을 하고 있다. 그러나 중간상을 이용하는 것은 제조업체가 생산된 제품을 직접 판매하는 것보다 표적시장에 대한 상품공급에서 더 효율적이기 때문에 필요한 것이다.

그림 11-3 중간상 이용의 거래

(2) 유통경로의 구조

유통경로는 표적소비자들의 욕구에 따라 다양하게 조직될 수 있다. 마케팅관리자는 유통경로상에 다양한 형태의 중간상들을 포함시키거나 혹은 중간상의 참여를 배제시킬 수 있다. 또한 기업은 하나의 유통경로를 이용하거나 둘 이상의 서로 다른 유통경로를 활용할 수도 있다. 다음은 소비재와 산업재의 유통경로 구조에 대하여 살펴보기로 한다.

① 소비재의 유통경로

소비용품의 유통경로는 매우 다양한 형태를 취한다. 소비재(consumer product) 제조업자가 이용할 수 있는 유통경로는 〈그림 11-4〉와 같이 크게 네 가지 유형으로 분류할 수 있다.

그림 11-4 소비재의 유통경로

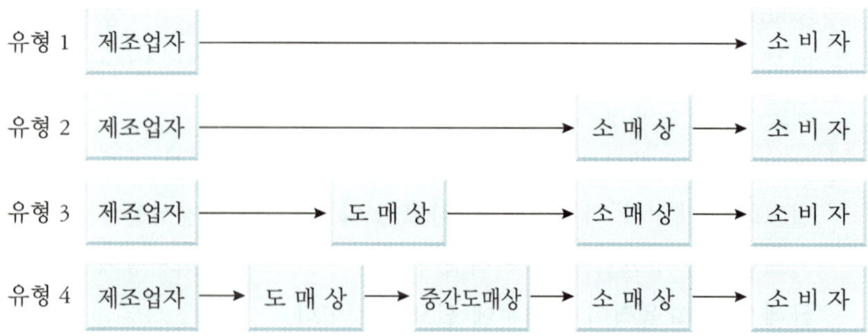

유형 1은 제조업자가 직접 소비자에게 판매하는 형태로서 직접마케팅경로(direct channel)라고 부른다. 예를 들면, 정수기판매, 가정용 학습지회사, 암웨이 등 가정방문판매를 통해서 제품을 판매하는 기업들을 말한다. 또한, 통신판매, 우편주문, 텔레마케팅 등의 판매회사들도 직접 상품을 판매한다.

유형 2는 제조업자와 소비자 사이에 소매상이 개입되는 형태로서 백화점, 할인점 등과 같은 대형소매업체들은 제조업자들로부터 직접 구매한 상품들을 판매한다.

유형 3은 제조업자와 소비자 사이에 도매상과 소매상이 개입되는 형태로서 가장 전형적인 경로의 유형이다. 이러한 유형의 예는 식품, 약품 등의 많은 소비용품분야에서 중소규모의 제조업자들에 의해 흔히 이용된다.

유형 4는 제조업자와 소비자 사이에 세 단계의 중간상이 개입되는 형태이다. 잡지, 레코드, 우유, 육류 등의 제품에서는 도매상과 소매상 사이에 중간도매상이 흔히 존재하는데, 이들은 대형도매상들이 직접 공급하기 어려운 소규모 소매업자들에게 상품을 공급한다.

유통경로가 길어질수록 각 중간상들이 수행하는 마케팅기능은 보다 전문화된다. 각 중간상은 자신이 잘 할 수 있는 유통기능만을 수행하기 때문에 이로 인해 얻어지는 효율성의 증대는 제조업자가 모든 유통기능들을 직접 수행할 경우와 비교하여 최종소비자가격을 더 낮출 수 있는 것이다. 그러나 제조업자와 소비자 사이에 보다 많은 중간상이 개입될수록 제조업자의 통제력이 약해진다.

② 산업재의 유통경로

소비용품과 비교하여 조직구매자에게 주로 판매되는 산업용품은 많은 경우 직접 유통경로를 사용한다. 즉 산업용품은 자사의 영업사원이나 직접 마케팅기법을 이용하여 기업체 고객들에게 직접 판매된다.

소비용품의 시장과 비교하여 산업용품의 시장은 대체로 소수의 대규모 구매자들로 구성되며, 또한 구매자들은 지리적으로 집중되어 있다. 그러므로 산업용품 제조업자들이 중간상들을 이용하여 얻게 되는 이점이 소비용품 제조업자들보다 낮다. 산업용품 제조업자들이 보다 짧은 유통경로를 선호하는 또 다른 이유는 제품의 복잡성으로 인해 제품판매에 전문적

그림 11-5 산업재의 유통경로

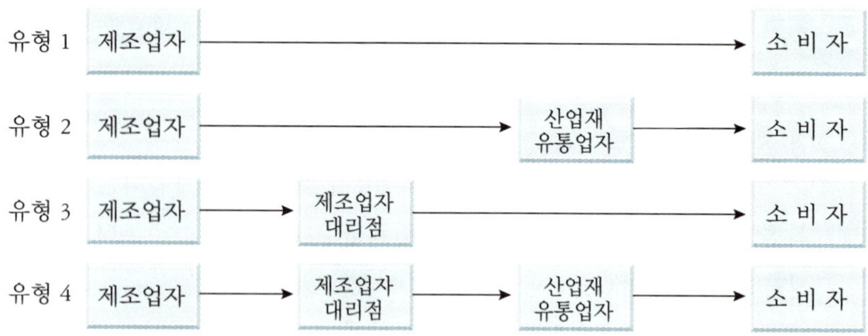

지식이나 판매 후 서비스가 요구되기 때문이다. 산업재의 유통경로는 〈그림 11-5〉와 같다.

(3) 물적 유통관리

① 물적 유통의 개념

물적 유통(physical distribution)은 원자재, 완제품 및 관련정보를 발생지점에서 소비지점까지 효율적이고 효과적으로 흐르도록 계획 · 실시 · 통제하는 과정이라고 정의내릴 수 있다. 물적 유통은 판매를 위해 생산지에서 소비지까지 상품이 이동되는 과정을 관리하는 보다 협의의 개념인 반면에 로지스틱스(logistics)는 조달, 생산, 판매활동에 수반되는 물적 흐름을 통합적으로 관리하는 보다 광의의 개념으로 사용된다.

② 물적 유통시스템의 기능

물류관리자는 주문을 어떻게 처리하고, 생산된 제품을 어떤 지역에 보관하며, 어떤 운송수단을 이용해야 하며, 제조업자 · 중간상 · 고객간의 연계를 위해 어떤 정보시스템이 필요한지에 관한 결정을 내려야 한다. 따라서 각 물적 유통의 기능에 대하여 살펴보면 다음과 같다.

첫째, 주문처리(order processing)의 기능을 들 수 있다. 물적 유통은 고객의 주문으로부터 시작된다. 신속하고 효율적인 주문처리는 이익증대와 고객만족을 실현한다. 주문처리에는 영업사원이나 고객에 의해 작성된 주문서를 창고에 보내고, 화물표를 작성하고, 신용상태를 조사하는 것 등이 포함된다. 창고에서 주문확인서가 작성되고 주문한 상품이 고객에게 배달되면 주문처리 과정은 마무리된다. 기업은 여러 단계를 거치는 주문처리 과정이 신속하고 정확하게 이루어지기를 원한다.

둘째, 창고(warehousing)의 기능이다. 모든 기업들은 판매될 때까지 생산된 제품을 보관해야 한다. 물류에서 저장기능은 생산과 소비가 이루어지는 시점과 장소가 일치하지 않기 때문에 필요하다. 최근 들어 최신설비를 갖춘 새로운 형태의 창고들이 등장하고 있다. 전통적인 고층의 창고는 속도가 느린 엘리베이터와 낙후된 자재취급방법을 이용하여 운영되었으나, 점차 중앙컴퓨터의 통제 하에 최신의 자재취급시스템을 갖춘 자동화창고로 대체되고 있다.

셋째, 재고(inventory)의 기능이다. 재고는 고객만족에 영향을 준다. 마케팅관리자는 고객의 수요에 즉각적으로 대응하기 위해 충분한 재고를 유지하고자 한다. 그러나 재고수준의 증가에 따라 고객에 대한 서비스 수준은 향상되지만 비용도 함께 증가한다. 마케팅관리자는 재고량의 증대가 재고비용의 상승을 상쇄할 만큼 매출과 이익의 증대로 연결되는지를 알아야 한다. 그러므로 재고관리의 핵심은 수요, 비용, 고객서비스를 적절히 충족시키면서 총재고비용을 최소화하는 것이다.

넷째, 수송(transportation)의 기능이다. 기업은 어떤 수송수단을 선택하느냐에 따라 상품가격, 배달의 효율성, 인도시의 상품상태 등이 달라질 수 있으며, 이러한 것들은 고객만족에 영향을 줄 수 있다. 중요한 운송수단으로는 철도, 트럭, 해상, 항공, 파이프라인 등 다섯 가지를 들 수 있다.

다섯째, 정보시스템(information system)의 기능이다. 보다 효율적인 물적 유통관리를 위해 컴퓨터를 사용한 정보시스템을 도입하는 기업들이 늘어나고 있다. 컴퓨터의 급속한 발전은 물적 유통시스템의 신속성과 효율성을 지속적으로 향상시키고 있다.

4. 촉진전략

(1) 촉진의 중요성

촉진(promotion)이란 기업의 제품이나 서비스를 주어진 가격에 구매하거나 구매를 계속하도록 유도할 목적으로 제품 또는 서비스의 성능이나 가치에 대하여 현재 및 잠재고객을 대상으로 정보를 제공하거나 설득하는 것과 관련된 마케팅 노력의 일체를 말한다. 최근에는 기업의 촉진활동이 주로 판매증대를 목적으로 마케팅관리자가 주도하던 일방적이고 설득적인 의사전달 중심의 활동에서 마케팅관리자와 고객간의 지속적이고 우호적인 관계형성을 목적으로 하는 쌍방적인 의사소통 중심의 활동으로 변화되고 있다.

(2) 촉진믹스 관리

촉진수단으로는 광고, 인적판매, 판매촉진, 홍보(PR) 등으로 간략하게 살펴보면 다음과 같다.

① 광 고

광고(Advertising)란 광고주가 유료로 대중매체를 이용하여 촉진활동을 수행하는 비인적 촉진수단을 말한다. 광고는 짧은 시간 내에 많은 고객들에게 정보를 제공할 수 있으며, 그 결과 고객당 소요촉진 비용은 상대적으로 저렴하다. 그러나 고객이나 상황에 따라 제공하는 정보의 내용이나 양을 수시로 쉽게 변경 또는 조절할 수 없다는 단점이 있다.

② 인적 판매

인적 판매(personal selling)는 판매원을 매개로 하는 촉진수단으로 판매원판매라고도 한다. 판매원을 통해 자사제품에 관한 정보를 제공하고 자사제품을 구매하도록 설득하는 촉진활동을 말한다. 인적 판매는 판매원이 직접 고객과 만나 정보를 제공하고 설득하기 때문에 아무리 많은 판매원을 활용한다 하더라도 광고처럼 짧은 시간에 많은 고객들에게 정보를 제공할 수 없어 촉진속도가 느리고, 고객당 촉진비용이 많이 소요된다는 단점이 있다.

③ 판매촉진

판매촉진(sales promotion)이란 제품 또는 서비스의 판매를 증대시키기 위해 사용하는 단기적인 유인수단을 말한다. 즉 경품, 특가세일, 쿠폰, 샘플제공 등이 판매촉진 수단으로 활용된다. 판매촉진은 단기간 내에 판매를 증대시킬 수 있는 점은 장점이나 촉진비용이 많이 소요되고 마케팅 관리자들 간에 모방이 용이하여 판매증대의 효과가 감소될 가능성이 높은 단점이 있다.

④ 홍 보

홍보(publicity)는 매체회사로 하여금 자사제품이나 서비스 등에 대하여 뉴스형태로 다루어 주게 함으로써 촉진효과를 얻을 수 있는 촉진수단을 말한다. 홍보는 마케팅관리자가 주도하지 않고 매체회사가 주도하기 때문에 신뢰도가 높아 촉진효과가 크다는 장점이 있다. 그러나 마케팅관리자가 홍보의 내용을 직접 통제할 수 없다는 점은 단점이다.

예증 11-4 *ILLUSTRATION*

"카드회사라며 요트도 타요?" -광고이야기

- '금융업종=신뢰' 금기깨트려 … 단숨에 업계정상 자신감 -

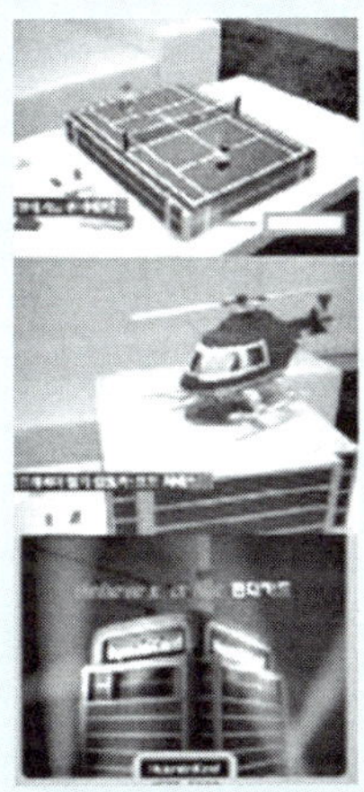

어린 딸이 아빠에게 묻는다. "아빠는 회사에서 무슨 일을 해요?" "세계 1, 2위 스포츠 선수를 한국에서 대결시키지." (현대카드 슈퍼매치) "카드회사라며?" "세계적으로 유명한 여행 가이드북도 내고."('ZAGAT SURVEY' 한국어판 출간) "카드회사라며?" "헬기도 몰고, 캠핑카도 몰고, 요트도 몰고."(프리비아 헬기, 요트, 캠핑카서비스) "아빠, 카드회사 다니는 거 맞아?" "글쎄다. 아빠도 가끔 헷갈려서."

종합상사의 업무 내용을 듣는 듯한 이 광고는 최근 화제를 불러모은 현대카드의 '블록놀이' 편 일부분이다. 이번 광고는 현대카드가 고객 만족을 위해 실시하는 각종 차별화된 활동을 아빠와 딸의 다소 엉뚱한 대화를 통해 전달하고 있다. 현대카드는 올해 'Believe it, or not'이라는 슬로건을 내세우며 단숨에 업계 정상권에 도약한 자신감을 광고에 고스란히 녹여내고 있다.

광고업계에는 고객사의 업종에 따라 유지해야 할 고정관념이 존재한다. 특정 업종과 관련해 일정 정도의 틀을 깨서는 안 되는 금기사항이 있다는 얘기다. 예컨대 전자업종은 첨단기술을, 건설업은 편안함을, 식음료업은 맛을, 금융업종은 신뢰성을 기본적으로 보여 주어야 한다는 것이다. 때문에 생각의 틀을 깨는 건 쉬운 일이 아니다. 파격은 그만큼의 위험을 수반할 가능성이 높기 때문이다. 그런 의미에서 현대카드 광고 시리즈는 '틀 깨기'를 시도한 대표적인 예라는 평가다.

'현대카드 M' 편에서는 아이를 가진 남자 임신부에서 미니스커트를 입은 남성까지 파격적인 인물이 등장한다. 보수적인 금융권 광고에서 좀처럼 볼 수 없는 전라의 아담과 이브 모습도 '현대카드 M Lady' 광고에서 시도됐다. '참 다른 광고'라는 평가가 잇따르면서 동종 카드업체들이 바짝 긴장하고 있다는 후문이다.

광고대행사 TBWA코리아 김경태 차장은 "틀을 깨야 한다는 생각에 TV 드라마나 영화를 보거나 심지어 지나가는 강아지나 장난감을 봐도 무심히 지나칠 수 없다"며 30대 중반에 머리가 희끗해진 이유를 털어놨다.

출처 : 한국경제, 2007년 4월 25일자.

제12장
재무관리

제1절 재무관리의 기초

1. 재무관리의 의의와 목표

기업은 원료를 구입해서 제품이나 서비스를 생산하여 판매하고 이익을 창출하는 조직이다. 그런데 이러한 활동을 하기 위해서는 원료구입비, 인건비, 공장과 건물 구입비, 기계설비 운영비 등 많은 자금이 필요하다. 즉 기업경영에는 돈이 필요한데 이 돈을 어떻게 조달하여 어떻게 사용하느냐에 따라 많은 비용이 더 들기도 하고 이익이 더 창출되기도 한다. 따라서 가장 효율적으로 조달하여 가장 효율적으로 운용해야 하는데 이러한 활동을 재무관리(financial management)라고 한다. 즉 재무관리는 기업의 자금흐름과 관련하여 기업경영 활동에 소요되는 자금의 조달과 운용에 관한 활동을 계획, 조정, 통제함으로써 기업목표를 달성하려는 일련의 활동을 말한다.

자본시장으로부터 일정한 자본을 조달받아 자산을 운영하고 이로부터 창출한 현금흐름을 자본조달자의 주주와 채권자들에게 배분하는 과정을 관리하는 것은 재무관리의 기능이다. 이러한 재무관리의 기능을 효율적으로 수행하기 위해서는 재무관리의 목표를 분명히 설정하여야 한다. 재무관리의 목표는 재무관리자가 투자결정과 자본조달결정을 내릴 때 의사결정의 기준이 된다.

이러한 재무관리의 목표는 ① 기업가치의 극대화(maximization of firm value)이다. 기업의 가치는 그 기업이 투자한 자산들이 앞으로 그 기업에 얼마나 공헌할 것인가에 달려 있다. ② 자기자본가치의 극대화(maximization of equity value)이다. 자기자본이 가지고 있는 권리는 주식의 형태로 거래되므로 자기자본가치의 극대화는 곧 주식가치의 극대화이다. ③ 경영자이익의 극대화(maximization of managerial interest)이다. 경영자는 주주의 이익을 극대화함으로써 경영자 자신의 이익도 증가시킬 수 있다. 따라서 주주들이 경영자를 확실하게 지배할 수 있는 상황에서는 경영자는 주주의 몫인 자기자본의 가치를 극대화하는 의사결정을 하게 된다.

2. 재무제표

재무제표(financial statements)란 기업의 경영활동 가운데 자본의 흐름이나 상태를 숫자로 나타낸 표를 말한다. 기업은 1년마다 결산을 하게 되는데, 결산 후에 작성되어 발표되는 재무제표는 지난 1년간 기업의 경영성과를 알려주는 표이다. 이러한 재무제표에는 대차대조표와 손익계산서가 대표적이다.

(1) 대차대조표

대차대조표(balance sheet)는 결산기 말에 기업의 영업활동에 사용되고 있는 자산이 어떠한 형태로 얼마만큼 있으며, 그것이 어떠한 자본으로 조달되고 있는가를 나타내는 표를 말한다. 이것에 의하여 각종 자산이나 부채, 자본 등이 어떻게 구성되어 있는지, 균형이 맞는지, 재정상태는 건전한지를 검토할 수 있다.

대차대조표는 오른쪽의 대변에 자본의 조달과 관련된 항목을 적고, 왼쪽의 대변에 자본의 운용과 관련된 항목을 적게 된다. 오른쪽의 대변항목은 자기자본으로 조달한 부분과 타인자본으로 조달한 부분으로 나누어 기재하게 된다. 왼쪽의 차변항목은 현금, 유가증권 등의 유동자산으로 운용된 부분과 건물, 토지 등의 고정자산으로 운용된 부분으로 나누어 기재하게 된다.

(2) 손익계산서

손익계산서(income statement)는 일정기간의 영업실적을 올리고 그 이익을 내기 위해 어느 정도의 비용을 사용하였으며, 현재의 총이익은 얼마이며 세금을 낸 후의 순이익은 얼마인지를 정확하게 밝히는 표이다. 손익을 계산할 때에는 총 판매액에서 원가를 차감하여 매출 총수익을 계산하고 판매비용과 일반관리비를 차감한 후 영업이익을 산출한다. 또한 영업외의 활동으로 벌어들인 특별이익과 특별손실을 가감하여 법인세전 이익을 계산한 다음 당기 순손익을 산출하여 표시한다.

예증 12-1 *ILLUSTRATION*

가족기업은 나쁜 경영형태라고? … 非가족기업보다 경영성과 탁월

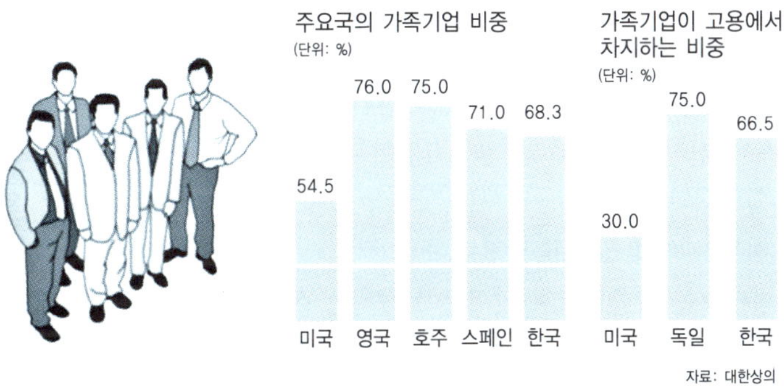

"전체 기업의 70%에 달하는 가족기업의 경제적 기여도를 정당하게 평가해야 한다." 침체된 기업가정신과 경영 의욕을 되살리기 위해서는 가족기업 및 경영권 승계에 대한 사회적 편견과 정책적 차별을 바로잡아야 한다는 주장이 제기됐다.

대한상공회의소는 24일 '주요국의 가족기업 현황과 시사점' 보고서에서 "미국,

영국, 독일 등 선진국에서는 가족기업이 사회적으로 인정받고 경영권 승계도 정책적으로 지원되고 있다"며 "가족 경영은 한국에만 존재하는 후진적인 지배 구조가 아니라 선진국에서도 보편적인 경영 형태"라고 주장했다.

상의 보고서에 따르면 세계적으로 가족기업의 비중(숫자 기준)은 미국 54.5%, 영국 76%, 호주 75%, 스페인 71%, 한국 68.3%이다. 가족기업의 기준은 특정 가족이 기업의 전략적 지배권을 보유하고 있거나 가족 구성원 2인 이상, 혹은 2세대 이상이 경영에 참여하고 있는 경우 중 한 가지 조건을 충족하는 기업이라고 상의는 설명했다.

상의는 미국의 월마트, 일본의 도요타, 독일의 BMW, 영국의 세인스베리(영국 최대 식품회사)와 같이 포천 500대 기업의 37%를 차지하는 수많은 세계적 기업들이 가족경영을 하고 있다고 강조했다.

이런 가족기업들의 국가경제적 기여도를 살펴보면 국내총생산(GDP)에서 차지하는 비중의 경우 독일이 66%, 미국이 30%로 나타났다. 가족기업이 고용하는 근로자의 비중도 독일 75%, 미국 30%였다.

우리나라의 경우 상장 · 코스닥 기업을 대상으로 분석한 결과 가족기업의 고용 비중은 66.5%였다. 경영 성과 면에서도 가족기업이 비가족기업을 앞서는 것으로 조사됐다.

포천 500대 기업을 대상으로 조사한 결과 가족기업의 평균 매출액 증가율은 19.6%, 자산수익률은 11.6%로 비가족기업의 13.8%와 10.9%보다 높았다. 미국 S&P 500대 기업을 대상으로 한 조사에서도 매출액 증가율 21.1%, 이익 증가율 21.1%로 소유분산 기업의 10.8%와 12.6%보다 높게 나타났다.

상의는 특히 선진국의 경우 △ 가족기업이 축적한 거래처와의 오랜 신뢰관계 △기술력 △ 주인의식과 리더십 △ 사회적 책임감 등을 높이 평가해 기업을 상속할 때 다양한 정책 지원을 하고 있다고 밝혔다.

반면 우리나라는 가족기업의 단점만 부각되는 사회 풍토와 정책적 차별, 최근 경쟁이 격화되고 수익성이 악화되는 기업 환경 때문에 기업을 물려줄 의욕이 갈수록 떨어지고 있고 이런 점이 기업부문 전체의 활력 저하로 이어지고 있다고 지적했다.

상의는 따라서 △ 지배주식 할증과세제도 폐지 등 정부의 정책적 지원 △ 올해의 우수 가족기업상 등 언론의 지원 △대학 및 연구기관의 가족경영 전문 과정 및 후계 프로그램 개설 등 각계의 관심과 지원을 주문했다.

또 가족기업에 대해서도 △ 채권자와 투자자로부터 신뢰받을 수 있는 기업지배구조 원칙 △ 지역 사회에 공헌하고 존중받는 사회적 책임의 원칙 △기업가치 최우선의 경영권 승계 원칙 등의 3대 원칙을 제시했다.

대한상의 관계자는 "가족기업의 경우 단기 성과보다는 장기적인 성장 가치를 중시하고 국가 경제에 기여하는 비중이 크기 때문에 이런 짐을 높이 평가해 주고 기업가 정신을 북돋워 주는 일이 시급하다"고 말했다.

출처 : 한국경제, 2006년 8월 25일자.

제 2 절 자본의 조달과 운용 활동

재무활동이란 기업의 목표를 달성하기 위한 자본조달활동과 자본운용활동으로 나누어 볼 수 있다. 따라서 자본을 어떻게 조달할 것이며, 이 자본을 어떻게 운용할 것인가를 이해하는 것이 재무활동의 중요한 부분이라고 볼 수 있다.

1. 자본의 조달활동

기업들은 경영활동을 하면서 부족한 자본을 금융시장이나 증권시장을 통해서 조달할 수가 있다. 이러한 방법에는 직접금융과 간접금융의 방법이 있는데, 직접금융은 투자자에게 증권이나 채권 같은 증서를 주고 직접 돈을 공급받는 것이다. 간접금융은 돈 가진 자본가가 은행이나 투자회사에 예치한 돈을 기업이 차입하거나 약속어음을 판매하여 자금을 조달하는 방법이다.

(1) 직접금융을 통한 자본조달

현대의 기업들은 많은 자금을 자본시장에서 주식을 발행하여 자금을 융통한다. 주식회사의 경우에는 불특정 다수의 일반투자자들을 대상으로 주식을 발행하여 자금을 조달하는데, 자기자본의 형태여서 재무건전성 측면에서 다른 방법을 통한 자본조달보다 유리하다.

① 주식발행

주식발행을 통한 자본조달 방법에는 보통주와 우선주 발행의 두 가지 방법이 있다. 첫째, 보통주(common stock)는 기업이 발행한 주식으로 보통주를 가진 사람이 그 기업의 주인이다. 둘째, 우선주(preferred stock)는 보통주를 소유한 사람보다 먼저 배당을 받을 수 있는 주식이며 그 대신 의사결정권은 없다.

② 회사채 발행

채권발행을 통한 자본조달은 그 유동성이나 편리성 측면에서 가장 일반적이면서 대규모로 자본을 조달할 수 있는 수단이기도 하다. 채권은 발행기관에 따라서 회사가 발행한 회사채(corporate bond)와 중앙정부가 발행한 국채(government bond)로 분류된다.

회사채는 일정 이자를 주기로 약속하고 돈을 빌리며 발행하는 증서이다. 회사채 소유자는 원금과 이자를 확실히 받는 대신 회사에 대한 소유권이나 경영권은 전혀 없다.

(2) 간접금융을 통한 자본조달

기업은 주식과 회사채 발행 등 직접 금융시장에서 자본을 조달할 뿐만 아니라 은행 등 금융기관을 통한 간접금융시장에서도 자본을 조달할 수 있다. 현재 많은 기업들은 직접 금융시장에 비해 금융기관을 통한 간접금융시장에서 더 많은 자본을 조달하고 있다.

① 은행차입

은행으로부터 자본을 차입하는 것은 가장 보편적인 기업의 자본조달 방법이다. 당좌차월, 어음할인, 대출 등의 융자를 얻을 수 있는데 은행은 이때 그 기업의 신용을 기준으로 하여 일정액 이상 차입을 못하도록 한도를 정해놓기도 한다.

② 기업어음

기업어음(commercial paper : CP)은 기업이 발행한 약속어음을 말한다. 기업어음을 발행하는 대부분의 기업들은 투자금융회사와 종합금융회사 및 일반시중은행 등의 중개기관을 통하여 이를 판매한다. 기업어음은 은행대출에 비하여 담보제공을 비롯한 번거로운 수속절차 없이 수시로 자본을 조달할 수 있다는 점에서 편리하지만 단기적인 자본조달 수단이다.

2. 자본의 운용활동

증권시장이나 금융시장을 이용하여 자본을 조달하고 나면, 그 조달된 자본을 언제, 어디에, 얼마만큼 투자할 것인가 하는 운용측면을 고려해야 한다. 자본을 운용하는 방법에는 미래 사업기회를 모색하여 투자하는 방법과 주식, 채권 등 금융상품에 투자하는 방법 등으로 분류할 수 있다.

(1) 사업에 투자

기업은 먼저 조달한 자본을 사업에 투자하며 위험과 수익성을 함께 고려하여 투자의 결과로 수익이 나올 수도 있지만 손해를 볼 수도 있다는 점을 고려해서 자본을 잘 사용해야 한다. 우선 유동자산이 사용되는 곳은 단기부채 상환이나 원료구매, 임금지불 같은 영업활동에 쓰이는데 이는 수익을 가져오는 자산은 아니다. 그러므로 이와 같은 비수익성 자산을 과다하게 보유하는 것은 바람직하지 않다.

자금사용계획을 제대로 세우기 위해서는 투자할 사업에서 언제 얼마의 자금이 필요한지 그리고 투자한 결과가 언제 얼마의 자금으로 다시 들어올지도 예측해야 한다. 투자의 결과로 이익이 나기 시작하면 외부조달 없이도 그 자금을 사용할 수 있기 때문이다.

사업에 투자되는 자금은 현재 투입되고 수익은 몇 년 후에 들어오는 것이므로 몇 년 후에 들어올 수익을 현재가치로 환산하여 투자할 가치가 있는지 판단해보고 자금을 투입해야 할 것이므로 이에 대한 여러 전문적인 계산방법이 있는데, 재무관리 담당자는 이러한 기법들을 알아두어야 할 것이다.

(2) 금융상품에 투자

조달된 자본으로 사업에 투자하여 이익을 낼 수도 있지만 자금이 남아돌거나 당장 투자할 대상이 없다면 필요한 시점까지 주식, 채권 등 금융상품에 투자하여 이익을 낼 수도 있는데 이때 발생되는 수익을 영업외 수익이라고 한다.

남는 자금은 현금으로 보유하는 것이 가장 유동성이 높다. 즉 언제라도 자금이 필요하면 바로 동원할 수 있어서 좋다. 그러므로 기업은 현금흐름을 예측하여 꼭 필요한 만큼만 가지고 있고 나머지는 수익을 내는 데 투자해야 현명한 처사이다. 그리고 현금의 유입은 가능한 신속하게 하고 유출은 가능한 늦추어서 현금 이용기간을 최대한 늘려야 할 것이다.

보유하고 있는 현금이 과다하다고 생각되면 미래에 필요한 시점까지 현금의 일부를 유가증권의 형태로 보유하는 것이 좋다. 여러 종류의 유가증권(주식, 채권, 기업어음 등)을 적절히 배합하여 보유하는 것이 좋은데, 이러한 다양한 유가증권의 적절한 결합을 포트폴리오(portfolio) 관리라고 한다.

예증 12-2 *ILLUSTRATION*

중소기업도 '컨설팅 진단' 바람

중견 · 중소기업의 컨설팅 효과 및 수요분석

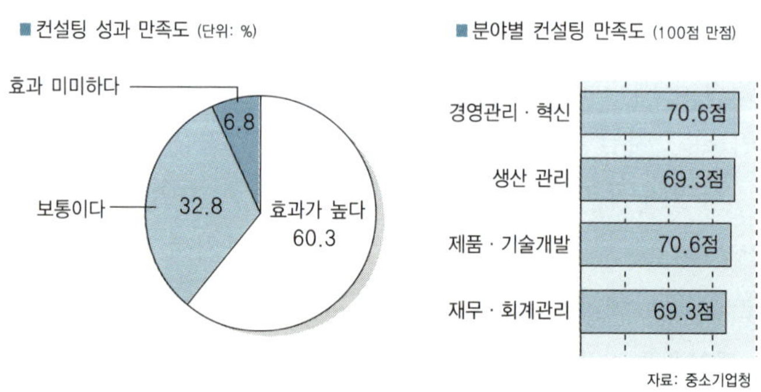

자료: 중소기업청

대기업에 이어 중견 · 중소기업들 사이에 생산성 제고 · 품질 혁신을 위한 경영 '컨설팅 바람'이 불고 있다. 중견 · 중소기업들은 그 동안 6시그마, 토요타생산시스템(TPS), 생산성경영시스템(PMS) 등 생산성 혁신을 위한 컨설팅에 무관심했으나 최근 전문기관으로부터 컨설팅시스템을 도입하면서 30~40% 이상의 생산성 제고효과를 거두고 있다.

▶ **컨설팅시장 3조원대 급성장**

18일 능률협회컨설팅과 생산성본부 등 컨설팅 업계에 따르면 국내 컨설팅 시장은 연평균 17.4%의 고성장세를 거듭하면서 연산 3조원대 규모로 급성장하고 있다. 그동안 국내에서는 삼성, LG 등 대기업을 중심으로 6시그마와 TPS 등 경영혁신 컨설팅이 확산되어 왔으나 최근에는 한국도자기, 한솔제지, 로만손, 리바트, 무림페이퍼 등 중견기업은 물론 중소기업까지 컨설팅 바람이 거세게 불고 있다.

이처럼 중견·중소기업들 사이에 컨설팅 붐이 형성되는 이유는 6시그마, TPS, PMS 등을 도입한 기업과 도입하지 않는 기업 간 생산성 차가 평균 30% 이상 벌어지고 있기 때문이다. 이에 따라 생산성본부와 능률협회컨설팅, 네오플럭스 등 주요 컨설팅업체들은 대기업에 이어 중견, 중소기업들을 대상으로 컨설팅 확산에 나서고 있다.

생산성본부는 기업의 경영역량 향상과 경영시스템 보급을 위해 PMS 인증제도를 개발해 품질, 가격, 납기 경쟁력 제고에 주력하고 있다. 실제로 ㈜코렌, ㈜선일다이파스 등의 기업들이 생산성본부의 지원을 받아 PMS 도입을 통해 경영 성과를 내고 있다. 또한 생산성본부는 기존 오프라인 컨설팅의 고비용 극복을 위해 온라인 경영진단 서비스(ePRINS)를 개발했다.

능률협회컨설팅(KMAC)에서도 중견·중소기업들의 컨설팅을 강화하고 있다. 전자부품업체인 M사의 경우 KMAC의 TPS컨설팅을 통해 생산성향상, 불량 제로(0) 등의 성과를 거두기도 했다. 이 밖에도 자동차부품회사인 W미러, N플라이텍에 대해서도 생산성 향상을 위한 불량제거, 품질향상 등에 컨설팅을 진행하고 있다.

또한 네오플럭스 컨설팅 사업본부는 설계·연구개발 단계에서부터 구매, 생산, 물류, 영업에 이르기까지 기업의 경영 전 과정에서 발생하는 비효율적인 요소들을 개선하는 경영혁신 활동을 펼치고 있다. 이 회사는 평균 4~5개월 간 컨설팅을 통해 고객사의 구매와 생산비용을 연간 5~15% 절감시켜 주고 있다. 특히 네오플럭스의 컨설턴트들은 국내외 유수 기업의 구매와 생산분야 등 현업에서 핵심적 역할을 담당했던 스페셜리스트로 구성돼 있어 고도의 전문성을 갖추고 있다는 평가다.

▶ **중견-중소기업으로 컨설팅 확산**

"컨설팅은 대기업의 전유물이 아니다." 올 들어 컨설팅 업계가 대기업 위주의 활동에서 벗어나 중견·중소기업에 눈을 돌리고 있다. 그동안 컨설팅 수요는 대부분 대기업이나 대형 금융기관으로부터 발생돼 왔다. 하지만 중국 및 동남아 신흥 경제 강국들의 급성장과 엔저 현상으로 인한 일본기업의 가격경쟁력 강화에 위기의식을 느낀 중견·중소기업들이 앞다퉈 컨설팅 업체들을 찾고 있다.

이 같은 수요에 맞춰 중견·중소기업들을 타깃으로 한 컨설팅업체들의 활동도 두드러지고 있다. 이들은 고객사에 6시그마, TPS뿐만 아니라 최근 경영혁신의 키워드로 떠오르고 있는 린(Lean)시스템까지 확산시키고 있다.

특히 린시스템은 자재 구매에서부터 생산, 재고관리, 유통에 이르기까지 모든 과정에 로스를 최소화하여 최적화한다는 개념으로, 현재 포드·GM·델파이·보잉 등 다국적기업들이 시행하고 있는 최신 경영기법이다. 각 컨설팅업체들은 이 같은 시스템을 중견·중소기업에 적용시키고 있다.

이에 따라 최근 중소기업청의 조사에 따르면 국내 중소기업의 46.3%가 컨설팅의 필요성을 느끼고 있으며 종업원 규모가 크고 수출보다는 내수에 치중하고 있는 기업이 컨설팅 필요성을 크게 갖고 있는 것으로 조사됐다.

이 같은 추세에 대해 네오플럭스컨설팅 김용철 대표는 "최근 중견·중소기업들이 기업 체질개선의 최우선 과제로 기업 운영 전반의 비효율성 제거에 중점을 두면서 원가절감 컨설팅 의뢰를 많이 하고 있다"며 "자금 부족과 협소한 인력풀 때문에 컨설팅회사의 문을 두드리지 못했던 중소기업들이 컨설팅업체의 전문 인력을 활용해 기업가치 제고를 위해 적극 나서고 있는 추세"라고 설명했다.

출처 : 파이낸셜 뉴스, 2007년 7월 18일자.

제 3 절 재무분석

1. 재무분석의 의의

기업이 자본을 조달해서 일정기간 영업을 하고 나서 그동안의 활동을 재무측면에서 실적을 판단해 볼 필요가 있다. 기업의 성장성, 부도위험, 이익달성의 여부 등에 관한 분석을 해야 하는데 이를 재무분석이라고 한다.

기업이 목표를 달성하기 위해서는 먼저 자기 기업이 처한 현 상태가 어떠하며 미비점은 무엇인가를 알아야 한다. 이것은 한 개인이 자신의 건

강을 최적으로 유지하기 위하여 건강진단을 받는 것과 마찬가지이다. 이와 같이 기업의 현 상황을 금전적 측면에서 진단하는 것을 재무분석이라 한다.

광의의 재무분석이란 기업의 재무활동 전반에 걸친 분석으로 자금과 관련된 모든 활동을 검토하여 경영의사결정에 도움을 주기 위해서 실시해 보는 분석작업이다. 이러한 의미에서 재무분석을 경영분석이라고도 한다. 그러나 협의의 재무분석은 기업의 현재와 과거의 재무상태나 영업실적을 파악하여 미래의 경영정책을 수립하는 데 필요한 의사결정의 기초자료를 제공하는 재무활동을 말한다. 물론 기업의 재무상태 분석은 재무제표상의 계량화된 수치를 보고 판단할 수도 있지만 보이지 않는 정보에 의존하는 질적인 분석도 병행되어야 바람직하다.

질적 분석은 기업의 분석에 관한 자료들 중 계량화하기 힘든 자료, 즉 재무제표에는 나타나지 않으나 기업의 장래성, 수익성, 배당 등에 영향을 미치는 여러 가지 특수한 요인들을 분석하는 것을 말한다. 그 내용에는 기업의 특징, 기업이 속한 산업의 전망, 정치 · 경제 · 사회적 환경의 변화가 기업과 산업에 미치는 영향, 기업의 연구개발능력, 금융기관과의 신용관계 등을 들 수 있다.

2. 재무분석의 비율

재무상태의 좋고 나쁨을 표시해 주는 지표가 필요한데 주로 비율로 나타낸다. 따라서 재무분석의 비율이라고 하는 것은 기업의 재무상태 및 경영성과를 나타내는 재무제표상의 항목들을 선정하여 이를 비교 검토하기 위하여 백분율로 나타낸 것이다.

재무분석은 비율분석(financial ratio analysis)과 표준비율의 실징이라는 두 가지가 있다. 비율분석은 항목들간의 제 비율을 계산하여 이것과 비교기준이 되는 표준비율을 상호비교하여 기업의 재무상태와 영업실적을 파악하는 것을 말한다. 기업의 지난 영업기간 동안의 재무상태나 경영성과를 기간별로 비교해 보고, 또 다른 기업과도 비교해 보는 데 유용한 방법이다.

오늘날 대부분의 기업에서 실시하고 있는 경영분석 및 그 결과에 대한 비교평가는 거의 모두 비율에 의한 분석수치를 지표로 사용하고 있다. 이러한 비교분석에 사용되는 비율의 종류는 수 없이 많으나 그 중에서 중요한 것으로 유동성, 안정성, 활동성, 수익성 등에 대하여 살펴보고자 한다.

(1) 유동성 비율

유동성(liquidity)이란 기업이 현금을 동원하여 단기부채를 갚을 수 있는 능력인데 이러한 유동성을 보여 주는 지표를 유동성 비율(liquidity ratios)이라고 한다. 한 기업의 유동성은 그 기업의 자금을 조달할 때 가장 먼저 고려해야 하는 중요한 비율이다. 유동성을 측정하는 비율에는 유동비율과 당좌비율 등이 있다.

① **유동비율**(current ratio)

유동자산을 유동부채로 나눈 비율로 단기채무를 지급할 수 있는 능력이 얼마나 되는지를 측정하는 비율이다. 유동비율은 1년 이내에 현금화가 될 가능성이 있는 유동자산과 1년 이내에 갚아야 될 유동부채를 대비시킨 비율지표로 적어도 조만간에 갚아야 될 빚을 갚을 수 있는지를 보여 준다. 일반적으로 200% 이상이면 유동성이 양호한 것으로 볼 수 있다.

$$\text{유동비율}(\%) = \frac{\text{유동자산}}{\text{유동부채}} \times 100$$

② **당좌비율**(acid test ratio)

유동자산에서 재고자산을 차감한 당좌자산을 유동부채로 나눈 비율이다. 쉽게 현금화할 수 있는 현금 및 현금등가물, 단기금융상품, 매출채권, 유가증권과 같은 당좌자산을 기준으로 유동부채와의 비율로 평가하는데 이를 당좌비율이라고 한다. 이 비율은 지급능력을 판단할 때 유동비율보다 더욱 정확성이 있다. 일반적으로 100% 이상이면 양호한 것으로 평가한다.

$$\text{당좌비율}(\%) = \frac{\text{유동자산} - \text{재고자산}}{\text{유동부채}} \times 100$$

(2) 활동성 비율

활동성 비율(activity ratios)은 기업이 소유하고 있는 자산을 얼마나 효과적으로 활동하고 있는가를 나타내는 비율로 기업의 매출액을 각 자산항목으로 나누어 구한 회전율로 나타낸다. 재고자산회전율, 매출채권회전율, 고정자산회전율, 총자산회전율 등이 있다.

① **재고자산회전율**(inventory turnover)

재고자산의 과대투자 여부를 측정하기 위한 재무비율이다. 매출원가를 평균재고자산으로 나누어 산출되는 비율로 재고자산이 얼마나 빨리 판매되어 회전되는가를 나타내는 것이다.

$$\text{재고자산회전율(회)} = \frac{\text{매출액}}{\text{재고자산}}$$

② **매출채권회전율**(receivable turnover)

매출액을 평균매출채권으로 나누어 매출채권의 현금화 속도를 측정하는 비율이다. 이 비율이 높을수록 매출채권관리가 잘 진행되고 매출채권의 현금화 속도가 빠르다는 것을 나타낸다.

$$\text{매출채권회전율(회)} = \frac{\text{매출액}}{\text{외상매출금}}$$

③ **고정자산회전율**(fixed assets turnover)

매출액을 고정자산으로 나눈 값으로 이 비율이 높을수록 고정자산의 이용도가 활발한 것을 나타낸다.

$$\text{고정자산회전율(회)} = \frac{\text{매출액}}{\text{고정자산}}$$

④ **총자산회전율**(total assets turnover)

매출액을 총자산으로 나눈 값으로 총자본은 총자산과 동일하므로 총자산회전율은 총자본회전율이라고도 한다. 이 비율은 기업이 사용한 총자산을 얼마나 효율적으로 이용했는가를 나타낸다.

$$총자산회전율(회) = \frac{매출액}{총자산}$$

(3) 안정성 비율

안정성 비율(stability ratios)이란 레버리지 비율(leverage ratios)이라고도 부르는 비율로서 기업의 장기지급능력을 측정하는 데 사용되는 비율이다. 기업이 조달한 자본 중에서 타인자본에 대한 의존도를 나타내는 비율로서 부채비율과 이자보상비율 등이 있다.

① **부채비율**(debt ratio)

타인자본을 자기자본으로 나눈 비율로 기업의 자본구성의 안정성을 측정하는 비율로 많이 이용되고 있다. 일반적으로 100% 이하를 표준으로 보고 있으며 부채와 자기자본이 같은 금액이면 부채비율 100%이고, 부채가 자기자본보다 많으면 100% 이상, 부채가 자기자본 보다 적으면 100 미만이 된다. 적어도 자기 돈 이상의 남의 돈을 투입하여 사업을 한다는 것은 바람직하지 않으므로 100% 이상의 부채비율은 위험하다고 볼 수 있다.

$$부채비율(\%) = \frac{타인자본}{자산자본} \times 100$$

② **이자보상비율**(times interest earned ratio)

이자 및 법인세 차감전 순이익이 타인자본의 사용으로부터 발생하는 이자비용의 몇 배에 해당하는가를 나타내는 비율로 기업이 부채에 따른 이자비용지급능력을 측정하는 비율로 이용된다.

$$이자보상비율(\%) = \frac{이자및납세전이익}{이자} \times 100$$

(4) 성장성 비율

성장성은 기업의 경영규모나 기업활동의 성과가 얼마나 증가했는가를 과거와 비교해서 나타낸 것이다. 이는 단지 기업의 매출액 증가만을 파악하는 것이 아니라 이익이나 자본 등이 어떠한 변화를 가져왔는가도 함께 파악해야 한다. 총자산증가율, 자기자본증가율, 매출액증가율, 순이익

증가율 등이 있다.

① **총자산증가율**(growth rate of total assets)

기업에 투자되어 운영된 총자산이 당해연도에 얼마나 증가하였는가를 나타내는 비율로서 전체적인 성장규모를 측정하는 지표이다.

$$총자산증가율(\%) = \frac{당기말총자산}{전기말총자산} \times 100$$

② **자기자본증가율**(growth rate of stockholder's equity)

자기자본이 당해연도에 얼마나 증가하였는가를 나타내는 비율이다.

$$자기자본증가율(\%) = \frac{당기말자기자본 - 전기말자기자본}{전기말자기자본} \times 100$$

③ **매출액증가율**(growth rate of sales)

매출액이 당해연도에 얼마나 증가하였는가를 나타내는 비율로서 매출액은 정상적인 영업활동에서 발생하는 영업수입이므로 매출액 증가율은 기업의 성장률을 판단하는 대표적인 비율이다.

$$매출액증가율(\%) = \frac{당기매출액 - 전기매출액}{전기매출액} \times 100$$

④ **순이익증가율**(growth rate of income)

기업의 최종성과인 순이익이 당해연도에 얼마나 증가하였는가를 나타내는 비율이다.

$$순이익증가율(\%) = \frac{당기순이익 - 전기순이익}{전기순이익} \times 100$$

(5) 수익성 비율

수익성 비율(profitability ratios)은 기업이 일정기간 동안 기업의 경영활동에 대한 성과를 종합적으로 측정하는 비율이다. 총자본순이익률, 자기자본순이익률, 매출액순이익률 등이 있다.

① **총자본순이익률**(net profit to assets)

순이익을 총자본으로 나눈 값으로 기업의 수익성을 대표하는 비율이다. 이를 투자수익률(return on investment : ROI)이라고도 한다.

$$\text{총자본순이익률}(\%) = \frac{\text{납세전순이익}}{\text{총자본}} \times 100$$

② **자기자본순이익률**(net profit to net worth)

순이익을 자기자본으로 나눈 값으로 자기자본수익률(return on equity : ROE)이라고도 한다.

$$\text{자기자본순이익률}(\%) = \frac{\text{순이익}}{\text{자기자본}} \times 100$$

③ **매출액이익률**(net profit to sales)

순이익을 매출액으로 나눈 값으로 기업의 경영활동에 따른 성과를 총괄적으로 파악하는 비율이다.

$$\text{매출액순이익률}(\%) = \frac{\text{순이익}}{\text{매출액}} \times 100$$

예증 12-3 *ILLUSTRATION*

가계 빚상환능력 크게 약화

시장 금리가 상승하는 가운데 가계의 금융부채가 소득이나 금융 자산보다 훨씬 더 빠르게 상승함에 따라 가계의 채무부담 능력이 크게 떨어지고 있는 것으로 분석됐다. 특히 가계부채는 소득증가율보다 더 급속히 늘어나는 반면 기업부채는 투자감소를 불러올 정도로 지나치게 빨리 줄어들어 두 부문의 부채 불균형이 우리 경제의 지속적 성장을 저해할 수 있다는 지적이 나오고 있다.

3일 한국은행이 펴낸 '금융안정보고서'에 따르면 가계의 가용소득으로 금융부채 상환 능력을 나타내는 개인 가처분소득 대비 금융부채 비율은 1.42%로 2005년

1.35%보다 0.07%포인트 높아졌다. 이는 지난해 개인 가처분소득 증가율이 5.6%로 금융부채 증가율 11.6%의 절반 수준에 그친 데 따른 것이다.

가계의 가처분소득 대비 금융부채 비율추이 (단위: %))

자료: 한국은행

이 비율은 1997년 0.87%였으나 2000년 0.91%로 높아졌고 2002년 1.28%, 2003년 1.29% 등으로 계속 오르고 있다. 이는 곧 가계소득으로 금융부채를 갚을 능력이 미국, 일본보다 훨씬 떨어지고 있다는 의미다. 또 개인 가처분소득 대비 지급이자 비율도 2005년 7.78%에서 지난해 8.64%로 높아졌다.

한편 대한상공회의소는 이날 내놓은 '우리나라 가계 · 기업의 부채 현황과 정책과제' 보고서를 통해 "가계 및 기업의 부채구조가 경제성장의 지연과 경제불안을 불러일으키고 있다"면서 "부동산 가격의 연착륙과 기업투자 환경개선 등 근본적인 대책이 시급하다"고 주장했다.

대한상의에 따르면 개인 가처분소득 대비 가계부채 비율은 2000년 83.7%에 불과했으나 거의 매년 증가해 작년에는 142.3%에 달했다. 반면에 기업의 자기자본 대비 부채비율은 2000년 221.1%에서 2005년에는 절반 수준인 110.9%로 떨어졌다.

가계부채는 소득증가율을 크게 웃돌 정도로 지나치게 빠른 속도의 증가가 문제점으로 지적됐다. 특히 가계의 금융기관 대출이 늘어나면서 월 소득 대비 원리금 상환비율도 2002년 12.3%에서 지난해에는 18.0%로 늘어나 소비위축 등의 경제불안 요인으로 작용하고 있다.

출처 : 세계일보, 2007년 5월 3일자.

제13장
인적자원관리

제1절 인적자원관리의 의의와 중요성

1. 인적자원관리의 의의

인적자원관리(human resource management)는 조직구성원을 획득하여 개발 · 유지하고 더 나아가서는 효율적으로 이용하는 것뿐만 아니라 이러한 제 기능을 계획 · 조직 · 지휘 및 통제를 하여 조직의 목표를 효율적으로 달성하도록 하는 관리기능이라고 정의할 수 있다. 다시 말하면 조직목적을 달성하기 위한 원동력이 되는 인적자원을 조직의 장기전망에 맞추어 확보하고, 개인의 개성과 복지를 존중함과 동시에 개인능력의 육성 및 개발을 도모하는 것이다. 또한 조직구성원으로서 원만한 인간관계를 유지할 수 있는 환경을 조성하여 이러한 환경 속에서 조직에 대해 최대의 공헌을 할 수 있는 징소를 제공하거나 만들어 냄으로써 노동의 결과에서 개인 또는 집단으로서의 최대의 만족을 얻도록 하는 관리기능인 것이다.

이러한 인적자원관리는 조직의 성패에 매우 중대한 영향을 미치기 때문에 모든 조직에 있어서 우수한 인재의 확보 · 계발 및 유지야말로 관리자에 부과된 가장 중요한 과제 중의 한 가지라고 할 수 있다. 오늘날 아무리 자동화시스템이 발달되었다고 해도 결국은 인간의 노동력이 제공되지 않고는 조직활동이 수행될 수 없기 때문에 인적자원의 관리는 더욱 중요한 관리자의 과업이 되고 있다.

2. 인적자원관리의 중요성

기업에는 인적자원 말고도 기계, 원료, 정보, 자금 등 여러 자원이 있는데 기계설비나 자금을 효율적으로 다루어야 기업성과를 높일 수 있음은 말할 필요도 없다. 이러한 물질적 · 재무적 자원을 얼마나 효율적으로 관리하느냐의 여부는 그것을 다루는 사람의 능력과 의지에 달려 있으며, 이들이 얼마나 효율적으로 관리되느냐에 달려 있다. 뿐만 아니라 인적자원은 물적자원과 달리 키우고 증대시켜서 사용할 수 있는 자원이기 때문에 효율적 활용에 앞서서 개발시키고 발전시키는, 즉 자원을 확대하는 작업이 효율적 관리의 필수적 단계이다. 그리고 기업은 물적자원 그 자체로부터 어떤 성과를 얻는 것이 아니라 이들 분야에서 일하는 종업원의 활동에 의해서 목적을 달성하는 것이다. 따라서 인사관리는 기업의 모든 분야에 걸친 공통적이며 필수적인 활동이 되는 것이다.

제 2 절 인적자원관리 활동

인적자원관리 활동은 기업에 있어서 사람과 관련된 모든 활동으로서 종업원을 고용하여 교육 · 훈련시켜 적시에 적절한 위치에 배치하는 활동을 말한다. 이러한 인적자원관리의 활동은 인적자원의 계획수립에서부터 모집 · 선발, 교육 · 훈련 및 업무평가를 통한 보상관리까지를 포함하는 모든 과정을 의미한다. 지금부터는 이러한 일련의 과정들을 간략하게 살펴보고자 한다.

1. 인적자원의 계획수립

인적자원 계획은 기업이 보유하고 있는 또 앞으로 보유해야 할 인적자원을 중심으로 최적의 인적자원규모를 결정하여 최적의 시기에 최적의 위치에 배치하는 데 중점을 두고 수립하여야 한다. 인적자원계획의 수립은 ① 세부조직별로 필요한 전문기술을 가진 인적자원이 얼마나 필요한가를 파악하는 적정인원계획, ② 현재의 종업원과 앞으로 필요한 종업원간의 수급불균형을 어떻게 맞출 것인가의 인원수급계획, ③ 필요한 인적자원을 채용하는 구인계획과 불필요한 인적자원을 줄이는 해고계획의 구인 · 해고 계획, ④ 종업원 능력을 개발하기 위한 인적자원개발계획을 수립하는 인적자원개발계획 등으로 나누어 볼 수 있다.

이러한 여러 가지 인적자원계획을 효율적으로 수립하기 위해서는 기업의 각 조직에서 수행해야 하는 업무에는 무엇이 있는지 직무에 대한 분석과 직무분석(job analysis)을 통한 직무기술서(job description)와 직무명세서(job specification)를 작성하는 것이 바람직하다.

(1) 직무분석

직무분석이란 직무를 수행하는 데 필요한 지식과 능력, 숙련도, 책임 등과 같은 직무상의 모든 요건을 체계적으로 결정하는 과정을 말한다. 직무를 분석하면 직무에 대한 요건이 파악되기 때문에 기업의 목표를 달성하기 위해 각 종업원들에게 적절히 일이 할당되었는지 그 일이 적정하게 이루어지고 있는지를 알 수 있다.

직무분석을 통해 일정한 직무의 성질과 요건을 파악한 후 그 자료를 기초로 합리적인 모집, 선발, 배치 등의 기준을 설정하고, 교육 · 훈련의 기초사료 및 인사상의 제반자료로 활용하며 책임과 권한의 한계를 명확히 하며, 사무개선의 자료로 사용할 수도 있다.

(2) 직무기술서와 직무명세서

직무에 대한 정보를 수집, 분석한 후에는 이러한 자료를 활용하기 위해서 이를 문서화하여 일목요연하게 정리하여야 한다. 이러한 목적으로 작성되는 것이 직무기술서와 직무명세서이다.

직무기술서는 직무분석 결과에 근거하여 직무수행과 관련된 과업 및 직무행동을 일정한 양식에 기술한 문서를 말한다. 이 문서에 포함되는 내용으로는 직무의 명칭, 소속 등과 같은 직무의 확인사항과 직무의 내용, 직무의 요건 등 직무 전반에 걸친 사항 등이 포함된다.

직무명세서는 직무기술서의 내용 중에서 직무요건만을 분리하여 직무수행에 필요한 종업원의 지식, 능력, 기능, 행동 등을 일정한 양식에 기록한 문서를 말한다. 직무기술서의 초점이 업무중심의 직무요건이라면 직무명세서는 해당 직무를 수행하기 위해서는 어떤 사람이 필요한지를 보여주는 사람중심의 인적요건에 있다고 볼 수 있다.

2. 인적자원의 모집 및 선발

직무분석의 결과 나타난 직무명세서를 기초로 하여 인적자원 수급 계획상에서 모집직종 및 직종별 인원이 결정되면 모집활동을 수행하기 위해 조직이 요구하는 노동력을 제공해 주는 공급원을 파악하고, 모집을 위한 구체적인 방법을 모색해야 한다.

(1) 모 집

모집(recruitment)이란 능력 있는 인적자원을 기업으로 끌어들이는 과정을 말한다. 모집원천과 방법은 선발인원 · 모집지역 · 선발시기 · 직종 · 선발방법 등을 고려하여 조직에서 가장 적합하고 효과적인 모집방법을 선택해야 한다. 일반적으로 모집방법에는 내부모집과 외부모집으로 구분할 수 있다.

먼저, 내부모집이란 조직 자체 내에서 승진과 전환배치 등을 통해 필요로 하는 구성원을 보충하는 방법으로 직위의 결원발생이나 직무의 공백이 생길 경우에 효과적이다. 내부모집을 우선으로 할 경우에는 조직구성원의 사기가 향상되고 해당 직위에 보다 적합한 구성원을 배치시킬 가능성이 높아지며, 외부모집보다 비용절감 효과를 가져올 수 있다는 점에서 장점으로 볼 수 있다. 그러나 동창, 친족관계 및 동향관계 등으로 파벌조성이 이루어져 불합리성을 노출시킬 가능성이 있고 경우에 따라서는 직무와 개인의 능력이 일치하지 못하는 상황도 발생할 수 있다는 점은 약점으로 작용할 수 있다.

외부모집은 필요로 하는 인적자원을 조직외부로부터 보충하는 방법으로 일반공모(공개모집)와 연고모집(비공개모집) 등으로 나눌 수 있다. 일반공모에는 공공직업소개소, 교육기관추천, 광고 등이 있고, 연고모집에는 전에 근무했던 사람들을 통해서 모집하는 경우와 현재 근무중인 조직구성원을 통한 모집 등이 있다.

여러 가지의 모집방법 중 어느 것이 조직의 현재 상황에서 가장 적합한가를 신중하게 고려해야 한다. 그리고 최선의 모집방법을 결정하기 위하여 각 모집방법에 대한 상대적 비용, 노동시장의 성향, 조직의 성격, 직무의 특성과 요건 등을 고려하여야 한다.

예증 13-1 *ILLUSTRATION*

인사고과 오류에 빠진 상사의 6가지 유형

올바른 인사의 출발점은 상사의 공정한 인사고과다. 인사고과는 구성원을 한 눈에 살펴볼 수 있는 '성적표'로 인재가 누구인지를 가려내 보상하고 일을 맡기는 가장 중요한 근거자료가 되기 때문이다. 하지만 이런 중요성에도 인사고과에 대한 조직내 잡음과 불만이 끊이지 않고 있다. '고과 기준이 명확하지 않다', '개인적 친분에 의한 평가가 이루어진다' 등 이유도 각양각색이다.

LG경제연구원이 2006년말 직장인 556명을 대상으로 실시한 '대한민국 직장인 행복 지수' 조사에서도 직장인 4명 중 1명은 '내 실력에 비해 낮은 평가를 받고 있다'고 불만을 나타냈다. 그러나 상사도 인간이기에 여러 가지 상황과 여건을 고려하다 보면 오류에 빠질 수 있다.

조범상 LG경제연구원 선임연구원은 조직에서 인사고과 오류에 빠진 상사의 유형을 6가지로 정리했다.

• 내 사람 챙기기(보스형)

조직의 보스처럼 자신의 지시를 잘 따르는 부하나 혹은 '내 편'이라고 생각되는 직원에게 의도적으로 좋은 평가를 주는 상사 유형.

• **모든 사람에게 후하게(인기추구형)**

인사고과를 자신의 인기 형성의 수단으로 활용하는 상사 유형. 대부분의 직원들에게 실제 성과보다 좀 더 후한 점수를 주는 경우가 이에 해당한다. '인사고과 점수가 짜고 독하다'는 비난보다는 '후하고 인정도 많다'는 칭찬을 듣고 싶은 것이 이들의 심리다.

• **분위기부터 살핀다(눈치형)**

부서의 인사고과를 하기 전에 회사나 옆 부서의 분위기를 먼저 살피는 상사 유형. 회사의 성과에 따라 직원들의 평가를 상향 또는 하향 조정. 튀지 않으려고 다른 부서의 인사고과 결과를 예의주시하기도 한다.

• **순위부터 매기고 점수를 조정한다(조정자형)**

머리 속에 미리 직원들의 순위를 매겨두고 종합 점수와 항목별 점수들을 조정하는 상사 유형.

• **성과보다는 감정이 우선(감정의존형)**

평소 아첨하는 듯 상사의 비위를 잘 맞춰주고 호감 가는 외모를 가진 직원들에게 유독 좋은 점수를 주는 상사 유형.

• **좋은 게 좋은 거지(갈등회피형)**

'좋은 게 좋은 거지'라는 심정으로 개인간 차등을 적게 하거나, '우는 아이 떡 하나 더 준다'는 생각으로 볼멘 소리를 하는 직원들에게 유독 후한 점수를 주는 상사 유형.

인사고과는 부하 직원들의 성과와 역량 수준을 상사의 눈으로 관찰하고 판단한 결과다. 이러한 인사고과 결과는 상사의 경험과 시각에 따라 사실과 다르게 왜곡될 소지가 많다. 이를 방지하려면 객관적인 시각을 유지하려는 상사 스스로의 끊임없는 노력이 필수적이다.

LG경제연구원은 인사고과에 임하는 상사의 바람직한 자세를 다음과 같이 제시했다. 밀실 인사에서 벗어나라. 아직까지 우리 조직의 인사는 '밀실 인사'에서 벗어나지 못하고 있는 것이 현실이다. 상사도 책상에만 앉아 외부와 단절된 채 직원들을 평가할 것이 아니라 여러 채널의 커뮤니케이션을 활용해야 한다. 함께 일해 본 동료들의 의견도 들어보고 피평가자의 자기 평가도 경청해 볼 필요가 있다.

평소 구성원의 성과와 행동을 관찰하고 평가하라. 기억의 한계 때문에 상사가 평소에 직원들의 행동이나 성과를 관찰하고 기록하는 습관을 가져야 한다. 상사가 직원 각 개인별로 수행한 업무들을 기록하고 기여 포인트나 개선할 점들을 메모해 두는 것이 바람직하다.

바른 평가는 학습에서 나온다. 경험 미숙, 평가 스킬 부족 등으로 상당 수 상사들이 부하 직원들의 성과에 대해 정확하고 올바른 판단 없이 평소 인상이나 감에 의해 '애매한' 평가를 하는 경우 많다. 상사 스스로가 회사의 평가 시스템에 대해 학습하고 그에 따라 무엇을 관찰하고 어떻게 평가해야 할지 스스로 고민해야 한다.

출처 : 연합뉴스, 2007년 6월 14일자.

(2) 선 발

선발(selection)은 모집활동에 의해 응모한 지원자 중에서 기업이 필요로 하는 자질을 갖춘 사람을 선별하는 것이다. 지원서와 개인자료 등과 같이 사전에 제출되거나 확보된 자료, 시험, 면접 등 다양한 방법이 동원되어 가장 적합한 사람을 찾아내는 과정이다. 그러나 실질적인 선발과정은 기업에 따라 다르고 또 같은 기업이라고 하더라도 모집하는 분야에 따라 다를 수 있다.

3. 인적자원의 교육훈련과 경력개발

인적자원 수급계획에 맞추어 모집과 선발과정을 통하여 인적자원이 확보되면, 다음에는 그들의 능력을 향상시켜 맡은 직무를 더 효율적으로 수행할 수 있도록 적절한 교육 및 훈련과 함께 그들의 능력을 향상시킬 수 있는 프로그램을 실시하여야 한다.

(1) 교육훈련

교육훈련(education & training)은 하루가 다르게 변화하고 있는 경영의 환경 속에서 인적자원의 능력이나 직무와 관련하여 기술수준을 지속적으로 향상시키고 개발하는 과정을 말한다. 즉 교육훈련이 추구하는 궁극적인 목적은 구성원들이 갖고 있는 현재의 능력뿐만 아니라 잠재적인 능력까지도 개발할 수 있도록 하는 것이다.

교육훈련은 직무현장에서 직무를 수행하는 가운데 이루어지는 직장 내 교육훈련과 직무수행시간 외에 이루어지는 직장 외 교육훈련 등이 있다. 최근에는 직무와 직접 관련이 없는 교육으로 정신교육, 애사심 고취를 위한 교육, 윤리경영을 위한 교육, 성희롱에 관한 교육 등도 많이 실시되고 있다.

① **직장 내 교육훈련**(on the job training: OJT)

직장 내에서 상급자가 직접 직무를 수행하는 방법을 교육훈련시키는 방법이다. 상급자나 숙련된 직장 동료가 기술적인 조언을 함으로써 직장 외 교육훈련보다도 더 쉽게 이루어질 수 있다. 이러한 직장 내 교육훈련으로 많이 사용하는 방법에는 현장지도, 직무순회법, 직무훈련, 특별임무부여 등이 있다.

② **직장 외 교육훈련**(off the job training : Off JT)

현장에서 직무를 수행하면서 느끼는 긴장감을 없애 주고, 교육훈련에만 전념할 수 있도록 하기 위한 것으로서 다른 부서나 조직의 사람들과 접촉할 기회를 부여하여 새로운 아이디어나 경험을 얻게 하여 다시 직무수행을 할 경우에 유용하게 적용할 수 있도록 하는 것이다. 이러한 교육훈련은 전문교육기관이나 다른 조직에 의뢰하여 교육훈련을 받도록 하고 있으며 전문가를 초빙하여 강연회 또는 강습회를 통해서도 실시되어진다. 예를 들면 강의, 현장실습, 사례연구법, 역할연기법, 감수성훈련 등이 대표적인 방법이다.

(2) 경력개발

경력개발(career development)은 기업의 요구와 개인의 욕구가 일치될 수 있도록 각 개인의 경력을 개발하는 활동을 의미한다. 경력개발은 개인의 욕구를 충족시킬 기회를 제공하여 그들이 스스로 경영활동에 적극 참여하여 기업의 발전과 개인의 발전을 동시에 달성할 수 있도록 하는 것이다.

경력개발의 목적을 기업과 종업원의 입장에서 살펴보면 다음과 같다. 기업이 추구하는 목적은 ① 종업원의 경력개발을 통해 인적자원을 효율적으로 확보할 수 있다. 경력개발이라는 것은 결국 종업원에게 여러 종류의 직무를 수행할 수 있는 능력을 갖추도록 하는 것인데 결국 기업은 미래에 필요한 인력을 보다 효율적으로 확보한다. ② 경력개발을 통해 기업은 조직의 노하우를 체계적으로 축적하여 경쟁력을 제고시킬 수 있다. ③ 종업원의 기업에 대한 일체감을 제고시켜 기업내 협동시스템의 구축이 보다 원활해진다.

경력개발이 종업원에게 주는 장점을 보면 다음과 같다. ① 종업원의 성장욕구를 충족시켜 준다. 경력개발은 종업원이 지니고 있는 기술, 능력이 노후화되는 것을 방지하고 보다 새로운 도전적인 직무경험을 하게 함으로써 종업원 자신으로 하여금 성장의 기쁨을 가져다 준다. ② 종업원에게 자리에 대한 안정감을 주고 미래를 보다 의미있게 설계할 수 있게 해줌으로써 종업원에 비전을 가져다 준다. ③ 경력개발은 종업원에게 전문적 능력의 획득기회를 부여하기 때문에 노동시장에서 자신의 경쟁력을 높이게 해준다.

4. 인적자원의 보상관리

종업원들이 기업에 공헌한 대가로 받는 보상(compensation)에는 임금과 복리후생을 들 수 있다. 종업원들에게 보상은 생계비나 욕구충족 등 생활수준을 유지하며 더 나아가 동기유발의 수단이 될 수 있어야 한다. 그러나 기업의 입장에서는 이러한 보상을 비용으로 인식하기 때문에 줄이려고 하는 반면에 종업원들은 소득으로 인식하여 더 많은 보상을 받으려고 노력한다. 이러한 차이로 인해 기업에서 보상관리의 중요성이 점점 더 증대하고 있다.

(1) 임 금

임금(wage)이란 근로사가 조직에 대해 제공한 노동에 대한 대가로 받는 금품 일체를 말한다. 임금은 기업뿐만 아니라 종업원 모두에게 매우 중요한 의미를 지니고 있다. 임금이란 본질적으로 분배적 특성을 지니고 있어 기업과 종업원간의 갈등의 주요인이 되고 있다. 소득수준이 높은 나라이건 낮은 나라이건 기업의 노사간 단체교섭의 핵심 이슈가 거의 임금으로 나타나고 있는 실정이다. 이러한 임금갈등을 최소화하기 위해서는 임

그림 13-1 임금의 체계

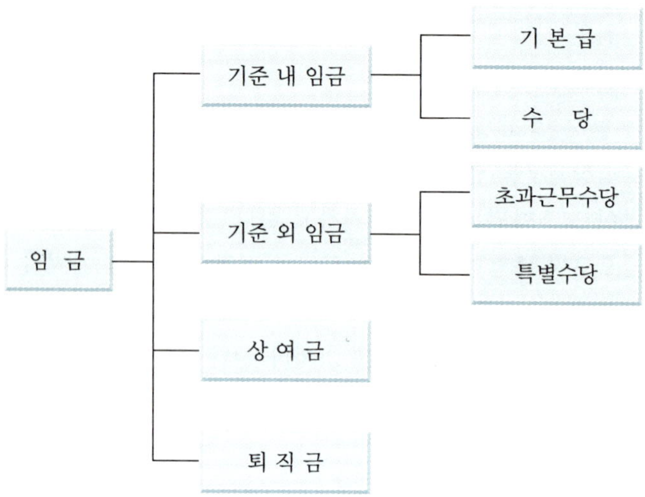

금에 대한 공정성을 추구함으로써 가능할 것으로 보여진다.

임금의 체계는 기본급, 수당, 상여금 등으로 분류할 수 있다. 기본급은 무엇을 기준으로 하느냐에 따라 연공급, 직무급, 직능급 등으로 구분된다. ① 연공급(wages on seniority)은 근무연한에 따라 임금수준이 결정되는 것으로 학력, 연령, 근무연한 등이 중요한 요인이다. ② 직무급(wages on post)은 직무에 따라서 임금에 차이를 두는 것으로 직무의 난이도라든지 위험조건 등을 감안하여 임금이 지급되는 것이다. ③ 직능급(wages on job evaluation)은 직무의 특성에 직무수행능력까지 고려하여 임금수준을 결정하는 것으로 직무급을 기초로 수행능력이나 자격증 등 각 개인마다의 능력차를 고려하여 임금을 지급하는 것이다.

(2) 복리후생

복리후생(welfare)은 종업원의 복지향상을 위하여 시행되는 임금 이외의 간접적인 모든 급부를 말한다. 임금 이외의 수단에 의하여 종업원의 노동력을 유지, 발전시켜 종업원의 능력을 최대로 발휘하게 함으로써 생산성 향상을 도모하는 한편 종업원의 경제적 · 문화적 생활향상을 목적으로

그림 13-2 복리후생제도

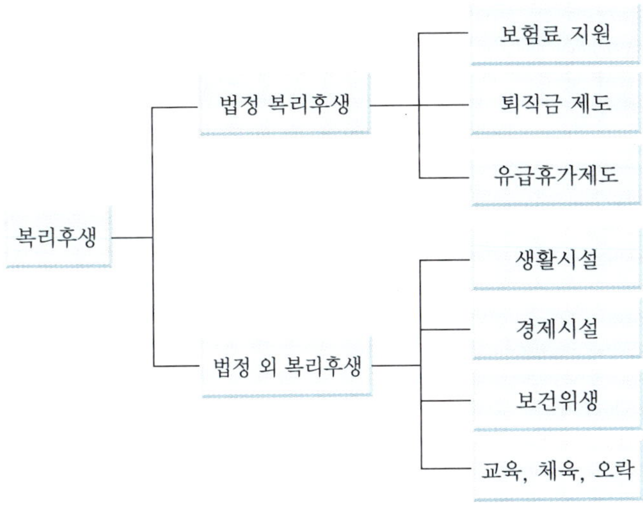

하는 제도의 총칭이라고 할 수 있다.

우리나라 기업에서의 복리후생제도는 1919년 경성방직주식회사에서 도입한 기숙사, 사택 그리고 식사제공 등이 효시인 것으로 기록되고 있다. 당시 복리후생제도는 노동력 확보를 위한 수단에 불과했다. 전반적으로 열악했던 우리나라 기업에서의 복리후생제도는 1961년 근로기준법이 제정되면서 퇴직금제도가 신설되었으며, 1963년에는 사회보장에 관한 법률 및 산업재해보상보험법의 제정으로 기업 내 종업원에 대한 복리후생문제에 대해 국가가 적극적으로 개입하기 시작하였으며, 1970년대 이후 기업의 규모가 신장됨에 따라 자발적인 복리후생제도의 도입이 더욱 확대되기에 이르렀다. 처음에는 기업주의 입장에서 출발하였으나 최근에는 노사가 공동으로 복리후생제도를 운영하는 경우도 있고 종업원들이 자율적으로 운영하는 경우까지 있다.

5. 인적자원의 이직관리

이직(seperation)이란 조직으로부터 금전적 보상을 받는 개인이 조직에서 구성원 자격을 종결짓고 조직을 떠나는 것을 말한다. 이직은 이직의사 결정의 주체에 따라 자발적 이직(voluntary turnover)과 비자발적 이직(involuntary turnover)으로 구분할 수 있다. 자발적 이직은 종업원에 의해 주도되는 것으로서 회사에 대한 불만 혹은 보다 나은 직무를 찾아 다른 기업으로 가는 전직과 학업의 계속, 결혼, 임신, 출산, 지병, 가족의 이주 등으로 인한 사직이 이에 포함된다. 비자발적 이직은 종업원 의사에 반하여 이루어지는 것으로서 기업이 주도하는 해고, 정년퇴직 그리고 사망 등이 이에 포함된다.

예증 13-2 *ILLUSTRATION*

실적 평가해 철저히 차별화하라

– 세계 최대 제조업체 미GE 인사관리 7대 비법 –

경영학 교재에서 성공 기업으로 가장 많이 다뤄지는 GE. 세계 최대 제조업체인 GE의 오늘날을 있게 만든 탁월한 지도자는 잭 웰치 전 CEO(최고경영자)지만 웰치의 성공이 가능했던 원동력은 GE에 40년간 몸담으면서 13년간 인사관리를 총지휘했던 윌리엄 코너티 인사담당 수석 부사장(61)이다.

코너티의 탁월한 인사관리는 보조업무에 그쳤던 인사업무를 가장 중요한 경영전략으로 격상시켰고 GE를 재계의 리더 양성소로 키우는 결정적인 힘이 됐다. 2001년 GE의 사령탑이 웰치에서 제프리 이멜트 현 CEO로 무리없이 넘어간 것도 코너티의 공이 컸다.

그는 연초 인사업무를 동료인 론 린치에게 넘겨주고 은퇴를 준비하면서 'GE의 7대 인사관리 비법'을 비즈니스위크 최신호(4월 9일자)에 공개했다. 웰치가 '탁월하다'(spectacular)고 극찬했고 노조가 존경하는 코너티 부사장의 인사원칙은 직원들에 대한 능력별 과감한 차별화부터 시작된다.

① 직원을 능력별로 과감하게 차별화하라

직원들을 끊임없이 평가하고 등급을 매겨야 조직에 활기가 넘치고 능력에 의한 승진풍토가 조성된다. 직원들의 업무나 실적을 평가해 그에 따라 보상하고 처벌해야 한다. 잭 웰치는 업무 능력이 떨어지는 하위 10%를 잘라내야 한다는 유명한 말을 남겼다. 후계자인 이멜트는 웰치처럼 숫자로 퇴출기준을 정하지는 않고 있지만 차별화가 회사에 활력을 높여주는 요인인 것만은 분명하다. 동료들과 함께 평가를 받는다는 불안감이 능력을 발휘하게 만든다. GE는 늘 조직에 그런 불안감을 조성해 왔다. 조직에 가장 적게 기여하는 사람이 누구이고, 조직은 그 사람을 어떻게든 해야 한다는 생각을 가져야 한다.

② 끊임없이 업무 기준을 높여라

리더는 그 자신은 물론 조직 구성원들의 업무 수행 능력을 지속적으로 개선시켜야 한다. GE에서 실패한 간부는 업무능력을 높이기 위한 학습을 멈춘 사람들이다. 일이 많아지고 책임이 무거워지는데 간부들이 그에 맞춰 성장하지 못하면 큰 문제다. 끊임없는 학습은 매우 중요하기 때문에 GE의 트레이닝 코스는 회사 내에서 매우 중시되고 있다. 이에 따라 뉴욕 허드슨강변에 있는 크로톤빌 연수원에 들어가는 직원은 승진 대상자가 된다. 크로톤빌은 GE가 갖고 있는 가장 중요한 자산 중 하나다.

③ 인사담당자는 CEO의 친구가 되지 말라

GE 본사 건물 인사 책임자가 저지르기 쉬운 실수 중의 하나는 CEO가 무엇을 필요로 하는지, 그가 생각하는 우선순위가 무엇인지에 집착하는 것이다. 그러나 CEO에 대해 과다하게 신경을 쓰면 종업원의 중요성을 경시하기 쉽다. 인사 책임자가 CEO에 밀착되면 될수록 자신의 임무를 망각하게 된다는 것이다. CEO에 매몰되는 순간 나머지 조직원들은 인사 책임자를 신뢰하지 않기 때문이다. 나 자신은 공적인 자리에서 이멜트와 거리를 두려고 노력했다. GE에서 나보다 이멜트와 많은 시간을 보내는 사람은 거의 없지만 나는 의도적으로 다른 조직 내 다른 간부들과 접촉하기 위해 애를 썼다. 하지만 나는 다른 사람들이 생각지도 못할 만큼 이멜트에게 직언할 수 있는 사람이다.

④ 후계자 육성계획을 세워라

뛰어난 리더는 훌륭한 후계자 육성 계획을 갖고 있다. 자신 없는 리더는 후계자들로부터 위협을 느낀다. 기업의 후계구도를 들여다 보면 현재의 CEO를 대체할 만한 사람이 있다는 것을 인정하지 않으려는 CEO가 있음을 알게 된다. 그런 점에서 경쟁력 있는 잠재적 후계자를 제거하려는 움직임이 있는지를 인사 담당자들이 철저히 체크해야 한다. GE에서 리더는 그가 속한 팀의 경쟁력으로 평가되고 조직원들을 잘 가르친 데 대해 보상을 받는다. 조직의 총체적인 평가를 통해서 결정된다. 내가 맡았던 인사 업무도 인사관리 부서에서 나를 도왔던 인물에게 넘어간 데 대해 자부심을 느낀다.

⑤ 흡수한 외부 조직에 대해 포용력을 가져라

모든 조직에서는 자신이 아는 사람을 선호하는 경향이 있다. 이런 경향이 결국 회사의 성공을 저해하는 요인이 될 수 있다. 1988년 보르그 워너스의 화학 사업 부문 인수와 관련해 실패했던 경험을 갖고 있다. 인수한 회사 사람들의 판매력을 과소 평가해 인수 후 고위층을 GE 사람들로 채운 결과 워너스의 판매인력도 놓치고 사업도 실패하고 말았다. 지금은 인수한 회사 사원들의 재능을 엄격하게 평가한다. 인수한 회사 사람들도 GE 사원들과 똑같은 잣대를 적용해 유능한 사람은 그대로 활용한다.

⑥ 맡은 업무에만 집중할 수 있도록 배려하라

인사담당자는 CEO들이 업무 이외의 구질구질한 잡무에서 벗어나도록 도와야 한다. CEO의 책상 위에는 불필요한 업무가 쌓이지 않도록 정리해줘야 한다. 그래야만 CEO가 문제를 해결하고 앞으로 나갈 수 있다. 그런 풍토가 조성돼야만 간부들도 임기 동안 맡은 일에 전념할 수 있게 된다. 때로는 중간 관리층들이 상당 기간 업무에서 해방돼 재충전할 수 있는 여건을 만들어주는 것도 좋다. 자녀들과의 시간을 더 보내기 위해 승진을 사양했던 인사담당 임원 샤론 댈리의 사례가 있다. 회사는 그녀가 완전히 업무를 시작할 수 있을 때까지 파트타임으로 일하도록 배려했다.

⑦ 업무 지시를 단순화하라

모든 조직은 단순하고 잘 통제돼 있으며 초점이 분명한 의사소통을 요구한다. 32만5000명에 달하는 GE 종업원을 혼란스런 메시시로 통솔할 수 없다. 리더는 일관성 있고 단순한 몇 개의 핵심적인 메시지를 전해야 조직을 통제해 맡은 업무에 성공할 수 있다. 어려워지더라도 혼선을 빚어서는 안 된다. GE의 리더 중 70%는 곤경에 처하더라도 어려움을 통제할 수 있으며 30%는 압도할 능력이 있다. 모든 사람들이 때때로 실패를 경험할 수 있으나 중요한 것은 어떻게 그 문제를 다루냐다.

출처 : 한국경제, 2007년 3월 31일자.

제 3 절 노사관계관리 활동

1. 노사관계의 의의

노사관계(labor relations)는 노동을 공급하는 자와 노동을 공급받는 자의 관계로 이루어진다. 종업원과 사용자 사이의 관계는 사용자와 노동자 개개인과의 개별적 고용관계에 바탕을 둔 관계로서 개별적 노사관계이다. 반면에 노동조합과 사용자 사이의 관계는 집단적인 계약에 바탕을 둔 집단적 노사관계를 말한다. 넓은 의미에서의 노사관계는 개별적 노사관계와 집단적 노사관계를 모두 포함하지만 좁은 의미의 노사관계는 집단적 노사관계만을 뜻하는 것이다.

그런데 집단적 노사관계에 있어서 노동조합은 주로 노동조합의 간부들에 의해서 움직여지고 기업은 경영자들에 의해 움직여지므로 노사관계는 실질적으로 노동조합과 기업의 관계인 동시에 노동조합간부와 기업 경영자와의 관계라고 할 수 있는 것이다.

2. 노동조합의 형태

(1) 직종별 노동조합

직종별 노동조합(craft union)은 가장 먼저 발달한 노동조합의 조직형태로서 특정기업이나 산업에 고용되는 것과는 관계없이 직종 또는 직업을 같이하는 근로자들로 조직된 노동조합을 말한다. 직업별 조합이라고도 불리며 주로 숙련공들의 기술이 필수적으로 요구되던 종래의 생산방식하에서 숙련근로자가 조직을 통해 노동시장을 배타적으로 독점하여 교섭력을 높이는 것을 주목적으로 하였다.

이 노동조합의 장점은 동종근로자 집단이기 때문에 단결이 강화되고 단체교섭과 임금협상이 용이한 것을 들 수 있다. 단점으로는 조직의 배타성으로 근로자 간의 형평성을 깨기 쉽고 기업현실을 고려함 없이 무리한 요구가 나타날 수 있다. 직종별 조합은 기계에 의한 대량생산체제의 도입과 분업화에 따른 새로운 생산시설의 등장 등으로 숙련공에 대한 의존도가 낮아지는 현실 속에서 중요성이 점차 사라졌다.

(2) 산업별 노동조합

산업별 노동조합(industry union)은 직종이나 계층에 관계없이 동일산업에 종사하는 근로자가 조직하는 노동조합을 말한다. 이 조합은 20세기 철강, 전기, 화학, 자동차 등의 대량생산공업이 발달하고 그와 같은 산업에서 미숙련공, 반숙련공, 숙련공 등이 복합적으로 존재함에 따라 과거 직종별 조합의 노동공급 제한방법과는 다른 방법이 필요한데에서 발생하였다.

산업별 조합에서는 하나의 산업 또는 하나의 기업 전체의 근로자가 일시에 파업을 통하여 노동을 중지시키는 것이 교섭상 유리한 방법으로 됨에 따라 노동조합도 그와 같은 산업 또는 기업 내의 전 근로자를 단위로 조직하게 된 것이다.

산업별 노동조합의 장점은 기업과 직종을 초월한 거대한 조직으로서 정책활동에 의해 압력단체로서의 지위를 가지며, 산업구조의 변화와 그에 따른 자본의 집중화에 대응하여 해당산업에 있어서 교섭력의 통일화를 유지할 수 있다는 점을 들 수 있다. 단점으로는 직종간이나 단위 기업간의 이해차이로 조직의 응집력이 약해질 가능성도 있다.

(3) 기업별 노동조합

기업별 노동조합(company union)은 동일한 기업에 종사하는 근로자들로 조직되는 노동조합을 말한다. 이 조합은 같은 기업체에 근무하는 근로자들만으로 조직되므로 조직의 범위가 명확하며 조직활동이 비교적 용이하다. 또한 조합원들이 동일기업에 종사하고 있으므로 근로조건을 획일적으로 적용하기가 용이하며 사용자와의 밀접한 관계로 무리한 요구보다는 공동체의식을 형성하여 노사화합이 용이하게 이루어질 수 있는 장점이 있다. 그러나 기업 내 반목과 대립이 유발될 가능성과 사용자와 종업원간의 상하관계로 인하여 노조의 기능이 약화될 수 있을 뿐만 아니라 근로자들 사이에 조합원이라기보다는 종업원이라는 의식이 우선하여 조합운영상의 애로점이 나타날 수도 있다.

(4) 일반노동조합

일반노동조합(general union)은 숙련이나 직종, 또는 산업에 관계없이 일반근로자를 폭넓게 포함하는 조합의 형태이다. 이것은 작업의 분업화, 단순화, 표준화 과정의 발달과 함께 등장한 대량의 미숙련근로자들이 노동생활을 영위하기 위한 최저생활의 필요조건을 확보하기 위해 생성되었다. 주된 요구조건으로는 고용의 안정과 임금 및 근로조건의 최저한도 설정 등을 들 수 있다. 일반조합은 조합원 구성의 이질성으로 인해 단결력이 약하고 양적으로만 팽창했기 때문에 유동적이며, 의견종합의 곤란 등으로 인해 단체교섭 기능이 약화될 가능성이 있다.

제 4 부

현대 경영의 트렌드

- 제14장 기술경영 및 스피드경영
- 제15장 지식경영 및 윤리경영

제14장
기술경영 및 스피드경영

제 4 부에서는 기업환경 변화에 따라 등장하게 된 새로운 경영의 트렌드를 소개하고자 한다. 기술경영, 스피드경영, 지식경영, 윤리경영 등이 그것들이며, 생물처럼 변화되어 가고 또 변화되어 가야 하는 것이 경영학이라고 볼 때 이러한 개념들은 경영학을 전공하는 학생들에게 경영현장의 필요를 이해하도록 돕는 데 기여하게 될 것이다.

제 1 절 기술경영의 이해

1. 기술의 중요성

우리나라 산업은 해외의존도가 높고, 국제시장에서의 경쟁여건은 날로 어려워지고 있다. 이러한 상황에서 우리가 개척해 나아갈 방향의 하나가 기술고도화라는 것은 당연시되고 있는 것 같다. 근자에 이루어지는 기술의 발전은 생산·운영관리를 포함한 경영학의 전 분야에 걸쳐 영향을 미치면서 기술경영이라는 새로운 패러다임을 형성해 가고 있다.

홀과 존슨(G. R. Hall and R. E. Johnson)은 “기술(technology)이란 과업수

그림 14-1 기술의 계층적 구조

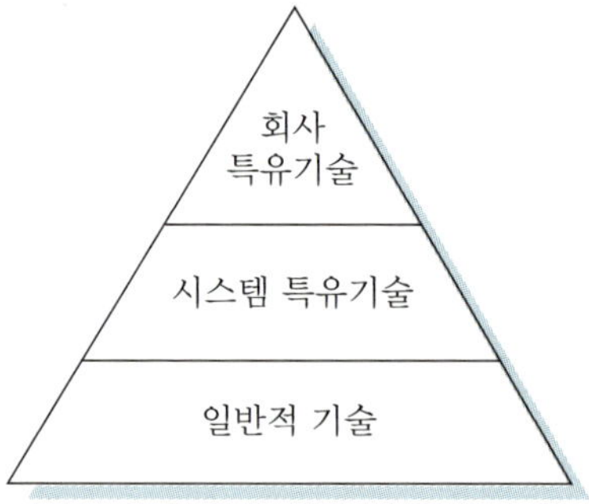

자료: 윤석철, 「기술축적 · 관리론」(서울 : 일신사, 1982), p. 5.

행, 용역제공 혹은 제품생산을 가능하게 하는 지식이나 정보를 뜻한다"고 하였다. 따라서 기술은 기계류, 프로세스, 제품, 서비스, 생산방법 등을 지칭하는 단순한 생산기술과는 그 성격을 달리한다. 기술은 생산기술의 밑바탕을 이룰 뿐만 아니라 엔지니어링, 관리, 마케팅, 생산노하우 등을 포함하는 지식이나 정보라고 할 수 있겠다.

칸츠와 램(Kanz & Lam)은 기술이란 기업의 내재된 노하우로서 소비자의 드러난 혹은 드러나지 않은 욕구를 충족시킬 수 있는 제품이나 서비스를 규명하고 개발할 수 있는 능력이라고 하였다.

일반적으로 연구개발 활동의 효율성은 이미 축적된 과학 · 기술의 누증함수관계에 있으므로, 연구개발 활동의 결실인 기술은 〈그림 14-1〉의 피라미드형 계층적 구조로 분류할 수 있다.

① 일반적 기술(general technology)인데, 이는 어떤 기업에 있어서 공통된 정보나 지식을 뜻한다. 예를 들면, 수학 · 외국어 등의 기초적 지식을 비롯하여 도면을 읽을 수 있는 지식, 필요한 공구를 설계할 수 있는 능력, 컴퓨터 프로그래밍 등과 같은 전문적 지식 등이 여기에 포함된다.

일반적 기술은 여러 책들을 읽음으로써, 또한 각급 학교의 교육을 통해 장기적으로 습득되는 것이므로 특정 과목을 위하여 단기일 안에 집중적인 습득은 거의 불가능하다. 어떤 산업에 종사하든지 모든 회사들은 일반적으로 이러한 지식을 갖고 있어야 하며, 따라서 이러한 일반적 기술 없이 어떤 회사가 기술적 산업(technology-based industry)에 참여하기란 현실적으로 매우 어렵다.

② 시스템특유기술(system specific technology)로서 이것은 어느 특정 산업에 종사하려면, 그 조직이나 구성원이 보유해야만 하는 지식으로서 그 동종 산업의 고유한 기술을 뜻한다. 특정 프로젝트를 통해 습득한 지식, 특수 시스템과 직결되는 정교한 절차나 특수 해법과 같은 기술들이 이에 속한다. 제조업의 예를 들면, 시스템특유기술은 한 제조품목에 고유한 기술을 가리킨다. 타회사가 그 품목의 생산에 성공했다면 아마도 동일한 기술을 보유하게 될 것이다. 국가간 혹은 회사간의 기술이전에는 주로 이 시스템특유기술이 주된 대상이 된다.

③ 회사특유기술(firm-specific technology)로서 이는 동종 산업의 타회사들로부터 자사를 차별화시키며, 또한 경쟁적 우위를 보유할 수 있게 하는 기술을 뜻한다. 회사특유기술은 회사의 전반적인 활동의 결과로 나타난다. 동일한 품목을 생산하는 회사들 사이에서도 회사특유기술은 상이할 수 있다. 예를 들면, 자동차의 엔진을 제조함에 있어 타사의 제품보다 더 가볍고 견고하게 실린더 블록을 특수박벽주조할 수 있는 기술이 있다면, 이것은 회사특유기술에 속할 것이다.

그러나 이러한 수준에 도달하기 위해서는 일반적인 실린더 제조기술의 단계를 거친 후, 더 나아가서 실린더 블록 주조에 상당한 경험과 연구개발의 과정이 쌓인 후에야 비로소 가능하게 되는 것이다. 이 회사특유기술은 기업간 경쟁력의 원천이 되기 때문에 쉽게 타회사나 국가에 이전하려 하지 않는다.

기업에 있어서 기술개발 내지 연구개발(R&D) 활동은 매우 중요하다. 기업간 경쟁의 격화에 따라 탁월한 기술능력을 보유한 기업만이 치열한 경쟁에서 살아남을 수 있고 지속적인 성장과 발전이 가능하다.

오늘날은 이미 기술력이 기업이나 국가의 경쟁력을 좌우하는 시대이다. 그동안 한국 기업들은 외국에서 검증된 기술을 가져와 제품화하는 경우가 일반적이었다. 따라서 최고경영자(CEO)는 굳이 기술에 대해 따로 신경을 쓸 필요가 없었다. 왜냐하면 금융, 회계, 마케팅 등이 기업이익을 내는 데 훨씬 중요하게 작용하였기 때문이었다. 그러나 이제는 경영환경이 변했으며, 기술이 가장 중요한 경영요소가 되었다.

글로벌 경쟁전략은 점점 기술위주로 바뀌고 있어 기술이 기업과 국가들의 힘을 결정한다고 해도 과언이 아니다. 기술혁신이란 경영자들이 과학, 엔지니어링, 관리들 간에 연결을 효과적으로 하는 데에 투자할 때 이루어지는 것이다. 오늘날 기술은 글로벌 경쟁에 있어서 국내외 기업 간에 중요한 경쟁무기가 되고 있으므로 기술에 관한 충분한 관리가 이루어져야 한다.

2. 기술경영의 정의와 중요성

기술은 국가의 경제성장과 기업의 성공을 이끄는 매우 중요한 자원으로 인식되어 왔다. 1960년대부터 시작한 우리나라의 경제발전과 기업들의 성공도 기술자원을 효과적으로 활용하였기에 가능한 일이었다. 즉, 국가 및 기업 차원에서의 기술경영이 성공적으로 진행되었다고 할 수 있다.

기술경영은 1981년 미국 MIT경영대학원에서 시작되었으며, 1980년대 중반 금융 중심의 MBA(경영학석사)가 미국의 경쟁력을 떨어뜨리고 있다는 반성과 함께 본격화되었다. 미국은 기술을 제품화하는 데에 뛰어난 능력을 보여온 일본을 극복하기 위해서는 기술경영이 필수적이라고 판단하여 정부 및 대학, 기업이 공동으로 노력한 결과 지금은 많은 대학의 정규 프로그램으로 운영되고 있다.

기술경영은 엔지니어들은 재무관리를 잘 모르고, 관리자는 기술을 이해하지 못한다는 데에 착안하여 과학과 기술, 그리고 관리지식과 실제적 문제들을 통합한 학제적 지식분야라고 할 수 있다. 환언하면, 기술경영은 기술관련 분야(예, 연구개발 · 엔지니어링 · 제조)를 비즈니스관련 분야(예, 마케팅 · 재무 · 인적자원)와 통합하는 데에 그 초점이 있다.

기술경영(Technimanagement 또는 Management of Technology : MOT)이란 인간 상호관계의 시간적 검증을 받은 원리를 기술적 조직체들의 생산성 향상에 적용시키는 것과 관련된 것으로 정의한다. 또, 기술경영을 넓은 의미로 "기술을 모든 경영의 중심"으로, 좁은 의미로는 "기술의 전략적 관리"로 정의하기도 한다. 기술경영은 어떻게 정의되든 간에 종전의 경영분야와 기술분야를 접목시킨 새로운 경영학의 한 영역으로 자리잡아 가고 있다.

많은 기업들이 높은 인건비에 의한 원가상승과 그에 못 미치는 낮은 생산성으로 어려움을 겪고 있다. 그렇다면 이러한 어려움은 피할 수 없는 것일까? 대답은 그렇지 않다. 경영자가 지금까지 가졌던 경영이념 및 방법을 새롭게 정립함으로써 이러한 난국은 타개할 수가 있는 것이다. 그 방법으로는 다음과 같다.

① "생산성을 어떻게 제고시킬 것인가?"라는 문제를 지양해서 "어떻게 하면 경쟁력에 우위를 확보할 수 있는가?"를 생각해야 한다.

② 단순히 노동생산성만을 고려하기보다는 기업 전체적인 능률을 생각한다. 실제로 제조원가에서 노무비가 차지하는 비율은 그리 크다고 할 수 없다.

③ 제품믹스, 기술, 생산량, 판매시장 등 각 분야의 동적 유동상태를 파악하여 통제가능한 것을 찾아 전체적인 초점을 맞추도록 해야 한다.

④ 서로 모순되고 상반되는 무원칙의 생산임무 대신 명확하고 뚜렷한 생산임무에 초점을 맞추도록 생산구조 및 정책을 정립한다.

이러한 개념이 초점경영의 기본이 되는 것으로서 기업경영을 뚜렷한 초점에 맞출 경우 전통적인 기업경영에 비해 낮은 원가로 뛰어난 경쟁력을 지닐 수 있는 이점이 형성된다. 그러나 이러한 이점에도 불구하고 실제로 초점 있는 경영을 하는 기업들은 흔하지 않은데, 그들은 과거의 경영방식에 얽매여 '규모의 경제' 나 '자본지출의 극소화' 를 이유로 여러 시장의 수많은 소비자를 상대로 다양한 제품을 생산함으로써 경영전략, 마케팅관리, 생산통제 등에 있어서 적당히 타당성을 찾게 되는 뒤죽박죽의 경영이 이루어지고 있다. 결과적으로 높은 제조간접비의 발생을 초래하고 있으며, 이에 따라 기업에서의 기술경영은 매우 중요한 경영활동이 되어 가고 있다.

한국기업들은 이제 연구개발(R&D) 등 기술에 관련된 문제를 전략적인 관점에서 바라보고 전략과 기술의 통합을 이루기 위해 노력해야 한다. 새로운 기술이 기업에 제공하는 효과는 크게 두 가지이다. 하나는 새로운 상품이나 서비스를 개발하거나 그런 능력을 향상시키는 것이다. 또 다른 하나는 기업활동의 프로세스 효율성을 제고하는 일이다. 상품 · 서비스의 개발은 전략과 분리해서 생각할 수 없다. 상품 · 서비스의 개발을 위한 기술은 기업의 목표시장과 경쟁우위 등을 정의하는 기업의 전략에서부터 시작해야 한다. 관련 기술의 획득방법도 전략적 관점에서 가장 효과적인 것을 선택해야 한다.

또, 프로세스의 효율성 제고를 위해 기업들은 IT(정보기술)에 많은 관심을 보여야 한다. 특히 쏟아지는 솔루션 중에서 자사의 전략적인 목표를 달성하기 위해 가장 효과적인 것을 선택할 수 있는 역량을 키워야 한다.

3. 기술경영의 영역

넓은 의미로 보면 혁신은 문화혁신, 기술혁신, 경영혁신을 모두 포함하나, 여기서는 기술혁신만을 언급한다. 기업 내에서 기술경영의 위상을 나타내면 〈그림 14-2〉와 같다. 기업경영활동은 가치사슬의 가장 상류(Upstream)에 위치하고 있고, 시장과 가장 멀리 떨어져 있으므로 일반적으로 계량적인 분석보다도 정성적인 분석이 많이 사용된다(이승규 등 3인 공저, 2002).

그림 14-2 기업에서의 기술경영의 위상

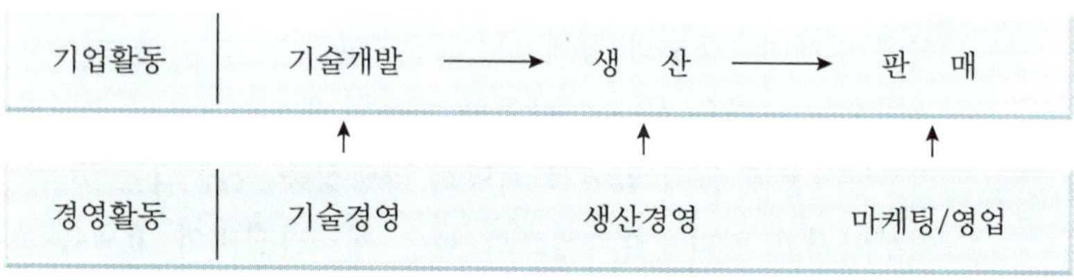

기술경영의 세부내용은 다음과 같다.

▷ 기술혁신과정과 산업발전

① 기술혁신과 산업발전

② 첨단산업에서의 기술혁신

▷ 기술전략의 수립 및 실행

③ 기술전략의 체계와 내용 및 실행
④ 핵심기술역량과 기술학습
⑤ 외부기술활용, 기술이전, 기술협력과 전략적 제휴

▷ 연구관리
⑥ 연구 프로젝트관리
⑦ 연구인력관리
⑧ 연구조직 및 자원관리

▷ 신제품개발
⑨ 신제품개발의 과정, 조직, 관리방법 및 성패요인

▷ 국제기술경영
⑩ 국제기술경영 : R&D 국제화, 기술이전 등

▷ 과학기술정책과 하부구조
⑪ 과학기술정책, NIS, 산학연협동, 기술경영 생태계
⑫ 특수논제 및 기타

그림 14-3 기술혁신연구와 관련 학문의 관련성

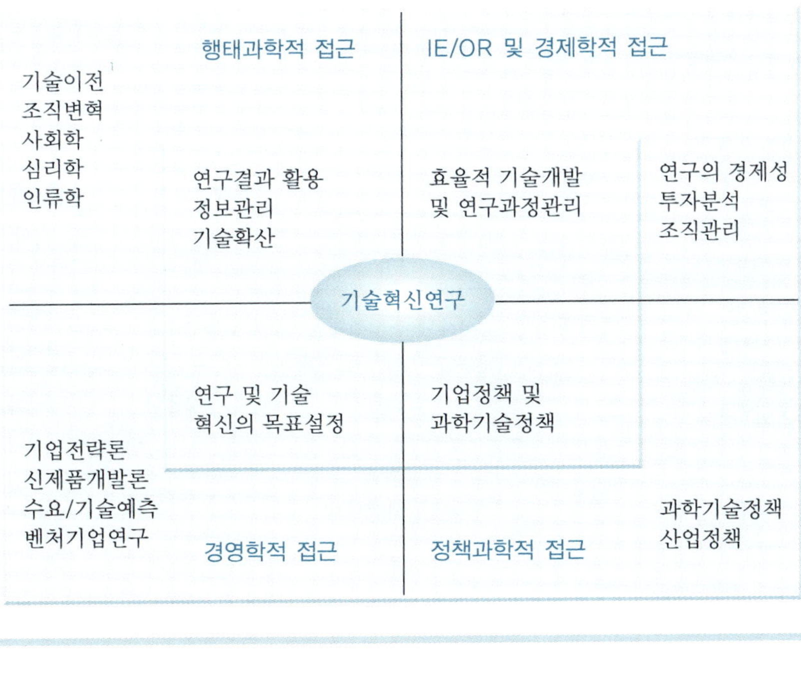

기술경영/연구관리는 〈그림 14-3〉과 같이 공학, 경영학, 정책학 등 관련 분야와 연관된 학제적 특징을 지니고 있다.

4. 우리나라 기술경영의 발전과정

우리나라 기술경영의 발전과정은 우리나라 산업의 발전과 함께 발전해왔다. 우리나라에 연구관리기법이 도입된 것은 1966년 한국과학기술연구소(KIST) 설립 당시로 거슬러 올라간다. KIST는 출범 당시부터 서구의 우수연구소를 벤치마킹하고, 바텔연구소 등의 도움을 받아 연구 프로젝트

표 14-1 우리나라의 전반적인 기술경영의 발전과정

	도 입 기		발 전 기	
	1970년대	1980년대	1990년대	2000년대
주요 사건	KIST에서 분화된 정부출연 연구소 다수 설립	민간연구소 설립 활성화	대형 R&D 추진, 민간연구소 급증, 산학협동 활성화	기술협력 및 성장/핵심기술 자체개발
주요 기술개발 방식	모방 및 기술도입	기술도입	기술도입 및 자체개발	자체개발
핵심연구주제	정부출연 연구소	정부출연 연구소 민간기업	민간기업 대학	민간기업 대학
민간기업의 주요 기술경영 이슈	기술수요 파악, 기술도입	연구관리, 개도국 기술발전	과학기술정책, 연구기획/평가, 기술전략	기술전략, 전략적 제휴, 혁신기술경영
기술경영/연구관리 연구주체	정부출연 연구소	정부출연연구소, 대학	대학, 민간기업, 정부출연연구소	대학, 민간기업
국내 선도 연구소들의 R&D 방식	1세대	1세대 → 2세대	2세대 → 3세대	2/3세대 → 4세대
일반기업 연구소들의 R&D 방식	–	1세대	1세대 → 2세대	2세대
기술경영부문 주요 국내잡지	기술이전	기술관리. 과학기술정책	기술혁신연구, 과학기술정책, 기술관리	기술혁신연구, 기술관리
기술경영 교육	–	산발적인 특강 프로그램	기술경영 석사 학위과정 개설	기술경영 학위과정 확산

계약제도 및 연구관리 시스템을 도입하였다.

또한, 우리나라의 기술경영 관련 연구는 초창기에는 한국과학기술원(KAIST), 한국과학기술연구소(KIST) 경제분석연구실, 과학기술정책연구소 등을 중심으로 연구가 추진되어 오다가 점차 고려대, 연세대, 서강대, 성균관대, 서울대, 중앙대, 아주대 등 대학들이 참여함으로써 1980년대 중반 이후 활성화되었다. 우리나라의 기술경영 발전과정을 단계별로 정리하면 〈표 14-1〉과 같다.

예증 14-1 *ILLUSTRATION*

'코리아 대표기업'들 차별화로 승부

기업별 차별화 전략

기업	내용
삼성전자	독창적인 기술(이중사출기술, 와이브로 등)과 디자인(보르도 · 크리스탈로즈 TV 등)
LG전자	차별화 디자인(초콜릿폰, 샤인폰 등)과 브랜드인지도 극대화(글로벌 광고 강화)
현대기아차	품질경영 강화와 차세대 사업 잰걸음(하이브리드차)
포스코	혁신적인 신기술 경영(파이넥스공법 등)
현대중공업	육상 도크 건조 공법 등 비교우위 경쟁력 확보
SK에너지	해외 유전개발과 신재생에너지분야 추진

초유의 국제 금융위기 여파로 불안하게 맞이한 새해, '차별화 경영'으로 위기를 기회로 만드는 국내 간판급 기업들이 한국경제에 새로운 희망을 안겨주고 있다.

삼성전자, 현대기아차, LG전자, 포스코, SK, 현대중공업 등은 최악의 경영환경을 극복하는 '마이 웨이'(My Way)식 차별화 경영으로 5대양6대주로 뻗어나가고 있다.

이들 기업의 사업전략은 역발상 마케팅 전략과 독창적인 기술, 뛰어난 디자인, 블루오션 개척, 최고경영자(CEO)의 창조적 리더십 등으로 해외기업에게도 벤치마킹의 대상이 되고 있다.

이들 기업은 기축년 새해에도 한층 강화된 차별화 경영으로 글로벌 시장에서 '메이드인 코리아'의 위상을 드높일 기세다.

먼저 삼성전자가 차별화 경영을 통해 불황 속에서도 승승장구하는 대표적 기업이다. 삼성전자가 선택한 차별화 포인트는 독창적인 기술과 디자인이다. 그 중 삼성전자가 세계 최초로 개발한 이중사출기술(TOC)을 꼽을 수 있다.

'이중사출'이란 특정 제품의 외관을 만들기 위해 두 가지 재질이나 빛깔의 플라스틱을 맞대어 성형하는 게 골자인 첨단 사출공법으로 삼성전자가 디지털TV에 처음 적용했다. 삼성전자는 이중사출을 적용한 크리스털 로즈 액정표시장치(LCD) TV를 세계시장에 선보여 단기에 밀리언셀러를 돌파하는 등 막대한 수익을 올리고 있다.

이뿐 아니라, 삼성전자는 독창적인 디자인으로도 세계 TV시장을 제패하는 신화도 창조했다. 삼성전자는 지난 2005년 출시한 '로마 LCD TV'를 시작으로 2007년 '보르도' 등 뛰어난 디자인을 적용한 제품을 선보여 줄줄이 대박행진을 하고 있다. 이런 이유로 삼성전자는 세계 LCD TV시장의 20% 이상을 차지하면서 1위를 질주 중이다.

LG전자는 외부 경영환경 속에서도 기술에 생명력을 부여하는 '디자인'으로 승부를 걸고 있다. 그 일환으로 LG전자는 초콜릿폰, 샤인폰 등 독특한 디자인의 휴대폰 제품을 선보여 폭발적인 호평을 얻었다. 더불어 LG전자는 불황 속에 공격적인 브랜드 광고를 통해 글로벌 시장 공략에 나서는 전략도 구사하고 있다. LG전자는 이달들어 전세계 10여국에서 TV광고 4편과 인쇄광고 8편, 인터넷 배너광고 등 다양한 광고를 내보내고 있다.

자동차분야 한국 대표주자인 현대차도 차별화 경영을 통해 불황을 뚫고 세계시장에서 질주하고 있다. 현대기아차는 강도 높은 '품질경영'으로 경쟁력을 높여 전세계 자동차 수요 위축에 대응하겠다는 전략이다. 현대·기아차는 그 일환으로 제품 품질은 3년내 세계 3위권, 브랜드 품질은 5년내 세계 5위권에 오르기로 했다.

아울러 현대차는 새해 2월께 초대형 세단 에쿠스의 명성을 이어갈 럭셔리 세단 VI를 내놓기로 했다. 하반기에는 쏘나타 후속모델 YF와 투싼 후속모델 LM을 선보인다. 현대기아차는 새해 하반기 국내 첫 하이브리드차인 아반떼 LPI하이브리드와 포르테 LPI하이브리드를 내놓고 본격적인 친환경차 시대를 열어갈 계획이다.

포스코는 혁신적인 신기술로 경쟁사를 압도하고 있다. 포스코는 지난 2007년 5월 준공된 차세대 혁신 제철 신기술인 '파이넥스' 공법을 상용화해 고수익을 창출하고 있다. 파이넥스는 현재 하루 4300톤의 쇳물을 안정적으로 생산해 내고 있다. 쇳물 생산을 위해 들어가는 석탄의 양이나 공장 가동률 등 경제성은 물론 품질에서도 기존 고로에 뒤지지 않는다는 것. 고로와 달리 철광석 및 석탄의 가공 공정이 필요 없기 때문에 그만큼 원가도 줄일 수 있다.

포스코는 또 고부가가치 제품 판매와 해외 가공센터 증설 등의 차별화 전략도 구사하고 있다. 포스코는 현재 해외 28개 가량의 가공센터를 운영하며 글로벌 경쟁력을 강화하고 있다. 포스코는 새해에도 자동차강판, 전기강판, 고급API강재, TMCP 강재 등 8대 고부가 전략제품의 판매비율을 지속적으로 높여 수익을 극대화한다는 구상이다.

한국 조선의 간판인 현대중공업의 경우 선박을 도크가 아닌 육상에서 건조하는 기술의 개발로 글로벌 경쟁력을 크게 높였다. 이 회사는 올 상반기 육상건조 방식의 선박만 11척을 수주했다. 이에 힘입어 현대중공업은 연간 수주액이 2004년 127억달러, 2005년 154억달러, 2006년 190억달러, 2007년 257억달러 등으로 매년 급증하고 있다.

SK에너지도 불투명한 경영환경 속에서도 '생각이 에너지'란 발상으로 해외 유전개발에 나서 글로벌 에너지 강자로 발돋움하고 있다. SK에너지는 베트남 · 페루 지역에서 증산을 지속하면서 중남미 등 주요거점 지역을 중심으로 신규사업 참여에 박차를 가할 계획이다. 또 신재생에너지에 대한 투자, 공장 효율성 제고작업, 마케팅 능력 제고, 제품 차별화 등을 적극 추진하고 있다.

출처 : 파이낸셜, 2008년 12월 31일자.

제 2 절 스피드경영의 이해

1. 스피드경영의 출현

오늘날 지구촌은 사이버경제로 진입하였다. 사이버경제는 가상공간(cyber space) 내에서 주요 경제활동이 이루어지는 사회를 일컫는다. 이와 같은 사이버경제시대는 무엇보다도 '속도의 경제'(economies of speed)가 새로운 기준으로 자리잡게 된다. 이에 따라 "빠른 것이 아름답다" "빠른 자가 승리한다" "빠르면 생산성이 높아진다" 등과 같은 속도경제의 개념이 우세해진다.

미국의 미래학자 앨빈 토플러 박사는 오늘날과 같은 정보화사회는 '큰 것과 작은 것', '강한 자와 약한 자', '빠른 자와 느린 자'로 재편된다고 지적한 바 있다. 금세기 최고의 경영자(CEO)로 꼽히는 제너럴 일렉트릭(GE)사의 잭 웰치 회장은 "스피드(speed)야말로 앞으로 모든 경영자가 매달려야 할 경영의 키워드다. 스피드란 더 빠른 제품개발, 더 빠른 제품사이클(PLC), 소비자에 대한 더 빠른 대응을 의미한다"고 말한 바 있다.

포드(Ford) 자동차의 CEO인 도널드 패터슨 회장은 "인간이 보유한 강력한 무기는 바로 스피드다"라고 하였고, 토플러 박사는 "이제 지구촌은 강자와 약자 대신 빠른 자와 느린 자로 구분될 것이다. 빠른 자는 승리하고 느린 자는 패배한다"고 단언하였다. 또, ABB사의 퍼시 바네빅 회장은 "천천히 정확하게 하는 것보다 어느 정도만 정확하게 하면서 빨리 하는 것이 유리하다"고 말했다.

지금 세계는 바야흐로 스피드경쟁의 바람이 불고 있다. 경쟁기업보다 먼저 개발하고 먼저 출시하지 못하면 시장경쟁에서 밀려날 것이다. 경쟁기업보다 생산 및 조립의 속도가 더디면 비용경쟁에서도 뒤쳐지게 된다. 더욱이 대부분의 고객들은 '시간이 바로 돈'이라는 인식을 갖고 있으므로 보다 빠른 서비스를 원하고 있다.

최근 세계적으로 스피드경영(speed management)이 확산되고 있다. 기업의 제품 및 서비스 창출에 있어서 팀워과 고객만족(CS)을 위한 빠른 스피드는 바람직하다. 스피드경영은 경쟁기업보다 개발, 생산 및 서비스 등의 면에서 상대적으로 더 빠른 시간에 부응함으로써 경쟁우위에 서게 되는 속도중시의 새로운 경영개념의 하나이다.

2. 스피드경영의 배경 및 포인트

기업세계에서 스피드경영이 대두된 배경을 간단히 살펴보자. 〈그림 14-4〉에서와 같이 1970년대에는 상품의 경쟁력은 원가와 품질이었으나 1980년대에는 다품종소량생산시대의 도래, 원가와 품질 외에 또 다른 요소가 필요하게 되었다. 1990년대에 들어서 고객욕구의 개성화와 다양화가 진전되고, 고객욕구 변화의 속도가 빨라짐에 따라 개별 소비자욕구를 충족시키고 시간적으로 신속한 대응을 하려는 목적으로 스피드경영의 필요성이 대두된 것이다.

시간과의 싸움은 기업경영에 새로운 속도개념을 주입시키고 있다. 과거의 스피드는 단순한 '속도'만을 의미했지만, 산업시대의 무리한 속도전

그림 14-4 스피드경영이 대두된 배경

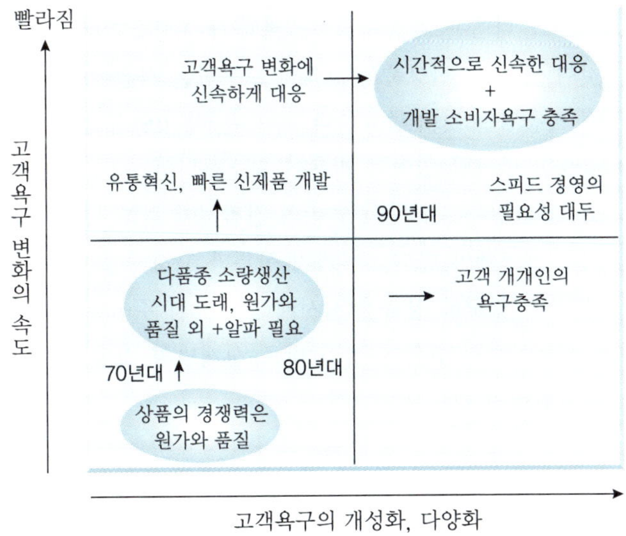

은 부실과 졸속만 양산한 채 비난의 대상이 되었다. 이리하여 등장한 새로운 스피드의 개념이 '먼저', '제때', '자주' 등이다.

〈표 14-2〉에서 스피드경영의 포인트를 보면, '먼저'는 기회선점경영으로서 달리기 경기와 달리 남보다 앞서 출발하는 것이다. 새로운 사업을

표 14-2 스피드경영 포인트

개 념	대 응 내 용
먼저(기회선점경영)	• 유망사업 조기 발굴 • 사전준비, 선행투자 • 경영환경 변화 조기 파악
제때(타이밍경영)	• 신상품 적기 출시 • 부품 납기준수 • 자금 적정규모, 적기 조달 • 서비스 제때 제공
자주(유연경영)	• 경영과정 수시 체크 • 1일 결산체제 구축 • 자산 회전율 제고

조기에 찾아내 사전에 준비하는 자세다. 경영환경 변화를 앞서 읽어내는 '먼저 경영' 이다.

그 다음은 행동시점인 '제때'(타이밍경영)이다. 먼저 한다고 다 좋은 것이 아니다. 신상품은 고객이 요구하는 시점에 나와야 한다. 서비스는 제때 제공되는 것이 중요하다. 부품은 적기에 공급되어야 한다. 필요한 때에 필요한 만큼만 있어야 비용이 최소화되며, 이것이 바로 타이밍이다. 그리고 그 과정은 '자주'(유연경영) 점검해야 한다. 잘못된 부분이 없는지를 수시로 체크해야 한다. 한 가지 상품만 고집해선 안 되며, 고객의 수요를 창출할 수 있도록 상품을 시시때때로 바꿔 주어야 한다. 경영요소의 회전율을 높이는 것이다. 이것이 바로 신개념의 스피드경영으로서 시간에 대한 품질관리인 것이다.

예증 14-2 *ILLUSTRATION*

전문경영인들이 경영위기 극복 앞장 선다

글로벌 경영위기 파고를 넘기 위해 각 대기업 전문경영인들이 본격 출항을 5일 선포했다. '기업의 선장' 인 전문경영인들은 지난달 31일부터 이어진 징검다리 연휴를 모두 마친 5일, 일제히 시무식을 갖고 기축년 새해에 불어닥친 경영위기 파고를 넘기 위한 '위기 경영' 을 선포했다.

이날 김반석 LG화학 부회장, 허태학 삼성석유화학 사장, 고홍식 삼성토탈 사장, 최길선 현대중공업 사장, 기옥 금호석유화학 사장, 김종갑 하이닉스반도체 사장 등은 한꺼번에 신년 경영계획을 밝히고, 위기경영을 임직원들에게 주문했다.

김반석 LG화학 부회장은 이날 "경기침체가 단기간에 회복될 것 같지 않다"면서 "위기극복을 위해 '스피드 경영 과제' 를 중점 추진해야 한다"고 강조했다.

또 허태학 삼성석유화학 사장은 기업의 혁신을 요청했다. 허 사장은 시무식에서 "혁신에는 마침표가 없다. 혁신은 일회성으로 끝나는 것이 아니며 생활화, 습관화, 인격화된 혁신만이 우리의 경쟁력을 만들어 내는 원천"이라고 밝혔다.

최길선 현대중공업 사장은 급하지 않은 투자를 연기할 의향을 내비쳤다. 최 사장은 이날 "모든 투자는 그 효과가 단기간에 매출 및 이익으로 실현돼 다시 현금화할 수 있는 경우에만 집행토록 하고 그 이외의 투자는 경영환경이 호전된 이후로 미루도록 하자"고 긴축경영을 선언했다.

5일 충남 대산 공장에서 시무식을 가진 삼성토딜의 고홍식 사장은 "서로 서로에게 희망바이러스를 적극 전파해 회사 전체가 희망으로 가득 찰 때 꿈이 현실로 이뤄질 것"이라고 직원들을 격려했다.

매각 절차가 진행중인 하이닉스반도체의 김종갑 사장은 5일 "재무 안정성 확보에 최우선 순위를 두자"며 직원들에게 고통분담을 요청했다.

금호석유화학 기옥 사장은 이날 시무식에서 "환경변화에 유연하게 대응할 수 있도록 조직의 구조와 체질을 개선해야 한다"면서 "리스크 관리체제 강화가 무엇보다도 필요하다"고 강조했다.

출처 : 파이낸셜 뉴스, 2009년 1월 5일자.

제15장
지식경영 및 윤리경영

제1절 지식경영의 이해

1. 지식경영의 정의

지식이 기업경영에 있어서 새로운 경쟁의 원천으로 부각되고 있다. 그러나 조직내 존재하는 지식은 체계적으로 구조화되어 있지 않으면 활용하기 어렵게 되거나 쉽게 사라지게 된다.

최근에는 지식경영시대, 지식기반경제, 지식정부, 지식자본, 지식사회 등의 말들이 자주 사용되면서 성공적인 지식경영이 중요한 화두로 등장하고 있다. 이러한 지식경영은 이윤을 추구하는 기업은 물론이고 공공기관을 비롯한 비영리기관인 정부, 학교, 군대, 시민단체, 종교단체 등에서도 필요한 것으로 나타나고 있다.

지식경영(Knowledge Management)의 개념은 논자에 따라 달리 표현되고 있다. 노나카(Nonaka)의 정의에 따르면 지식경영은 "조직적 차원에서의 지식은 물론 개인의 지식을 체계적으로 발굴하여 기업 내부에 축적 · 공유하고, 이 지식을 기업의 경쟁력 제고를 위해 활용하는 경영"이라고 정의하고 있다. 가트너 그룹(Gartner Group)은 "기업의 지적자산을 생성,

채집, 구조화, 접근 및 사용을 하기 위한 관리방법론으로서 데이터베이스, 문서, 업무규정 및 절차뿐만 아니라 직원들 머리 속에 담겨 있는 전문지식이나 경험들까지 포함하는 것"이라고 정의를 내리고 있다. 또한 위트만-하트(Whittmann-Hart)는 "조직의 지식을 비즈니스 문제를 해결하기 위하여 적시에 올바른 컨텍스트(context) 내에서 필요로 하는 사람에게 제공하는 것"이라고 지식경영에 대한 정의를 말하고 있다.

그 외에도 지식경영에 대한 개념정의를 살펴보면 다음과 같다.

① 지식경영은 예측할 수 있는 정보, 결과에 초점을 맞춘 정보를 통해 변화하는 상황에 맞게 경영과정 자체를 변화시킴으로써 조직과 시장을 변화시키는 전략이다.

② 지식경영이란 기업이나 종업원 개개인이 지니는 지식을 체계적으로 발굴하여 기업 내부의 보편적인 지식으로 발전시켜 기업전체의 경쟁력을 향상시키는 경영활동을 말한다.

③ 지식경영이란 지식을 지속적으로 획득 · 창출, 축적, 전파 · 공유하고, 이를 활용해서 고객에게 뛰어난 가치를 제공함으로써 높은 기업성과를 달성하려는 것이다.

④ 지식경영은 지식을 획득하고 축적하여 자원으로 체계화하고, 체계화된 지적 자원을 기업경영에 활용하는 기법이다.

이상을 종합해 보면, 지식경영이란 조직적 차원에서 구성된 개개인의 지식을 체계적으로 찾아내 기업내부에 축적 · 공유하면서, 기업의 경쟁력을 높이는 경영방식이라고 정의할 수 있다. 결국 지식경영은 기업들이 가치있는 지식을 창출하고 확산 및 공유함으로써 기업의 핵심자원 활용을 극대화시키려는 새로운 경영기법의 하나이다. 이를 위하여는 지식의 가치와 중요성을 인식하고 지식의 창출 · 획득 · 저장 · 공유를 위한 기업문화의 형성과 보상체계의 마련, 정보체계와 구성원간의 네트워크 연결 등 지식인프라의 구축이 필요하다.

2. 지식경영의 등장 배경

일찍이 제일 먼저 지식사회의 도래를 예견했던 금세기 경영학계의 구루(Guru : 대스승)라 불리는 피터 드러커 교수는 1969년 당시 센세이션을 불러일으켰던 베스트 셀러 「단절의 시대」와 1999년 「비지니스 위크」가 올해의 책으로 선정한 「21세기 지식경영」을 통해 지식사회의 도래를 예측하였다. 그는 지식이 자본과 노동을 밀어내고 생산의 유일한 수단이 될 것이며, 지식없는 국가는 이제 지구상에서 살아남을 수 없다고 갈파하였다.

세계적인 미래학자 앨빈 토플러 박사는 30여년 전 「미래의 충격」이라는 불후의 명저에서 지식과 기술을 변화의 주요 원동력으로 꼽았으며, 지식이 자본, 노동, 그리고 원료를 대신해 경제발전을 이끌게 된다고 하였다. 그는 또 하나의 명저 「권력이동」(1990)에서 "사실상의 생산수단을 소유한 새로운 형태의 피고용자가 출현하고 있다"고 규정했는데, 여기서 '사실상의 생산수단'이란 도구나 기계류 따위가 아니라 '지식과 아이디어'라고 규정하였다.

피터 드러커의 최근 저서 「Managing in the Next Society」에 따르면, 다음 사회(next society)는 세 가지 특징을 지닌다. ① 노인인구가 급속도로 증가하는 반면 젊은 인구는 격감한다. 이와 더불어 달라지는 노동형태와 노령인구들을 수용할 수 있는 새로운 고용방법의 창출이 주요 과제가 될 것이다. ② 지식이 핵심자원이 되고 지식근로자 특히 지식기술자들이 사회의 지배집단이 된다. 지식사회에서는 국경이 없어지고 상승 이동이 쉬워지며 성공뿐만 아니라 실패 가능성도 높아진다. 따라서 기업은 지식기술자들을 유인하여 전 지구적 차원의 경쟁력을 갖추어야 한다. ③ 산업구조가 크게 달라진다. 농업과 제조업이 쇠퇴하고 지식산업이 급성장한다. 이로 인해 농업이나 제조업에서의 보호주의가 새로이 등장하고 경제블럭 내부에서는 무역을 자유화하되 외부적으로는 배타적인 태도를 취하는 새로운 보호주의가 대두될 것이다.

지식경영이 등장하게 된 배경으로는 ① 정보기술의 발전이다. 특히 가상공간에서의 네트워킹 출현은 각 개인이 자신에게 필요한 정보를 시공간을 초월하여 습득할 수 있도록 하였으며, 이전에는 불가능하게 보였던 신속한 정보처리, 정보의 체계적인 분류, 축적, 공유 그리고 관리를 쉽게 해줌으로써 지식경영 분야의 발전을 가속화하였다.

② 창조적 지식의 중요성이 부각되었다. 치열한 경쟁사회 속에서 기

업이 지속적으로 성장 · 발전하고, 경쟁우위를 확보하기 위해서는 조직구성원이 보유한 창조적 지식이 핵심임을 기업들이 인식하면서 지식경영의 중요성이 부각되었다.

③ 학습조직의 비효율성에 대한 대안이 필요하게 되었다. 학습할 수 있는 능력을 기업의 가장 중요한 발전의 원천으로 내세웠던 학습조직이 구체적인 방법론을 제시하지 못하여 사람들의 관심에서 멀어지게 되었고, 그에 대한 반등으로 지식경영이 새로운 대안으로 제시되었다.

④ 무형자산에 대한 새로운 인식의 대두가 지식경영이 나오게 된 배경이다. 전통적으로 기업의 자산가치를 재무적인 자산 중심으로 산출하는 방식에 대한 근본적인 문제제기와 함께 최근 인적자본, 회계 등 인간이나 조직이 보유하고 있는 지적자산을 체계적으로 규명, 관리하고자 하는 새로운 노력으로 지식경영의 중요성이 나타나게 되었다.

3. 지식경영의 구성요소

지식경영을 통해 향상된 핵심역량은 기업의 업무전반에 걸쳐 적용되어 실체를 갖춘 부가가치이자 다른 기업과 차별되는 역량으로 나타나게 된다.

지식경영의 구성요소를 살펴보면 〈그림 15-1〉과 같다.

(1) 인적자본

기업내부 시스템이 아무리 잘 구축되어 있어도 조직 구성원들이 그 시스템의 필요성을 인식하지 못하고 수동적인 조직생활을 영위한다면 지식경영을 실행하기 위한 노력이 기업에 큰 부담이 될 수 있다. 따라서 지식경영의 성공을 위한 가장 큰 역할은 기업 지식의 대부분을 가지고 있는 조직구성원에 있으며 지식경영 성공의 가장 핵심적인 부분을 지니고 있는 것이다. 그러므로 기업의 조직구성원을 단순 육체노동자에서 지식노동자로 변환시키기 위한 적절한 교육 · 훈련과 지식공유를 위한 민주적인 기업문화의 마련 등이 선행되어야 하며, 인센티브 제공과 인사고과 활용 등을 통해 조직구성원의 지식창출을 위한 노력이 적절히 평가되어야 한다.

그림 15-1 지식경영의 구성요소

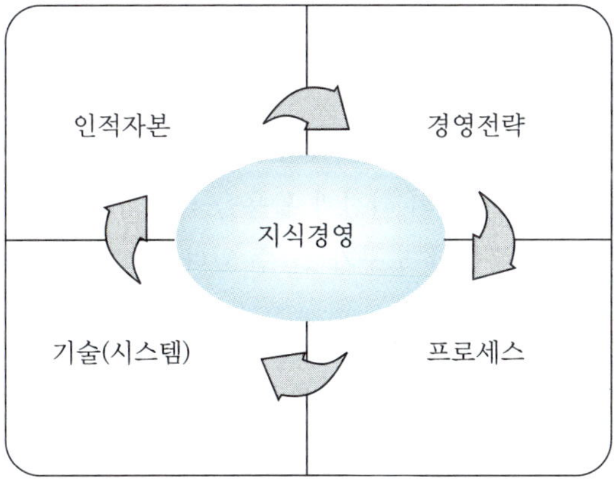

자료: 하정출, 「지식경영론」(서울 : 두남, 2005), p. 238.

(2) 경영전략

전략은 실질적으로 지식경영을 실천하는 지침이 된다. 즉 현재 기업이 가장 필요로 하고 가치 있게 생각하는 것을 실현하기 위해 기업전체 및 주요부문 활동을 총체적으로 적응시키기 위한 결정 규범이라 할 수 있다. 지식경영을 위한 전략은 조직 내 지식의 공유, 저장, 사용 그리고 창출에 이르는 전 과정을 통해 기업에 대한 구체적인 목표를 제시할 수 있어야 하며 단기적인 성과를 얻는 데 치중하기보다는 장기적이며 중요성이 큰 전략을 세우도록 해야 한다. 또한 모든 조직구성원이 지식 접근을 용이하게 할 수 있도록 배려하는 것이 중요하다. 더 구체적으로는 해당 기업은 기업이 필요로 하는 핵심역량을 규명하고 현재 기업이 보유하고 있는 지식수준과 지식의 창출방안, 경쟁우위 확보를 지원할 수 있는 노력의 구체적인 모습을 도출해 낼 수 있어야 하며 이를 지속적으로 평가하고 전개할 수 있는 노력을 게을리하지 않아야 한다.

(3) 기 술

기술은 지식경영이 포함하고 있는 구성요소 중 핵심적인 위치를 차지하고 있다. 지식을 데이터베이스화하여 쉽게 접근하고 활용할 수 있도록 하는 기본적인 기능으로부터 좀더 진보된 형태의 지능을 갖춘 정보기술 등을 통해 다양하고 강력한 도구를 제공하고 있다. 기술은 하드웨어와 소프트웨어에서 개인화되고 표준화된 인터페이스를 제공할 수 있어야 하며 다양한 도구를 통해 언제, 어디서나 접속 가능한 채널을 열어 놓아 개방된 형태의 열린 지식공간을 마련해야 한다. 이러한 정보, 통신기술은 조직을 통해 창출된 지식의 확산과 활용을 극대화해 주며, 업무의 질적 수준을 높일 수 있는 훌륭한 도구가 될 수 있다.

(4) 프로세스

지식경영을 위한 프로세스는 각 업무영역별로 단절된 과정이 아닌 기존의 업무 프로세스와 지식창출 및 지식공유 과정이 하나로 통합된 프로세스로 추진될 수 있도록 해야 한다. 또한 프로세스는 기업이 꼭 필요로 하는 지식을 얻을 수 있도록 설계되어야 하는데, 그 이유는 올바르지 못한 프로세스의 도입으로 인해 오히려 기업의 성과가 악화되는 방향으로 그 과정이 가속화될 수도 있기 때문이다.

4. 지식경영의 유형

지식경영은 지식자산의 활용목적과 지식자산의 활용기법이라고 하는 2개의 축에 기초를 두어 다음과 같은 네 가지 유형으로 나눌 수 있다(이명호 등 2002).

(1) 베스트 프랙티스 공유형태(개선/집약)

조직 내의 성공사례의 노하우, 일상의 업무분석과 학습을 통해서 지식을 공유하고 이전한다. 구체적으로는 성공사례의 이전, 과거사례의 재활용, 지식저장소의 공유와 지식발굴 활동을 한다. 이를 위해서는 과거의 문제해결 방법의 공유, 업무의 중복 배제, 최고의 노하우 복제를 통한 시간의 단축과 비용의 절감이 필요하며, 기업 내에서 지식의 공유에 대한 의식개혁이 이루어져야 한다.

(2) 전문지식의 네트워크 형태(개선/제휴)

노하우를 기반으로 조직 내외의 전문가를 네트워크로 연결한다. 이를 위해서는 사원, 전문가 지식을 디렉토리화해야 하며, 지식을 적재 · 적소 · 적시에 결합하고, 네트워크를 통한 의사소통을 받아들이는 조직문화를 만들어야 한다.

(3) 지적 자본형태(증가/집약)

경제적 가치로 변환할 수 있는 지식자산을 대상으로 수익창출을 꾀한다. 지식자산과 기업가치를 연결하는 노력을 하고, 잠재적 지식자산에서 지적자산까지 포괄적인 지적재산 전략을 수행한다. 이를 위해서는 지식자산을 파악하고 활용하기 위한 조직적 분류체계와 방법 등을 정비하여야 한다. 이때 지식자산을 정적인 자산으로 보기보다는 동적인 프로세스로서 지식자산의 활용에 초점을 맞추어야 한다.

(4) 고객지식의 공유형태(증가/제휴)

고객을 참여시켜 지속적으로 지식을 공유하고 창출할 수 있도록 한다. 세부방안으로는 고객과의 지식공유, 고객에 대한 지속적인 지식제공, 고객관계관리, 원투원 마케팅 등을 들 수 있다. 이를 위해서는 고객과 지식을 공유하고 지식을 제공하는 장소 만들기가 중요한데, 고객이 원하는 것이 무엇인가를 파악하여 고객과 지속적 성장구조를 만들어 나가야 한다.

5. 지식경영의 주요 성공요인

데븐포트 등(1998)은 24개의 회사를 대상으로 연구한 결과 지식경영의 성공요인으로 다음과 같이 여덟 가지를 제시하였다.

(1) 지식경영과 기업의 성과연계

(2) 인터넷 등 기술적 인프라 확보

(3) 탄력적이며 동시에 표준화된 지식관리 체계의 보유

(4) 지식 중심적인 기업문화의 조성

(5) 지식경영에 관한 명확한 목표와 용어의 사용

(6) 조직구성원을 동기부여하는 적절한 수단 활용
(7) 지식이전을 위한 다양한 채널의 구축
(8) 지식경영에 대한 최고경영층의 지원

한편, 노나카와 다케우치(1995), 올리치(1996) 등도 다양하게 견해를 제시하고 있는데, 이를 정리하면 다음과 같다.

(1) 최고경영자의 명쾌한 비전 · 전략

① 조직비전 · 전략의 설정과 전사차원의 공유
② 지식실태를 파악하여 지식상의 문제를 재정의
③ 자사조직에서 필요한 지식경영의 정의와 범위를 결정

(2) 지식중시의 사풍

① 상호신뢰와 호혜의 사풍
② 외부지식을 적극적으로 배우려는 자세
③ 직위 고하에 관계없이 자유롭고 활발하게 토론하는 커뮤니케이션 환경
④ 다양한 대화 장소의 존재

(3) 실천활동을 지원하기 위한 제도(평가지표, 프로세스, 조직)

① 지식 및 그 제공자를 평가하는 구조
② 지식제공자에 대한 인센티브(보수, 포상)
③ 사원의 프로화를 촉진하는 단순 조직과 권한이양
④ 조직비전과 일치되는 개인 목표설정, 이를 근거로 하는 목표관리
⑤ 어느 지식이 귀중한가를 이해하는 정도
⑥ 지식을 기반으로 경쟁하고, 타인을 돕는 것에 자부심을 가지는 전문가의식을 가진 직원
⑦ 실천활동을 지원하기 위한 정보기술 활용
⑧ 노하우의 중요성에 대한 이해 : 문서화된 정보로부터 얻을 수 있는 내용의 한계에 따라 직접 대화 선호
⑨ 각 사원에게 수시로 자유롭게 전달되는 신선도와 스피드를 지닌 '동적 지식'과 지식으로부터 핵심을 추출해 체계화한 '정적인 지

식' 의 조화

⑩ 철저한 탈종이화(paperless)를 통한 정보의 디지털화

(4) 최고경영자의 주체적 참여

① 조직구조, 추진 프로세스의 구축, 의식개혁을 위한 리더십의 발휘

② 지속적 지원

6. 지식경영의 촉진방안

우리 기업이 지식경영을 성공적으로 도입하기 위해서는 다음과 같은 점에 착안하여 단계적으로 실행계획을 짜서 실시하는 것이 바람직해 보인다.

(1) 초기에는 벤치마킹을 통해 경각심을 불러일으킨다

유사한 업종분야의 세계 초일류 기업과 비교하여 우리의 지식경영의 현 위치가 어느 정도인가를 구성원들이 인식할 때, 지식의 창출 · 공유 · 활용 등을 위한 제반 노력에 구성원이 동참할 것이다.

(2) 우선적으로 기업전략상 핵심이 되는 부문에 집중한다

지식경영으로 패러다임을 바꾸는 것은 기업문화를 바꾸는 일이므로 많은 노력과 시간이 필요하다. 따라서 초기에는 효과성 측면에서 우선시되는 부문을 택하여 지식경영이 도입될 수 있도록 하고, 점차 그 범위를 확대해 나가는 전략이 바람직하다.

(3) 지식의 공유와 이전이 자연스럽게 이루어지는 분위기를 조성한다

지식을 공유하고 이전하는 행동이 조직 내에서 높이 평가받는 문화가 조성되어야 한다. 이는 구성원들이 지식경영의 효과를 인식하고 자기들의 성과제고를 위해 자발적으로 지식공유, 이전활동을 하도록 장을 만들어 주는 것이 필요하다.

⑷ 지식의 창조나 획득에 대해서는 이를 평가, 측정하고 적절한 보상을 실시하여야 한다

구성원들이 지식의 창조나 획득에 계속적으로 관심을 갖도록 하기 위하여 축적된 지식에 대한 객관적 평가나 측정을 실시하여 적절한 보상을 해주는 것이 좋다. 이 보상은 반드시 금전적일 필요는 없다.

⑸ 정보기술을 적절히 활용하여 지식경영의 인프라를 구축해야 한다

원활한 지식의 공유, 이전, 활용이 되게 하기 위하여 E-mail, 인터넷, 그룹웨어, 지식 데이터베이스 등이 사용될 수 있는 정보인프라의 구축이 필요하다.

⑹ 최고지식경영자(Chief Knowledge Officer ; CKO)를 두어 사장이 지식경영의 의지를 보여야 한다

CKO는 지식경영의 정책을 수립하고 집행하는 최고지식경영자이므로, 지식경영에 관한 실질적인 권한을 가져야 한다. 초기에는 사장이 직접 맡을 수도 있으나, 부사장이나 전무 급에서 CKO가 되는 것이 바람직하다.

⑺ 지식경영에 관한 업무표준화, 교육훈련 프로그램 등이 정비되어야 한다

지식경영은 전사적으로 실행되어야 하므로 이를 위한 각 부서의 업무표준화가 필요하고, 지식경영의 활력소를 불어넣기 위하여 적절한 교육, 훈련 프로그램이 실행되는 것이 필요하다.

위의 촉진방안에 착안하여 기업이 지식경영을 단계적으로 도입하면 21세기를 대비하는 우량기업의 면모를 갖출 수 있을 것이다.

예증 15-1 *ILLUSTRATION*

골프장 대신 강의실 찾는 CEO들

"호황 때는 교육에 2배 투자하고 불황 때에는 교육투자를 4배로 늘려라"

세계적인 경영학자 톰 피터스(Peters)의 명언을 실천하는 것일까. 공부하는 CEO(최고경영자)들이 늘고 있다. IMF 때보다 어렵다는 불황의 찬바람이 불고 있지만, 열심히 공부하는 CEO에겐 불황이 두렵지 않다. 희망이 보이기 때문이다. 더 좋은 품질, 고객에게 더 어필하는 마케팅을 찾기 위해 CEO들이 '지식 경영'에 나서고 있는 것이다.

▶ 강의실로 모이는 CEO들

김효준 BMW코리아 사장은 세계경영연구원(IGM)이 운영하는 평생교육모임인 MMP과정에 참여하고 있다. 다양한 분야의 CEO를 만나 다양한 주제에 대해 의견을 나누다 보면 기업 경영과 관련한 아이디어를 얻을 때가 많기 때문이다. 김 사장은 "최근 조직의 변화관리에 대해 연극 방식으로 진행된 수업을 듣고 다음 날 임원회의에서 강의 내용을 토론주제로 삼았다"고 말했다.

김 사장뿐 아니다. 현재 전국적으로 기업인들을 대상으로 한 경영 강좌를 수강하는 사람은 어림잡아 1만여명으로 추산되고 있다. 전국에 개설된 '최고경영자 과정'(AMP)도 100여개. 지난해에도 아주대가 '유비쿼터스 SOC 최고위과정'을 새로 만들었고, 이노비즈협회도 CEO와 임원 대상으로 경영대학원(MBA) 교육과정을 신설했다.

서울대와 고려대, 연세대 등 유명 대학들이 운영하는 AMP 과정은 평균 2대1의 경쟁률을 기록할 정도로 인기다. 고려대 경영대학 관계자는 "지난 하반기에도 60여명 모집에 150명 가까운 사람이 지원을 했다"고 말했다. 강좌의 주제는 경영에 머무르지 않는다. 최근엔 오히려 인문학에 대한 기업인들의 관심이 뜨겁다. 2007년부터 CEO와 사회 저명인사들을 대상으로 '최고 지도자 인문학 과정'(AFP)을 진행해 온 서울대 인문대는 오는 3월부터 기업의 팀장급 중간 관리자와 그에 해당하는 각계 인사들을 대상으로 '미래 지도자 인문학 과정'(SHP)을 개설할 예정이다.

▶ 임원 · 창업 2세로 공부열기 확산

기업인들의 공부 열기는 CEO에서 일반 임원으로 확산되고 있다. 아주그룹의 임원들은 단체로 AMP 과정을 수강하고 있다. 바쁜 일정을 감안해 5번에 나눠 강사진을 초빙하는 방식으로 진행하고 있다. 중소기업중앙회는 올해 상반기 중 가업승계를 희망하는 2세 경영인들을 위한 교육 과정을 신설할 예정이다. 이들에게 기업 경영에 필요한 인사 · 재무 등 기본 지식뿐 아니라 기업가 정신을 고취하는 내용의 3개월 과정을 만든다는 계획이다.

송영수 한양대 교수는 "경영환경 변화를 가장 먼저 읽어야 할 사람이 CEO이고, 임원들은 변화에 가장 많이 노출돼 있다"며 "불황일수록 위기를 극복할 경영지식에 대한 욕구가 강한 것 같다"고 말했다.

출처 : 조선일보, 2009년 1월 8일자.

제 2 절 윤리경영의 이해

1. 윤리경영의 개념 및 필요성

(1) 윤리경영의 의의

윤리경영(Ethical Management)이란 경영활동의 옳고 그름을 구분해 주는 규범적 기준을 사회의 윤리적 가치체계에 두는 경영방식으로 윤리경영은 가치 있는 장기생존을 목적으로 하는 기업이 정당한 이윤을 확보하고 기업에 위협을 주는 고위험영역에 대한 관리를 강화하는 경영활동을 말한다.

최근 기업윤리에 대한 관심이 고조되고 있다. 최근에 들어서 기업윤리에 대한 관심이 높아지고 있는 이유를 살펴보면 다음과 같다(박헌준, 2000).

① 기업활동에 대한 사회의 신뢰도가 낮아졌다는 점을 들 수 있다. ② 작업환경이나 공해 등에 대하여 '삶의 질'을 강조하는 사회분위기를

꼽을 수 있다. ③ 기업과 임직원이 법에 어긋나는 행위를 했을 경우 부과되는 형벌이 날이 갈수록 무거워지고 있다는 점에서 찾을 수 있다. ④ 특정 이익집단, 예를 들어, 소비자단체의 영향력이 커지는 것도 하나의 이유이다. ⑤ 현대사회에서 언론매체의 위력이 커지면서 기업의 긍정적 행위에 대한 광고효과가 높다는 것도 기업들이 기업윤리에 관심을 기울이는 또 하나의 이유이다. 기업의 윤리적인 행위가 기업의 이익에 연결되는 것이다. ⑥ 앞의 이유들과 모두 관련된 것으로 기업의 목표가 바뀌었다는 점을 들 수 있다. 이전에는 단기적 이익을 중요시했지만, 새로운 사회분위기에서는 장기적인 이익극대화를 추구하는 쪽으로 기업의 목표가 바뀌면서 기업윤리에 대한 관심이 높아지고 있다.

윤리적 경영은 ① 기업의 존재가치에 대한 사회적 정당성 획득의 기반이 되며, ② 장기적인 측면에서 기업 및 국가의 경쟁력을 향상시킬 수 있고, ③ 행동에 대한 올바른 기준을 제시함으로써 구성원간의 마찰과 갈등을 해소해 나갈 수 있다. 이러한 윤리적 경영이 이루어지지 않아 사회적 정당성이 낮은 조직은 항상 소멸의 위험이 내재한다.

윤리(ethics)란 사회가 정의한 인간의 옳고 그릇된 행동에 관한 표준 내지 규범이다. 다시 말하면 윤리는 무엇이 옳고 무엇이 그른가에 관한 도덕적 원리 혹은 신념이다. 이러한 신념은 한 개인이 다른 개인이나 집단과의 관계를 형성하는 지침이 되고, 행동이 올바르고 적당한지의 여부를 결정하는 기반을 제공한다. 윤리는 협의의 행위원리인 도덕과 유사한 의미를 갖고 있지만, 도덕과 달리 종교적 판단기준과 관계가 없는 행위기준으로서 절대적인 것이 아니라 상대적인 개념이다. 이러한 윤리가 사회를 구성하는 한 기관인 기업에 적용될 때 기업윤리의 문제가 된다(김명학, 2002).

기업윤리의 정립을 위해서는 윤리이론의 체계적 응용과 윤리상령에 대한 연구가 선행되어야 한다. 윤리강령이란 윤리헌장이라고도 부르는데, 조직구성원들이 지켜야 할 윤리규범을 공식적으로 문서화한 것을 의미하며, 무엇이 윤리적인 행위인가를 알려 주는 유용한 지침이다.

경영자는 그들 스스로가 공급자, 고객, 경쟁자, 주주, 종업원, 노동조합, 금융기관, 정부 등의 이해관계자에 대해 윤리적으로 행동할 적당한 방식을 결정할 수 있도록 윤리적 표준 내지 규범을 적용해야만 한다. 요컨대, 경영윤리(Moral Management)란 자유로운 기업행동과 관련하여 경영자가 준해야만 하는 규범 내지 자율적 행동기준으로 볼 수 있다. 따라서 경영윤리는 사회적 책임에 비해 상대적으로 동태적이며, 광범위한 개념으로서 기업의 자유의지가 적극적으로 반영된 경영자의 가치지향적 성격을 띠고 있다.

(2) 윤리경영의 필요성

기업은 왜 윤리적이어야 하며, 기업은 왜 윤리를 도외시하고 수단과 방법을 가리지 않고 이윤을 추구하지 못하는가?(유필화 등, 2001).

첫째는 일반 대중들이 기업은 높은 윤리기준을 가지고 사회적 책임을 완수하기를 기대하기 때문이다. 이러한 대중의 기대를 충족시키는 데 실패하는 기업은 비판을 받고 불이익을 받을 것이 예상된다. 기업이 사회의 윤리적 기준에 맞게 행동하는 것은 사회로부터 지지를 받는 한 방법이다. 이렇게 기업과 사회는 서로 협조하여 윤리적 원칙을 고수하면서 경제적 이익을 누릴 수 있다.

기업과 종업원이 윤리적으로 행동하여야 하는 두 번째 이유는 일반 대중과 기업의 이해관계자들에게 해를 끼쳐서는 안 된다는 것이다. '해를 끼치지 말라' 는 대다수의 사회에서 가장 강력한 윤리원칙 중 하나이다.

기업이 윤리적이어야 하는 세 번째 이유는 기업이 윤리적이면 보상을 받는다는 것이다. 즉, 기업의 윤리는 좋은 사업관계 유지와 종업원 생산성 향상과 관련이 있다는 것이다. 윤리적일수록 신뢰감을 높여 사업 파트너 간에 제휴를 공고히 할 수 있다. 신뢰가 깨진다면 비윤리적 상대는 회피하거나 무시될 것이다. 이런 현상은 국내에서 부실 시공하여 많은 인명 피해를 준 회사가 외국에서 수주하기 어려운 예에서 찾을 수 있다. 부실시공으로 인하여 사장이 구속되었는데 누가 그 회사에 건설을 의뢰할 것인가?

비윤리적 종업원이나 경영자로부터 기업을 보호하기 위해서도 윤리적 행동은 촉진할 필요가 있다. 조직구성원이 회사의 재산을 절취하거나 뇌물을 받고 사리사욕을 채운다면 조직의 이미지나 생존에 크게 위협이 될 수 있다. 조직 내부의 비리는 발견하기가 어려워 문제가 심각해진 다음에야 폭로되기가 쉽다.

기업의 높은 윤리기준은 조직구성원을 보호할 수도 있다. 종업원들은 사생활 침해나 개인적 신념에 어긋나는 행위의 강요 또는 위험한 작업환경에서 근로강요 등에 분개할 수도 있다. 기업은 종업원들의 존엄성을 존중함으로써 높은 사기와 생산성을 보상받을 수 있다. 따라서 기업, 종업원, 사회 모두가 승자가 되는 상황을 초래할 수 있다.

마지막 이유는 개인적인 것이다. 사람들은 자신의 옳고 그름의 가치관에 따라 일관성 있게 행동하기를 원한다. 개인적 신념과는 다른 행위를 강요받는다면 많은 스트레스를 경험할 것이다. 사람들이 지원적이며, 윤리적인 분위기에서 일한다고 느낄 때 그들은 심리적 안정감을 경험할 것이다. 따라서 사람들은 윤리적 기업에서 근무한다고 느낄 때 일반 대중뿐만 아니라 자신도 보호를 받는다고 느낄 것이다.

(3) 윤리경영의 효과

윤리경영은 선택이 아니라 기업이 반드시 갖추어야 할 21세기 기업경쟁력으로 등장하고 있다. 기업이 체계적인 윤리경영시스템을 구축하여 운영하면 다음과 같은 효과를 가져올 수 있다.

그림 15-2 윤리경영의 효과

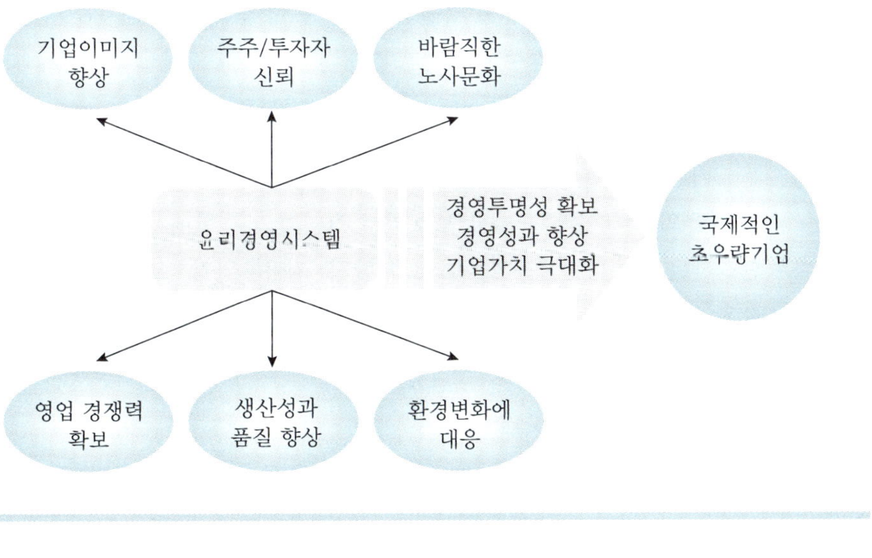

① 대외적인 기업이미지 향상으로 브랜드가치를 높이고
② 주주와 투자자 특히 외국인 투자자로부터 신뢰를 확보하게 되며
③ 노사간 신뢰를 바탕으로 하는 바람직한 노사문화를 형성하고
④ 종업원의 애사심과 주인의식을 이끌어내어 생산성과 품질향상을 가져오며
⑤ 국내외 경영환경변화에 따른 위험에 대비하고
⑥ 전반적인 기업경쟁력을 높이게 된다.

2. 윤리경영의 접근방법

경영자의 윤리적 행동은 세 가지의 관점으로 나눌 수 있다. 즉, 공리주의적 견해, 기본권적 견해, 사회정의적 견해 등이 존재하고 있다.

(1) 공리주의적 견해

공리주의적 윤리관은 행위의 동기보다는 행위의 결과 또는 초점을 맞추어 경영자의 윤리문제를 다른 사람에 대한 행동과 의사결정이 최대다수의 최대행복의 제공이라는 목표를 달성하는 데 얼마나 효과가 있는가 하는 측면에서 판단하는 것이다. 따라서 공리적 입장에서 본다면 자유시장경제에 있어서 경쟁에 따른 파산, 기업의 경영성과를 개선하고 고용안정을 가져올 수 있는 일부 종업원의 해고, 능력에 의한 임금지급 등은 윤리적으로 정당하다고 간주한다.

(2) 기본권적 견해

기본권적 윤리관은 경영자의 의사결정과 행동이 개인의 기본적 권리인 자유와 특권을 존중하고 보호하는 것인가의 측면에서 윤리적 정당성을 판단하는 것이다. 예를 들어, 삶과 안전, 자유, 건강, 프라이버시, 소유와 같은 도덕적 권리를 소비자보호법, 공해방지법, 산업안전과 재해방지법, 공정거래법 등의 법적 · 제도적 장치를 통해 보장하려는 것이다.

(3) 사회정의적 견해

사회정의적 윤리관은 경영자의 행동과 의사결정이 개인과 집단 사이

의 공정하고 균등하며 불편부당한 부와 비용의 분배를 이루는 데 일치하는 것인가에 따라 평가하는 접근법이다. 예를 들어, 경영자가 종업원의 최저생계수준의 향상을 도모하기 위하여 법정 최저임금 이상으로 급여수준을 결정하는 경우이다.

이와 같은 세 가지의 접근방법을 경영의사결정과 행동의 옳고 그름을 판단하는 데 있어서 어느 정도 상호 연관된 원칙과 기준을 제공하고 있다. 경영자는 윤리와 관련된 문제에 있어서 이러한 세 가지의 접근법을 상호 보완적으로 활용할 수 있을 것이다(김명학, 2002).

3. 윤리경영의 실천방안

기업의 윤리적 수준을 제고시킬 수 있는 전제조건으로서 공표와 공개, 경영자의 관심증대를 들 수 있다. 이러한 요인들은 정부의 규제와 경영자들의 직업의식을 향상시키기 위한 교육 훈련으로 뒷받침될 수 있다. 경영자는 비윤리적 관행을 제거하고 윤리경영을 실천하기 위해 높은 윤리의식을 가진 종업원을 채용하고, 윤리경영과 의사결정규칙의 설정과 더불어 최고경영자의 리더십, 직무목표와 명료화, 윤리훈련, 공식적 예방장치, 독립적 사회감사를 실시하는 방안을 강구할 수 있다. 다음에는 윤리경영을 실천하기 위한 기본적인 방안으로서 유도화, 제도화, 지속성에 관하여 살펴보기로 한다.

(1) 유 도 화

윤리의 유도화(orienting)란 기업이 공유하는 가치를 도출하고 이것이 조직구성원들 사이에 공감내를 형성할 수 있도록 지속적으로 유도하는 전사적 활동으로 볼 수 있다.

(2) 제 도 화

윤리의 제도화(institutionalising)란 일상적 행동에 윤리적 개념을 적용하고 통합함을 의미한다. 기업의 윤리강령, 기업내 윤리위원회 운영, 기업내 윤리교육 등을 통해서 조직의 구성원들이 윤리적인 의사결정과 행위를 할 수 있는 시스템을 확립하는 것이다.

(3) 지 속 성

윤리의 지속성(sustaining)은 기업의 의사결정과 행위의 결과를 기업의 윤리기준에 입각하여 평가 · 분석하고, 그 결과를 조직원들에게 피드백시킴으로써 윤리경영의 실천이 가능하도록 분위기를 쇄신하는 활동이다.

기업윤리헌장

우리 기업은 온 국민과 함께 지난 날의 가난과 어려움을 딛고 땀과 창의로 오늘날의 자랑스러운 경제발전을 이룩하였다.

우리 기업은 세계가 하나의 시장으로 열리고 경제력이 나라의 흥망을 가름하게 될 세기적 변환의 문턱에서, 나라와 민족의 장래를 떠받쳐야 할 소중한 사명을 짊어지고 있다. 머지않아 다가올 통일에 대비하기 위해 우리 기업은 국부를 늘리고 국력을 키우는 데 더욱 힘을 쏟아야 하며, 지속적인 성장과 발전을 통해 선진 복지국가를 만들어 우리 후손에게 평화롭고 풍요로운 삶의 터전을 물려주어야 한다.

우리 기업은 창의와 활력이 넘치는 기업가 정신을 발진하여 경영과 기술을 혁신하고, 투명한 기업경영을 통해 시대정신과 국민적 흥망에 부응하는 바람직한 정경문화를 정착시켜, 건실하게 성장해 나가야 한다.

우리 기업은 자유시장경제체제를 창달하여 국민의 희망과 꿈을 실현시키고, 국민으로부터 신뢰받는 기업으로 만들어 나가야 한다. 세계와 호흡을 같이 하고 국민으로부터 사랑받는 기업문화를 가꾸어 나가는 것이야말로 우리 기업이 나가야 할 참다운 길이다.

이에 우리 기업은 새로운 마음가짐으로 다음과 같이 우리가 힘써 행할 바를 정하여 이를 실천해 나가고자 한다.

1. 우리 기업은 기업시민으로서 사회적 책무를 다한다.
2. 우리 기업은 창의와 혁신을 통해 정당한 이윤을 창출한다.
3. 우리 기업은 투명경영을 하는 데 노력을 다한다.
4. 우리 기업은 정치권 및 정부와 건전하고 투명한 관계를 유지한다.
5. 우리 기업은 전문경영인의 육성을 위해 노력한다.

6. 우리 기업은 기업 상호간에 공정한 경쟁을 한다.
7. 우리 기업은 대 · 중소기업간 협력을 발전시켜 나간다.
8. 우리 기업은 소비자와 고객의 권익증진에 힘쓴다.
9. 우리 기업은 모든 기업구성원의 이익을 향상시킨다.
10. 우리 기업은 환경친화적 경영을 지향한다.
11. 우리 기업은 지역사회의 발전에 기여한다.
12. 해외진출 기업은 현지국의 선량한 기업시민으로서 현지국의 법률을 준수하고 현지국의 문화와 거래관행을 존중한다.
13. 우리 기업은 이 헌장을 준수하고 실천이 가시화되도록 공동 협력하여 국민으로부터 신뢰받는 기업을 만드는 데 노력한다.

4. 윤리경영의 실행

윤리적 의사결정이 기업윤리의 실천에 있어서 핵심이다. 기업이 윤리적으로 운용되기 위해서는 모든 의사결정이 윤리적으로 행해져야 한다. 그러나 다양한 조직적 및 환경적 요소가 기업의 윤리적 의사결정 질에 영향을 미친다(유필화, 2001).

기업이 윤리적 경영을 실천하기 위해서는 먼저 최고경영자의 몰입이 중요하다. 이러한 최고경영자의 윤리에의 몰입은 조직의 도덕적 분위기 강화와 제도 및 절차로 구체화될 수 있다.

(1) 최고경영층의 몰입

최고경영층은 개인적 행동사례 또는 정책을 통하여 이상적으로 윤리직 역할모델을 구축할 수 있다. 즉, 최고경영층으로부터 모든 의사결정에 있어서 윤리적 문제가 깊게 고려되어야 한다. 강력한 메시지는 조직 모든 계층의 구성원들의 의사결정에 영향을 미쳐 조직의 윤리적 성과 증진에 크게 기여할 것이다. 최고경영층은 일반적으로 정책수립 능력뿐만 아니라 권한이 있으므로 조직의 도덕적 분위기를 크게 좌우한다.

⑵ 도덕적 분위기

조직구성원 윤리에 대하여 편하게 느끼지 않는다면 조직에서 윤리가 실천되기는 어려울 것이다. 그러나 기업에서 권리, 정의, 정직, 진실, 공정성 같은 용어가 생소하게 들릴 경우가 많다.

⑶ 윤리강령

최고경영층은 조직내 모든 경영자와 종업원에게 적용되는 행위기준을 설정하고 의사소통을 할 책임이 있다. 경영자들이 이런 책임을 수행하는 한 방법으로는 윤리강령 또는 행동강령을 제정하는 것이다. 경영자들이나 종업원들은 윤리적 딜레마에 당면했을 때 윤리강령에 근거하여 행동할 수 있다.

⑷ 윤리위원회

많은 조직에 있어서는 윤리적 문제를 다루기 위하여 이사회 산하에 윤리위원회를 설치하거나 윤리담당임원을 두기도 한다. 윤리위원회를 둘 경우 의장은 외부인사가 맡을 수 있으며, 위원의 3분의 1 이상은 부사장급의 최고경영진으로 구성하는 것이 보통이다.

⑸ 민원자문관

경쟁 압력에 시달리는 조직은 때때로 단기적 조직의 이익을 극대화하기 위하여 윤리적 문제를 도외시하고 업무를 추진할 경우가 많다. 이 경우 소비자나 이해관계자로부터 소송이 걸려 기업의 이미지에 먹칠을 하는 수가 있다. 이런 문제에 대응하기 위하여 조직은 민원자문관 제도를 운용할 수 있다.

⑹ 윤리 핫라인

조직구성원이 비윤리적 행위를 은폐하는 것은 그들이 의심스러운 행위를 목격했을 때 어떻게 반응해야 할지를 모르기 때문이다. 이런 현상을 방지하기 위하여 조직은 윤리 핫라인(hot lines)을 설치할 수 있다. 윤리위원회 위원 또는 민원자문관이 익명의 전화를 받아 조용히 상황을 내사한다. 전화를 건 사람의 신분을 보호하기 위한 정교한 시스템이 마련되어 있어야 한다.

(7) 윤리훈련

경영자 윤리훈련에 대해서는 상당 기간 논쟁이 되어 왔다. 하나는 윤리는 개인적이고 경영자에 내재되어 있는 것으로 변경 또는 교육이 가능하지 않다는 입장이다. 다른 입장은 경영훈련의 한 부분으로서 윤리가 가르쳐질 수 있다는 것이다.

(8) 윤리감사

윤리감사는 기업이 윤리적 분위기나 프로그램을 평가하는 메커니즘이다. 즉 윤리감사는 윤리프로그램, 윤리강령, 핫라인 그리고 윤리훈련 프로그램 등이 적절히 기능하고 있는지를 신중하게 검토하는 과정이다.

예증 15-2 *ILLUSTRATION*

한국의 10대 윤리기업-윤리경영으로 기업가치 높였다

미국 6위의 기업이었던 엔론과 미국 2위의 통신업체였던 월드컴은 도덕적 해이에 빠진 경영진의 회계부정으로 결국 문을 닫아야 했다. 전 세계를 경기침체의 늪으로 밀어 넣은 국제금융위기의 한 원인은 경영주체들의 도덕적 해이다. 이제 21세기 기업에게 윤리경영은 더 이상 구호로 시작해 구호로 끝나는 '구두선'이 아니라 경영이 시작되는 순간 함께 시작되어야 하는 기업경영의 필수항목으로 자리잡았다.

아시아경제신문과 「이코노믹 리뷰」는 윤리경영의 중요성이 점차 강조되는 추세에 발맞추어 국내 기업들 중에서 윤리경영을 가장 잘 실천하는 10개 기업을 뽑았다. 이들 10대 윤리기업은 일상적인 경영활동에 윤리경영을 뿌리내림으로써 기업에 대한 고객과 주주, 지역사회의 신뢰도를 높이고 기업가치 역시 크게 높아진 것으로 나타났다. 타의 모범이 될 만한 한국의 10대 윤리기업을 소개한다.

"윤리경영은 선택 아닌 필수"

글로벌 금융위기로 우리 경제가 어려움을 겪고 있는 요즘, 기업의 윤리경영을 널리 확산하여 기업의 사회적 책임의식을 고취하는 것은 매우 큰 의미를 가지고 있다. 주지하는 바와 같이 21세기 무한경쟁 시대에서 신뢰를 잃은 기업은 시장에서 살아남기 어렵다.

지난 수년간 세계는 엔론이나 월드콤과 같은 비윤리적인 기업의 몰락을 지켜보면서 윤리경영을 진지하게 고민해 왔다. 이제 윤리경영은 글로벌 스탠더드로 자리 잡아가고 있고, 일류기업으로 나가는데 반드시 필요한 필수조건이 되어가고 있다.

우리 기업들도 세계시장에서 경쟁우위에 서기 위해서는 투명경영 · 윤리경영으로 무장하고 공정한 경쟁을 통해 체질을 강화해 나가야 한다. 그러기 위해서는 윤리경영을 실천하겠다는 CEO의 의지와 함께 윤리경영 실천을 위한 시스템이 기업의 중요한 경영요소로 자리 잡아야 할 것이다. 정부도 시장에 대한 불필요한 간섭을 줄이고 시장의 자율성과 투명성을 높일 수 있는 제도적 기반을 마련하는 데 주력할 필요가 있다.

또한 언론과 시민사회도 기업의 윤리성이 시장에서 제대로 평가받을 수 있도록 감시역량을 강화하여야 할 것이다. 과거 우리 기업들은 윤리경영을 법만 지키고 남에게 해를 끼치지 않는 범위 내에서 자유롭게 경영할 수 있다는 소극적 의미로 생각한 것이 사실이다.

그러나 이번에 「이코노믹 리뷰」의 기업 윤리경영 사례를 보면 이제 우리 기업들도 소극적 윤리경영을 넘어 주주와 소비자, 그리고 거래기업과 신뢰관계를 유지하면서 사회적 기대와 책임에 부응하려는 적극적 윤리경영을 실천하려고 노력하고 있음을 알 수 있다. 이러한 윤리경영 노력은 개별기업 차원을 넘어 우리 경제 전체로 확산되어야 할 것이다.

우리 경제가 지금의 어려운 상황을 극복하고 다시 한번 도약하기 위해서는 윤리성에 바탕을 둔 '신뢰'라는 사회적 인프라가 무엇보다 필요한 시점이기 때문이다. 이런 의미에서 오늘 아시아경제신문과 「이코노믹 리뷰」가 한국의 10대 윤리기업을 선정하여 윤리경영을 실천하는 기업을 조명함으로써 윤리경영 확산의 초석을 다지려는 노력은 매우 의미 있다고 할 것이다. 공정거래위원회도 이러한 노력에 적극 동참하도록 할 계획이다.

출처 : 이코노믹 리뷰, 2009년 1월 4일자.

색 인

[ㅍ]

[ㅎ]

공저자 소개

반병길(潘柄吉)

반병길 교수는 미국 University of Washington에서 경영학 학사와 석사, 그리고 The Pennsylvania State University에서 경영학 박사학위를 받았음.

주요 경력으로는 한국생산성본부 훈련위원 및 컨설턴트, 아시아생산성기구(동경) 상임고문, 한양대학교 경상대학 부교수(경영학과장), 서강대학교 경영학부 교수(경상대학장, 경영대학원장, 대학원장), 미국 The Pennsylvania State University에서 국제경영 및 로지스틱 교수를 역임하고 현재 서강대학교 경영대학 명예교수로 있으면서 서강대학교와 삼육대학교에서 국제경영학 등을 강의하고 있음.

학회활동으로는 경영관련 분야 각종 학회의 임원, 한국국제경영학회 회장 등을 역임함.

주요 저서로는 교통산업론(박영사), 다국적기업론(박영사), Export Processing Zones in Asia(아시아생산성기구, 동경), 국제마케팅(박영사), 국제경영(박영사), 마케팅관리(박영사), 다국적기업관리(박영사), 한국기업의 세계화전략 사례연구(신원문화사), 경영학원론(박영사), 다국적기업전략과 관리(공저, 박영사), 현대경영학원론(공저, 박영사) 등이 있음.

김광규(金光圭)

광주동신고등학교 졸업
광주교육대학교 졸업
삼육대학교 경영학과 졸업
서강대학교 대학원 경영학과 석사과정 졸업
서강대학교 대학원 경영학과 박사과정 졸업(경영학 박사)
미국 Southern Illinois University at Carbondale 마케팅학과 교환교수
삼육대학교 경영학과 학과장, 경영대학원 교학부장, 대학신문사 주간,
전략경영정보시스템연구소장, 출판부장, 기획실장, 대학통합추진위원회 위원장
(현재) 삼육대학교 경영학부 교수, 대학출판부장, 기획처장

저 서
전략적 소매마케팅, 형설출판사, 1998.
마케팅관리(공저), 박영사, 1999.
마케팅(공저), 법문사, 2000.
전략적 유통기업의 경영, 형설출판사, 2001.
경영학원론: 현대기업 경영의 이해 6판(공저), 박영사, 2002.
소매기업의 경영전략, 삼육대학교 출판부, 2003.
사례로 배우는 현대경영, 삼육대학교 출판부, 2004.
경영학원론: 현대기업 경영의 이해 7판(공저), 박영사, 2004.
전략적 유통기업의 경영, 형설출판사, 2005.
현대마케팅(공저), 형설출판사, 2006.
소매유통경영, 형설출판사, 2007.
현대경영학원론(공저), 박영사, 2009.

한동여(韓東女)

서울여자대학교 경영학과(경영학사)
서울여자대학교 대학원(경영학 석사)
숙명여자대학교 대학원(경영학 박사)
현재 숙명여자대학교, 삼육대학교, 한양사이버대학교 강사
경영지도사 자격증 취득

저 서
경영학원론(2005), 특수마케팅의 이론과 사례(2006), 마케팅의 이해(2007), 소비자행동의 이해와 마케팅 응용(2008) 등

현대경영학원론

2009年 6月 20日 初版印刷
2009年 6月 30日 初版發行

共著者 반병길 · 김광규 · 한동여
發行人 安 鍾 萬
發行處 (株) 博 英 社
서울特別市 鍾路區 平洞 13-31番地
電話 (733)6771 FAX (736)4818
登錄 1959. 3. 11. 제300-1959-1호(倫)

www.pakyoungsa.co.kr e-mail : pys@pakyoungsa.co.kr

定 價 26,000원 ISBN 978-89-7189-985-4